天下文化

BELIEVE IN READING

Moral.

善惡

Die Erfindung von
Gut und Böse

一場價值觀創造的文化思辨

HANNO SAUER
漢諾・紹爾——著
林家任——譯

Res nolunt diu male administrari

長此以往，必有變局。

目次

序章 對你我重要的一切……011

我們的道德價值觀就如同車頭大燈：你無法用它看得很遠，但若是仰仗它，便能走上一段長遠的旅程。這就是那段旅程的故事。

第一章 五百萬年——譜系2.0……023

人類開始出現合作行為，是我們這個物種最初也是最關鍵的道德轉變。我們藉著緊密的合作，在規模更大的群體當中找到支持和力量。被迫在一片開闊的大草原上生活了五百萬年之久，我們人類成了最聰明的猿類。

第二章
五十萬年——罪與罰……083
尼采說過，沒有懲罰的歷史，就無法寫出道德的歷史。
懲罰在道德歷史上扮演的角色，也能讓我們知道現代社會應當如何施行懲罰。懲罰的未來在於更為溫和的制裁方式，以及遠離並抑制你我內在當中最為無情的本能。

第三章
五萬年——有缺陷的生物……141
「有缺陷的生物」這一概念，暗示著我們人類在生理能力或是天賦本能上根本難與其他非人類的動物相提並論。這並非巧合，而是文化演化的結果，因為在演化過程中，我們一直讓自身本有的諸多功能被自己建構出來的環境所取代。

第四章
五千年——不平等的發明……195
隨著群體規模的擴大和物質上的極度不平等，要透過互惠、親緣關係或簡單的社會制裁維持社會合作的穩定性，也變得更加困難。懲罰的制度雖然提升了我們的

互助合作意願，但沒有徹底解決問題。從歷史上來看，要有效消除社會不平等有四個主要的機制：戰爭、革命、制度崩解，以及大規模傳染病。

第五章　五百年——發現不尋常……253

不同區域在社會、科技和政治上的發展有別，與基因和種族差異無關，而是取決於文化演化的力量。文化演化教導我們的關鍵一課是：一個社會的複雜性幾乎從不取決於其內部個體的特質，而是取決於這個社會繼承的文化習俗和制度的框架。

第六章　五十年——歷史的道德……313

道德進步最重要的面向之一，就是將如今已顯過時的傳統道德規範去道德化，例如過往曾被高度汙名化的婚前性行為，如今就已廣為人接受。

當一項規範徹底地去道德化後，我們會看到截然不同的世界。

第七章　五年——非政治思考……371

我們正在經歷的文化時刻，是由在人類歷史進程中形塑出規範和價值的各種制度及因素結合而成。哪些訴求、主張和關切是合理的，哪些又不然？我們該如何解讀這些相互對立的道德語法？而在善與惡的故事當中，又有哪些元素正在重組？

終　章　萬物的未來……447

這是一段漫長的故事。現在，在這故事將盡之際，我們是否還能相愛相親？也許這場不和與互憎的盛典有朝一日終將結束。也或許，誰知道呢，它將成為一場和諧共融的盛宴，既受理性引發，也被理性征服。

序章

對你我重要的一切

Einleitung
Alles, was uns
wichtig war

且讓我為你述說一段故事。當這故事到了尾聲，我們能否依然相愛相親？

這是一段漫長的故事，因為它涉及所有對你我至關重要的事物：我們的價值觀、原則、認同的根源、社群的基底，關於你我之間的合作與對抗，關於譴責與被譴責的兩方，而且醒時所見往往未必如同入眠之前。

我們能依據什麼定位自己？我們希望怎麼生活？你我彼此如何互處？過去我們是怎麼做到的？未來又有何可能？這些都是道德的問題，而我要述說的故事，即是一段道德的歷史。道德，它聽來似乎就等於禁止與強制、限制與犧牲，道德是宗教法庭，是懺悔與良心不安，是貞潔與教義問答：無趣，幽閉，而且總愛說教，好為人師。

這些印象倒也沒有錯，只是不太完整，還有補充的必要。我要述說的故事將回溯人類根本的道德演變，從東非地區尚未成為現代人的遠古祖先，一直到現今世界各大都會中，在網路上激烈上演的種種衝突——關於身分認同、不平等、壓迫，以及對當前局勢的解釋權。這個故事將講述我們的社會如何在時代更迭中發生變化，而新的制度、技術、知識體系和經濟形式又是如何與我們的價值觀及規範同步發展，而且，這些變化全都不只有單一面向：生活在一個群體當中的人會排斥外人；了解規約的人會想控制規約；予人信賴的人會讓自己仰賴他人；創造財富者同時也創造出不平等與剝削；想要和平的人有時也必須起而戰鬥。

每一次的變化都有其辯證，每個良善、美好的發展也都有其艱難、陰暗、冷酷的一面；所有的進步都有其代價。早期的演化讓你我懂得了合作，卻也敵視「非我族類」的他者——說出「我們」的人，也會同時說出「他們」。刑罰的發展馴化了你我，讓我們變得相處和睦，卻也讓我們具備強大的懲罰本能，藉此監督你我依循的規範；文化和學習讓我們有了從他人身上習得的新知識與新能力，卻也讓我們因而需要仰賴「他人」。不平等與統治的出現，為人類帶來了規模前所未有的財富，以及程度前所未見的階級和壓迫。現代性解放了個人，個人則藉著知識與科技控制了大自然；對於這個此刻你我在當中已無家可歸的世界，我們早已除魅，再無幻想，而且還創造出了生成殖民主義和奴役制度的條件。二十世紀原本希望借助全球機構，創造出一個人人皆能享有同等道德地位的和平社會，然而帶來的卻是人類歷史上最駭人的罪行，並將我們推向生態崩潰的邊緣。近來，我們致力於根絕專斷和歧視、種族主義及性別歧視，以及恐同和排外的遺毒。這樣的企圖將能得到回報，但我們也將為此付出某些代價。

我們的道德如同一張刮去前文、重複寫上內容的羊皮紙，無以辨識又難以解讀。然而道德是什麼？我們如何定義道德？最好的定義方式，就是完全不去定義，因為「唯有不具歷史的東西才可定義」。[1] 然而我們的道德確實有其歷史，而且那歷史太過龐雜、笨重，不是我們安坐書房中所想出的空泛公式能夠形容。道德難以定義，但那並不表示我們無法清楚說明道德是什麼。它只是無法以三言兩語說明。

道德的歷史不是道德**哲學**的歷史。長久以來，人類都在思考自己的價值觀，但直到最近才將想法寫下。《漢摩拉比法典》、《十誡》、《登山寶訓》、康德的「定言令式」，[2] 以及美國政治哲學家羅爾斯的「無知之幕」，[3] 這些都在我將述說的故事中占有一席之地，然而也都是相對次要的角色。這是關於我們的價值觀、規範、制度和實踐的故事。道德不在我們的腦袋裡，而是在你我的城市和堤壩、律法及習俗、節慶和戰爭當中。

我將講述的故事，意在幫助我們理解現下。當前的現代社會正處於道德壓力之下，它需要調和自身存續的可能性和最令人不安的真相。如何才能重繪出你我正置身其中的道德基礎架構，進而完整揭示它的全貌？我們現今見到的這種兩極分化、無可調和的狀況，究竟從何而起？文化身分與社會不平等之間的關聯為何？這些要素最終會連結起來，形成對當前道德危機的診斷。我將在本書中講述人類道德的歷史，而我提出的診斷，也正是源於這段歷史。要理解當下，就必須回顧過往。

簡言之：道德的演進讓我們有了合作的能力，卻也將我們的道德傾向局限在會被我們歸為「我們」的群體當中（第一章，五百萬年）。

外部環境的持續變化提高了合作的必要，而人唯有共同生活在規模不斷增大的群體當中，才能滿足這個需求。懲罰的實踐讓我們一方面具備了必要的個人自制及社會的和睦相處，另一方面也產生出一種心態，讓我們以最高的警覺度，監看你我是否遵循著群體的規範（第二章，五十萬年）。

基因及文化的共同演化讓我們成為仰賴向他人學習的生物，藉此有效地吸收眾多積累而成的資訊和技能等文化資本。同時，我們也必須能夠決定要向誰學習——也就是要信任誰、相信誰，而這種信任感的發展，要以共同的價值觀為中介（第三章，五萬年）。

人類這個具有合作性、懲罰性和適應性的物種，最終成功建立起規模愈來愈大的社會，而這些社會在其自身成員數量激增的壓力下，面臨隨時崩解的風險。

於是，區別嚴格的階級組織形式開始取代最初的平等主義，將人類社會分裂成了兩方，一方是社會經濟菁英階級，另一方則是在政治和物質條件上居於弱勢的大多數人。社會不平等現象日益加劇，我們對於不平等的厭惡感也與日俱增（第四章，五千年）。

道德的歷史遲早會產生一種文化構造，以在個人之間自動形成的合作關係，取代固有的親族關係和階級制度，做為社會結構的新原則。這個社會進化的新階段釋放出前所未有的力量，推動經濟成長、科學進步與政治解放，形成如今我們生活於其中的現代社會（第五章，五百年）。

與此同時，世人對於社會不公的心理反感，和以個人自由為基礎的社會結構所帶來的經濟利益，這兩者之間的矛盾也日益加劇。隨著物質益發豐足，世人要求實現人人平等之承諾的呼聲也漸趨高漲：弱勢少數群體的社會政治地位於是成為道德的優先考量（第六章，五十年）。

這個問題無法如願地快速解決，這正是當前情勢的特點，人類道德歷史中的主要元素彼此結合、交互影響，形成了一種有毒的混合物：我們充滿道德色彩的群體心理，造成你我容易受到社會分化的影響。即便是最近期的社會不平等也難以克服，這就讓世人對所有未能以必要的同等熱情為共同志業而奮鬥的人有所懷疑。這也就加劇了社會對於「我們」與「他們」的分化，讓一般人更容易受假訊息影響，因為我們愈來愈仰賴道德歸屬的信號，好藉此決定要相信誰。

如今，我們的懲罰心理開始更為敏感地審視自己群體成員身分的象徵標誌，並對未遵循當前規範的行為施以愈來愈過度的制裁。當前這種左派與右派之分的身分衝突，正是這種演變動力所導致的結果（第七章，五年）。然而結局未必非得如此。因為你我政治意見的歧異，絕大多數都不過是表面且膚淺的，存在那表象底下的，實為眾人共有、在我心中根深柢固的普世道德價值觀，而這些價值觀能夠成為我們重新相互理解的基礎（終章）。

我說過：這是一段漫長的故事。這則故事始自久遠之前，終點則在未來。故事的節奏會益發緊湊與激烈：第一章到第二章講述的時間橫跨數百萬年，而最終三章合計不過數百年。但請勿依字面看待我所採用的時間劃分，我在文中描述的進展，許多都是相互重疊，或是沒有明定時間順序的。這段敘事所依據的時間劃分方式，應理解為大致的範圍，是為了強調重點，並提供一個概述的輪廓。

也許還有其他的切分方式同樣是有意義的。這則道德的故事也能做為人類社會不斷擴展的故事來講述。從可能只有五名成員的小家庭群體，到最初的氏族和部落，人口規模只有五十至五百人；再到五千至五萬居民的早期城市，一直到擁有五十億人口或甚至更多人的現代大型社會。

道德的歷史也是一段形式各有不同的人類演化史。它始於生物演化的機制，在這機制當中，是我們的道德決定了我們成為什麼樣的動物，以及做為自然物種的我們，今日是何等模樣。道德追溯了文化演化的形式，我們正是靠著文化的演化，創造出自身所處的世界。道德也描繪了社會及政治演化的輪廓，而人類歷史的當前時刻，正是這些演化形塑而成。

最後，它還能做為我們道德基礎結構中關鍵要素的故事來講述。在這些故事當中，我們的合作能力與懲罰傾向、對他人的信任與依賴、平等與階級、個體性與自主性、脆弱性、歸屬感與身分認同等相互結合，創造出人類特有的生活形式。我在這裡所選擇的分類不過是一張地圖，目的是在提供方向，而不是反映現實。最精細的地圖未必是最好的地圖。

書中各章都建立在前一章的基礎之上，同時延續著敘事的內在邏輯。不過，所有章節的寫作方式也讓各章得以獨立存在、個別閱讀。對於人類的生物演化，以及道德觀如何形塑我們**這個物種**感興趣的讀者，可著重於閱讀前幾章。若是想了解人類早期的文化歷史，以及最早的文明如何透過道德基礎塑造文化，可以從中間幾章有所獲益。最終三章則是特別針對有意更深入理解當代道德風貌的讀者。而那些和我一樣，認為理解當下最好的方式是理解過去的讀者，則該完整閱讀本書。

這是一部悲觀的進步史。這段歷史之所以悲觀，是因為每一個世代**當中**都有太多的惡。這也是一段進步的歷史，因為在各個世代**之間**，似乎存在著一些機制，當中蘊含著人類道德逐步改善的潛能，而且這些潛有時也確實得以實現。道德的進步一向都是可能的，而且往往再真實不過。然而，這樣的進步並非理所當然，因為每一項成就都必須抵禦人性的倒退，人類心理的非理性，以及命運本質的無情。

唯有了解道德的起源，才能理解我們的道德，和其所有的奧祕與矛盾。這並不是什麼新觀點。最終在哲學上對此有所突破的是尼采，他將這個項目稱為「譜系」（Genealogie），概念基於家譜。沒有人比尼采更明白，單靠論據和事實並無法改變人心。在奴隸藉由道德造反的故事中，那些被遺棄或處境不佳者，在對強者、美者和高尚者心生怨恨的刺激下，成功地重新評價了所有的價值觀，這種故事是一種修辭上的工具，意在滋養我們對於道德「偏見」的最初懷疑。尼采帶回他真正的道德批評，概述了積極的替代方案：一種以慷慨大度、自豪，以及肯定生命創造力等普世價值觀為方向的道德。

尼采在其一八八七年的著作《道德的譜系》當中，將**好與壞**的價值，重新詮釋為**惡與善**的價值，解釋成那是「群體道德」的巧妙推行，而弱者與權利被剝奪者曾藉助這種道德，成功從心理上攻擊了那些高貴者和強大者，以致於那些高貴者和強大者開始混淆了失敗者與可愛之人，分不出被耗盡者和有價值者。尼采的詮釋試圖表明，我們的道德良知更來自殘酷衝動的內化，而不是內在有個聲音公正地提醒著我們的道德義務，他並且認為，自我否定的道德禁欲主義，是頹廢和敵視生命的表徵。[4]

尼采對於道德起源的論述，主要問題在於：那不是真的。認為彼時基督教中盛行的價值觀——謙遜與平等、謙虛與同情，是源於無權者的無能為力感和自我憎恨。這些無權者對於強者的榮耀懷有怨恨和蔑視，刺激他們創造出了仇視生命的價值觀。然而，這種說法經不起歷史的檢驗。[5]

許多事情一如既往，仍處於黑暗之中。儘管如此，我們如今已經相當明確地知道，道德起源的問題必須如何提出，而這個問題的答案大致又會是什麼樣貌。

為此，我們必須回溯到比尼采認為必要的時間還更久遠的年代，而不是專注於從古代的現世（Diesseits）、貴族與英雄的倫理，轉向基督教中世紀早期對同情與謙遜、罪愆、克己，以及彼世（Jenseits）等價值的強調。[6]相反地，我們需要去注意那更根本的問題：我們人類的道德最初是如何形成的？唯有如此，才能理解我們的價值觀，以及體現這些價值觀的社會結構是如何隨著時間更迭而有了改變。

我提出的道德歷史，並非傳統意義上那種具體且事件及發展多少都有詳實紀錄可查的史學史（Geschichtsschreibung）。我要說的是「深層歷史」的一種形式，它不以年代和人名去運行，而是創造一種大致可能發生如此情況的合理場景。

我們永遠無法解碼事件的確切發展進程，因為「過去之井」很深，甚至可能深不可測。我們必須仰賴不同學科的最佳三角組合：遺傳學、古生物學、心理學和認知科學、靈長類動物學和人類學，哲學與演化理論，這些領域提供了各自的視角，共同構築出一幅全景。

這個故事是否會如尼采認為的那樣，揭露出我們價值觀中**羞恥的起源**（*pudenda origo*）？當這故事結束時，我們還能相愛相親嗎？令人不安的真相一旦攤展在冰冷的天光下，是否會打碎你我對於自身價值的信心？這個故事是否會表明人類的道德經得起更為嚴格的審度？又或者，這場偉大的盛典將在一片廢墟、憎惡和恥辱當中結束？我們無法得知未來會如何，也不知道我們有多想共同生活在一起，又希望如何生活在一起。我們也不必知道。我們的道德價值觀就如同車頭大燈：你無法用它看得很遠，但若是仰仗它，便能走上一段長遠的旅程。這就是那段旅程的故事。

而故事是這麼開始的——

第一章

5,000,000 Jahre
Genealogie 2.0

五百萬年

——譜系 2.0

・後裔

隨著乾旱到來，樹木消失了。在這片破碎的大地上，陡峭的山谷和崎嶇的溝壑、深幽的巨湖和沼澤、高山及平丘，一一成形。帶刺的灌木叢、矮樹，和尖銳的草葉，快速取代了過往的密林。那片密林曾讓我們得以在藤蔓、沾覆露水的巨大蕨類和飽含汁液的多肉植物之間受到庇護。在這片密林裡，在從地面拔生而起的樹根之間，多彩的花萼上曾有芳香的菇菌生長。

而後，我們離開了樹木，樹木也離開了我們，眼前等著我們的是一片開闊大地。這個無邊無際的新世界下著碎石與火雨，而且沒有多少東西可吃。這裡有的是長著尖牙利嘴的駭人巨獸，牠們的行動比我們敏捷，而且就和我們一樣飢餓。

一輛購物手推車，裝著半滿的石化骨頭，[1]這些就是我們最早的祖先僅存的遺骨了。總之，就只有些許的牙齒與頭骨碎片、殘碎的眉脊骨、部分下顎及上顎骨，以及幾塊大腿骨碎片。除此之外，再無其他。

術語往往令人頭昏腦脹。如今我們是以各**分類**（*Taxa*，其單數型是 *Taxon*，字源來自古希臘文中表示等級的 *táxis* 一字）在動物學樹狀譜系圖上所處的分支位置，以及應當強調的差異及演化分支為依據，對其進行區分：**人科**（*Hominidae*）含括所有人猿，也就是在人屬（*Homo*）之外，還包括大猩猩屬（*Gorillas*）、猩猩屬（Orang-Utans），[2]以及猿屬（*Pane*），而猿屬的近代代表當屬黑猩猩和倭黑猩猩（又稱巴諾布猿）；另一方面，**人亞科**（*Homininae*）一詞排除了亞洲的猩猩亞科（*Ponginae*），仍專指**非洲的**人科，而在當中除了人類，僅包括猿屬和大猩猩屬。**人族**（*Hominini*）一詞包含了狹義上的所有人類，但還不是最狹義的定義：這一門——也就是生物學所稱的「族」[3]——大約五百萬年前開始在非洲南部和東部地區生活、繁衍的類人（但無可否認，還稱不上是真正的人），包括一些南方古猿（Australopithecinen），而有些像是我們更熟悉的匠人（*Homo ergaster*）、直立人（*Homo erectus*）、海德堡人（*Homo heidelbergensis*），以及尼安德塔人（*Homo neanderthalensis*），皆屬於此。而這些人族當中，只有我們智人存留至今。

・合作

第一批**人族**的演化故事，說的正是最早的原始人從你我與其他人科共同的先祖分支出來之後的故事。這個人類演化的第一個關鍵階段，時間可以回溯到大約五百萬年前。[4]

現存的人類化石主要都是在現今的衣索匹亞、肯亞、坦尚尼亞等東非地區出土，但最古老的查德沙赫人（*Sahelanthropus tchadensis*）是例外，他不對稱的畸形頭骨是在查德北部乾燥的朱拉布（Djurab）荒漠中的托羅斯—美那拉（Toros-Menalla）地區發現。圖根原人（*Orrorin tugenensis*）的股骨碎片與一節拇指骨，是在肯亞綠意盎然的圖根山（Tugen）的盧凱諾（Lukeino）地層裡出土的；而在衣索比亞阿瓦什（Awash）河畔的阿法爾三角區（Afar-Dreieck），我們發現了始祖地猿（*Ardipithecus ramidus*）的後臼齒，以及阿法南猿（*Australopithecus afarensis*，著名的「露西」也屬於阿法南猿）的下顎骨。南非是第二個主要的化石出土集中地，我們曾在當地的史泰克豐丹（Sterkfontein）、格拉迪斯維爾（Gladysvale）、德里莫倫（Drimolen）及馬拉帕（Malapa）等洞穴內，發現諸多人類祖先的遺骨。後人能發現這些「瓶中信」，或許要感謝獵豹和其他的大型食肉動物；這些動物當初就棲居在洞穴中，習於將獵物拖進洞內吞食。

這些石化的遺骸如今散存在世界各地的古人類學研究機構裡，被人官僚地遵循一套特定的規則與程序進行標記、記錄、存檔、登記和分類：查德沙赫人被簡稱為TM 266，圖根原人則是BAR 1000'00；其他的碎骨、殘片、骨塊則被標示為Stw 573, KT-12/H1，或是LH4。始祖地猿則被暱稱為阿爾迪（Ardi），雖然也不是多有創意，至少還有個名字。[5]

這些化石發現所訴說的「轉變為人」的故事，猶未塵埃落定。如同哲學家會說的，它是「經驗資料的人質」，隨時會因更新的發現而修訂、更正，甚至被徹底推翻。這倒也是一件正確的好事，因為唯有教條才會永遠不變——而在科學裡，恆久不變的知識是例外。人類對於最幽深、最遙遠過往的探尋，一向都是推測性的，然而這種推測並非無可證實、不著邊際，它的意義堅實，是許多人以機敏的頭腦，藉由比較形態學、分子遺傳學、放射性碳定年法，生物化學、統計學和地質學等最聰明的方法，試圖從眾多異質理論和資料當中，重新建構出最可信的版本。而這些對過往歷史的重新建構，仍仰賴地殼願意透過偶然發生的地質變化中，向人們分享哪些祕密。我們在這探尋過程中，常被比做一名丟失了鑰匙的醉漢。有人問醉漢，怎麼老是在路燈下尋找不見的鑰匙呢？他答道，因為那裡的光最是明亮。

「人類的搖籃」能移往東非，是因為東非的地質條件能讓岩層露出地表，其他地方的岩層往往是深埋在數十公尺的碎石、沙子和黏土層底下。再者，一如所有的科學學科，就算是最正經嚴肅的學者，難免也會受到某種獎勵結構誘惑，傾向認為自己的新發現正是人類的祖先，而不是什麼或許平凡一點的物種。令人訝異的是，歷來幾乎不見黑猩猩與倭黑猩猩的化石；當然了，「沒有人願意為了發現最早的猿人，而放棄成為最早**人族**發現者的機會。」[6]

說到在演化上和現存的人科分離出來的最早期人類祖先，我們其實是在談一群相貌與外形都和現代人相去甚遠的動物。身高不足一公尺，具有靈長類獨特的過長手臂、朝前凸出的口鼻部位、寬大的鼻孔、全身披覆濃密的黑棕色毛髮，相形之下，這些原始人還更像是今日所見的猿猴，而不是像我們。我們要到許久之後，才看得到他們的文化，以及靠智慧解決問題的最初跡象：讓坦尚尼亞的奧杜威峽谷聞名於世的那些原始石器，距今不過兩百五十萬年歷史。

再者，當時的氣候也已相當溫暖，又不至於太熱，因為彼時我們的棲息地大都在海拔一千公尺以上的高處。在這片樹木稀疏的開闊草原上，我們在白日天光下一小群、一小群地找尋地上的樹根、塊莖、味苦的嫩芽、扎根土中的根莖，還有堅果和白蟻，若是運氣好，還能找到鬣狗或獅子（當時牠們遠比人類更擅長狩獵）吃剩的動物遺骸。動物屍體上的乾肉碎屑讓我們得以攝取到蛋白質，牠們的骨髓和腦髓亦然，我們利用靈巧的手指從牠們碎裂的顱骨中挖出這些來吃。

兩百萬年前，更新世開始了，隨之而來的是人類進化的一個關鍵時期。此時的地球上盡是各種奇特的大型動物：猛瑪象、長毛犀牛、劍齒虎和巨型犰狳就漫步在這片大地上。如今這些生物早已滅絕，部分也是因為人類之故。

彼時我們生活在一個危險的嚴酷世界。這片由東非大裂谷構成、類似稀樹草原的開闊大地，自此改變了非洲大陸東部的地貌，使我們更容易遭到肉食動物的掠食；在這片稀疏而荒蕪的大地上，我們無法再像從前那樣快速逃到樹梢上自保。開始在西部隆起的大山，隔絕了這個地區的風和雨，然而這些來自大西洋的風雨，原本會為這片大地帶來水分。[7]

「來托利腳印」是將近四百萬年前在坦尚尼亞北部薩迪曼火山灰中留

下的人類足印，[8]讓人聯想到兩名成人與一名孩童構成的家庭。這些足印是我們目前所知最早、最可信的直立行走證據。密林之外的新生活環境，為這種雙足行走的生活方式提供了演化上的支持。儘管我們爾後在很長一段時間內仍是攀爬能手，卻也愈來愈需要長距離徒步行走。在這片遼闊而平坦的平原上，更加銳利的望遠視力和快速的腳程，會更具好處。

我們可用近來才獲詳細闡明的時間預算模型，[9]去推測這群早期人族的社會生活。[10]為了能在彼時的環境中存活，我們靈長類（以及其他生物）基本上需要完成三件要事：獲取食物、休息，以及維持社會凝聚力。一旦對遠古時期的環境大略有個概念，就能大致量化出特定物種能有多少純然的白晝時間（也就是除去夜晚）可用，也就能推算出這個群體的最大規模。而這個群體要凝聚起來，則要透過所謂的「梳理」（grooming），也就是群體成員彼此梳理毛髮，這是靈長類動物建立社群連結的核心機制。我們需要這麼長的時間用於覓食，又需要這麼久的時間用於休息，最後也就剩下「X」這個時間量可用於維繫群體關係。而這剩下的時間量，並不足以維繫一個規模超過二十名成員的群體。

但社群生活對我們的祖先為何如此重要？我們的合作能力為何開始扮演起如

此關鍵的角色？這些問題將我們帶回了東非大裂谷形成的氣候和地質變化上。

人類第一個根本的道德轉變，就是發現了「道德」本身。大多數動物物種都知道，行為規律能促進群體的穩定與凝聚。例如：水中魚群似乎依循著聽不見的節拍，暗中透過一致性進行合作；蜜蜂和螞蟻等社會性昆蟲的勞動分工則已趨於完善，常會為了蜂巢或蟻群的利益，要求個體徹底自我犧牲。為求人人皆能從中獲益的更大公共利益，而捨棄個人利益，這就是形塑出人類道德的特殊合作形式。

人類開始出現合作行為，是我們這個物種最初也是最關鍵的道德轉變。為什麼是合作？我們獨特合作能力的演化，要歸因於氣候和地理的變化。在這變化裡，原本的熱帶森林被稀樹草原般的開闊平原所取代，這也解釋了為何我們的生活方式會和黑猩猩及倭黑猩猩如此截然不同。這些人類近親沒有經歷類似的氣候變異，仍繼續住在中非剛果河周圍的密林地帶，面對的演化壓力與我們截然不同。生活環境不穩定，加上遭掠食動物攻擊的危險度劇增，這些因素無不增加了我們必須透過增強彼此互相保護以化解新危險性的壓力。我們藉著緊密的合作，在規模更大的群體當中找到支持和力量。被迫在一片開闊的大草原上生活了五百萬年之久，我們人類成了最聰明的猿類。[11]

・適應

演化心理學試圖從我們的演化史當中找出一些有關現代人類行為的線索。然而，這門學科可說是聲名狼藉：在許多人眼裡，演化心理學不過是在笨拙地隱藏它想藉著偽科學將反動偏見合理化的不良企圖。這種懷疑倒也不是毫無根據，尤其演化心理學對性別差異的研究，就誘使一些理論者創造出教人聽得寒毛直豎的「就是這樣」的故事——這些故事幾乎無法得證，聽起來卻又煞有其事，似乎可信——據稱它能解釋為何女人總愛買鞋，而男人則是愛看足球。遠古時期，做為果實和漿果的採集者，典型的女性總愛尋覓一些色澤鮮豔、五彩繽紛的小東西帶回家；另一方面，對一直致力於狩獵的男人來說，肉身體能上的競爭、鎖定目標、搏鬥、壓制對手等行為，天然具有無窮魅力。因此，就有一種觀念認為，男人負責帶獵物回家餵養家庭成員，而女人則以確保自己看起來漂漂亮亮做為回報——這樣的性別分工在今日仍然是正確的好觀念。

那麼，指責演化心理學充滿沙文主義，也就不是完全無的放矢了。不過，一門學科有一半都是性別歧視的狗屁話，未必就意味另外那一半也同樣不正經。正如演化形塑了我們的身體，它同時也形塑了我們的心理，這一點無可爭議。如果天擇只在我們脖子以下留下痕跡，那才令人驚訝，甚至困惑、不可思議。

演化心理學試圖以演化理論的方法去研究心理學，試圖找出人類的演化軌跡是否影響了我們內在的思考、感受、認知，以及行為模式——為了理解今日而向昨日學習。

這項研究當中有一個重要的部分，就是理解這種演化發生的環境條件。我們會對蛇和蜘蛛深感畏懼，會在城市裡營造景觀好似稀樹草原的公園，會喜歡露營時的熊熊營火，能滔滔不絕說著他人的閒話，會被突如其來的巨響嚇到，能夠準確地朝目標投擲物體或長距離奔跑——這些全都其來有自，絕非巧合。我們的視覺感知僅對電磁波譜的一段有感，[12]也就是生物學上肉眼可見的那一部分（我們稱之為「光」）。依此推測，我們其他的心理特徵也可能類似如此。我們的心智思維如今仍依循那些曾為我們的祖先提供競爭優勢的模式在運作。這種透過適應所帶來的優勢特徵，我們稱為「適應性」。我們具備的能力並非全然源自於演化，功能複雜的特徵極有可能是適應後得來的——或者，至少曾經是。

演化心理學最引人注目的成果之一，就是它能解釋許多我們在思考和行為上的功能缺陷。人類對於攝食糖分有幾近無限的欲望，或許就是內在心理與外在環境不一致的最著名例子。碳水化合物是人體重要的能量來源，而過往能量最重要的一個特色，就是它的「稀缺性」，也因此，我們在演化過程中承繼到一種絕不錯放任何攝取糖分機會的特質，自然也有其道理。只要碳水化合物仍然稀缺，這種特質就會繼續維持其適應性，因為對糖的渴望會促使我們積極去攝取對我們而言至關重要的能量。然而，一旦我們脫離了適應演化的環境，已經能從像是超市或加油站福利社無止盡地取得糖供應時，本來對於糖的欲望也就成了問題：原本那個「盡可能攝取能量，以便為養分稀缺時期預做準備」的演化適應性，如今可就要刻意節制了。

不幸的是，我們的內在心理配備了一整套的返祖傾向，對這些傾向而言，現代社會就像是一個敵意日益增加的環境，我們在當中得不斷以極大的代價抑制自己的原始本能、思維模式和行為反應。於是，這就增加了自我克制的需求，並且逐漸導致「文化中的不適感」（Unbehagen in der Kultur）擴散，[13]因為儘管現代社會消弭了我們對物質的匱乏感，卻也同時增強了對於認知紀律的要求。這就延續產生了一個矛盾的看法：發達社會的物質繁榮似乎承諾了幸福的希望，然而這個承諾的實現速度只會慢得令人沮喪，而且永遠無法徹底實現，因為每當社會複雜度提升，我們的認知負擔也會超載增加。

就道德歷史而言，重要的是：在人類過往的演化進程當中，有哪些屬性形塑出了我們合作意願的性質和程度。你我都知道，我們對於相互合作有著異常自動自發且出奇靈活的傾向。但為什麼會這樣？

人類這個物種的關鍵演化階段——也就是讓人和變形蟲、兩棲生物，或是其他哺乳類有所區別的演化史前史——是發生在一個高度易變的不穩定環境當中。這倒不是說彼時的天候變化特別難料，而是當時我們祖先的族群世世代代都得去適應變化快速且劇烈的氣候，而這樣的氣候變遷原本速度比較緩慢，或程度沒那麼極端，又或者兩者兼具。不穩定的自然環境會要求人在覓食、行動和定居等方面提高隨機應變的彈性和可塑性，這也就使得我們的祖先能夠無須先經歷過生理構造變化，就能去探索新的棲息空間。最初在技術上的突破確保我們得以精進應對大自然挑戰的能力，並能在新的利基條件下順利生存。日益變化無常的環境也讓分擔風險變得有其意義。如果你知道每年在二十間小屋中會有三間毀於暴風雨，但又不知道今年會是哪三間遇上這等遭遇，那麼，在社會結構中先建立一套安全體系，以便為群體成員提供臨時保護，免受變化無常的命運所擾，這舉動堪稱值得。

大型哺乳類動物的出現，使得集體狩獵成為一種適應性的行為。許多動物都懂得合作狩獵，但人類聯手狩獵所展現的精準及協調程度，是其他物種難以企及的。我們的祖先愈來愈仰賴從大型動物身上獲取肉食，這也使得集體意圖（所謂的「**我們**意圖」）[14]的形成有了演化上的意義，也就是與他人一起學習複雜的狩獵技能，最後再聯手將之實踐。與此同時，參與狩獵行動和分享所獲獵物的複雜制度規範也開始同步發展出來。

就這樣，像人類這樣的合作型生物便能從大自然和社會環境中收穫合作成果。所謂的「規模效應」（Skaleneffekte）於焉誕生，也就是隨著合作網絡的擴展，合作效益也隨之增加。這個經濟學家稱為「規模報酬遞增」（increasing returns to scale）的現象，意味我們的行動成效未必總是呈線性發展，有時也會突然猛烈增長。如果獵得一頭大象或斑馬，至少需要六個人的小組，那麼在決定要以五人或六人為一組出去狩獵時，就不是想獵得五隻或六隻野兔的選擇，而是想帶回五隻野兔或一**頭大象**的選擇了。

「獵鹿賽局」就是一個能用於模擬這種合作形式的理論模型。[15]在這個保證賽局當中，有兩名玩家（A和B）與兩個選項（獵野鹿或是獵野兔）。鹿僅能由兩名玩家一起獵得，野兔則可由兩名玩家各自獵得。關鍵在於玩家的行動是否能協調：當A想獵野鹿、B卻要獵野兔時，A將會餓著肚子回家，B則會錯失一個機會。唯有當雙方皆選擇要獵鹿時，才能收穫最佳效益。

我們是以小型群體的形式，生活在演化的適應環境中。「鄧巴數」是演化人類學中的一個關鍵概念。[16]英國演化心理學家羅賓．鄧巴證明，靈長類動物大腦的新皮質大小，代表了一個群體的成員數量上限，因為群體的規模愈大，它的社會結構相對也就愈加複雜，因此愈會要求其成員處理資訊的能力。[17]你在一個群體裡必須判斷能相信誰，必須掌握其中成員最新的社會聲譽好壞，以便評判誰是良師、誰是益友，或者誰既是良師也是益友，而誰又最擅長狩獵、煮食、判讀蹤跡，還是誰何時在哪裡以何種方式侮辱了誰。

長遠來看，群體規模的擴增會造成不穩定的影響，因為我們天生缺乏能讓合作協議長久穩固的制度工具。鄧巴甚至認為，根據人類的平均腦容量大小，可相對精確地看出人類群體的自然規模是大約一百五十人。一百五十人，這個數值可見於各種不同的環境，從部落社會到軍事組織的內部結構皆然。說穿了，你能在酒吧裡自在地和他喝上一杯的人，最多也就一百五十個。[18]當然了，人類社會的獨特之處，就在於它能將遠超過一百五十個人的群體整合起來。然而這樣的整合是近代才發生的事情，因為這必須依賴一套能對規模更大的合作群體產生約束力的制度框架。一個團體的成員數一旦超過它的承載極限，原本自發形成的團體就會開始分裂。

人類祖先在演化過程中所生活的小群體，無不處於持續衝突，或至少是潛在衝突的狀態。一方面，過去人類演化時難以預料的外在環境條件，常會導致彼此爭奪稀缺天然資源的激烈衝突。我們是否能如英國政治哲學家霍布斯所言，稱說「凡人皆狼」，[19]這仍是個存在爭議的問題。法醫考古學的資料清楚證明了，人類群體彼此往往極度仇視對方。[20]據說，某些游獵採集部落，幾乎不知道什麼是非因遭受鄰近部落成員暴力攻擊而死的「自然死亡」。

史前人類群體之間的接觸，絕大多數都會導致暴力衝突，這並不奇怪。就演化來看，爭占領域和搶奪資源是有其道理的，因為群體間的衝突非常適合強化合作機制的選擇壓力。[21]個人的生存愈是仰賴於群體的成功，利他行為也就愈會對群體帶來回報。許多人都十分抗拒將戰爭視為利他合作的例子，但在技術上，這是正確的：參戰者將個人利益置於共同目標之下，進而選擇了合作，前進沙場。[22]無論一個國家戰勝與否，個人的貢獻往往微不足道；即使是拒絕參戰者，也能享受戰勝的甜美果實。因此，戰爭是典型的集體行動問題。至於戰爭是否是為了服務道德上的善事，那已是次要的問題：合作本是人類道德的核心基礎，即便合作是為了卑劣的目的。

群體與群體之間的暴力衝突或許不單是偶遇的結果，還是敵對群體之間有計畫的策略性攻擊。前述生存環境的多變氣候也促成了這兩種現象，因為頻繁的遷徙動盪，使得先前互無往來的孤立群體更容易發生衝突。對近代原住民族群所做的民族誌調查，也揭露了同樣的景象。我們的祖先對自己人是可親的和平主義者，但對外人可就是謀殺和劫掠的暴徒了。

我們的演化適應環境並不是一個能在地圖上圈畫出來的具體區域，也不是一段可在時間軸上標明的歷史時期。人類的演化歷史是自然與社會條件集合的總稱，這些條件對我們這個物種的發展施加了要做出有效選擇的壓力。若想了解我們的道德，就必然要了解這些選擇的歷史。

·生物演化

若要深入了解人類演化的機制，我們得先了解演化通常是如何運作的。哲學家康德直到一七九〇年都還認為，「會有一個牛頓出現，能根據本無任何意圖的自然法則，解釋一片草葉何以生成」，這樣的想法是「不合理的」，[23]因此絕無可能。然而，僅僅在六十九年後，達爾文就寫出了《物種原始》，這再次顯示了：今天看似不可能的事，有可能明天就成為現實。

生物界是一股力量刻意干預的結果，如此印象乍看之下著實無可抗拒。眼睛的存在是用來觀看，心臟則是用來將血液推送至全身；獵豹身形修長、速度疾快，**因此**擅長獵捕；鳥能飛翔，**所以**……諸如此類。但演化論打破了這個印象，揭露出那是目的論的幻象。生命看似有其目的導向，實則只是在毫無計畫的突變和選擇的洪流中隨波逐流。

事實上，生物之所以出現這些聰明的「設計」，要歸因於千萬年來，變異型態的出現頻率在極端的外部選擇壓力（像是流行病、氣候變遷等等）下漸進起伏的變化過程。演化一直都發生在「有變異的後代」（descent with modification）。

演化的基礎是多方因素的結合，例如變異、不同程度的繁殖成功率，以及遺傳等等。隨機的突變會導致變異，經此產生的變異體在相對繁殖成功率上的差異，會透過遺傳造就出下一代的新混合物。這個過程稱為天擇。

這些都是在「盲目」、也就是「無計畫」的狀態下發生。沒有誰在指導這個過程，正如哲學家丹尼特所說，[24]這過程是如「演算法」般在進行。[25]演算法是一個決策程序，只要正確且重複運用，便會機械性地產生特定結果。演化透過重複運用變異及選擇，產生了適應性，而且，長遠來看，也產生了新的物種，這就是種化（Speziation）。

天擇並非決定生物族群組成的唯一機制。這當中除了基因的隨機流動，性擇同樣也扮演了一角。至於性擇是否也是天擇的一種形式，這點仍有爭議。在性擇的過程中，有機體（說得更精確一點，是其基因）繁殖成功率並非取決於大自然的支配，而是異性反覆無常的善變品味。

也許沒有多少科學術語看似這麼易懂，卻又常遭人誤解。「適應」（Anpassung／Adaption）一詞常讓人連想到所謂的拉馬克謬誤，[26]認為環境的影響會引發既存的有機體產生表現型的改變，所以，像是長頸鹿為了試圖吃到特別高處的樹冠葉子，因而生出了長脖子，這就是演化。但反對的論點認為，後天獲得的特徵是無法遺傳的（除了少數表觀遺傳的例外情況），而且某些特定的特徵本來就無法獲得。然而，一個更根本的誤解是認為演化是發生在「個體」身上的過程。事實上，演化概念應該要從生物「族群」的統計角度去理解，指的是某項特徵在一個族群當中分布的世代變異，也就是某項特徵在代代相傳之間的出現頻率如何變化。脖子較長的長頸鹿有較多的後代，導致下一代就有較多脖子較長的長頸鹿。

「演化是**適者生存**的過程」，最早提出這個說法的人並不是達爾文，而是史賓賽，[27]這位英國哲學家及社會學者在《物種原始》出版五年之後提出了這個說法。這個公式稱說，有獨立於演化之外的適應性標準存在，而演化過程則會追蹤這些標準。事實上，最適者也就是繁殖成功率最佳的個體。最適者是個重複打轉繞圈的詞彙：誰占了上風？是最適者。那誰是最適者？就是那些占了上風的人。那麼，這些最適者**是誰**？他們是大是小，是強是弱，是聰明還是愚蠢？只要能生存下去，而並且繁衍後代，這些問題對演化而言都無關緊要。

某種特徵具有適應性——這種適應一向都是事後才會顯現，絕對不會事前預見——未必表示那就是最佳的適應性。演化並不是追求最佳化。例如：很多人都納悶，人類為什麼至今仍會罹癌？癌症這個「萬病之王」不是早就該被攻克了嗎？[28]演化不是應該要讓我們對癌症免疫嗎？可惜，演化對我們或我們的痛苦根本毫不在乎。演化唯一在乎的，是某一特徵如何影響基因的繁殖成效。大多數人早在罹癌之前就已將自己的基因遺傳給下一代。要是最初就沒有癌症基因會**更好**，但這和演化無關，演化只要**夠用就好**。在演化競爭中，最重要的是比對手**更具繁殖優勢**。最佳的質並不重要。事實上，追求最佳化的策略甚至不利於適應，因為選擇壓力會酬賞懂得最有效利用資源者。完美主義者總是最先被淘汰。

並非每項生物特徵都是適應過程產生的結果。在適應之外，還有擴展適應（Exaptation）；擴展適應是指，一項特徵原本是為了實現某種功能，之後卻悖離了其原本的目的或功能，有了另一種用途。鳥類羽毛就是最典型的例子。羽毛最初的功能是在調節有機體的體溫，而後才被演化重新賦予飛行功能，成為飛行工具。再者，一個生物群體的特徵表現產生變化，往往根本不是來自其功能（或功能障礙）所造成的繁殖差異，而要歸因於基因的隨機漂移。例如：當一個生物族群遭遇繁殖瓶頸，就會出現非適應性的基因漂移：像是一場洪水或暴風雨消滅了該族群的大多數成員，僅有那些恰巧倖免於難的遺傳信息得以存續。

最終，一項特徵具有適應性——也就是會帶來相對更高的繁殖成功率——與該特徵在其他意義上是否堪稱良好或值得追求毫無關係。演化生物學及演化心理學是一座由殘酷和淫穢構成的全景監獄，[29]儘管在策略上有利，在道德上卻令人懷疑。謀殺與過失殺人，強暴與偷竊，仇外與嫉妒，若依不同條件，這些都有可能是適應性的行為，但並不表示這些行為在道德上是正確的。

演化論在科學上的發現，其重要性再怎麼高估都不為過。突變與選擇之間彼此不協調的互動過程，可用來解釋看似刻意設計的適應性，這個觀點是人類歷史上最偉大的洞見之一，僅有其他三、四項重要發現可與之媲美。「當你凝視深淵，深淵也在凝視你。」[30]尼采曾如此預言。事實證明，這個「達爾文深淵」遠比你我想像的還更幽深。[31]丹尼特形容，演化論就是一種「萬能酸」（universal acid），它徹底侵蝕了所有的傳統概念、思想和理論。[32]很多意識型態根本禁不起和它接觸。

・合作的難能可貴

過去這幾千年來，發生了許多事。在哲學家暨神經科學家格林的想像中，[33]每隔一萬年就會有一個高等外星文明造訪地球，目的是要來看看，地球上是否有哪個物種將來大有可為。他們在十萬年前注意到了智人：「狩獵、採集，一些原始工具；人口數：一千萬」；[34]九萬年前、八萬年前，甚至一萬年前的紀錄也同樣如此。但這高等外星文明最近一次的到訪，是在二〇二〇年，紀錄裡這麼形容：「全球化的工業經濟，先進的核能科技、無線通訊、人工智慧、太空旅行，包容的社會及政治機構，民主政體，高度發展的科學……」人類已走過漫漫長路，而在形塑和驅動這些發展的路上，我們的道德能力扮演了決定性的角色。

事實未必如此，因為我們容易想像出另一番景況。美國人類學家赫迪[35]就曾比較過：一架飛機上的旅客是黑猩猩或人類，會有什麼不同。[36]我想，沒有多少人會真的對搭飛機樂在其中吧。不過，我們得承認，儘管登機前必須克服一些教人沮喪的關卡，基本上整個搭機過程還堪稱文明。畢竟我們得難以動彈地連坐好幾個小時，和陌生人挨擠在一起，全程不發一語，吃的是可疑的食物，看的是更加可疑的節目。雖然偶爾會遇上搭機乘客喝醉酒，或是嬰兒尖叫不停，令人惱怒，但有誰真的在搭機時遭遇過嚴重或暴力的事件？

那麼，在類似條件下，黑猩猩會如何表現呢？我們只能建議，千萬別進行這種實驗：座椅被拆毀，機窗被打碎，地毯上積血成泊，被扯下的耳朵、手指和陰莖散落各處，機艙內猩屍遍陳，一片哀嚎和咬牙切齒的聲音。

這並不是說黑猩猩或其他非人類的動物，都是血腥、衝動且毫無合作能力的生物。此處的重點在於，人類合作能力的運作和其他動物不同：我們的合作更頻繁、更靈活、更慷慨、更有紀律、當中較無猜疑，甚至能和陌生人合作。我們從某些事物中看到了彼此合作的好處，並從中獲益。能招攬到同類一起參與各種雙贏活動的人，會看到充滿可能性的新世界。我們非常擅長發現這種機會，並且緊緊抓住。

・我們只想玩遊戲

二十世紀出現了「賽局理論」這門主要研究人類合作行為的條件及限制的獨立科學。賽局理論研究的是理性行為者彼此間如何互動，尤其試圖解釋為何合作行為往往難以形成，也難以穩定維持。

賽局理論一詞的用字選得並不好，因為它要麼暗指這是一種關於「遊戲」——例如西洋棋、撲克牌或籃球——的科學研究，要麼暗指人類的共生共存應被貶低為可疑的消遣。然而實際上才不是這麼回事。事實上，賽局理論家感興趣的，是以精確的數學模型去描繪人際互動——尤其是去理解合作為何經常會失敗，甚至未能成形。**賽局**理論這一術語的含義在於：人際互動可視為一連串的舉動，在這當中，甲方前一步的舉動會決定乙方接下來最佳的回應之舉。

當你為了顧及更大的共同利益，而將個人的立即利益擱置一旁，這就是合作行為。這樣的行為與犧牲自我無關：因為所有人都能從合作中獲益，正因如此，當一樁合作因為參與者的小心眼、衝動或短視近利而破局時，會特別令人沮喪。

以限制個人理性效用最大化的規範為導向，但能藉此帶來雙贏局面的合作行為，這在賽局理論中被稱為**正和賽局**。像打撲克牌這樣的零和賽局，其特點則是一方的損失即為另一方的收益，也就是收益和損失的總和為零。而在負和賽局中，所有人都是輸家。由於雙贏的合作行為當中無人吃虧，因此符合了一項重要的公正標準：對所有相關方而言，這些行為都是合理的。

在賽局理論的眾多詞彙裡，至少有一個已進入大眾論述的領域，那就是**囚徒困境**。這故事大致是這樣的：甲與乙這兩名罪犯被逮捕，警方雖然已能證明他們犯了輕罪（非法持有武器之類的），但真正想起訴的是他們近期犯下的一起銀行搶案，苦於證據尚不充足。於是警方將兩人分別帶進不同的審訊室，並且提出交易：甲嫌要是願意指控乙嫌，那麼只會判一年監禁的輕刑，而乙嫌則會因為警方已能證明他犯下了兩起罪行，因而遭判十年監禁。只是，乙嫌也同時得到了警方提出的相同交易條件。如果甲乙兩人都保持緘默，只能被以較輕的罪行指控，那麼甲乙兩方只會各判監禁三年。如果兩人都背叛對方，那麼雙方都將被判五年監禁。由於甲乙兩方無法溝通，兩人都必須選擇對自己最有利的策略。對甲而言：要是乙背叛我，那麼我也該背叛乙，否則我就成了唯一要坐牢十年的人。但若乙保持緘默，閉口不說呢？那麼我**還是應該**背叛他，這樣我的刑期至少能減至一年。問題是，甲乙兩方的處境是一樣的。因此，甲乙兩人都會相互指控，因而都被判五年。

囚徒困境描述的似乎是既遙遠、又與日常生活無關的特殊情境，然而它實則是一個更常見的問題的生動例證，能精確模擬出社會行為的根本衝突。對所有參與者來說，合作幾乎一向都是最佳選擇。問題是，**對每個個人而言**，其他人都在合作，就算自己不合作，也能從眾人那兒占到便宜、嘗到甜頭，這樣豈不是更好？換言之：對任何人而言，無論他人合作與否，自己不合作永遠都是最佳的選擇。如果我會被人騙，那麼最好是我自己就來說謊。如果其他人很誠實——同樣如此。不合作成為了**主要策略**，而相互不合作也就形成了穩固的**納許均衡**：[37]沒有人能單方面地在毫無損失的情況下離開這個均衡狀態。囚徒困境的弔詭之處，就在於它顯示了個體理性和集體理性會如何分崩離析。倘若每個人都以理性行事，那麼整體上會導致一個對所有人次佳的結果，依然無法收獲合作成果。

一旦了解這個基本觀念，就會發現，囚徒困境——或者更廣泛來說，集體行動的問題——其實隨處可見。這主要是因為集體行動的問題**確實**無處不在。最著名的例子，或許就源於自然資源枯竭的脈絡。早在十八世紀，蘇格蘭哲學家休謨就已預見了自然資源枯竭的問題，[38]而自哈丁開始，[39]這些問題又以「公地悲劇」一詞而廣為人知。[40]哈丁這位美國生態學家觀察到，如果牧場或漁場這類自然資源沒有劃分出明確的所有權邊界，很容易就會被人過度開發，超出其負載能力。是顧及永續發展，抑或掠奪剝削？不論其他人怎麼做，對個人而言，最好的策略都是自己過度利用這些自然資源。過度利用資源的個人能吸盡這種不義之舉的油水，但代價成本卻是被「外部化」到整個集體身上。

許多日常生活中看似平凡的現象，都能被視為集體行動問題來分析。高速公路的堵塞，往往是好奇的駕駛減速想瞄一眼車禍現場的輕率行為所造成，使得後續來車的車速愈來愈慢。又如，抄小路雖是最方便的省時捷徑，最終卻會在地面上留下難看的車胎痕跡。

自從范伯倫提出《有閒階級論》之後，[41]經濟學上就常說到「炫耀性消費」。在炫耀性消費當中，大量資源往往用於地位象徵上，然而這些象徵最終仍舊無法提供購買者內在的滿足感，僅是表達出其**地位**何在罷了：當別人沒有（也因為無法擁有）某些商品，那些商品才有價值。然而一旦眾人在這方面想迎頭趕上別人，相互競爭，那麼情況便會惡化：人人都會變得更窮，沒有人會更幸福。大眾集體在物質上相互攀比，這種競賽根本不應該開始。[42]

在政治上，賽局理論特別適合用於驗證冷戰時期軍備競賽的荒謬。[43]在許多知識份子看來，冷戰時期的世界根本就是瘋了，無法調和的意識型態毒害了兩大陣營的思想，彼此將對方視為卑劣或邪惡的對手。然而，這種解釋也是致命的錯誤，因為這將情況歸結成了非比尋常或無可解決的問題，而不是試圖在相互恫嚇當中看見平凡的核心。如果別人都有核武，那麼我最好也要有。如果唯獨我有，那更好。

許多問題同樣也能如此理解：擁有槍枝的美國人總愛說，持有槍枝比沒有槍更具安全感；幾乎沒有人不認可自我防衛這個合理需求，正因為如此，美國的槍枝遊說團體才會將那些要求政府更有效監管槍枝（尤其是突擊步槍這類強力武器）的急切呼籲，解釋成是東岸人士頹廢又軟弱的表現，或是華府菁英人士過度的控制狂熱。賽局理論的詞彙顯示這是無稽之談；這類問題涉及的其實是，擁槍自保這種個人的理性行為，就集體而言卻是非理性。人人普遍擁有槍枝，會立刻「吞噬」掉個人擁槍的自衛優勢。你只得一直添購火力更強大的武器，直到最終只能靠坦克來確保鄰里間的和平。但即便如此，這種局面也難以持久。

歸根究柢，近來盛行、相當惱人的反疫苗運動，也是集體行動的問題。聲稱接種疫苗有風險的說法絕大都是虛構的，但誰樂意犧牲一個上午，和陌生人生病的小孩在小兒科候診間裡同處一室，最後還讓金屬針刺進自己又氣又哭的孩子的手臂裡呢？當別人都接種了疫苗，那麼自己的孩子不必接種，也能享受到群體免疫的好處。唯有當疫苗接種率低過群體免疫的臨界值，個人接種疫苗才會因為罹病案例增加而變成理性的選擇。反疫苗者不僅常常相信誇張的陰謀論，這種拒絕的態度更不只是非理性而已，還**不道德**；因為他們從他人接種疫苗的合作體系中得利，自己卻沒有做出貢獻。

集體行動的問題在生物界無所不在。加州紅杉可長到一百公尺高，以確保自己能在競爭中搶占到最好的日晒位置。只可惜這些樹無法簽訂契約，互相保證彼此最高只長到五十公尺，否則便能早日結束這種毫無效率的競爭。[44]

集體行動並非不可能，然而上述例子和集體行動問題的邏輯也顯示了，要凝聚成一個有行動能力的**我們**，會面臨多大的阻礙，而且要克服這些阻礙，也沒有一套放諸四海皆準的萬用妙法。協議合作一向容易遭人剝削和利用，這是個無解的問題。

這個狀況對我們的道德演化有何意義？我們想像一下，有一小群類似人類的虛構生物，他們各個都只顧自己，也只在意自己的利益，彼此間毫無合作。現在，由於隨機的基因突變，這當中出現了一個比其他人更利他、更傾向合作的個體——不過程度也只有一點點。這個個體具有原初的道德，偶爾會傾向不去剝削別人，也不會老是將自己的個人利益置於他人利益之上。

這樣的變異個體絕對難以在群體當中占得上風，在爭奪自然資源和繁衍後代上也會很快落敗。針對這種個體的選擇壓力會是殘酷的，他們也難以在族群中開枝散葉。反之，若一整群個體都是互助合作者，狀況也完全一樣。在這群體當中，一個經由突變偶然產生的個體，只要比其他人**稍微**不願意合作，就會享受到巨大的競爭優勢，其遺傳物質會透過為數更多的繁衍後代，迅速在族群之間散播開來。演化的選擇壓力似乎一直都對道德的行為不利。這正是合作之謎。

・實驗室裡的合作

歷來的經驗已一再證實，合作結構容易崩解，甚至陷入破壞性暴力循環。行為經濟學的實驗遊戲顯示，儘管我們往往有意略帶保留地和他人進行合作，但這個意願卻常會被搭便車的投機取巧者利用，導致個人對於共同利益的平均貢獻急遽下降，最終甚至趨近於零。

要精準研究人類的合作行為，得先以科學方式對其進行操作性定義。**公共財賽局**（*Öffentliche-Güter-Spiel*）將集體行動問題模擬成一種決策情境，在這個情境裡，四或五位玩家都會得到一小筆特定的初始資金，每個人都能決定這筆資金是要自己留下，或是將之捐出，投入共同基金內。[45]每一輪結束後，共同基金的總金額都會在加乘（通常是雙倍）之後均分給所有玩家——無論每個玩家對共同基金的貢獻度是多少。我們立刻就能看出，不盡義務、占人便宜又毫無貢獻的搭便車行為（或說，**不履行義務**），在這裡會是最主要的策略。每個人都能從其他人的貢獻中得利，而且還能在每一回合拿到自己根本沒捐出的那一份。

要是遊戲進行多次，而且玩家**預先**知道這反覆迭代的囚徒困境會有幾回合，那麼效果還會更增強。因為玩家可透過反向歸納，從前一回的最佳策略當中推導出之後每一回合的最佳策略。如果明確知道遊戲會進行十回，那麼也就很清楚，一個人在最後這第十回的行為，並不會對第十一回的結果造成任何影響（因為不會有第十一回）。因此，玩家在最後一回合中的不合作也是意料中的事情——這就讓第九回實則成了有效的最終回合，因此玩家在這回合的不合作也同樣不出意料。於是，整條合作鏈帶就這麼潰散了，而不合作的態度也就變成是玩家在第一回合中無可抗拒的選擇。這個理論性的結果已從經驗中獲得證實：在公共財賽局中，儘管許多玩家在第一回合中都有合作意願，但在第一個玩家開始從別人身上得利、自己卻不做任何貢獻時，這個合作意願就會迅速瓦解。幾輪過後，玩家投入公共基金的數字便會趨近於零。

當然了，實驗研究在現實世界的有效性（以專業術語來說，就是「生態效度」）[46]始終令人懷疑。因為在高度人為操控的實驗室情境中，那些接受精心指導的受試者的行為，對於日常生活中有血有肉之人的影響終究有限。然而這現象對於遇過「營地狂躁」[47]的人來說並不陌生：野外露營的過程中，團隊裡若是開始出現第一個不願對團隊全體做出有效貢獻的成員，所有參與露營者的合作意願就會逐漸降低。即便對人有了新認識，也不會改變這個狀況。唯有假設人類是奉經濟學意識型態前提為信仰的**經濟人**，才會出現集體行動的問題——這種想法宛如童話，一度廣為人信，但如今早已被推翻。合作極其脆弱，因此一如瓷器、玻璃和個人聲譽，也是富蘭克林所說的那些易碎但難以修復的東西。

因此我們在本章開頭就已看到，要合作非常困難，而要維繫已建立的合作關係，更是艱難。這個世界的遊戲規則對成功的合作並不利。合作需要解釋，不合作才是常態。德國社會學家盧曼也許會說，[48]相較於合作的失敗，合作本身就「不太可能發生」。每當兩人（或更多人）相遇時，就會產生**雙重偶然性**：[49]各種狀況都有可能發生。兩個人可能會彼此忽視、互相攻擊、舉止怪誕，或者試圖合作，但以失敗告終。當人們說**自我**（ego）與**他者**（alter）成功「連接」起彼此的行動，那不過是諸多可能性當中的一種，因此未必會發生。

・人類，猿猴

對於同夥的行為，你不也是緘口不言、不願吹哨揭發嗎？這難道不是榮譽的問題？盜亦有道，連小偷都懂得規矩，據傳西塞羅曾經這麼說過；[50]而且，學生也幾乎總是拒絕接受工具理性行為的邏輯；他們必須受過特別的訓練，才能看到非理性行為的好處。

如果你也這麼覺得，那就表示你的道德羅盤在起作用。這也支持了「合作本能或許是與生俱來」的論點。你發現，合作對人具有直覺上的吸引力，我們甚至會對投機取巧的偷搭便車者感到憤慨不已，這就表示，在人類持續長達數百萬年的演化學習過程中，已被植入一種社會偏好，讓合作似乎成了先天本質上的必要行為。[51]人們無需先學習合作如何運作。

人類「天生具備合作的能力」，這種看法猶有爭議，無法以數學上的確定性加以證實。但我們還是能找到有力的證據，表明一項行為模式是與生俱來，或者更嚴格地說，是受演化強烈**引導**而成。某種能力一旦(1)很早就發展出來，而且(2)在所有文化當中都存在，同時(3)很難或根本無法改變，那麼，這能力很可能就是「本能、無可改變的」（hardwired）傾向。

人類的道德觀正是如此。我們的原始道德傾向出現的時間極早，更是對此的明證。藉由「觀看時間研究」，[52]我們可以發現，相較於舉止有礙或有害他人的人物或圖形，未滿十二個月的嬰幼兒更喜歡看那些行為有助他人的人物或圖形。就算是幼兒，也會對不公平的行為表現出強烈反應；對犯罪者施加懲罰，是人類的一種自發反應，無需學習。

就像藥品測試，關於人類的種種假設，也常在猴子身上進行試驗，但方法依然非常受限。某些能力也可見於各類靈長類動物身上，這其實也可做為這些能力**無法**解釋人類道德的證據。猿猴和人類截然不同，所作所為也大相逕庭（回想一下那場「黑猩猩搭飛機」的思想實驗）。一項特徵只要能在靈長類動物身上發現，該特徵就無法用來解釋人類的特有行為。若是可以，那麼猿猴為何沒有造船、沒有婚姻嫁娶，也沒有寫書呢？

荷蘭的靈長類動物學家德瓦爾就一再落入這個陷阱，[53]尤其是他二〇〇三年在普林斯頓大學「坦納人類價值講座」（Tanner Lectures on Human Values）上發表、後來以《靈長類動物與哲學家》（*Primates and Philosophers*）為書名出版的內容。他在文中試圖表明我們的道德具有深厚的演化起源，藉此反駁道德的「飾面理論」。[54]「抓傷一個利他主義者，會看到一個偽善者在流血。」支持飾面理論者如是說。依照這個理論，我們在文明又自制的表面底下，實則藏著一個會對人割喉見血、毫無道德的惡徒，我們充其量不過是為了自身利益，才勉強遵守規矩，而且態度還有所保留。[55]

德瓦爾認為飾面理論的說法站不住腳，因為我們的猿猴近親身上已可見基本的道德能力，根本不可能做出那種策略性的偽裝行為。人類的道德因而也必然較犬儒的憤世嫉俗者所認為的更加真實且深刻，那些犬儒派認為人類的道德觀不過是一座「波坦金村莊」，[56]徒具外觀、內部空洞。黑猩猩尤其明顯具有諸如同情和關懷他者等社會性本能，而且也和人類一樣，會對社會不平等表現出相似的厭惡感。[57]在一項研究實驗中，一隻黑猩猩拒絕收下一根小黃瓜，因為牠看到同類獲得一顆葡萄，而這項研究結果如今已廣為流傳（即使對這項研究的詮釋仍有爭議）。

問題是，正是因為這個原因，拿同理心與互惠去解釋人類的道德觀，才會捉襟見肘，有所不足：人類能夠建立起成員高達數百萬的群體，還找出了群體合作的方式，這當中必然掌握了與我們的猿猴近親截然不同的心理工具。如果些許的同情和相互梳毛就能建立起規模龐大且高度複雜的合作鏈，那黑猩猩為何至今仍生活在階級分層嚴格、成員數從不超過幾十個的群體當中？人類的這種**超社會性**現象究竟源起何處，至今一直未有確切解釋。靈長類動物非常有助我們解開這個謎團，不過，前提是牠們必須展現有哪些特徵不是人類的道德所獨有——也就是，那些我們和猿猴近親共有的特徵。

因此，一個以科學為根據的現代道德譜系，尤其需要解釋這個問題：我們人類是如何在演化的不穩定狀態中，發展出了合作傾向？要回答這個問題，就必須更精確地探克服這項演化挑戰的條件。

・無神的美德

我們的道德是一種讓合作得以成真的社會心理機制。如今我們已掌握了一些理解此一機制的必要科學工具。

在這個理論背景下，能更精確地闡明道德起源的問題：既然我們的道德並非神授，也不是一套先驗已知的規範體系，而是有其歷史，那麼，道德哲學也就有其譜系了——這正是尼采無與倫比的洞見。有其根據的道德歷史，仰賴的是演化理論、道德心理學，以及人類學的最新研究。如此一來，它既避開了尼采認為當代人對道德起源的推測太過天真的指責，也避開了誇張的論戰，[58]而論戰正是尼采自身有趣卻不好的一種習慣。

我們的道德，是在特定條件下，於演化的適應環境中形成的。在這環境中，我們生活在彼此衝突的小群體裡，必須在氣候變化劇烈的大環境中獵捕大型哺乳類動物，以確保自己的生存。這個環境讓我們變得靈活、有智慧且相互合作，卻也變得部落化、容易產生暴力。

我們的道德是**特殊的人類道德觀**。靈長類動物能透過**否定表述**向我們展示哪些特質無法解釋人類道德的核心。一旦猿猴具備某種特質，那麼該特質就無法用於解釋人類特有的合作。

合作和利他行為必須先克服巨大的障礙，才能夠產生。這些障礙至今依然存在，而且會對我們的道德傾向造成不穩定的長期影響。因此，即使是曾經建立的合作，它依然搖搖欲墜。問題主要在於：不合作——也就是將個人利益最大化——幾乎一向都是最佳的選擇。不幸的是，這對個人和全體皆然，因此會一再造成道德規範的失衡。

我們可以從演化理論的角度，將「合作的不太可能」做為一個釋義性問題來表述：演化是如何形成了人類的利他或合作傾向，儘管這樣的傾向必然會**降低我們的繁衍能力**（至少表面上看來如此）？幫助**他人**怎麼可能會**對我**有利？將群體利益置於我的個人利益之上，怎麼可能會有回報？

演化理論無法解釋我們的利他主義道德觀，長久以來，這都是有神論的演化理論懷疑者最常訴諸的**論點**之一。他們堅信，道德是人性的最後一根稻草，其源頭**必然**是神所賦予。而演化論，尤其是一旦被簡化成「**適者生存**」的演化論，似乎就預示著人人都會只顧自己的利益。但是，我們難道不會幫助鄰人嗎？不會為了我們的孩子犧牲？友誼、社群、團結，這些難道不存在？難道我們無法和左鄰右舍相親相愛、和睦共處？從無神論的觀點來看，我們的道德似乎至少會被視為一個重大錯誤，最糟糕的情況，它甚至是個無法解釋的謎團，是一種科學上的異常現象，而無神論者也只能聳聳肩，承認事實就是如此。

如今，我們可以直言不諱地說，宗教辯護者依然普遍相信、認為利他主義與無私精神不可能是演化而來的論點，是一個已被徹底推翻的神話。儘管如此，我們在此也不該矯枉過正，因為抱持無神論的演化學者或哲學家有時會傾向於誇大自然主義的解釋範圍，只為了避免騰出絲毫空間給上帝。我們應該抗拒這個誘惑。事實上，科學的謙卑也表明了，儘管演化研究計畫相當成功，我們也不應掩飾其不足之處。我們不知道——至少目前「還」不知道——究竟是什麼讓人類成為相互合作的生物，而合作最初又是如何運作起來的。

事實上，削弱有神論觀點的，並不是我們已能確切解釋道德的形成及傳播，而是自然主義對於道德的解釋已隨著時間推移，漸進有成：在十九世紀末，人類的合作和道德在演化理論上其實仍被視為徹底的謎團。如今，人類的道德之謎在諸多方面都已取得令人滿意的解答，因此我們有充分理由相信，此刻仍存在的問題，最終都能一一得解——「漸升的曙光將讓一切明朗」。[59]

・兩兄弟（或者八個表兄弟）

我們能從演化的角度解釋基本的道德行為模式。利他行為有其代價，這是不爭的事實。儘管如此，仍有一些機制能讓合作行為在與策略狡猾的對手競奪稀缺資源時，更為持久、有利。

演化論呈現出的生命圖景，似乎陰沉又無情。整個生物界置身於一場殘酷且永無止盡的爭奪戰中，弱者只有淪為犧牲品的分。唯有強者得以占據優勢，也唯有他們才能成功繁衍出前景可期的後代，將其基因——或者更精確地說，其基因的複製——傳遞到下一代。這是一個冷酷、無情的世界，勝者得其獎賞，敗者毫無生存空間。

這些聽起來已是再無情不過，然而實情卻又更為陰暗。要看清楚這一點，我們得明瞭，最終究竟是誰在演化過程的選擇壓力下獲得了青睞，又是誰遭到了淘汰？是試圖占得優勢的有機生物個體？還是瓜分了地球的整個物種？兩者都不是。事實上，在演化過程中決定生物命運的基本選擇單位是**基因**。

這種所謂以基因為中心的觀點，尤其因為英國演化生物學者道金斯《自私的基因》一書，[60]而在二十世紀下半葉特別普及。道金斯有充分理由聲稱自己寫出了有史以來最容易被誤解的作品，也就是他這本里程碑般的著作。[61]對許多讀者來說，「自私的基因」似乎想點明，上述那些生存鬥爭，將包含人類在內的所有生物，全變成了天生冷血且無可改造的反社會者，我們只追求自身利益，或充其量只是出於算計或虛偽，才暫時屈服於道德美善之下。

道金斯的著作顯示，情況實際上截然不同。我們人類之所以利他，正是因為我們的**基因是自私的**。正因為基因不在乎我們的處境，我們才成了道德的生物。

事實上，我們人類（以及所有其他有機生物）可說是無私的奴隸，我們追求的一切，全是為了服務我們的分子主人——基因。為了總結這種演化生物學上的哥白尼式轉變，道金斯提出了「**複製者**」與「**載體**」之間的區別。複製者是複製自身的實體，載體則是複製者達到此目標的手段。而我們人類就是這些基因的載體。

雞下蛋不是為了產生新的雞，雞下蛋是為了產出新的蛋。演化必然主要和基因有關，這一點立刻顯而易見。有時，演化甚至就直接被簡化地**定義**成是基因（更精準來說是等位基因 Allelen）在世代更迭間相對頻率的變化。不過，即使不透過概念上的**規則**來決定這個問題，我們也能輕易看出，最終受到選擇和變異盲目影響的不可能是個體生物；唯有能夠複製自身的個體才能演化。隨著時間推進，這些個體不同的繁衍成果會累積出某些變異體。新樹生自老樹，但不是老樹的複製體。嚴格意義上，只有基因具有複製能力。

原本就認為演化的歷史是一場永無止息的生存鬥爭的人，在這裡就更感受不到什麼安慰了。以基因為中心的觀點若正確，那麼「我們」就根本不是演化的主角，我們不過是經歷了三十五億年的變異和選擇所建構出來的精密機器人，目的是保護自我複製的基因不受惡劣的自然環境影響。[62]其中一項支持這個論點的證據，就是我們的基因有一大部分並不具備任何功能，不過是充當占位符的存在。那麼，這些看似毫無價值的**垃圾 DNA** 何必存在？從我們基因的角度來看，這個問題根本毫無意義。唯有當假設基因是為了我們而存在，那些不帶任何有用訊息編碼的 DNA，才顯得神祕費解。如果**我們是為了我們的基**因才存在，那麼你立刻就明白：為了完成做為載體的使命，我們只需要能確保我們得以生存和成功繁殖的指令。其餘所有基因全都會自動被複製，這對它們而言沒有差別。對基因來說，有用或無用根本不重要。再者，這「無用」是對誰無用？

在這一點上，我們必須再次理解，在道德上值得讚許的行為模式在演化上多麼難以存續，以及為何利他主義和合作行為在演化上長期以來都顯得荒謬無比。即便隨機的突變過程在偶然之下順利產生出一個具有合作傾向的個體，自然選擇也會讓其面臨嚴酷對待。就算是一群具有合作傾向的個體所組成的整體，也難逃遭到剝削者和搭便車者從內而發的破壞。因為，就統計學而言，長遠來看，基因重組所產生的生物，其合作傾向會時而較深厚、時而較淺薄，而當中合作傾向較淺薄的，在求生上會表現得更好，因此出現的頻率也會逐漸增多。合作的利他主義者似乎**必然**要被淘汰。不合作的策略將不可避免地入侵，並占據優勢。

漢彌爾頓的**整體適應度**概念，[63]率先表明了利他主義傾向如何在演化中保持穩定。[64]這個**漢彌爾頓規則**或許是演化生物學中最著名的（不）等式：它指出，在特定條件下，我們可以預期會出現利他行為，即便這些行為對施助者並不利；這些條件首先是利他行為的成本夠低，再者是施助者與受益者的親緣關係密切到這個提供協助的有機體也等於是在幫助**自己的基因**。漢彌爾頓規則的正式表述為：rB>C。受惠者必須從利他行為中獲得比「捐贈者」更多的利益，也就是B>C（B代表利益Benefit，而C代表成本Cost）。不過，這個獲得的利益會隨親緣關係程度（r代表親緣關係relatedness）的遠近而降低，因此必須乘上一個係數。我和自己共享了百分之百的基因，但和父母或親兄弟姊妹平均只共享一半。和堂兄弟姊妹或表兄弟姊妹共享的基因甚至僅有一二．五%。我為了自家兄弟而行善舉，因此得接受適應性降低的劣勢，為了證明這麼做是件好事，我兄弟可得到的優勢必須是我所受劣勢的至少兩倍才行，因為現在B乘以r等於〇．五。據說，英國生物學家霍爾丹，[65]比自家同胞漢彌爾頓早了幾年就總結出這個觀點：「我會為了拯救一位自家兄弟而犧牲自己嗎？不會。不過，若是為了兩位自家兄弟，或是八個表兄弟，那麼我願意。」

幫助了自己的親戚，就等於幫助了自己的基因，也就是自己的複製。這讓利他主義有了適應性。道金斯對自私的基因那擬人化的比喻，表明出自私的基因會產生利他主義的載體，也就是我們。因為，只要我的複製基因受到照顧，這些基因就可能對我的福祉漠不關心，只要它們對我家族的基因複製產生正面影響，就可以發展關懷之心和樂於助人。這個理解可能會產生令人不安的影響，使得人暫時疏遠或脫離核心價值和人際關係。所以，這麼說來，我們愛自己的孩子，並不是因為孩子本身，而是因為我們的基因被編碼了，目的一直都是為了駐居在我們和我們後代子孫體內的複製基因的利益，讓你我將自己的利益用於服務那些沒有意識、不帶感情的小小分子，而它們異樣的意圖會在我們毫無所知的情況下攪擾我們的行為動機嗎？

．以牙還牙

將漢彌爾頓規則與基因中心的觀點結合起來，就能解釋家族成員之間合作態度的演化。這個機制稱為**親屬選擇**。

雙方互惠互利的關係，是讓道德傾向得以演化的第二種機制。互惠——**你幫我抓背，我也幫你抓背**——也適用於基因毫無關係者，或是僅有薄弱關係的親族。從技術層面來看，這稱不上是利他主義的一種形式，因為互助對於施助方並無淨成本，因此我們有時會稱之為「互利共生」或是「互惠共生」（Mutualismus）。在這種情況下，雙方都獲益，而在真正的利他主義中，是只有受助方才會得益。

互利合作的適應性有一個和利他主義演化相似的穩定性問題。和整體適應性的情況相類似，互利合作的好處必然會被一個大大削弱其好處的係數（就像前述的 r）所抵消。漢彌爾頓就已證明，互動夥伴的親緣關係愈是緊密，親緣選擇就愈能促進道德之舉；於是，在親緣關係薄弱或毫無親緣關係者之間的單方面援助行為，很快就會再無回報。然而，在互惠的利他主義脈絡下，這一切都取決於互動的雙方日後再度相遇的可能性，如此才能讓雙方互助所帶來的長期利益得以實現。正如同美國演化生物學者崔弗斯所指出，[66]唯有日後雙方再相遇的機率夠高，互惠的利他主義才會有所回報。[67]

在許多情況下，透過確保雙方能相互支持，藉此締結聯盟，長期來看確實值得。問題在於：哪一種合作策略最能見效？互惠互利又如何在實踐中落實？

為了回答這個問題，美國政治學者艾瑟羅德，[68]在一九八〇年代早期曾進行一項二十世紀最著名的實驗。[69]這項實驗的基本構想，是讓不同的合作策略在模擬的電腦競賽中相互競爭，以便找出何種合作形式的成效最佳。艾瑟羅德邀請心理學家、數學家、生態學家及社會學家，提出要在反覆出現的「囚徒困境」中互相競爭的各種策略。所有策略都要在多達兩百回合的對決當中，與各個其他策略（包括自身）競爭。何種合作策略的累積得分最高，最後將一目瞭然。

這場艾瑟羅德競賽的十四位參與者提出了各式各樣的策略。其中一種可能的策略是「永久報復」：要合作沒問題，但只要出現那麼一次背叛，此後的回應就是永不合作。另一種策略是隨機、無法預期合作與否的行動；再另一種則是永遠都合作，或是永遠不合作。

何種策略最好，事前無法預料。也許會是最強悍、冷酷無情、永遠只圖個人利益的策略勝出？或者，會是態度寬容，就算被人占了便宜也會繼續合作的策略？還是行為反覆無常、難以預期，因而也令人無法預測的策略？又或者，勝出的會是報復心強烈，在被騙過一次之後就只想看這世界被烈火燒盡的策略？

這項競賽的參與者提出了各種名稱如謎的策略，像是「LOOK AHEAD」（前瞻式策略）、「DOWNING」（模仿與預測對手行為的唐寧策略），或是「TIDEMAN AND CHIERUZZI」（TIDEMAN與CHIERUZZI雙人設計策略）。最終勝出的策略來自美籍數學家、任教於多倫多大學的拉波波特教授。[70]他所提出的策略，是所有參賽策略當中最簡單的一個，名為「TIT FOR TAT」（以牙還牙；大約就是「**一報還一報**」，或者，「**你怎麼對我，我就怎麼對你**」）。這個策略的第一步是選擇與他人合作，而後複製對手最後一步的舉動。對手若是合作，那麼這個「以牙還牙」策略也會選擇繼續合作；若是對手背叛了，選擇不合作，那麼它也會做出同樣的回應。

「以牙還牙」這個策略直覺到令人詫異，也和我們的道德觀念極為相符，也就是，與他人合作的程度，以及自己善意的限度何在。直覺上，一開始就決定合作是相當合理的，但另一方面也別讓自己落得遭人剝削。再者，還要預先做好準備，在對方提出相應的和解提議後，重新恢復合作。這個策略在情感上似乎很適合我們，顯示出我們人類在演化上掌握到了一種大致和「以牙還牙」策略相符的合作祕訣。

艾瑟羅德的實驗結果讓眾人詫異不已，於是立刻再試一回。第二回的所有參加者事先都已獲知哪一種策略在第一回的成效最佳。儘管許多參賽者都提出了比原規則更複雜、看似改進過的新版本，「以牙還牙」策略在第二回的競賽當中依然沒被擊敗，簡單的「以牙還牙」原始版本再度從中脫穎而出。排名前八位的策略都有一個共同點，那就是「善良」。無論這些策略當中是否還有其他不同特徵，但一個「善良的」策略從不先背叛對方。

艾瑟羅德因此得以證明，在特定條件下，為合作特地量身打造的道德心理，能以演化的方式占得上風。一方面願意合作，另一方面也不讓自己被剝削，這樣的行動者能夠彼此獲益，同時又能讓不合作者失去自行建立雙贏結盟的可能，也能避免像過度合作的受害者那樣遭人利用。這也稱為**有條件的合作**，在演化上是有潛力穩定存在的。

想像一下，有一個以「傻子、騙子、記仇者」這三種不同類型的人所組成的群體。這三種類型體現了三種不同的策略。[71] 騙子從不合作；傻子總是會合作，即使遭到剝削亦然；記仇者只和其他合作者合作，也就是會和傻子及其他記仇者合作，但和騙子只會合作那麼一次，之後就不再與對方合作。不合作的騙子起初會表現得非常出色，他在第一回對決中利用了記仇者和傻子，尤其是後者。但傻子在這過程中很快就會滅絕，因為他們根本抵抗不了騙子的不斷剝削。由於記仇者拒絕被騙子利用，再加上最後一個傻子很快就會消失，最終將僅剩相互剝削的騙子，以及彼此合作的記仇者。最後，就連騙子也會滅絕。到頭來，只剩記仇者在和他人互助合作的正向回饋循環——所謂的**良性循環**——當中找到了自己的生存利基。

・昂貴的信號和綠鬍子

互利互惠的合作要能辨識出合適的合作夥伴才得以運行。為此，我們需要獲得誰會回應我們的合作提議、誰又只會從這合作意願中占人便宜的資訊。因此，對於相互合作的演化而言，**社會訊號**至關重要，因為一個人做為合作夥伴是否可靠的個人聲譽，難以藉由其他方式清楚呈現。為了滿足啟動互惠合作鏈所需的必要資訊，若是能有明顯的外部特徵，可藉此辨識出適合的合作夥伴，那會很有幫助。

生物學家樂於推測這樣的信號是否存在，又是如何作用。綠鬍子便是最著名的例子。[72]要是可能的合作夥伴都帶有一個明確無誤的外部特徵——例如一把長長的綠鬍子——那麼辨識起來就再簡單不過，人人都能一眼辨識出這是個多麼善良的好人。

然而綠鬍子要出現在自然界的可能性，恐怕微乎其微。綠鬍子的遺傳密碼必須同時符合三個條件：(1)能長出綠鬍子，(2)能可靠地辨識出其他綠鬍子，(3)有對其他綠鬍子（而且也只有這些綠鬍子）採取利他行為的傾向。不過，只要基因訊息不斷重組，偶發的突變必然就會在某個時刻產生出偽綠鬍子，這些偽綠鬍子儘管帶有外部特徵，卻缺乏代價高昂的利他動機，這些利他動機已在隨機的基因重組中被剔離了另外兩個條件。這些「假鬍子」在天擇過程中一直會有更好的表現，因此最終會勝出。

如果說有可靠的信號，那麼也會有不可靠的信號。一旦存在不可靠的信號，就會產生演化上的誘因，促使假信號偽造的可信度更臻完善。[73]這反過來也讓我們更善於去猜測對方的真正意圖。且讓我們以這個句子為例：「保羅忘了夏洛特知道法堤不相信尤莉亞嫉妒約翰。」從人際互動的角度來看，這裡涉及的是一個複雜的問題，但我們在語意上要理解這個句子並不難，儘管它描述的是好幾層相互套疊的心理狀態。人類理解他者的信念、意圖和感受的能力——這也稱為**讀心**（mindreading）——沒有其他動物能及。演化顯然為我們配備了一套模組，讓我們能夠直覺地理解他人的內在想法。

更細膩幽微的讀心術、更複雜多變的欺騙技巧，以及因而再進步的讀心術，從這三者當中生出的辯證法，更是加深了我們的心中城府。對他人隱瞞真實意圖的最佳方式，就是先對自己隱瞞真實意圖。聲稱自己蒐藏高價畫作不過是為了藝術，或是捐建以自己為名的學校大樓純粹是出於慈善之舉，大多數說出這些話的人，還真有可能是真心：他們不是有意識的說謊者。不過，你無須是個對人性理解通透的老狐狸，也能明白這種像是安慰劑的說法，最主要還是為了在道德上美化實則自私的動機，還有那彰顯地位的象徵。我們往往連自己都無法覺察行為的真正動機，正是因為那是取信周遭眾人的最佳方式。

幸運的是，我們無須仰賴綠鬍子。一個可能得以解決假信號問題的更佳方式，就是讓真實的信號變得極其**昂貴**，因此要偽造真實的信號必須付出極高的代價，甚至根本就偽造不出來。根據札哈維的「**累贅原理**」（Handicap principle），[74] 最好的信號就是會對持有者造成不利的信號。[75] 這位以色列演化生物學家的想法，依循的是一種反常的邏輯，因為有害的信號間接表明唯有信號持有者才能擔得起這些有害信號。只有最強壯、最有自信的孔雀才撐得起那一身誇張華麗的尾羽，對於不太引人注目的孔雀同類而言，這尾羽是個過大的障礙。華麗豪奢的羽毛就是一種無法「偽造」的昂貴信號，基因比較不具競爭優勢的個體，生理上根本無法負擔這種信號的成本。

那麼，一些教人難以理解的宗教習俗，便可視為代價高昂，因此能在一個群體內做為合作意願的信賴信號去解釋。一神信仰尤其像是在互相競爭，看誰能要求信眾去信奉更怪誕的教條及更荒謬的思想。不論那思想是許諾在你竭盡所能殺害最多無辜之人（和你自己）之後，你死後就能得到七十二名處女做為獎賞；或是透過背誦幾則古文誦詞，就能將紅酒變成寶血（不過外觀上還是紅酒，喝起來也是，而且喝了一樣會醉）；或者大膽到令人欽佩地宣稱，某本顯然是自己所寫的書，其實是抄自印有奇怪象形文字的金頁片，而且很取巧地讓人無法去追蹤，聲稱這塊金頁片的所在位置是天使透露的，甚至需要用一塊神奇的石頭才能讀懂金頁片上的文字。[76]大多數的宗教教條都是由這類明顯的謊言所構成，任何具備理性之人都不會相信分毫才是。但為何有人不僅接受這些教義，甚至還公然宣揚？從昂貴訊號的理論觀點來看，教派的怪異特質正是它的核心所在：他們正是透過這些願意公開承認自己精神有問題的舉動，從中辨認出**真正的**信徒。

這一點也可用來解釋為何科學論文常以深奧難解的術語寫成。儘管大可寫得簡單又明瞭，科學家為什麼還是常將論文寫得那麼笨拙又晦澀難懂？尤其，為何有些知識份子正是因為表達方式令人費解而特別受人重視，儘管那些冗長的句子有時背後根本也沒多少料，甚至毫無內容可言？為了排除日常用語中那些語意豐富的表達方式，以便在技術上精準地討論過程，因而發展生硬、呆板的科學語言，這在最初是有其意義的。矯揉造作的深奧用語於是成了嚴肅和博學的信號。然而，一段時間過後，開始出現了模仿「複雜術語」這個信號的第一批人，而且其中毫無潛在的專業特質——這就是假的綠鬍子。

這就是道德演化的根本問題：對如何形成合作的問題每一個的假設的解決方式，永遠只會產生一個新狀態，這個新狀態依然容易遭到經由偶發變異而產生的不合作策略入侵，進而破壞了問題的解方。

・利他主義者之間

利他主義和相互合作，這兩塊道德的建構基石可以從演化的角度加以解釋，因為當中有許多看似合理，能讓利他與合作的行為模式具有適應性的機制。不過，我們現在也知道，親屬選擇和互惠互利的「可擴展性」還不足以讓人充分了解人類的合作能力可以到達什麼程度。

人類是懂得在大型群體中相互合作的高度社會化動物。我們不難理解為何整體適應性和以牙還牙策略還不足以支撐起我們在人類社群中看到的共生規模。如果利他傾向只能在關係夠近的親屬之間盛行，那麼一旦群體成員只有寥寥數百人，遺傳的關聯度就會大大降低，也就會使得助人行為的成本無法再被抵消。同時，當成員數超過一定數量，互利互惠的合作鏈也會變得混亂，導致社會性的付出與回報同樣不再適合用於整合各種規模的社群。

我們是如何從一個狀態過渡到另一個狀態，這至今仍是一團謎：有些物種生活在龐大的群體中，有些則生活在由少數個體組成的鬆散網絡裡——不過，有哪個物種是十萬年前還生活在小群體中，如今卻建構出主宰地球的全球文明？沒有，除了我們人類。

為了解釋人類如何實現這麼驚人的合作規模，有愈來愈多科學家開始轉向了**族群選擇**（Gruppenselektion）的概念。[77]這裡的想法是，我們人類之所以發展出廣泛合作的能力，是因為在演化適應的環境中，唯有成員具備高度合作意願的群體，才能在爭奪稀缺資源時勝過其他群體。

達爾文自己也猜測過或許有這樣的機制存在：「一個部落，其眾多成員具備高度愛國精神、忠誠、服從、勇氣，以及同情心，隨時準備互助，而且願意為公共利益而犧牲，這樣的部落將能戰勝大多數其他部落；這就是天擇。」[78]

這種關於群體選擇的理論——有時也稱為**天真的**族群選擇理論——如今公認是行不通的。主要原因在於，合作「對群體有益」這定義多少帶點曖昧又模糊的競爭優勢，但不足以抵消一個群體**當中**對「搭便車者」**有利**的選擇。如果所有人都採取利他的行為，那麼當然「對群體有益」。雖然自私的個人會勝過利他的個人，一個利他的群體仍會優於自私的群體，這同樣也是事實。[79]對每個個人而言，採取不合作態度永遠都對自己比較有利，這也依然是事實。個體的合作對群體的正向影響不足以抵消搭便車這種投機策略的破壞力。群體中所有成員若是皆具備X特質，那麼便對整個群體有利，但這事實並不會自動使X特質具備演化上的適應性。[80]

另一方面，族群選擇理論同樣具有明顯的優勢，像是為我們心理的各種不同特質提供了一種優雅且有實證支持的解釋。我們的內在具有強烈的群體導向，常會對屬於「我們」的其他個體展現出驚人的助人和犧牲精神。與此同時，我們也常會對非我族類的其他群體及其成員表現出敵意。[81]在過去的演化過程中，各個小部族單位彼此競奪稀缺資源，或許就是這般道德心理特徵的成因。對內和平、對外好戰的群體最有機會在競爭中勝出。

相反地，要讓族群選擇產生作用，一個群體**內部**反對合作傾向的選擇壓力，必須比**群體之間**有利於同一特徵的選擇壓力薄弱才行。同樣地，唯有相對應的合作基因承載者，能以某種方式更頻繁地相遇並聚集，才會出現這樣的狀況。親屬選擇和族群選擇兩者都奠基於同樣的分類機制：利他主義要能夠在演化上保持穩定，前提是利他主義者必須相互待在一起，也**唯有這樣**，利他主義才能保持穩定。

唯有在演化中的競爭單位彼此之間存在足夠大的差異時，天擇才能發揮它的力量。兩個群體愈是相似，其中一方相對於另一方的競爭優勢必然也就愈小。然而，基因研究表明，人類群體之間的遷徙流動，以及隨之來的遺傳物質交換，力量通常相當強大。這可能是透過遷徙、奴役或婚嫁而實現。這些基因的「流動」機制都會破壞群體的一致性，進而削弱了選擇。

就算能以某種方式確保不同群體之間的基因完整性，唯有同時存在著另一種機制，能將利他主義者聚集到其他利他主義者的群體當中，那些對傾向合作的個體所構成的群體有利的選擇才能發揮作用。但我們不清楚這樣的分類篩選該如何運作。就親屬選擇來看，我們能立刻看出家庭結構和父母及子女之間的情感關係會確保他們彼此緊密連結在一起。不過，要是缺乏這個家庭羈絆呢？

這種替代機制的最佳候選方案，也許就是假設有合作意願的個體偏好和其他合作者共同生活，也就是說，那些有利他傾向的個體自願聚在一起。這個假設當然也會面臨假信號的問題，因為這會讓挑剔的利他主義者容易遭到披著羊皮偽裝的「不合作之狼」攻擊。另一種選擇則是出於純粹的統計原因，透過「裂變」

（Fission）——也就是分裂——成員超過一定數量的群體有可能會在某個時刻出現一次（或多次）的重組，而這些群體恰好是由絕大多數皆具合作傾向的個體所組成。從這時起，這些群體的競爭性會優於其他群體，並且在選擇過程中占上風。[82]

人類在五百萬年前發現了合作的好處。只是，合作一向有其代價，不合作的行為仍然具有優勢。為了在演化上保持穩定，我們必須將自己的合作企圖限縮在一小群人的範圍內：我們變得願意讓他人得利，也樂於出手助人，但前提是要與一種將人區分成「我們」和「他者」的心理狀態相結合。我們的道德觀變成了以群體為導向。

可是，我們要如何在一個規模更大的群體當中推行合作結構，藉此增進合作行為的益處？為了讓反社會的行為付出更高的代價，以及讓你我更樂於助人、更加和平，也更具社會性，又有哪些改變是必要的？

第二章

500,000 Jahre
Verbrechen und Strafe

五十萬年
——罪與罰

・阿達烏拉的洞窟

一離開巴勒摩老城區，那地方也就不遠了：穿過有個小港的阿雷內拉區（Quartiere Arenella），行經羅托利聖瑪利亞墓園（Cimitero di Santa Maria dei Rotoli），接著再走過一如西西里島上諸多其他以聖母瑪莉亞為名的郊區，便是那條沿佩雷格里諾山山腳通向小城阿達烏拉的小徑。從這裡開始是一條可以輕鬆走向那些洞窟的上山路，時至今日，那些洞窟仍提醒我們，人類的歷史向來都是殘酷的歷史。[1]

二戰時期，這三個洞窟從一九四三年起就一直被盟軍用於儲藏彈藥，以確保這座他們占領的島嶼不受法西斯歐洲侵害。就在最後戰事將盡之際，儲放於洞窟內的炸藥意外爆炸，洞窟內的石灰岩牆因而崩塌，牆後露出的石壁上，浮現出一些奇特的畫面，那顯然是久遠之前有人在岩壁上留下的圖畫：在公牛和野馬的圖形旁是一群人形輪廓，他們彷彿陷入狂喜，高舉雙手跳著舞，圍繞著兩個躺倒在地、軀體不自然扭曲的人。

這兩個躺倒在地的人，絕對不是什麼遠古時期的運動員正在眾人面前展現個人技藝。我們從中窺見的也不是什麼史前的情欲世界；事實上，讓這兩人保持這種痛苦姿勢的並非欲望，也不是意志力：你若是細看那圖畫，會看到一條繩索將他們的頸子與折彎在背後的雙腳綁在一起，那繩子綁得如此之緊，他們根本撐不下去，再過不久，兩人筋疲力竭的身體必然會將絞繩收緊。我們目睹的是一場處決。[2]

死刑的歷史要比這兩萬年前刻畫在西西里島岩壁上的**塗鴉**還更古老。[3]這樣的說法會令一些人詫異不已，在他們的想像中，人類的自然狀態應該是生活在一片和諧的營地上，性好和平又衣不蔽體的生物會在這片營地火光的暖意和奇異草藥的薰迷當中緩緩入眠，邊聽著帶有節奏的吟唱述說先祖的英勇事蹟，並低聲對孩子述說仁慈神靈的惡作劇。這般場景或許也曾發生，但那只是人類故事的一半，而故事的另一半涉及的是淋漓鮮血和五臟六腑、嘶吼嚎叫及咬牙切齒，分屍、肢解和死亡。

死刑，或者說得抽象一點，由多數的他者有計畫地殺死一個人，以做為規範制裁的手法，如今在全世界已經式微。[4]目前大多數國家都已徹底廢除死刑，而正式法律上仍存有死刑的國家，除了幾個特別嚴厲的政權，很少會實際執行死刑，若有，通常也只針對最嚴重的罪行。德國自一九四九年起便再無死刑。

死刑在西方思想中占有特殊地位。西方哲學歷史正是始於一場處決：西方哲學的奠基者蘇格拉底獲判的死刑。公元前三九九年，蘇格拉底被雅典法庭判處喝下一杯毒堇茶——也許有人認為，這個判決倒也不是完全不公正，畢竟，蘇格拉底曾經支持「三十僭主」，[5]這群人曾在執掌政權的八個月期間摧毀了雅典的民主體制，甚至屠殺雅典的公民代表。或者，蘇格拉底確實無辜？

從歷史上來看，**未對**不受歡迎的成員進行儀式性殺害的社會，僅是少數例外。然而刑罰在人類演化過程中，尤其是在我們的道德演化上所扮演的核心角色，卻往往被低估。

合作的形成是人類道德歷史上第一個重要的進程：我們發現，就長遠來看，培養利他的傾向，並將個人的當下利益導向群體共同的利益，才是最明智的策略。同時，事實也證明了那些以演化的方式讓簡單的合作行動得以穩定的機制，很快就到達了極限。在一個成員規模大過數十人（或者，在例外條件下，最高可達數百人）的群體中，整體適應性和直接互惠的約束力並不足以確保當中的合作能順利進行。在個人的核心家庭之外，基因上的親屬關係被嚴重削弱，而互相支持的合作鏈也變得脆弱且混亂到需要一個配備更佳的「工具箱」，才能建構起規模更大的群體。而這正是我們需要的：因為要在家庭之愛和友誼連結之外與他人共同生活，人需要有能力在極大程度上抑制自己最具攻擊性的衝動。

懲罰及馴化的制度讓這一切成為可能。早在大約五十萬年前，我們就學會了藉由社會制裁，讓不合作行為基本上無利可圖。在最極端的狀況中，一個人要是有霸凌、征服、欺負、攻擊的傾向，或只是剝削他人，那麼此人會直接被殺掉——這往往是那些已忍無可忍之人的集體行動。一個在數百個世代間殺掉了當中個性最好鬥、最具攻擊性、最殘酷無情的成員的物種，也就產生出強大的選擇壓力，使得成員趨向於和平、和睦，以及懂得克制衝動。我們正是那些最和善之人的後代。

在我們的演化過往中，殺掉群體裡不受喜愛的成員曾經是合理之舉，長遠來看，這也為如今的我們帶來了一些可喜的結果，儘管我們之後透過更完善的知識懂得了這不表示這種行為在現代依然合理。相反地，道德的歷史顯示出，我們的懲罰本能早已過了它的鼎盛時期。在現代社會中，它們往往已無立足之地。

．出走

有時，她會仰望天空，那片懸在她上方、闃黑且神祕的天空。但洞窟內的幽暗猶勝洞外的漆黑，即便入夜後洞窟內冷得較那下方的河床緩慢些，獨自離開棲居處的庇護，讓自己暴露在幽暗之靈的面前，也絕非全然安全。

這幾天來，山谷間的河流已幾近乾涸。洞窟內確實有雨水積聚，那水嘗起來雖然帶有沙土味，而且發臭，還是能入口。躁動的一群群巨型蝗蟲必然聚集在金合歡樹上。微風吹動了樹葉和細枝，那些枝葉捲進她蜷曲的頭髮裡時，她嚇了一跳。

遠處是幾窪蓋住草地的沼澤，只見些許球根狀的樹梢從沼澤當中升起，白日有色彩斑斕的鳥兒在那樹梢上跳耀、嬉戲。

根據遺傳數據顯示，我們的譜系根源是在七十五萬年至二十五萬年前，從最終產生出尼安德塔人的那支世系中分離出來的。[6] 尼安德塔人幾乎尚未發展出現代人特有的馴化症候群。現代人變得更性好和平、更懂得容忍、更受控制，也更合作。這顯示，在智人身上引起這個馴化症候群的懲罰機制，必然是在這個時期變得更具影響力。鄧巴也將他歸類為第一個古代人類的海德堡人的演化時間，定位在五十萬年前。[7]透過懲罰將你我變成社會人，這個發展最終形成了在解剖和行為定義上的現代人類——我們毫不遲疑便將其視為我們同類的一員。在這個發展的最初，有一系列的古人類分別生活在不同時間和不同地點：前人（*Homo antecessor*）通常分布在歐洲，匠人（*Homo ergaster*）在非洲，直立人（*Homo erectus*）則主要生活在亞洲區域。而被認為是人類和尼安德塔人最後共同祖先的海德堡人，也逐漸取代並汰除了上述這些早期人種，最終演變為今日的現代人。至於如何演變，目前尚無完全明確的解釋。

我們愈懂得與他人合作、互相保護不受危險的掠食動物捕食、一起狩獵、讓彼此免於嚴峻環境的殘酷考驗，就愈能在這樣的環境中存活下來。日益增強的合作和生存能力，促成了人口持續成長，我們因此得學會生活在一個規模不斷變大的群體當中。更高的人口密度不僅帶來機會，同樣也帶來了風險：被更大量的同一物種成員包圍，儘管能帶來更多合作的優勢，卻也更需要相互協調，因而也就從中引發了更多衝突。為了避免社會凝聚力崩潰，由此產生的可能摩擦衝突，也就使得個人有必要加強自制，並抑制攻擊行為。透過發展懲罰性做法——也就是透過暴力懲罰與「柔性」社會制裁兩相結合——我們成功馴服了我們這個物種。

和南方古猿不一樣的是，我們的早期同種生物在外觀上看起來已經非常接近現代人類。法國雕塑家戴尼斯，[8]重建了在肯亞圖爾卡納（Turkana）湖畔發現的「圖爾卡納男孩」的生前樣貌。這是一個青春期前的匠人，也是現今發現的早期人類化石中保存得最完好、最完整的一副骨骸。戴尼斯重建出來的樣貌，顯示這個男孩時年九歲，圓圓的鼻子上方有一雙哀傷而疲倦的眼睛，裸露的皮膚覆蓋著一抹抹泛白的乾泥。幾年前才剛在南非的升星洞穴（Rising-Star-Höhle）發現的納萊迪人（*Homo naledi*），則是另一副類似的完整遺骨。在美國古藝術家格奇重建後，[9]呈現出一名神情嚴肅、留著刺狀鬍鬚的成年男性，嘴角不以為然地往下撇著，似乎正在觀察著什麼。

如今，人類的起源公認就在非洲。我們現在將人類走出非洲大陸區分為兩個不同的階段——**第一次出非洲**，以及**第二次出非洲**——先是各種古人類，再來是智人，他們相繼離開了非洲大陸，而後開始在歐亞大陸大多數地區殖民。從這些地方起步，我們最終也到達了美洲及澳洲。我們的生活空間原本一直局限於非洲東部地區，但在第一次出非洲的這個階段，也逐漸拓展到了北非，因而得以越過直布羅陀，進入了歐洲。這條路線最終領著我們穿過了西奈半島，來到高加索地區（非洲境外最古老的人類化石，就是在喬治亞共和國的德馬尼西出土）[10]，並從高加索經過今日的土耳其領地，來到了歐洲。在另一邊的相反方向，我們最終也擴散到了南亞和東亞。

我們早在五十萬年前就已走過了漫漫長路。一九九〇年代，英格蘭南方、位處布萊頓（Brighton）和樸茨茅斯（Portsmouth）之間的巴克斯葛羅夫（Boxgrove Quarry）採石場礦坑，就曾發現海德堡人的脛骨，估計其身長有一百八十公分，而且年代正是五十萬年前這個時期。人類之所以能抵達這裡，是因為彼時覆蓋著北半球的冰河實在太過巨大，只要越過這片大陸，便能徒步走到今日的英格蘭地區。從現場出土的工具和獸骨可知道，那裡顯然是一處屠宰之地，我們的祖先利用辛辛苦苦磨利、但猶然粗糙的手斧，從殺掉的狼、海狸、歐洲馬鹿、野牛和小犀牛的骨頭上採收獸肉來吃。

義大利坎帕尼亞當地人稱作「魔鬼的腳印」的五十六個足印，述說的則是一段逃難的故事：曾經，有一群海德堡人和動物，顯然曾跌跌撞撞、摔跤、滑倒，驚慌失措地從羅卡蒙菲納火山爆發中逃生。[11]

在法國南部尼斯舊港的泰拉阿瑪塔遺址也發現了以樹枝編成且相互支撐的小屋建構遺跡。這些居所的地基呈橢圓形，由兩根中柱支撐，可燃起火堆而不受風吹和氣候影響，而且最多還能容納二十幾人，這也是海德堡人留下的遺跡。他們會在這小屋裡備餐、睡覺、哺育孩子、晾晒獸皮，並將長矛磨利。[12]

．允許承諾

尼采早已推測出，沒有懲罰的歷史，就無法寫出道德的歷史。尼采試圖在《道德的譜系》第二篇專文中表明，良心負疚——也就是意識到自己未達個人或是他者的道德標準——是本能攻擊性內化的結果，而這個隨著人類日益社會化而發展出來的本能攻擊性，需要另尋他途解決：「所有未向外釋放的本能，**都會轉而向內**——這就是我所稱的人的內化：有了這個內化，人身才會長出爾後稱為

『靈魂』之物。」[13]

這個看法是基於一個如今早已過時的「液壓」心理學模型。依照這個模型，未釋放的衝動壓力會積存起來，最終必須以某種方法疏導流向某個地方：

> 敵意、殘忍、破壞、攻擊、改變、毀滅一切的欲望——當這些本能和其擁有者背道而馳時，這就是「良心負疚」的起源。由於缺乏外敵和阻礙，人被擠壓在習俗壓抑的狹隘和規矩當中，不耐煩地撕裂自己、啃咬自己、迫害自己、擾亂自己、虐待自己，如同衝撞籠欄、自我傷害的野獸，這正是人想「馴服」的動物。[14]

根據這種液壓模型的心理學觀點，我們內在累積的心理壓力會自行在某個時刻或多或少地爆發出來。然而，事實證明這是錯誤的。儘管如此，尼采還是正確地看出了問題：懲罰在人類的道德演化中扮演了什麼角色？彼時它發揮過什麼作用？今日它還能發揮什麼作用？或者，懲罰其實是演化的「宿醉」，是某種在現代社會中不應該再有、應該被克服的返祖殘餘物？「培育出一種能做出承諾的動物」，[15]是大自然在創造人類時賦予自己的任務。這種動物是何時產生的？是什麼讓它如此溫順、有紀律，又深具遠見和可塑性？又是如何、透過什麼方式形成的？尤其，最重要的：一個人究竟需要具備什麼能力，才能做出承諾？

承諾，表示向他人許諾：你說你會在「t」這個時間點做「X」這件事，這就表示對方可以合理預期這件事會發生。為此，你得先對未來有所理解。然而最重要的是，你得相信你的自制力足以讓自己不會落入無法去做X這件事的境地，而且在t這個時間點到來時，不論內心願意與否，你都有履行承諾的紀律。因此，唯有自制力充足、因而能保證自己具備必要的自律的人，才「允許」做出承諾。如果我答應了朋友週一早上會到她家去接她，陪她到診所就診，那麼我就會自我承諾前一天的週日別玩得太瘋，以免隔天累得起不來。此外，我的承諾也等於發出了信號：即使我根本毫無出門的興致，依然會出現在她家門口。能為遙遠的未來預做計畫，這能力有多特殊？人類的這個特徵又有何特別之處？在尼采看來，能夠承諾——或者，甚至是「允許」做出承諾——就成了一個更普遍的問題的神祕符碼，而這個問題，就是一個具有人形的自制、遠見、紀律，以及合作意願的存在的出現。

我們現在知道，懲罰是我們的道德歷史當中一項具有決定性的因素，而我們具備上述那些能力都要歸功於它。當然，這與尼采的想像完全不同。我們之所以有了自制力和遠見，並不是因為攻擊性的衝動內化了，而是因為演化過程中那些對抗衝動和攻擊性的選擇，讓我們得以做出承諾。

・馴化的猿猴

學院派的道德哲學喜歡裝作大眾普遍認為懲罰是一種必要之惡，是一種麻煩又沉重的責任，執行起來不情不願，而且最好是在城外謹慎執行，別引人注意才好。尼采對此也有不同的看法：「見人受苦，自有其樂；讓人受苦，其樂更勝。」（Leiden-sehn tut wohl, Leiden-machen noch wohler.）這句話聽來刺耳，卻也古老又有力，而且深具人性，也許就連猿猴也會點頭同意。因為我們知道，猿類在思考奇異的殘忍行為時，早已對人類發出令人印象深刻的預示：「沒有殘忍就沒有盛宴：人類最古老、最悠長的歷史正是這樣教我們的——而懲罰本身也有許多值得歡慶之處！」[16]

簡略地回顧一下懲罰的歷史，就能證實我們「具備強大的懲罰本能」。法國社會理論學者傅柯在其著作《監視與懲罰》開篇中，對達米安在巴黎市中心格列夫廣場上的受刑描述，在哲學史上的影響尤其深遠：[17]

一七五七年三月二日，達米安獲判「在巴黎教堂大門前公開懺悔」，他「將被押解上囚車，全身赤裸，僅著一件襯衫，手執重達兩磅、已經點燃的蠟炬；在格列夫廣場搭起的刑架上，他要受燒紅的鉗子夾住乳頭、雙臂、大腿、小腿之刑；他右手要執那把弒君之刀，並受硫磺之火焚燒，而鉗子夾過之處，要以融鉛、沸油、燃燒的瀝青和以硫磺燒融的蠟澆淋」。[18]

特別教人震驚的，是眾人對達米安施以極刑時的那股喧鬧狂歡般的欲望。嚴格來說，對達米安的弒君指控其實毫無根據，因為他企圖行刺路易十五不過是讓國王受了一點小傷，大受驚嚇而已，實際上並未成功。處決達米安不僅是冷靜又官僚的執法行為，還是一場盛大的演出、一齣劇碼的上演，而且正如當代石版印刷畫中所呈現的，這場戲吸引了成千上萬的群眾圍觀。

一七九一年，《美國憲法》第八修正案已明文禁止「殘忍和不尋常」的懲罰，而法國劊子手桑松在對達米安執行時，[19] 似乎怎麼殘忍和異常都不夠——《阿姆斯特丹公報》（*Gazette d'Amsterdam*）這麼報導：「最終他被大卸四塊。然而，執行動作拖得非常久，因為用來執刑的馬匹不習慣拉扯，後來不得不改用六匹馬，而非原本的四匹；即使如此仍無法奏效，他們只好截斷他的肌腱、斬斷他的關節，以便切去這個可憐人的大腿。」

如今，大多數人都會認為公開折磨罪犯是荒誕的野蠻行為，只適合充作恐怖故事的素材，藉此確保自身文明的優越感。這種對暴力和公然展現殘酷的反感，本身就是源自久遠之前便已展開的演化選擇過程的後期結果。

・自我馴化

只要將人類與黑猩猩這個非人類的近親相比較，任誰都能立刻看出人類是多麼無害：沒什麼力量，身形瘦小，渾身赤裸，沉默又虛弱，毫無威脅性，看起來可憐兮兮（至少我們大多數人是如此）。這並非偶然，因為人類的演化史在很大程度上是一部「最友善者生存」的故事。[20]這個「**最友善者生存**」並非史賓賽「**最適者生存**」的替代。我們的兼容性，正是我們具適應性的原因。

人類和黑猩猩最重要的差異之一，在於一旦面臨威脅或挑釁時所採行的**反應性攻擊**傾向。[21]與之相反的**主動性攻擊**，則是有計畫的預謀性質。黑猩猩的反應性攻擊非常強烈，常以暴力方式解決衝突，牠們會咬掉對手的生殖器，或是啃噬、扯爛對手的臉。就連人類也常成為黑猩猩這種行為的受害者，例如二〇〇九年，查拉・納許（Charla Nash）遭到黑猩猩崔維斯（Travis）的攻擊，還有聖詹姆士・戴維斯（St. James Davis）在遭黑猩猩摩伊（Moe）攻擊後，只能終身以輪椅代步，還喪失了一隻眼睛、鼻子和多根手指。摩伊這隻黑猩猩從小就在戴維斯家中長大，還和他們一起生活。

當黑猩猩群在自然棲地偶然相遇，幾乎都會引發激烈衝突，而且會以幾名群體成員的死亡告終。另一方面，人類之於黑猩猩，就像是黃金獵犬之於狼。這當然是個半認真、半玩笑的對比，然而人類就是會讓人奇怪地聯想到某種馴化的動物，這樣的基本觀點倒也不是什麼新鮮事。達爾文早就這麼假設過，但最終他還是否決了這個想法，因為他想不出可能是誰馴化了我們。有神論的解釋假定神在演化中出手干預，在達爾文看來，這在科學上毫無可信的價值；認為有一個更高等、**非人類**的物種能夠馴化人類，這想法聽起來未免太不可信了。而人類可能**自己馴化了自己**，這對達爾文來說顯然也很可疑。於是，他放棄了這個假設。

馴化的想法最早是由德國人類學者布盧門巴赫所提出，[22]他在一七七五年發表的《論人類的自然差異》論文及稍後的著作中指出，人類的馴化特徵在許多方面都和馴化的動物類似。當然了，正如幾乎所有演化理論的推測，這個人類馴化的觀點也遭人濫用，用來為種族歧視辯護，認為白種人由於馴化程度比較高，所以比其他種族優越。事實早已證明，這個論點根本站不住腳，布盧門巴赫自己也早就反對這樣的論點。

二十世紀對於馴化症候群已有數十年的系統性研究，我們現在因而對於馴化症候群的內容、如何表現、在生理上導致馴化症候群的遺傳過程，以及是哪些具體的演化機制使人類朝更和平的方向做了選擇，都有了更清晰的了解。

馴化的動物往往都會表現出一連串明顯又具體的特徵，讓牠們和仍帶野性的近親有所區別。[23]馴化的動物一般都比野生的同類更為溫順、馴服、愛玩耍，也比較不具攻擊性。這些就是馴化現象的核心。與此相應的是，馴化的動物絕大多數都具有明顯的幼態延續（Neotenie），也就是在成熟後仍保有孩童般的幼年特徵，包括體型較小，對肢體上的親近和擁抱有更密切的需求。

除此之外，絕大多數馴化的動物的大腦和顱骨也會略為縮小，牙齒和耳朵也是，而吻部（口鼻部）會縮短。與此同時，有好些生理特徵在直觀上確實相當符合我們對已馴化、性情更溫和的動物的看法，但我們無法馬上理解這些特徵為何會持續出現在馴化的動物身上，像是捲曲的尾巴、軟塌的耳朵，以及明顯的色素脫失徵狀（Depigmentierungssymptomatik），例如往往出現在額頭或是兩眼之間的白色斑塊。

俄國的別利亞耶夫兄弟是發現和定義馴化症候群的早期先驅。身為人類遺傳學家的尼可萊·別利亞耶夫（Nikolai Beljajew）在蘇聯時期因為政治立場遭到質疑，於一九三七年被史達林的祕密警察射殺身亡。他的弟弟迪米崔（Dmitri Beljajew）和其同事露德米拉·圖魯特（Ludmila Trut）則從一九五〇年代初期開始繼續他的研究，並在理解野生動物的馴化過程上有了突破性的貢獻。我們已知，上述那些特徵出現在馴化的動物身上，像是在馬、狗、天竺鼠、駱駝、牛、老鼠、豬、貓，甚至駱馬身上都能觀察到類似的特徵。然而別利亞耶夫和圖魯特感興趣的，是一個更深層的演化問題：是否能透過對親社會性有利的選擇，讓同樣的特徵變化再現？要是有系統地將一種動物物種朝性情友善的方向去培育，那麼會出現什麼情況？

為了探究這個問題，別利亞耶夫和圖魯特採用西伯利亞銀狐進行了長達數十年的實驗。[24]雖然將狼變為狗要費時數千年，但透過人為選擇、挑出性情最為溫馴可信的狐狸，能夠將這個馴化過程壓縮為幾十年。別利亞耶夫和圖魯特開始只讓狐狸群樣本中最溫馴的狐狸成功繁殖，在歷經十代、二十代，最終到了五十代過後，狐狸這種原本獨來獨往的森林動物，竟也成了友善的人類玩伴。在這段期間，狐狸也開始發展出每年多次的交配期，而非原本的每年僅一次，這也是另一種典型的馴化結果。

人類破解馴化症候群的遺傳基礎，不過是近幾年的事。[25]無論是經由自然的天擇，或是透過人為選擇的育種，友善以及樂於合作這兩個特質是如何、又為何會同時產生上述的馴化症候群，一直都是個謎。攻擊性降低和軟塌的耳朵及白斑有什麼關聯？關於這一點，現在已有非常明確的證據表明，解開這個謎團的答案，就在一種特殊的幹細胞內，亦即所謂的「神經嵴細胞」。這種幹細胞會在胚胎的早期發展過程中形成腎上腺，而腎上腺在產生和調節壓力與恐懼荷爾蒙上扮演著重要的角色。馴化是一個最終會間接導致腎上腺功能低下的過程。這些神經嵴細胞在哺乳類動物胚胎發育的早期階段會位在神經管背側（朝後）的特定位置，之後就會發展出中樞神經系統。隨著胚胎的成長，這些細胞不僅會移轉到腎上腺，還會移轉到顱骨和四肢。由於神經嵴細胞**恰好**也關係到顱骨和牙齒的生長，還會影響色素沉殿，因而也就導致白斑、口吻部變短，以及牙齒變小的生理徵狀。因此，馴化症候群要歸因於一種特定形式的腎上腺功能低下的選擇。這種功能低下既會影響負責調節恐懼和攻擊性的荷爾蒙，也會影響在顱骨成形之際導致色素沉澱減少及減緩顱骨長成的細胞類型。

人類的自我馴化不僅帶來倫理（也就是行為）上的結果，另一方面，也深刻地重塑了人類的認知能力。唯有如此，人類的寬容度才可能提高，攻擊性才可能減少，而社會生活也才可能豐富多元。脆弱的群體和平也愈來愈少遭受突發暴力的威脅。這於是又反過來創造出了一個新的利基，而更精良的溝通能力及社會認知——也就是能去思考別人在想什麼或要什麼——更能在這利基當中發展得特別好。色素脫失這個現象也出現在我們的眼白上：眼白淺淡的顏色讓我們得以快速且精準地知道別人在看什麼、注視什麼。這就使得我們的意圖和想法在別人看來更加透明可知。反之，人猿的眼球就幾近全黑，因此，要猜測牠們的注意力集中在哪裡也就更為困難。

這些認知能力的物質基礎是大腦新皮質的額葉，它負責控制和指揮行動。位於前額後方的大腦區域若是有所傷損——像是因為意外、腫瘤或中風之故——往往會導致人的行動和計畫能力受損，且難以執行其意圖，結果就是衝動行為增加、自制能力下降，在遵守規範和規則上也會出現問題。[26]這種現象也稱為後天性反社會人格。

長期的幼態延續、縮小的顱骨、變小的牙齒、友善的合作行為——這些馴化症候群顯然也可見於人類身上。儘管我們能從銀狐身上看出將這些野生肉食動物變成搖尾賣萌的寵物的選擇壓力從何而來，卻無法確知，究竟是誰馴化了人類。

目前最有可能的假設是，我們是透過直接殺掉群體當中最具攻擊性、最暴力的成員，從而馴化了自己。這往往是靠著群體成員之間小規模的陰謀所達成的結果，最公然擾亂治安者會在夜裡被人暗殺。於是，史前這些專橫暴烈之人死於暴力，再無機會繁衍子嗣，這也就意味了攻擊性、對衝動的自制力薄弱，以及暴力行為，在演化上逐漸變得微弱。就像後來的銀狐，以及更早一點的狼，人類也被馴化了。

因此，演化的歷史讓我們同時變得更加殘暴，也更加溫和：從這個階段開始，我們整體上堪稱和平、樂於合作，且追求和諧，但對於他人有違規範的偏差行為也變得更加敏感，會對這些違犯之舉進行更嚴謹的監視和無情的懲罰。再更久之後，我們對暴力的反感也轉向了對懲罰本身的反感，不過這一點我們稍後再談。

當然了，我們很難找到直接證據，可證明古老時期死刑的普遍性。但我們確實知道，較晚近的狩獵和採集社會，確實會殺掉群體當中不受歡迎的成員以及擾亂和平者。對直到二十世紀都還維持著傳統生活方式的南非原住民科伊桑人（!Kung San）來說，有計畫地將人處決是解決衝突的**最終手段**。研究科伊桑人生活的世界知名專家理查・博沙・李這麼寫道：[27]

Ju/'hoansi（科伊桑人的別名）知道終結一連串殺戮的最後手段、一張最終王牌。唯一能形容這個手段的，就是「處決」一詞……在一個最戲劇性的已知案例中，發生了一次極為罕見的集體行動，一個名叫特威的男人殺害了三個人，眾人在光天化日下伏擊他，令他身受重傷。所有男人在他一息尚存之際全都以毒箭朝他身上射擊，直到此人如一名知情者所形容，「看起來就像一隻豪豬」。當他已氣絕身亡後，眾人不分男女全都圍著他的屍體，持長矛刺之，藉此象徵性地對此人之死共同分擔責任。[28]

「人人皆能參與」，這又是人類社會極為平等的進一步證明。與生活中階級區別森嚴的黑猩猩有別，黑猩猩社會最頂層是由一名雄性領袖壟斷所有食物、資源和性交控制權，而人類在新石器革命之前，都是生活在沒有固定領導階級或明顯物質不平等的流動結構當中（見本書第四章）。當然了，這樣的平衡是無法靠自己維持的。處決潛在的反叛、專橫、暴烈者，這或許在某種程度上解釋了人類最初為何能長期維持平等的生活方式。

當然了，小型人類群體之間的社會凝聚度，仍然需要以**某種方式**確保。因此，沒有暴力壟斷並不表示實際上沒有暴力存在。即便人類史前的無國家狀態常被原始無政府主義者和對權威抱持懷疑態度的自由主義者想像成是某種教人心生嚮往的福地樂土，但若是認為沒有領導者的狩獵和採集者群體無需以某種方式控制大家的日常生活秩序，那可就錯了。這必然常會導致一種近乎偏執的氛圍，而在這般氛圍下，群體中幾乎所有成年成員都會長期感覺到自己必須遵循一套適用於各自群體的社會行為規範，以免自己成為下一個被處決的對象。

彼時開始重塑人類心智和肉身的文化進程，促進了死刑的實際執行。殺死一個人，一直都是涉及風險的技術性問題：大多數情況下，被殺者必然另有想法，絕對不會毫無抵抗地步上人生終途。一連串解剖學上的發現顯示，人類早在大約五十萬年前就已擁有投擲物品的能力。此時人類不斷增長的腦容量也劇烈提高了能量攝取的需求，因而只能透過增加肉食來滿足。然而，只有那些懂得共同合作、以長矛進行團體狩獵的人，才有可能獲得肉食。另一方面，投擲長矛所需的精準度，也需要在解剖學上相對應的生理構造，才能協調肩膀、手臂、臀部和上身軀幹的協調合作，進而達到從遠處傷害大型哺乳類動物——例如另一個人類——將之置於死地所需的力氣和精準度。出土的化石顯示，人類這些解剖學上的生理變化可能在五十萬年前就已完備。[29]人類的馴化極大程度上是受益於技術上的成就，而這個成就讓我們得以更輕易且**更安全地**互相殘殺。

・懲罰與合作

當約翰・瓦倫泰（John Volanthen）和瑞克・斯坦頓（Rick Stanton）這兩名英國潛水員在一處岩丘上發現他們時，泰國少年足球隊「野豬隊」的十二名成員已被困在睡美人洞（Thuam-Luang）內兩公里深的地方長達十天。[30]沒有食物，沒有光線，但健康狀態良好，每個人都已完全喪失了時間感。

這些受困洞窟內的孩子討論著誰該最先被救出去。他們一致決定讓回家路程最遠的那人先潛水出去。這些孩子以為他們還得騎腳踏車回家。為什麼不呢？畢竟他們原本就是騎腳踏車過來的。他們不知道自己的命運已經吸引全世界的關注長達數週，而洞窟入口處有上萬人參與救援，當中有數百位專業的潛水夫、兩千名軍人，有來自百餘國的代表、記者、醫師，也有看熱鬧的圍觀者——當然，還有他們的父母。數百名志工在救援現場準備餐食、看顧帳篷營地、協助抽出洪水淹沒的洞窟中的積水。

參與救援的眾人都難以相信這場救援行動真能成功。當然了，要在雨下得最猛烈的雨季時節，從這個世上最深、最危險的洞窟之一，救出一名年輕男子和十二個孩子，怎麼看都是一件不可能的事。這些孩子無人有過潛水經驗，很多人甚至根本不會游泳。為了防止他們在水底下驚慌失措，救援隊必須為這些孩子施打強烈的鎮定劑，並且戴上完全罩住臉部的呼吸罩。唯有如此，他們才能在來自英、美、澳等國經驗豐富的潛水員和泰國海軍海豹部隊的協助下，花費數小時穿過這個水流湍急、能見度極低的崎嶇洞窟。雖然一名潛水員在過程中犧牲，但救援行動成功了。在失蹤十八天之後，最後一名獲救的孩子，無國籍的蒙空·彭偏（Mongkhon Bunpiam）到達了洞口。

我們的道德感讓我們能夠進行全球性的合作，並且願意付出驚人的犧牲代價，以幫助有需要的陌生人。但這是怎麼做到的？黑猩猩及巴諾布猿雖和我們有超過九九%的基因是共通的，而且百萬年前就已開始過著小型的團體生活，但除了學會使用拳頭大小的石頭敲碎堅果取食，牠們沒有進化出其他能力。

正如我們所見，這問題的部分答案與人類的自我馴化有關。我們針對自己這個物種當中最暴戾、最具攻擊性的成員進行系統性淘汰的做法，讓我們變得異常地愛好和平且懂得紀律。死刑的塑造力量已經——或者說，我們已經——扎扎實實地寫進了我們的DNA。然而，懲罰不是僅僅藉由產生出歷來最溫順的靈長類動物，影響了我們的道德。施行懲罰同時也是一種**制度**，這個制度透過社會制裁，激勵人們反對不合作的行為。

在此要提醒，不論過去或現在，合作的演化需要解決的問題都是「合作的不穩定性」。個體彼此之間各種形式的互動，**自我**都會面臨一個抉擇：對於**他者**，究竟是採取合作還是不合作的行為。最初的合作往往要付出代價：幫助他人或者不利用他人，對自己都是不利的。正如演化理論學者所說，這是「適應不良」的行為。

漢彌爾頓的整體適應性概念和崔佛斯的互惠利他主義概念，解釋了簡單形式的合作為何能在演化中占上風：如果雙方親緣關係夠近，或者再次相遇的機率很高，那麼幫助在基因上有親緣關係的個體，或是日後可能的合作夥伴，就是值得的。不過，由於這兩個條件在規模更大的群體中都無法得到滿足，合作行為也就需要額外的支持。

這就形成了一個緊張的情況：即便大多數人都有合作意願，一個群體的規模愈大，也就愈難只讓該群體其他合作的成員享有合作益處。這就產生了一個矛盾的結果，因為大群體中的不合作者最終必然會占優勢，而且影響還會逐漸擴散，因為這樣的人能從自己不合作的優勢中得利，也能從他人的合作行為裡獲益。[31] 隨著時間推移，不合作策略（「不履行義務」）會逐漸占上風。因此，若要讓少數的合作者能夠成長壯大，最終取得優勢，不合作者的人數就不能太多，否則整體結構很快就會崩解。

懲罰能夠解決這個問題，因為它能讓不合作行為長遠來看代價高昂。[32] 搶劫他人起初看起來是個好策略，尤其當你周遭的人不會經常回搶你的時候。不過，一旦你會因搶劫這個行為而受罰，情況很快就會改變。要是我會被抓進牢裡監禁數年，那麼最近這三次搶劫銀行的微薄收穫，根本就不成安慰。

人類的懲罰行為之所以特別，在於我們認**可利他性質的懲罰**。動物也能透過對攻擊的防禦或是事後的報復，制裁不合作行為。不過，人類的懲罰還有其他的獨特之處：由於B對A所做的事，C可以有強烈動機去懲罰B，儘管C自己並非B的受害者。

懲罰有助於人類形成合作，因而促成了公共利益。不過，這麼解釋會有兩個核心漏洞：首先，懲罰本身無法根本地回答合作是如何出現在演化當中的，因為利他性質的懲罰本身即是一種對個體代價高昂的合作形式。（這稱為**第二階**集體行動問題，因為我們無法單純藉由預設另一種合作形式，去解釋合作的可能性。）再者，社會制裁能夠穩定**所有的**行為，而不僅止於那些有利的行為。分享獵物也等於分攤風險：每個人在狩獵之際都可能遭遇厄運，所以，每個參與者都藉由分食獵得的獸肉的習俗，來確保能防範這個厄運。因此，那些想從別人那兒得到肉，自己卻不願分攤風險的人，便會受到懲罰。

然而，人類社會在某些情況下卻出現了無人從中受益，或是只為少數威權服務的規範。中國的纏足，或是某些文化中的女性生殖器切割（割禮），就是令人印象深刻的實際案例，顯示了就客觀來看有害、痛苦且怪誕的行為，會如何在一個社會群體當中傳播開來。相關的規範一旦確立成形，便會以同樣的懲罰機制迫使所有違反其他（或許還更有用的）預期行為的舉動對人再無吸引力可言。由於無視既有規範或拒絕規範的監督往往會嚴重損傷個人聲譽，因此也可能產生出離經叛道和殘忍的規範——而且可能透過利他性質的懲罰得到進一步鞏固。

群體選擇或許在這當中扮演了重要角色。關於懲罰的演化，我們也許應該這麼想像：某些群體偶然發現了「懲罰」這種制度，另一些群體則沒有。前者由於在合作當中受益，因而表現得更佳。如果這些相互競爭的群體彼此之間的選擇壓力大過群體內個體之間的選擇壓力，那麼，長遠來看，施行懲罰的群體就會占得優勢。

我們知道：懲罰能維持合作的協議。我們可藉由實驗研究它如何作用。費爾和加赫特這兩名經濟學者已證明，[33]對於維持社會合作的理想程度，懲罰表現出驚人的成效。[34]我們已經看到，合作規範在進退兩難的狀況下，很快就會崩解，因為搭便車者不合作行為的激勵結構，會在這種情況當中成為主要策略：無論別人怎麼做，不合作永遠更有利。公共財賽局也顯示，幾輪過後，不合作的態度就會讓玩家對公共財的貢獻急劇下降，最後趨近於零。

要確認懲罰性的制裁對於穩定群體社會性的影響，我們必須模擬一個情況，而在這情況中，如果所有參與者全都做「X」這件事，那麼結果會對群體最有利，但要是每個參與者都做「Y」這件事，則對個人更有利。我們將這個對照組與另有額外選擇——也就是可對不合作行為進行懲罰——的另一組進行比較，你認為，這兩組當中，哪一組會更願意為了公共利益而做事？

這正是費爾與加赫特提出的問題。他們進行了一場實驗，將參與者分成幾個由四人組成的小組，小組當中每個人皆配有一筆定額資金（在這裡是二十瑞士法郎，或「貨幣單位」）。在幾輪當中，參與者可以決定每個人該貢獻出多少錢，投入公共資金中。而實驗制定的償付方式，對個人而言，完全不出資或是只出最少的錢，會是收益最大的；但要是每個參與者都一直朝公共資金投入最大金額，那麼，結果對整個小組會更有利。

遊戲最終總共進行了六輪，結果如下：參與者的合作意願——以各輪中投入公共資金中的平均金額為計——一開始很薄弱，而且很快就急遽暴跌。在第六輪末，參與者都將大部分的錢據為己有。參與者要到第二回合才有機會能夠「懲罰」最吝嗇的共同參與者。參與者用來懲罰不合作者而給出的一個貨幣單位，都會從被懲罰者身上扣去三個貨幣單位。這對產生整體合作意願的成效非常驚人：當六輪遊戲結束時，小組的合作程度幾乎達到最大值。對於不合作者的懲罰，解決了搭便車者占人便宜的問題。

五十萬年前，我們的祖先在現實當中需要共同克服的情境，結構大致也類似如此。不論是與敵對群體彼此間的衝突，或是狩獵大型野生動物，抑或是搭建避難處所，每個人都必須對一個更大的目標有所貢獻。若是沒有群體的共同努力，這些結果根本不可能實現。同時，個體是否真有貢獻，其實並不重要，即使是那些根本沒參與戰鬥或狩獵的成員，也能因為村落安全或是獵獲豐厚而得利。儘管我們可以透過利他性質的懲罰，阻絕不願參與社會合作、卻又想從中獲益的可能，但這樣的可能性如今仍舊存在。

‧報復的心理

為了阻絕這種「不合作卻受益」的可能性，我們得在懲罰當中找到樂趣。這期間發生的選擇過程，不僅創造了帶有懲罰性質的規範和做法，還將之做為文化制度，繼續傳至下一代。這些都將懲罰破壞規範者的喜好，烙印在我們的心靈深處。

時至今日，我們懲罰性的心理語法當中，仍能看到這樣的喜好。[35]這種喜好在極大程度上是與生俱來的：儘管會因文化不同而有所差異，卻也表現出普遍的模式。我們甚至往往根本意識不到這些模式，無法單單透過自我反思去觀察這些模式，而是得先進行巧妙的實驗才能發現它們。

在日常生活中，我們對報復懲罰的需求與對具體施行懲罰所提出的理由，兩者往往明顯大相逕庭。[36]一旦被明確問及為何該施行懲罰時，我們會說制裁有其威嚇效果。不過，當懲罰的威嚇可能性已被明確排除，我們對於犯罪者應該受多重懲罰的判斷，卻沒有多少改變。在一項有意思的研究中，行為學者阿哈洛尼（Eyal Aharoni）和社會心理學者弗里德蘭德（Alan Fridlund）明確指出：懲罰一名（犯罪後因病癱瘓的）強姦犯，而且過程不公開，那麼這個懲罰不會有任何預期成效。但這不妨礙研究參與者繼續認為威嚇是懲罰強姦犯的最重要因素，即便已明確提醒他們，這樣並無威嚇效果。即使這個實驗案例中已明確排除了刑罰的威嚇效果，我們施行懲罰的官方理由，依然是那股社會制裁的懲戒力量。

一旦有人違反了規範，我們便會尋求報應或復仇，而我們很難將懲罰行為的可能後果納進盤算當中。如果要求研究參與者評估一家製藥公司，該公司生產的流感疫苗整體而言能挽救人命，但會造成一些兒童死亡，大多數參與者都不會在乎懲罰該公司會產生多少影響。[37]不論對該公司的懲罰是公開或暗中進行，不論這懲罰是否會導致該公司因而停產疫苗（最終導致更多孩童因罹患流感而死亡），不論該公司是否預先投保此類訴訟（因此不會承受任何損失），研究參與者都建議要對該公司施行同樣的懲罰。同樣地，再犯風險似乎也不會對如何懲罰以及懲罰該有多嚴厲的看法產生顯著影響。[38]

我們的報復心理似乎有點矛盾：懲罰的功能應該在於它能產生具體的小果，也就是讓人遵循合作共生的規範。但同時，我們對於是否該懲罰、又該如何懲罰某個人的有意識判斷，卻奇怪地並不受懲罰成效好壞影響。為什麼會這樣呢？

其實，這只是表面上看似矛盾。演化的功能與認知狀態的實際內涵相互背離的情況相當常見。例如：我們為何有性行為？我們會對性事感興趣的**遠端**（與遙遠的過往有關）解釋是演化，而且性事在過去與我們這個物種的繁衍功能有關。我們想要性，因為我們是那些熱衷繁衍之人的後代。那些對於性事比較無感的前人，留予後代的基因印記顯然會比較薄弱。這就是性的功能。當我們性致勃勃地想翻雲覆雨一番時，性的繁衍功能**在這特定的時刻**反而很少扮演要角：對於這些或那些歡愛行為的近端（與當前相關）解釋，幾乎總與繁衍無關。我們就只是覺得彼此在肉體或情感上深受吸引，或者兩者都有罷了。這就是感覺的內涵，與性事的功能無關。將性的遠端功能做為它的近端動機，這甚至常會形成一種相當不利的氛圍：許多有意生子卻未能如願的夫妻都可證實，在性事上，以結果為導向的實用主義和自發的歡愛激情，兩者往往互不相容。

我們的懲罰心理也類似如此。懲罰的遠端功能是預防大規模群體的崩解。在專業術語中，這樣的功能因而稱作是**結果論的**——也就是為了達到特定目的。然而從近端來看，我們對懲罰的需求並不是結果論的，也不是以結果導向，而是**報復性的**——我們就是希望違反規範者得到應有的懲罰。在這當下，懲罰對於我們或我們的群體是否有幫助，已完全無關緊要。

・說謊者與騙徒

我們身上配有特定的認知模組，專門用來揪出破壞規範的不合作者。正如勞倫茲所說，[39]我們思維上的**先驗**（也就是無需透過自身經驗學習）即是我們演化歷史的**後驗**（也就是僅能透過經驗得知）：在適應上歷經一代又一代的反覆試錯（trial and error），我們祖先的經驗已沉澱在你我的心理機制中。[40]這些穩固的思維模式，對促成和維持合作結構特別有利。揪出社會騙徒的**作弊者偵測**就是眾所周知的例子。[41]**華生選擇任務**的研究表明，[42]人類生來就對違反社會規範的行為相當敏感。這個測驗有兩個版本：其一是單純的思考任務，另一則是在思考任務當中加入社會規範。即使是一樣的測驗，大多數人都過不了第一個版本，卻能輕鬆通過第二個版本。對我們而言，思考社會規範在本能上是件容易的事，因為那是我們社會性本質的一部分。

華生選擇任務測驗的原始版本，旨在測驗人的條件推理能力——也就是思考「如果……那麼……」的關係。研究參與者面前會有四張卡片：一張顯示為A，一張為K，另外兩張則分別為4和7。這個任務是要檢驗以下這個「如果……那麼……」規則是否適用於這四張卡片：「**如果卡片一面為子音，那麼另一面會是奇數**。」受測者在明確證實或者明確反駁這個規則之前，要盡可能地少翻牌。絕大多數受測者都會選擇翻開K和7，但這是錯誤的答案：K和4才是正確的，因為只有偶數背面的子音，才能（藉由證明它不成立）表明既定規則是否成立。7的背面不論是否為子音，都和規則的真偽無關（因為這規則並**沒有**說：**唯有**背面是子音，正面才會是奇數。）

幾乎所有人都會犯這個錯誤，因為我們都容易受到確認偏誤的影響，[43]而且一般來說都不擅長思考與自己的現實世界無關的抽象條件句。對於道德譜系而言，這個卡片測驗的內容要是改為與違反社會規則有關，那結果可就有趣了。測驗中的子音與數字若是替換為規則和人類行為，我們就會立即搖身變成頭腦精明的邏輯學家。當規則是說：「**如果一個人飲酒，那麼此人必須年滿十八歲**」，而卡片則為(a)飲酒、(b)不飲酒、(c)年滿十八歲、(d)未滿十八歲，我們自然就會翻開正確的卡片，也就是卡片(a)和卡片(d)，儘管這個測驗在結構上和前述的抽象變體相類似。[44]

為何清楚又明瞭的數字和字母一被社會性的內容取代，我們就會突然覺得條件推理很簡單？演化心理學推測，我們天生就有一種直覺能力，有助於我們能夠精準、快速地辨識出破壞規則的行為。單就演化角度來看，這也是有道理的，因為這就表示當我們在面對重複出現的問題十，不必每次都費力思考才能得出結果。如果人類群體的壯大仰賴於成功的合作，那麼，例行地處理那些搭便車、占人便宜、不履行義務的人，也就成了首要之急——要是沒能這麼做，人類在早期階段就會徹底陷入一片混亂當中了。

・社會制裁

懲罰有助於馴化我們，因為透過懲罰，我們學會了像是自制、溫順、高瞻遠矚、愛好和平等重要能力，使你我得以在不斷壯大的群體中生活。早期人類生活在沒有國家制度，而且中央集權壟斷武力使用的狀態中，時至今日，這也激發了無政府主義者的幻想。不過，這種看似不受官方權威約束、毫無限制的自由，實則代價高昂：因為暴力和紀律的施行並沒有變得多餘，而是被社會規範更為溫和、但也無所不在的集體控制補償了。

不是所有的懲罰都像死刑那麼嚴厲和極端。人類的道德至少在極大程度上是由更為幽微的非正式規範監督在維繫著，透過實踐這些監督，一個社群可以極其細微地記錄其中成員的社會聲譽。對於你我這樣極度仰賴互助合作的生物而言，在團體中聲譽受損可能會是一大災難。

流言八卦在過去是記錄和保存社群成員可信度與聲望的一種方式，在現代亦然。八卦流言和謠言的傳遞與交換，在我們的演化史上扮演了重要角色，尤其是在語言演化上，而語言原初的功能可能主要就是在對他人的行為進行社會交流。[45]八卦可能是靈長類彼此梳理和舔舐之外的一種延伸行為，在此之前主要是用來確保社群凝聚。同樣地，隨著社群規模擴大，社群合作就必須改換新形式：因為梳理和舔舐需要身體直接接觸，而且相當耗時，因此不適合人類在最親密的家庭界線之外，做為強化凝聚力之用。另一方面，語言具備的優勢在於能向數量更廣大的同類發送出信號，信任的網絡因而得以拓展，社群其他成員的性格相關訊息因此得以交流，聯盟得以形成，行為規範也得以確立、完備或摒棄。

在群體中名聲敗壞會招致毀滅性的後果，受此影響的人往往自此一蹶不振。但究竟為何會這樣？或許你會認為，到底誰會在乎別人的看法啊？一個人只要肢體、生命、財產不會因此而受損，就可以不在意其他部落成員、那些老邁的親戚，或是社群媒體上一大群充滿惡意的陌生酸民對自己的看法。然而實情才不是如此。「要是一個人被說有口臭，他會深感不快，儘管這並未對他造成實質損害。」[46]休謨簡單明瞭地這麼說道。而康德這位不是以敏感和觀察力著稱的哲學家，也沒忘記去注意他人對我們的看法有多重要，以及謠言、八卦和流言蜚語在集體共同生活中所扮演的角色：

> 在所有爭論中，關於此行為或彼行為的道德價值，以及藉此判定一人性格的爭論，最能激發那些很快就會對理性之事生厭的人的參與，進而為群體帶入某種活力。一旦要判定一樁善舉或惡行的道德內涵，原本對理論問題當中所有細微和沉思之事必覺枯燥乏味、苦惱不已的人，很快就會加入爭論，而且他思維如此精準、如此縝密、如此細微，因而能辨識出當中所有可能減弱、甚至令人懷疑其動機意圖的純潔性，進而懷疑當中的美德程度，這是無法指望他們能在其他思考上做到的。[47]

順帶一提，康德對於那種惡毒的八卦謠言可就沒有多少同情可言了。他斥之為「背後中傷」、「窺探他人的道德」以及「嘲弄」。[48]

的確，失去社會認可常會導致非常明顯的後果。對亞薩瓦（Yasawas）這個南太平洋小島上的居民來說，一個人的社會聲譽同時也標誌著他的法律地位。一個人的聲譽受損得愈嚴重，他就愈可能淪為遭人排斥、訕笑、暴力對待、偷竊和破壞的合法受害者。這些被社會摒棄的人在忙於捕魚之際，他們的屋舍會被放火燒毀，或是工具被盜走，而加害者卻能逍遙法外、不受制裁。這也帶有一種馴化效果：「不願學習當地規範、不自制、行事屢屢違反規範者，在遭眾人無情剝削之後，最終會被逐出村落。」[49]

還有，眾所周知的「丟臉」也是一個常見的自殺動機。例如非洲迦納的阿善提（Aschanti）地區在二十世紀初仍有這種說法：「在羞恥和死亡之間選擇，死亡還比較好些。」有一則故事最能說明這一點：有個村中長者在向到訪的貴賓鞠躬致敬時「不小心放了個響屁」，不到一個小時，他就返家上吊自盡了。在被問到長者這個激烈的反應時，眾村民表示，在這種情況下，老人家的做法是合宜的。[50]在一些民族看來，失去社會聲譽並不是比直接處決更溫和的替代選擇，反而是更嚴重的罪懲。

・犯罪偵查

人類最大的道德成就之一，就是在殘酷當中找到樂趣。這般殘酷的欲望達到其目的之後，要捨棄其中之樂就更難了。

回顧過往，你可能會發現我們的發明才智和工藝技巧，絕大部分竟都用在了開發出更純熟地造成他人痛苦的方法上。阿姆斯特丹運河帶上的辛赫爾（Singel）運河屋四四九號現址是一座酷刑博物館，你可以花七．五歐元（十二歲以下是四歐元）入內細細參觀一些人類最原始的酷刑方式。在這裡可以見到鎖鏈與牢籠、刀片和箱盒、拇指夾、拉刑架、燒紅的火鉗、絞刑架、斷頭臺、頸手枷，以及鐵處女。「探索痛苦的過去」，這句話不是隔壁心理治療師的廣告詞，而是這間酷刑博物館官網上的邀請語。中世紀的工程師想必對痛苦和坐姿之間的關聯特別著迷，因為椅面和椅背上布滿鐵質尖刺的酷刑椅似乎在當時非常流行。這當中還有結構類似體操器械的刑具，頂部呈金字塔形，受刑者得坐上去。在「西西里公牛」這座公牛形狀的中空青銅雕塑中，人會被關進中空的牛腹內，在裡邊活生生承受底下的烈焰炙烤，而牛體上的漏斗和管道系統則會將受刑者的痛苦尖叫轉化為公牛的哞吼聲。

演化的歷史顯然給了我們偏好「過度」的傾向。長久以來，我們對於懲罰都寧可它過度嚴苛，也不願太過寬鬆，認為懲罰愈是嚴厲、殘酷和無情，才會愈有成效。要是對犯錯者的懲罰過輕，我們在情感上是無法接受的。因此，即使我們的嗜血程度不過稍有節制，也可能意味著一大進步。大多數的文化當中都能見到**同態復仇**（*lex talionis*），按此規則，報復應以同等方式回敬，但這種報復方式如今往往被視為是原始野蠻行為的例證。事實上，「以牙還牙，以眼還眼」還得和彼時通行的其他方式進行比較。在一個破壞性的血腥報復循環會不斷出現、永無休止的社會中，出現一個像「以牙還牙，以眼還眼」這樣要求報復應該比例相稱的原則，反而意味著一大進步。

這個原則的簡單性卻也正是它的敗筆，因為簡單的規則儘管在直覺上看似合理，而且容易傳授和學習，但由於各種個別狀況及技術執行上的阻礙，它可能會失敗。在某些社會中，某人的女兒遭人強姦或謀殺，可透過讓**加害者的女兒**同樣受強姦或殺害抵償。[51] 但如果加害者沒有女兒呢？巴比倫的《漢摩拉比法典》記載，對於傷人一眼的懲罰，是受毀一眼，而毀人一顆牙的懲罰，是以一顆牙相抵，但若造成他人喪失聽力，懲罰卻突然變成要以「一筆銀子」抵罪。也許是因為古人還不太確定該怎麼毀掉一個人的聽力，只好想出其他補償方式？

罪與罰的分配從來沒有公平過。一個社會當中的不公，往往就體現在違反規範和隨後的懲罰上。年輕男性這個群體，在暴力犯罪的加害者和受害者當中始終占了絕大多數。一般情況下，謀殺案的受害者有超過八〇%為男性，而在殺人犯嫌中，男性所占的比例更是遠遠超過九〇%。[52]男性罪犯所受的懲罰一向都更嚴厲，因為男性被認為更具危險性。例如：英格蘭自十三世紀亨利三世即位以來，絞刑、開膛剖腹和肢解一直都是用於懲處叛國賊的手法，但這些刑罰從未用於女性身上。

不同群體的社會經濟地位差異，也會分反映在社會懲罰的施行上。一些法典，例如大約兩千年前成書的印度《摩奴法典》，[53]就明確地依照種姓地位高低做出刑罰的區別。[54]一般來說，一個人的種姓地位愈高，所受的懲罰就愈輕。身體上的懲罰，對種姓最底層的首陀羅特別嚴厲，而唯有在極為罕見的例外狀況中，才會對頂層的婆羅門施行身體上的懲罰。另一方面，金錢上對傷害賠償的責任則是恰恰相反，一個人的社會聲望和地位愈高，賠償金額也就會愈高。

在古老且奇特的懲罰方式之外，我們還能在歷史中找到懲罰方式更加個人化的實際例子。儘管在大多數社會中，「家庭」幾乎都被視為是社會的基本組成單位，但發展中的社會也逐漸承認了個人的權利及義務。在中世紀的中國，一起罪行的懲罰程度仍會依被告者與受害者之間親屬關係的遠近而定。對近親的犯罪會比對遠親的犯罪受到更嚴厲的懲罰，而對遠親的犯罪又比對非親屬關係者的犯罪來得嚴重。[55]家庭內部結構在這裡也發揮了一定的作用，例如年長者通常會在法律上擁有更大的轉圜餘地；父親殺死兒子可能只會受到警告而不受制裁，但為人子者若弒親，將面對嚴重的後果。

整個家族可能都要承擔家族中個別成員的暴行責任，這種「家族連帶責任懲罰」原則，[56]直到歐洲中世紀盛期才逐漸軟化。十二世紀的《馬德堡法》首次提出了這樣的觀點：[57]為人父者無需為實際由其子所犯下的謀殺行為負責——前提是至少要有六名獨立且聲譽良好的男性證人能夠擔保這一點。[58]

這種從血親原則轉而改由匿名的第三方對個人施行懲罰的結構性變化，至今仍能在不同文化的懲罰方式中見到。[59]如同先前實驗遊戲顯示的，不合作的行為在絕大多數社會中都會受到懲罰；不過，我們在東歐文化或是中東地區會發現，在一輪遊戲中受到懲罰的玩家，會試圖在下一輪遊戲中向他們懷疑是制裁者的玩家進行報復。這種情況尤其會出現在法治薄弱、**社會資本**（也就是非正式的社會信任）較低的社會中。西方社會幾乎未曾出現過這種行為。

在重組並部分廢除以親屬關係為導向的法律規範之際，也出現了以「犯罪意識」做為違法行為究責依據的觀念。[60]中世紀的法學家開始區分犯罪行為（*actus reus*，犯行）與犯罪意圖（*mens rea*，犯意）。為了能以適當的個人責任原則取代家族責任的削弱，此時就有必要釐清知情、意圖、可預見性和因果關係，在多大程度上與犯罪評估相關：

> 我們來看看這個情境：一名鐵匠將鐵鎚朝助手扔了過去，結果砸死了這名助手。中世紀的法律學者不僅開始詢問鐵匠是否想殺死他的助手（動機：這名死者曾和鐵匠的妻子調情），還要問鐵匠是否有意要殺死他的助手，以及鐵匠是否認為鐵鎚能夠達成這個目的。要是鐵匠原本打算下星期要以毒藥殺害這名助手，那麼，在這之前無意間誤認為他是小偷，以鐵鎚殺了他，這有關係嗎？這些法律學者認為，鐵匠的罪責，要

取決於他不同的精神狀態。61

我們從這裡已能看出，情有可原的情況可能會減輕罪犯的罪責：一個未成年、酒醉、一時衝動、精神錯亂或是患病的罪犯，與一個對自己的不法行為有完全意識的罪犯相比，我們已不再預期兩者會受到同樣的懲罰。

另一方面，廢除死刑在過去一段長期時間內仍是不可思議的。在暴力合理化的問題上，德國哲學中的一項令人質疑的優勢就在此顯露無疑。對於該如何處置罪犯，無畏地捍衛人類尊嚴、備受敬重和傳頌的哲學家康德，有極為明確的看法，而且那看法堪稱是啟蒙哲學中最黑暗和不堪的段落：

> 但他若是殺了人，他就必須**死**。在此並無滿足正義的替代品。生命，無論它何等悲慘，與死亡之間全無**相同之處**，因此，犯行與報應之間也絕無同等可言，唯有透過死刑令犯者伏法，才能實現此般平等，擺脫所有可能令人在其中受難的虐待。……即便公民社會當中的所有成員一致同意解散（例如一座小島上的所有居民決定就此解散，分散遷居到

世界各地），也必須先將監獄中最後一名殺人犯處決，好讓每個人都能得到自己作為所應得的報應。[62]

黑格爾甚至在他的哲學體系中走得更遠，他主張：若放棄對罪犯執行死刑，就是對受刑者的不敬。殺人犯有受到承認的權利，而死刑當中就隱含著這個認可，因為死刑讓人沒有淪為任由自身本能和衝動擺布的動物：

懲罰……被視為包含罪犯**自身的**權利，罪犯因此被視為理性之人而**受尊重**。若其所受懲罰之概念及尺度未取決於罪犯的行為本身，那麼這份榮譽便不會加諸其身；或者，倘若罪犯僅被視為一頭有害的動物，必須使其無害，或是出於威嚇或懲戒之目的而施刑，那麼罪犯也不會獲此榮譽。[63]

於是，抱持**功利主義**想法的人，率先提出了早就該將懲罰人性化的要求。功利主義是一種哲學思潮，認為道德的目的就在於將人類福祉最大化。功利主義者過去曾經（現在依然）認為，即使是社會制裁，最終也要依社會效用的標準——也就是最大多數人的最大幸福——來判定。對此，義大利法律哲學家貝卡利亞的影響尤其深遠，[64]他在一七六四年發表的短篇論文《論犯罪與懲罰》中，首次有系統地倡議廢除死刑，以實現國家刑罰的全面現代化。貝卡利亞認為，死刑不可能成為社會契約的一部分，因為沒有人會自願賦予國家殺害自己的權利。他推測，快速處死的威脅，其威嚇效力遠不及會在牢中長期監禁受苦，而且處決會讓社會變得更殘暴，而非更文明。貝卡利亞因而斷然反對死刑。

功利主義的道德哲學，在社會政治問題（無論好壞）上會導致一種工程師和小商人斤斤計較的心態。最初的功利主義者，常會被介於動人的天真心態和反烏托邦的計畫野心之間的改革建議，迷得暈頭轉向。其中最著名的，無非是邊沁設計的一種新型監獄建築，[65]由一圈圈排列成蜂巢狀的牢房圍繞著中央塔樓所構成。這樣的設計能以最少的人力，監看最大量的囚犯：因為從中央塔樓可以看到每間牢房，但囚徒無法分辨監看者是在看著他還是看著別人，因此可說囚犯就像是自己在監看自己。邊沁本人稱他的這個設計為「全景監獄」。

·審判

大多數社會在對觸法者進行懲罰之前，都要經過某種形式的審理程序，其間或多或少都會藉由正式確立的規則來判定是否懲處某人，以及如何懲處。在這方面，審判和聽證的過往歷史也常被人利用來彰顯自己的思想進步，他們同時選擇性地將過去的執法者形容成是毫無良知的劊子手，或是心懷妄想的狂熱份子，認為這些執法者或是出於憤世嫉俗，或是出於意識型態上的理盲妄想，因而濫用法律權力組織來進行落後的殘酷行為。其實，就算是最老舊、最落後的做法當中也有其內在邏輯。唯有精確地審視各自的過往歷史情境，才能解讀其中奧祕。

於是，我們這些「現代之子」樂於將雙手高舉過頭，擊掌嘲笑中世紀神判法（*judicium dei*）的天真。這樣的神判會製造由神來揭示犯行真相的機會，以定奪被告者的罪。事實上，神判法出奇地理性，毫不盲目。[66] 首先必須強調的是，當時唯有對最嚴重、因此也最罕見的罪行，才會考慮使用神判法。而且即使如此，也唯有在沒有供詞、沒有可靠證人提供不在場證明，也找不到其他間接證據或證明可供判決的情況下，才會採用這個方法。同樣鮮為人知的是，在大多數案件中，神判法的最終結果都是被告無罪獲釋。根據匈牙利十三世紀初的司法紀錄《瓦拉德登記簿》記述，[67]審判方式是受審者要徒手從一壺滾沸的熱水中撈出戒指或其他物品。在這個所謂的「熱水試煉」中，超過六成的被告都會無罪獲釋。怎麼會這樣呢？

顯然，光是熱水試煉本身的威脅，就足以誘使許多虔誠的犯罪者親口認罪了。我們現代人往往低估了那個時代受審的被告多麼深信這種神判法的效力。絕大多數的無辜者同樣相信神判法的可靠度，願意將手伸進滾沸的熱水中，因而接受測試的主要都是無辜之人。可是，要如何避免大批無辜者因為必然的燙傷而遭判有罪？根據官方規定，用於測試的滾燙壺水必須先祕密備妥，讓負責的教士有機會將壺中水溫調整到常人能夠承受的程度，以便預先分類好的受測對象基本上能安然無恙地度過這個儀式。此外，審判者也會強烈希望避免錯判任何無辜者。據說，當時偶爾會有人因被控謀殺而遭判刑，而所謂的被殺害者不久後卻活生生地再度出現。如果是這樣，那麼信眾中原本最虔信的羔羊，也會因為據稱絕對萬無一失的判決竟然失效，而動搖了自己的虔信之心。這正是教會要極力避免的。凡塵俗世對於神判的影響，遠比當時眾人想像的還大得多。

就連動物、死者，甚至沒有生命的物體，也無法永保自己不受法律的長臂制裁。歷史上就有許多動物曾受到極為正經、最是莊嚴的審判，以便讓牠們的惡形劣跡公諸於上帝和世人面前，並受到相應的懲戒。[68]

例如：法國阿爾卑斯山上的小鎮聖朱利安，人們議論著吃掉農作物的象鼻蟲；一四五一年，日內瓦對傷害湖中鮭魚的七鰓鰻發出禁制令；不久後，瑞士的巴塞爾有一隻公雞因被人指控下蛋而遭斬首；不幸的騾、驢和狗兒成了人類侵害的對象，慘遭鞭打、流放或燒死。豬、牛、老鼠、馬經常被人指控謀殺，並且遭到判決。馬達加斯加島上，偶然被捕到的鱷魚被人審問是否有其他鱷魚同類犯下謀殺罪。在公元八九七年的「屍體審判」上，教宗福慕因為在選舉中有違規行為而受審；[69]雖說這位教宗受審之際確實就在法庭上，但他其實早在幾個月前就死了，因此得先挖出他的遺體才能讓他到場。如果涉嫌「謀殺」，甚至連劍、水井、馬車也要受審。教堂大鐘致命的危險性在今日雖然不為人知，但在當時卻是不容小覷，因而也被送進了牢裡；一五三五年，當安東尼·懷爾德在諾丁罕郡被乾草堆悶死時，聰明的陪審團還指認了罪魁禍首正是某一捆乾草。[70]

·懲罰的未來

懲罰在道德歷史上扮演的角色，也能讓我們知道現代社會應當如何施行懲罰。懲罰的未來在於更為溫和的制裁方式，以及遠離並抑制你我內在當中最為無情的本能。

懲罰的歷史表明了，懲罰更嚴厲，未必更具威嚇功效。道德的演化也顯示，在維持一定水準的社會合作上，**某種**社會制裁確實扮演了不可或缺的角色。不過，關鍵的變數並不是懲罰本身的嚴厲程度，而是懲罰的預期效益（或者，對被懲罰者而言，也就是懲罰的傷害）。這顯然不只取決於懲罰本身有多麼令人不快，還取決於發生懲罰的可能性有多大。要是我假設自己永遠不會被逮，那麼死刑對我的嚇阻力也很有限。但要是我確信自己有朝一日會被判處十下杖刑，那麼只要想到日後得被杖擊十下，威嚇的效果就更強烈了。

我們有充分的理由抑制對懲罰的需求，這一點尤其表現當我們想看到自己的報復欲望獲得滿足，而在政治上做出某些決定之際。美國哲學家辛哈巴布（Neil Sinhababu）曾經算過，伊拉克戰爭的支出費用，足以讓大約兩千隻活生生的熊貓，每一隻都能擁有一架自己的隱形飛機，而每架造價是七億美金。[71] 即使起初認為反恐戰爭是正當之舉，我們也得捫心自問，二〇〇一年九月十一日，在三千名無辜的美國人失去性命後，後續再送超過六千名美國人去送死，更遑論還有阿富汗及伊拉克兩方的數萬條人命，就只為了在開戰二十年後與原本的仇敵締結和平條約，這樣的代價是否足以補償？這種做法禁不起任何成本效益的分析。

自一九九〇年代快克古柯鹼在美國境內開始氾濫以來，所謂的「反毒戰爭」強度始終不見減弱：它依據的同樣是承繼自演化論的罪與罰原則，認為唯有透過更加嚴厲的懲罰，才能有效打擊社會不容的行為。這不僅導致了實則不應歸類為犯罪的行為被過度刑事化，也導致了對吸毒這類行為的過度懲罰。吸毒這種行為要麼根本不會傷及他人，要麼只對用藥者自身造成傷害。[72] 同時，全球目前也已出現一種趨勢，懲罰方式由體罰與監禁，轉向經濟制裁或賠償。這種趨勢需要更進一步發展，甚至最好是加速發展。[73]

懲罰性的過度反應並無道理，因為一個人會出生在何種環境，以及隨之而來要面對的社會問題和犯罪誘因，往往是基因大樂透偶然選擇的結果。[74] 益發嚴苛的監禁刑罰只會加劇問題，因為長期監禁刑罰會導致受刑者要回歸社會更加困難，而不是更為容易。懲罰唯有在執行迅速且發生機率高時才最有效。這一點，嚴厲的刑罰往往做不到。例如死刑的判決和執行往往極為漫長，因為相關程序曠日費時——畢竟沒有人希望誤殺無辜之人——而且死刑也極少真正執行。

許多情況中，胡蘿蔔會比棍棒更有用：對於非刑事犯罪行為者給予正向的激勵，常常要比藉由懲罰帶來威嚇更見正面成效。[75]這樣的做法往往會被站在道德制高點上的人斥責為是對犯罪者的「獎勵」。這就彰顯出選擇施行更好而非更糟的政策這件事有多麼困難——即便那成效數據就清清楚楚擺在我們面前。一項刑罰措施一旦有違我們內心根深柢固的情感結構，心中有疑的我們往往會選擇對所有人都沒有好處的替代方案，而不是真正能帶來改變的做法。

儘管仍有許多令人遺憾的例外，現代社會的刑罰正緩慢但堅定地朝著人性化的方向發展。沃文普林監獄（Penitentiaire Inrichting Wolvenplein）位於荷蘭烏特勒支（Utrecht）市中心運河環內的黃金地段，這座磚造監獄從二〇一四年起就已清空。目前荷蘭的犯罪率愈來愈低，不僅是因為違法犯行愈來愈少，還因為在確實仍屬違法的犯行中獲判監禁的案例也愈來愈少。許多烏特勒支市民都希望這座監獄在原本嚇人的歷史背景下改建的住房，能稍微紓解當地過熱的房市壓力。

・凌遲至死

乾隆病了。他飽受對西藏的真菌孢子過敏之苦，由於皇帝認為這個起於西藏的病最好還是由藏醫來醫治，因此宮中便從拉薩延請兩名薩滿入京，希望能讓這位「萬歲爺」康復。在此同時，紫禁城內謠傳皇帝即將駕崩——這則謠言很可能是兩名宮中御醫自覺未受重用、自尊心受損而刻意散布的謊言。

他們可能壓根兒沒料到後果：

審理不過三個時辰，庭上便做出判決，且確定行刑方式：在「大雪」節氣過後首日，造謠者當受凌遲之刑。兩人分別縛綁於立柱，相互對視，必須看著對方一步步受刑，而對方所受之刑便是自己下一刻將受之刑：首先，劊子手會先以剪刀剪去左乳頭，繼而右乳頭，再以利刃切去整個胸部，接著除去腿上肌肉，先是大腿，繼而小腿，各條肌肉皆需切成細條，直至白骨在淋漓鮮血當中發亮。再來，上臂和下臂的肉也需切去，掉進浸滿鮮血的鋸屑肉末當中，直到造謠之人成了厲聲嘶吼的淌血骷髏。他們不是因為劊子手行刑而成鬼魂，純然是因自己造謠的謊言。[76]

凌遲，這個中國千年來偶爾會施行，明清兩代至少有二十多例為人所知，而且直至二十世紀初才停止的處決方式，長久以來一直受到歐洲知識份子和作家的關注。對於恐怖感和異國情調的迷戀，必然也導致了在凌遲之刑描述當中的誇大和渲染。在肢解開始之前，受刑者常被施以鴉片鎮靜。法國哲學家巴塔耶在觀看當時的行刑照片時，[77]甚至被這個情緒感染強烈的愚行迷惑，認為自己能從垂死之人茫然的目光中辨識出狂喜和極樂的跡象。

這個「千刀萬剮而死」再次展現出人類在對待罪犯上的狂熱：騙徒、欺詐者、姦夫淫婦、殺人凶手和盜賊，這些人必須受到應得的懲罰。儘管演化讓我們變得和平、有遠見，而且懂得自制，同時卻也讓我們具備了強大的懲罰本能，往往會希望見到破壞共存規範的行為受到無情的懲罰。[78]

自我馴化讓我們比當時和我們共同生活在地球上的其他人類物種更為溫順，也更樂於合作。然而最終讓我們較其他人類物種優越的，不只是這樣的自我馴化，而是文化的複雜程度——也就是對於服裝、住所、武器、食物和知識的生產技術發展，這些都賦予了我們決定性的優勢。文化與道德的共同演化，再次讓人類得以擴大社會規模，成為能依循道德規範和社會規則行事、具有適應社會能力的生物。文化為我們帶來了靈活性和多樣性，我們因而成了其他同類的災禍，也成了這個世界的命運。

第三章

五萬年
——有缺陷的生物

50,000 Jahre
Mängelwesen

·他者的生命

我們人類常自問，自己是否是這宇宙中孤獨的存在。但我們忘了，我們不久之前才變成這樣的。

除了我們人類，世上可還有具有智慧的生命存在？反正已經沒有了。常有人批評我們低估了尼安德塔人：他們肌肉發達、面容臃腫、頭髮蓬亂、手指粗大、指甲岔裂的雙手動作笨拙，再加上我們長期以來的偏狹觀念，一直將這個親戚視為愚蠢的野蠻人和天性殘暴的白痴；尼安德塔人一詞最終也從一個生物分類演變成一個貶義詞，常被用來羞辱我們那些沒有文化教養的無賴同類。

但他們確實存在過，難以否認，我們因而更急於想和他們保持距離。我們極不願意承認，歐洲中心地帶曾有過另一種如今早已滅絕的人類存在，就連維爾修這麼重要的當代自然科學家，[1]當初也懷疑一八七二年送到他面前的那一塊外型奇特的顱骨碎片，不過是一個因為關節炎和各種骨折與骨骼軟化問題而造成畸型的普通人類遺骸。這骨骸也許是一個孤零零的俄羅斯哥薩克人，他必然是在久遠之前——而且顯然久遠到教人詫異——不知以什麼方式，來到了鄰近德國杜塞道夫的克萊恩費爾德霍夫石窟（Kleine Feldhofer Grotte）裡。

根據我手機的蘋果地圖顯示，這個石窟和書桌前的我相距不過十二公里。一八五六年的夏末，出於好奇的弗爾羅特（Johann Carl Fuhlrott）以當地自然協會創始主席的身分前去這個石窟考察，並且大膽地鑑定在洞內發現的奇特骨頭為人骨。弗爾羅特隨即向波昂的解剖學家夏夫豪森（Hermann Schaaffhausen）展示這塊骨頭。隔年，他和夏夫豪森就在普魯士—萊茵蘭暨威斯特法倫自然史學會（*Naturhistorischen Vereins der preussischen Rheinlande und Westphalen*）的會議上，共同公開了這項驚人發現。[2]同時，尼安德塔谷地那個重要的石灰岩採石場的現場採石工人也證實，這骨頭當初是埋在深達半公尺、未經處理的沙岩層裡。因此，這些骨頭必然很古老——非常古老，古老到令人驚訝，甚至古老到無法解釋。[3]

一個文明的發展程度，可從它如何埋葬死者來衡量。根據這個標準，我們可說尼安德塔人的內心世界在主觀上相當豐富，而直到近期——當然也才一百五十年前——我們一直都還以為，這樣的內在豐富性是我們人類不可侵犯的獨有特權。一九六〇年，美國考古學者索勒基，[4]在伊拉克的庫德斯坦地區札格羅斯山脈的沙尼達爾洞穴中，發現了一個尼安德塔成年男子的墳墓，他的同伴顯然希望能讓這具他們再熟悉不過的遺體舒適一點：他們讓他像個孩子似地側躺著，溫柔細膩地以穀穗和一束束慰藉傷痛的藥用花卉將他覆蓋，就這樣將這名人父、朋友和戰士託付給了永恆。

布魯尼克爾石圈也展現出類似的卓絕品味。[5]一九九〇代初期，一個名叫布魯諾·柯瓦切策夫斯基（Bruno Kowalczewski）的學生在法國南部的阿韋龍（Aveyron）峽谷一處深達數百公尺的鐘乳石岩洞內發現了這些石圈結構，當時沒有人知道這些石圈究竟有何用途。可是，誰能排除這種可能性：這些堆疊排列的斷裂鍾乳石筍，可能曾是古人進行舞蹈、歌唱和陶醉沉迷的場所？而我們的親緣同類就是在這地方開始表達出他們內心甦醒的感受，一種超越感官能夠感知的世界？

尼安德塔人完完全全就是人類。他們的牙齒因為使用牙籤、為獸皮加工、製造繩索而磨損。他們的大腦比我們的還大，數十萬年來，他們成功地在整個歐洲地區定居下來，那是一片時而氣溫驟降、有愈來愈多地方被冰川覆蓋，有時卻又急遽增溫的土地。彼時這個地區的橡樹林和菩提樹林裡不僅有如今看來仍是原生動物的山羊和原牛，而且還有體型巨大的森林象、河馬、巴巴里獼猴生活其中。他們利用燧石製造雙刃的楔型工具，同時利用更小型的工具保持燧石的鋒利和外型，並且配戴以老鷹羽毛和扇貝製成的飾品，[6]和以精美的幾何圖案編成的珠鏈；我們在一些動物骨頭上發現了呈直線排列的孔洞，顯示了那可能是管樂器。他們以最巨大的猛瑪象骸骨建造出覆蓋獸皮的房屋，而屋子的入口便是以巨大的象牙撐起。他們的咽部和顎部結構能發出人類的語言，而耳朵的結構也讓他們能夠理解這個語言。

約莫五萬年前，尼安德塔人開始消失。也許是我們消滅了自己的這個善良表親，我們一直這樣猜想。另一方面，任何一種物種最後滅絕殆盡，也不是什麼罕見之事；但我們在歐亞大陸各個地區平行共存地生活了數萬年，彼此並未相互滅絕。導致第一批歐洲人最終消失殆盡的可能因素有：末次冰期的氣候劇烈變化，將北歐廣大地區埋進了厚達數百公尺的荒涼冰層底下；原本適合獵捕的大型哺乳類動物隨後開始出走逃亡；新型的疾病出現；遮天蔽日的火山爆發。直布羅陀的戈勒姆岩洞中，[7]發現尼安德塔人最後活動留下的痕跡，距今已有三萬年歷史。如今，我們的時代來臨了。

・我們是誰

我們這最後的人類，總認為自己很了不起。然而對眾多其他物種而言，人類的到來大都是夢魘般的災難：「大約五萬年前，當我們帶著投擲武器來到歐亞大陸狩獵和採集，便幾乎滅絕了所有冰河時期的食肉動物。」[8]我們可怕的優勢有其原因：「大約從五萬年前開始，人類的武器、工具、飾品和手工藝品，在質量和數量上都出現了顯著變化，其規模和性質都是此前未曾有過的，更遑論帳篷、燈具和其他包括船隻在內的一系列更重要的工具。」[9]可是，這些裝置是從哪兒冒出來的？

我在這裡關注的時期，正是智人走過所謂的「南方路線」——從東非越過阿拉伯半島——朝歐洲及亞洲散播的時期，也就是如今所知的「**第二次出非洲**」。彼時，我們已同時具備了獨特的特徵和能力，讓我們這個現今解剖學上所稱的現代人，比其他大型哺乳類動物更具優勢，尤其是比當時仍和我們人類共同生活在地球上的所有其他人類物種更勝一籌。除了包括具備語法結構的語言在內的先進認知能力，我們的超社會性和社會學習能力同樣對道德的演化具有特別的意義。[10]高度的合作性格讓我們得以在規模日益增大的群體當中生存；這些群體同時也創造出了得以累積、形成「文化知識庫」的條件，而我們學會了原原本本地吸取這些知識，也就是人類學家所稱的「**高擬真學習**」（high fidelity learning）。

我們的道德便是你我為自己建構的利基。道德讓我們得以在全球生態環境中建立起一個程度前所未見的主導優勢，於是，許多科學家便將當前這個時代稱為「人類世」（Anthropozän）：人類的時代。大多數動物在速度、力量和技能方面的表現都遠比人類優越（至少相對於牠們面臨的挑戰而言）。我們的優勢在於懂得藉由外部技術來彌補內部的不足。而道德的規範、價值及實踐，就是這樣的技術。

透過我們的超社會性，這種自我建構的環境——語言、城市、發明及制度——所提供的「鷹架」，[11]因而得以實現。人類這種有缺陷的物種，其統治地位主要取決於在大群體當中合作的能力。若是沒有道德，便不可能實現這等程度的成功合作。道德規範及價值觀是我們人類這種天生稟賦不足、存在缺陷的生物能達到高度合作的方式，而這等合作水準在其他非人類的動物中是找不到的——除了某些社會性的昆蟲物種，區別在於這些昆蟲依循的是固化的遺傳程序，而我們則能夠建立靈活變通的合作架構。因此，我們的道德也就成為一個——甚至是**唯一那個**——人類本性和其蘊含的文化演化中最為關鍵的因素。

是什麼使得人類這麼獨特？對於這個問題的答案，歷來的探索一直都不成功。幾千年來，我們一直試圖將人類的本質簡化為「動物＋X」這個公式，[12]然而每次要界定這個「X」，這個我們人類——而且**唯有我們人類**——獨具的特質的野心，最終往往都會證明是誤導的。

人類是「*Homo faber*」，[13]唯一會使用工具的動物？會敲碎堅果來吃的黑猩猩和懂得利用樹枝釣引昆蟲的烏鴉早就推翻了這個觀點。或者，我們是「*homo ludens*」，[14]會遊戲的動物？要是觀察過玩毛線球的貓，或是一窩小狐狸，任誰都很難將遊戲玩耍視為人類獨有的特權。又或者，我們還是「*homo sapiens*」——智人，是理性的動物，能夠思考，具備智力？[15]我不知道你會如何把麥子和穎殼分開來，但如果是像日本獼猴那樣，將穀物放進海水中清洗，好從水面撈起比較輕的可食用部分，在我看來，這可是相當聰明的做法。因此，也可將「以聰明方法解決問題」這一特質，排除於在所有動物中最沉迷於地位的人類這個物種的特點之外。

另一個問題是，「人類」這個概念的定義，不能只是哲學家常說的「擴展性充分」：它不能只找出唯獨適用於人類的特徵。據說，柏拉圖在被問到「人是什麼」時，這個古代哲人這麼答道：人是一種沒有羽毛的兩腳動物——這個定義在過去兩千五百年裡受盡各種嘲笑，都是應得的。獨特同樣相當廉價：所有生物皆自有其獨特之處，未必就因此特別有趣。如果萊布尼茲是對的，[16]那麼所有東西本來就都是獨一無二的；兩個在任何方面都毫無區別的物體根本就不是兩個物體，而是一個。

所謂的「人類學差異」，不僅必須能夠解釋人類（所宣稱）的特殊地位，它還必須讓我們能夠了解自己。任何人若是知道，除了人類，沒有任何其他生物既能以雙腳行走，同時又沒有羽毛，那麼他對人類之謎——也就是對自己——一無所知。

不久之後，再次大膽嘗試解釋「人的概念」的亞里斯多德，對此發展出有史以來最著名、影響也最深遠的定義：人是具有語言天賦的存在，是「*zoon logon echon*」（希臘文：*ζώον λόγον έχον*），經院哲學最終將這一詞譯為拉丁文的「*animal rationale*」（理性動物）。亞里斯多德的「動物＋X」版本，依循的是古典理論，依此理論，某物是由下一個更高的屬，以及該屬當中的具體差異來定義（defintio fit per genus proximum et differentiam specificam）。因此，人類是有語言（具體差異）的動物（下一個更高的屬）。

這個說法如今也必須重新修正，因為儘管我們的口若懸河和能言善道或許無與倫比，但一如許多動物物種的鳴叫、歌唱、呼喊和姿態動作，人類的語言似乎也同屬符號交流的連續體。康德在自己嘗試的定義中，就要求人謙虛一點，把我們降格為只是「**具備**理性的動物」（*animal rationabile*）。[17] 理性是所有人與生俱來的潛能，然而僅有部分人能充分發揮，即使這些人也只是偶爾為之，且並不完美。

因此，想探尋是什麼使人類獨一無二，實為徒勞的無望之舉。人類是不斷尋找自身本性的動物，但永遠都找不到。

·電話和其發明者的四次死亡

他的呼吸必然停頓了片刻，因為就在他首度利用電的信號成功地將聲音從某處傳送到另一處時，一股至高無上的感受深深將他攫獲。一八五四年，他首次向大眾展示了他彼時仍只是個構想的發明。從一八六〇年開始，他就知道如何將聲音轉化為電壓脈衝；一八六一年，他將自己的發明取名為「電話」，這名稱此後一直沿用到現在；一八七一年，美國專利局接受了一項名為「聲音電報」裝置的有條件專利，專利編號為三三三五，這個設備首度讓相隔兩地的人能夠通話；一八七六年在費城世界博覽會上首度公開展示之後，這個設備突破性的成功自此勢不可擋。

電話發明者的第一次、第二次、第三次和第四次死亡，分別是在加拿大的新斯科舍（Nova Scotia）、德國的腓特烈斯多夫（Friedrichsdorf im Taunus）、法國的聖塞雷（Saint-Céré）、紐約的史坦頓島（Staten Island）——這些地方離他的出生地佛羅倫斯、愛丁堡、布魯塞爾和格爾恩豪森或近或遠。[18]

法語維基百科上對電話的歷史是這麼說的：「法國電報局工程師博修（Charles Bourseul）提出電話的原理。」這個線上百科的義大利版則聲稱：「電話的發明要正式歸功於佛羅倫斯人穆齊（Antonio Meucci）。」德語維基百科對此最先提及的兩個名字是萊斯（Philipp Reis）及史蒂芬（Heinrich von Stephan）。

而在英語世界裡，當然了，蘇格蘭人貝爾（Alexander Graham Bell）才是人盡皆知的電話發明者。

事實上，沒有人發明電話——至少不是「一個」人。偉大的發明必然出自一個偉大的發明者——一個孤獨的天才在他的研究室裡，從純淨的自然中抽引出它最深幽的奧祕——這樣的想法在很大程度上不過是愛國的歷史學者的虛構想像。我們能夠跨越遙遠的距離相互溝通，這並非單一個人的功勞，而是要歸功於一個遠超乎我們所能想像的過程。在這過程當中，許許多多的個人透過在科學、概念及技術上的細微改進，成功找到了解決問題的方法，而這個問題在幾十年前可能根本沒人認為是個問題。這個過程便稱作「累積的文化演化」。文化演化如何進行？它又為何對我們道德的演化扮演了至關重要的角色？

文化知識（know-how）引出了一連串意義深遠的發展，讓我們得以過渡成為現代人：一方面，這些知識讓我們得以透過改進的技術和更有效率的經濟活動，為規模更大的社群提供物質所需。另一方面，這些文化知識也讓我們得以依照全然由我們自行建構起來的規則去生活，於是，這造就出了人類生活形式的多樣化，讓人得以擺脫生物本性的桎梏；文化造就出多樣性，讓我們能夠——透過諸如時尚、語言、旗幟或是儀式等——象徵性地標畫出群體邊界，以強化原本就已透過生物演化過程適應了群體歸屬的心理機制。第三，這些文化知識將我們變成了仰賴社會學習的人，我們的技能和知識都必須從他人身上學得。這就產生了知識與道德的重大融合：人類的群體導向程度變得更深，因為學習要成功而有效，關鍵在於能夠信任誰，而誰能夠信任，取決於對方是否和你我擁有共同的價值觀和規則。文化就意味著多樣性、靈活性，以及群體性，同時也意味著依賴性和任人擺布。歷經一段時間後，這些特質讓我們最終過渡到階層化的大型社會。

在過去這十至二十年間，在演化理論和人類學的推動下，有愈來愈多人意識到文化演化的機制握有破解人類歷史上最頑固難解的謎團的關鍵。文化資本的累積，解釋了人類是如何在這星球上繁衍生息。它顯示了，是文化創新讓人類能夠完成其他動物無法完成的奇異壯舉：沒有文化演化，就不會有閱讀和書寫、舞蹈與繪畫，也不會有城市、橋梁和城牆。而且，沒有文化演化，也就不會有道德（反之亦然），因為規範了你我共生共存的道德規範，只能做為文化遺產繼續傳承下去；也唯有能夠理解且遵循這些規範的人，才能夠在規模夠大、數量夠多、足以維持複雜的非遺傳訊息和技術的群體當中生活下去。

文化演化過程從根本上改變了我們人類做為**生物**的存在——我們的基因、生理，以及心理。「有缺陷的生物」這一概念，暗示著我們人類在生理能力或是天賦本能上根本難與其他非人類的動物相提並論。這並非巧合，而是文化演化的結果，因為在這個演化過程中，我們一直讓自身本有的諸多功能被自己建構出來的環境所取代。鍋碗瓢盆取代了我們大部分的消化功能，矛和箭等武器讓體能強健變得多餘，分享和互助的規範則取代了雄性主宰的統治結構。

．累積的文化

如今我們已知道，是什麼讓人類變得特別，**而且**獨一無二：我們是唯一擁有**文化累積**的動物。千年來對於人類學差異的持續探索，終於在近幾年圓滿告一段落。

在此應該更廣義地去理解「文化」，因此並不是只有貝多芬和普魯斯特才是文化，它還包含一整套透過傳授與學習，因而代代相傳的訊息、技能、實踐、儀式、制度、規則、價值觀、技術，以及人工製品。這樣的傳承是**橫向**進行的：文物——無論是思想還是工具——的傳承，並不受速度之慢堪比冰川移動的基因突變或天擇所束縛，文化知識可透過**社會性學習**，直接從一個承載者直接傳遞至下一個承繼者。因此，我們對外在生活條件的適應性提升了，不再受到出生與死亡無情的**試驗和錯誤**牽制，而是能夠靈活地嘗試新變化，無需一再產出帶有新基因組成的新生物。

儘管稀少，有些動物卻擁有原始的文化習俗。前面談到的日本獼猴不僅會清洗麥子，還會清洗地瓜。這些獼猴的清洗技術是從同在幸島上、[19]一隻名為伊沫（Imo）的母猴身上學來的；伊沫是於一九五三年在一歲半時開始自發地這麼做。[20]很快地，伊沫身邊大多數的獼猴都開始掌握這個技術，除了最老的那幾隻。在這群獼猴死後，後繼的獼猴也全都掌握了這個技巧。然而靈長類並非唯一擁有文化的動物。麻雀常形成具區域差異的鳴唱方式，而這些歌曲同樣會經由學習過程在群體之間繼續流傳下去。[21]

人類與其他生物的不同之處，在於我們不只是開始創造文化產物，並將之傳續下去。真正的差異關鍵，在於我們的各個後繼世代都不是僅僅被動吸收這些文化產物，而是會逐漸改進各自的文化遺產。這些改變若是單獨來看往往顯得微不足道，沒有什麼特別之處，而且不過是漸進式的調整，變化幅度並不劇烈；然而，只要時間足夠，一群人就能藉著這種方式，創造出複雜得教人驚嘆的習俗。到了一定程度之後，由此應運而生的知識與技能資料庫就會複雜到無法再以「個人的創新」去解釋，或者，一旦失傳，也將無法重現。我們的文化於是有了自己的生命。

擁有累積的文化，不僅讓我們獨一無二，做為一項特徵，它還**重要**到足以在極大程度上揭開我們自身的神祕面紗。文化累積的能力解釋了人類為何會有語言，為何會這樣感覺，又為何會以這種方式生活。文化累積的解釋能力再怎麼估量都不為過：依加拿大的科學家及演化專家亨里奇所見，[22]文化演化在過去這五萬年間——這段時間也是近代人類發展的關鍵時期——一直都是人類演化的主要驅動力量。[23]文化累積解釋了為何有些人有藍眼睛，而且能夠耐受乳糖；它解釋了我們的直立步態、長距離行走的能力，以及為何能精準地投擲物體；它解釋了我們似乎漫無止盡的童年，以及誕生之後初期幾年的廣泛依賴與極度需要他人的照顧，也解釋了人類女性為何和大多數其他動物不同，會在劇痛中分娩。

而且，文化累積也解釋了我們的缺陷。或許我們人類最顯著的特徵，就是與生俱來的知識和能力如此之少。相較於非人類的動物，我們的能力多麼匱乏，這倒也不是什麼新發現了。畢竟，比較其他哺乳類動物相對的封閉性，我們的對比非常明顯：新生的馬兒出生不久就能站立，發育似乎或多或少都已完成，之後就只需要長大。

我們人類則是極度地脆弱：沒有毛皮、爪子或翅膀；一副瘦弱又赤裸的身體必須支撐碩大的顱骨和退化的下顎；缺乏本能，沒有先天知識，甚至毫無生存所需的最基本能力。我們人類在生命最初幾年完全仰賴父母、祖父母、老師和導師組成的人際網絡，直至成年，而他們的主要任務似乎就是在保護我們免於非自願的自我毀滅。

普魯士哲學家赫德，[24]早在他一七七二年的《論語言的起源》第一節當中就指出，人類是「大自然中最孤立無援的孩子，赤身裸體，孱弱可憐，膽怯且手無寸鐵，最為悲慘的，是連生存的指引也盡遭剝奪」。[25]一八八六年，尼采在《善惡的彼岸》（*Jenseits von Gut und Böse*）當中再度提到人類缺乏本能和只能遭受擺布的主題。依他所見，人是一種「崇高的怪胎」（sublime Mißgeburt），而且是「未被驗明的動物」（noch nicht festgestellte Tier）。[26]人類對於新印象和新體驗的開放態度、選擇居住地的靈活性，以及應付環境不斷施加於他的新挑戰的創造力，都是以高昂代價換來的。

在哲學人類學[27]這個德語世界於二十世紀前半葉形成的哲學思潮中，「人類是有缺陷的存在」這個論點被人系統性地推向了極端。謝勒認為，[28]人的特徵就在於他「對世界的開放性」。[29]其他動物**置身**世界而人類**擁有**世界。這個人類有機體與環境之間關係的突破，讓我們得以從外部看待自然，也看待在自然當中的自己，而不再直接依附於自然。普萊斯納關於人類「離心位置」的概念，[30]也表明了類似的距離。[31]所有生物都是在有機體與環境之間建立界線來彰顯自身特色。人類反射性地實現這個目標，不僅透過生存，還透過理性的行為，以及刻意操控環境，有意識地調和自己與世界的關係。蓋倫[32]則以政治社會學的角度延伸「有缺陷的存在」這個概念，他認為，由於人類天生稟賦不足，社會制度因而具有彌補功能。經過實踐且傳承下來的社會習俗，抵消了人類的不定性，而我們的生存仍仰賴這些習俗。[33]

大約在同一時期，瑞士生物學家波特曼也創造出「生理性早產」一詞。[34]由於人類共同生活的複雜程度大為增加，使得大腦的新皮質必須增長，才有辦法在認知上滿足逐漸升級的處理訊息需求。新皮質這個人類大腦最大的部分不僅需要愈來愈多的能量，更需要的是「空間」。我們的顱骨很快就膨脹到一個堪稱荒謬的大小，使得生產時間得愈來愈往前提，因為人類女性先祖的生理結構只能勉強維持這種提前。於是人類的分娩變得異常危險。後果之一就是產婦的死亡率極高，而另一後果則是幼兒生下時幾乎完全發育遲緩。

・迷航與受困

背著降落傘，你和四十九名同事一起被空投進一座熱帶雨林。飛機上同時還有五十隻捲尾猴，你們要和這些猴子一起展開求生競賽。除了（人類穿的）衣物，禁止攜帶任何裝備。兩年過後統計倖存者，撐得最久的便是最後贏家。亨里奇問道：

您打賭誰會獲勝？是猴子，是您，還是您的同事？那麼，您知道如何製箭、編網、搭建小屋嗎？您可知哪些植物和昆蟲帶有毒性（牠們很多都有毒），或是如何解毒？您能夠不用火柴生火、不用鍋子煮食嗎？您能做出一只魚鉤嗎？您知道如何製造天然的黏著劑嗎？哪些蛇種有毒？入夜後您要如何自保，以免自己被野獸捕食？您要如何獲取飲水？您對追蹤動物足跡又了解多少？[35]

最後贏家會是猴子——反正牠們的表現不會比本來的狀態更糟。反之，我們人類卻是對文化「上了癮」，如果放我們自求多福，沒有工具，沒有協助我們在熟悉環境中行動的區域性知識和實踐，我們只不過是更擅長狩獵的掠食者的一道美味佳餚。

如此場景並非虛構。幽冥號（HMS Erebus）和恐怖號（HMS Terror）是兩艘英國皇家海軍的戰艦，一八四五年在艦長富蘭克林（John Franklin）率領下，啟航前去執行探勘通往太平洋的西北航道的任務。第二個冬天，兩艘船再度被浮冰困住，此後再也無人見過船上人員的蹤跡。二〇一四年，也就是不過幾年前，後人才在海底發現這兩艘相隔不遠的船艦。

出了什麼事？最大的問題是有愈來愈多船員出現了鉛中毒的狀況，這是因為數量本可吃上五年的罐頭補給品沒有封妥所導致。而在北極地區想獲取食物，看似毫無希望。是這樣嗎？

事實上，三萬年來，內特斯利克人一直都住在附近的威廉國王島周圍地區，[36]並在那裡繁衍生息。雖然該地區環境惡劣，資源卻相當豐富。問題一直都不在於這兩艘船艦上的一百零五名船員沒有食物，而是這些訓練精良但不知厄運將至的船員，無法受惠於該地數千年來累積的文化演化；這些文化演化讓世居當地的因紐特人能夠建立起安全的庇護所，並利用以馴鹿骨和北極熊骨製成的魚叉去獵捕海豹。要看出海豹棲息的洞口，及時察覺牠們的出現，靈巧又有力地將之獵殺，這需要仰賴一套世世代代保存、傳承和完善的高度專業知識。你還必須知道如何生火，以及如何讓凍結的海水變得能夠飲用。

畢竟，你能成功搭建出一間冰屋嗎？我很懷疑。[37]建造冰屋所需的知識極為複雜，步驟繁多且要求精準，又必須嚴格遵循必要的指令，複雜到無法在一代人的時間內再生。這些知識一旦流失，便無法挽回。冰屋沒有設計者，也沒有發明者。它是文化演化的產物。

・取火

我們永遠無法確切知道自己如何成為一個文化的物種。這事件發生的確切順序，已消失在過往的茫茫深處。然而，我們可以相當肯定地說，在所有人類為自己編織的起源神話當中，有關人類力量的起源在於火的普羅米修斯神話，無疑最為接近事實。人類馴服了火，這或許就是後續影響最大的文化創新。[38]隨著這個發展，人類走上了一條不斷提升的回饋循環之路，勢不可擋地加速了一個文化豐富的環境，以及受益於該環境且具有學習能力的靈長類的共同演化。

身為有缺陷的生物，人類的弱點在消化食物、攝取營養的器官上體現得最是明顯。我們的嘴太小，下顎肌肉弱得根本不值一提，而且牙齒大多沒什麼用處，小小的胃和短短的腸道更是成就了一齣消化的悲劇。

對於火的控制和生成，以及利用火來煮食，這最能解釋我們為何會成為這種有缺陷的生物。烹煮過的食物更具能量，同時也更易於消化。漸漸地，我們將愈來愈多的消化和食物處理工作轉而「外部化」了。我們開始將食物切碎、研磨、搗碎、磨碎，並進行醃漬和發酵。預先消化過且富含能量的食物讓我們省下了自身資源的耗損，否則這些資源可就得用於維持脹大的體內臟腑和笨重的咀嚼肌上。於是，由此釋放出來的能量就能轉而改用於大腦發育上，而萎縮的咀嚼裝置和脹大的顱骨則為大腦騰出了足夠的發育空間。這個回饋機制讓人類走上了學習之路，並因此形成了文化。

會煮食的靈長類更加長壽，也更為健康，因而也留下了更多的後代，這也意味以火煮食的傾向在群體間愈來愈普及。變小的器官和增大的頭腦最終也為上述那些人類生理結構上的大多數適應性奠定了基礎。同時，我們也對煮熟的食物上了癮。更有甚者：相較於熟食，改吃生肉的人起初得攝取更多的肉量。很快地，儘管攝食量增加，每次用餐後卻依然會覺得餓。兩週過後，開始出現了蛋白質中毒和腹瀉，再過幾週，死亡來臨。[39]

・演化的學徒

基因與文化共同演化最重要的成果，或許就是文化豐富的環境對於個人學習能力的重視。文化環境當中蘊含的知識，尤其是專業技能，讓人類擁有了眾多的生存優勢。那些最懂得利用文化寶庫的資源、從中「下載」有用資訊的人，因此也享有了決定性的優勢。學習能力最強的人，繁衍成效往往也愈佳，後續整個族群的學習能力也因此一代勝過一代。這樣的發展會更進一步使我們的文化記憶更加豐饒，使得文化記憶就像是一塊不斷增大、密度也變得更高的海綿，變得更富吸收能力。這記憶庫當中可供下載的內容愈多，為了利用這些內容而對認知設備進行投資也就愈是值得。

一旦文化學習的行為不單是**被動地**發生，同時還由傳授者與學習者主動地共同建構，那麼它的動力就會迅速加快。歷史上的人類從某個時期起開始有意識地為青少年設置學習的環境，以便激勵和方便學習。依澳洲哲學家斯特雷尼的看法，[40]這讓我們成了「**演化的學徒**」（evolved apprentices）。[41]學習環境建構得愈是便於傳授與學習知識，就愈容易讓人掌握烹煮食物、製作工具、講述故事及狩獵所需的技能。這個發展過程的終點，就是我們形成了幼稚園、中小學和大學。在現今大多數社會中，我們人生前半段的大部分時間都是在這樣的社會知識傳授機構中度過。今天任何一個擁有高中文憑的人，放在五百年前都能稱得上是當時最偉大的數學家，還能以通曉百科全書般的知識成為過人天才，足以載入史冊。昨日的天才——我們當然就是站在這些巨人的肩膀上——則因為文化演化，成了今日的平庸之輩。

・建構生態棲位

大多數的動物都活在明確界定的生態棲位裡，例如青蛙生活在食物豐沛的淺水岸邊；鸛鳥常在靠近人類的環境裡棲居。各個物種和其生態棲位存在著高度的適應性，這使得一個物種為了生存別無選擇，只能依附在某個特定的生態棲位。

另一方面，有些動物則是在基因上已具備能夠建立自己生態棲位的能力。就像河狸正是築建水壩的專家，許多鳥類則是築巢高手。這些遺傳下來的劇本，在許多不同物種的生命中扮演了重要角色，道金斯因此創造出「擴展表型」一詞。[42]

人類堪稱獨一無二之處在於，我們有能力靈活地調整自己的生態棲位建構，以適應周遭環境。[43]藉著這個能力，我們成了唯一能在幾乎所有環境中——從極地的冰原、印尼的熱帶雨林，到熙來攘往的倫敦街頭——順利生存和發展的大型哺乳類生物。在亞利桑那州和杜拜，我們藉助空調，得以應付酷熱氣候。在人口稠密的城市，我們能和眾多陌生人和平相處、友善合作，正是這些能力讓我們得以生存。

・基因與文化的共同演化

生物演化和文化演化的相互協調，對人類這個有缺陷的生物的出現至關重要。這兩個進程不僅並行，彼此還透過複雜的回饋迴路相互連結。生物演化讓文化得以進步，而後，那些文化上的創新也開始以指數級增長，將人類獨有的演化形式賦予基因。這種合併就稱為「基因—文化共同演化」。

這是一個「自動催化」的過程：它會自行產生運行所需的燃料。[44]原本是無法控制的自然所施加的選擇壓力，如今則來自於自我生成的環境。我們的祖先對日益文化的生活方式適應得愈是良好，其基因在下一代也就會表現得愈是優秀。

這類共同演化的效應，可說是不勝枚舉。絕大多數情況中，我們很難再從表面上看出文化對我們基因遺傳的影響，或者甚至已經完全看不出來。從頭頂到腳底，我們整個身體都是文化塑造出來的。體溫調節適應性或許可說是文化創新如何決定我們遺傳軌跡的一個最驚人的例子。有兩種技能尤其讓我們成了一個「流汗的物種」：追蹤（Spurenlesen），以及遠距離持續長跑的奇特能力。我們長長的手腳、結構特殊的肌肉纖維、強而有力的背部肌肉，以及有助於平衡的軀幹與頭部能分別獨立旋轉，這些特質讓我們成了完美的長跑者。同時，我們對水分的需求也增加了。此時，其他共同演化過程也導致我們的體內臟器縮小，這就對我們體內攜帶的水量設下了敏感的上限。文化演化也解決了這個問題：狩獵的人類很快就想出如何運用外部容器儲水攜帶，開始利用鴕鳥蛋、獸皮，或者大貝殼做為儲水容器。追蹤、長跑和運水在共同演化上的交會，最終把我們變成了如今這般赤裸、會流汗的猿猴。

對乳糖的耐受能力也許是文化累積對基因造成影響最為著名的例子。[45]人能夠耐受乳糖，是因為單個基因位置突變的結果。所有的新生兒一開始都能耐受乳糖，但這個能力通常會在兒童期消失。我們定居下來的祖先一開始飼養乳牛，也就創造出一個強烈增加選擇壓力的條件，有利於耐受乳糖的能力能保留到成年。某些群體能夠代謝乳糖並不是偶然的突變所致，我們從**遺傳**得來的乳糖耐受能力，要歸因於我們自己在畜牧上的**文化**創新。

城市裡的人彼此之間的生活距離更為密集，而且人與動物之間的接觸也更為頻繁，故而城市一直都是瘟疫與流行病理想的繁衍溫床。也因此，城市化歷史愈是悠久的人群，對於疾病的抵抗力也就愈強，免疫力也愈高。

藍眼睛也是基因與文化共同演化的產物。歷史上，藍眼睛這個特徵源於波羅的海—北歐地區，而且是黑色素生成減少的副產物。黑色素增生造成的較深膚色，為生活在靠近赤道地區的人提供了抵禦日光中UVA和UVB照射風險的重要保護作用。農業的形成讓人類得以在食物供給較為貧乏的北方地區定居下來。較弱的日照減低了皮膚對於黑色素的需求，黑色素同時也會妨礙人體合成生存所需的維生素D，因此，在日照較不足的地區，淺色皮膚具有演化上的優勢。人體所產生的黑色素愈少，眼睛的顏色也會愈淡。因此，文化演化的農業行為產生了一種新型的選擇壓力，使得北歐地區的人膚色變淡、眼睛顏色變藍。

工具的使用則形塑了我們的雙手，人手的靈巧程度在動物界是無與倫比的。我們的雙手成為了傳授與學習知識的理想工具，它注定要用於製作及使用複雜的工藝器具。同時，我們也成為唯一能夠精準瞄準目標、投擲物體的物種。這些創新使我們在技術上變得強大，體能上卻相對虛弱，因為此時已不值得繼續在強化肌肉力量上大做投資了。一個既懂得運用箭與弓，又能利用矛和吹箭，而且合作無間的靈長類群體，狩獵時幾乎不會面臨到什麼危險情況。他們成了所有當地巨型動物的惡夢，這些巨獸的滅絕往往就是人類來臨後的結果。

除了累積的文化在我們的基因中留下印記的具體例子，非經基因編碼，而是單單得自於文化的知識及技能，也增加了對於認知能力的需求。一旦有更多有用的東西待學，提升學習能力便能帶來值得的回報。這種學習能力便需要體積更大、神經元結構更密集的大腦。文化的演化讓人有了一顆碩大的大腦、高度危險的分娩過程，以及極其漫長的童年發育期，並伴隨著更高的神經可塑性。積累的文化甚至讓我們的腦子大到兩個顱半球要到出生後才會終於長在一起，以便胎兒頭部在通過本來就太過狹窄的產道時，能承受必要的擠壓。

・文化演化

沒有人知道飛機是怎麼造出來的。[46]我們今日使用的所有飛機，都是一九〇三年萊特兄弟最初成功飛起的那架模型機的直系後代。在這之前，還有數百架未能成功飛起來的模型。當第一架飛機真正升空且穩定飛行後，它就成了後繼所有模型的始祖。「我們」當然知道如何製造飛機，但文化演化向來都不是建立在復返原初設計上，而是建立在對於文化資產傳承的逐步改進和實驗性的修改上。如果所有的飛機和設計藍圖在一夜之間全數消失，人類將徹底忘記如何在空中翱翔。文化的知識也可能就這麼消散殆盡，那是無法藉著原始智慧和苦苦思索就能輕易地重新尋回的。

這已經不是第一次了。混凝土在古羅馬的建築物和城市建設當中扮演重要的核心角色。這項技術在羅馬帝國崩潰後也隨之被人遺忘。[47]由於混凝土在文化上的知識早已失傳，人類好幾個世紀以來在很大程度上根本無法運用這項技術，直到新世紀開始，混凝土的必要知識才重新為人所知。

然而文化知識庫的萎縮未必就是壞消息。二〇〇七年，美國政府在對它的W76核彈頭進行例行檢查時，發現自己竟然忘了如何製造核子武器。[48]它如今已無法製造一種名為「Fogbank」的關鍵材料（這個材料的具體作用為機密），因為現在已經沒有人知道如何製造了。文化知識需要受到**維護**。文化知識的承襲者一旦消逝，這些知識也將隨之不復存在。

文化產物會受到和生物演化領域中相同的變異和選擇機制影響：也就是伴隨著變異的傳承，以及不同程度的繁衍成功率。因此，自然界中處處可見演化機制。生物演化和文化演化都是一個更普遍原則的特例。

掛在網路上幾個小時，你可能就已在不知不覺間熟悉了文化演化理論的詞彙。如今「迷因」（meme）一字幾乎泛指所有在推特（現已改名為X）、Reditt，或是4chan等網路論壇上流傳超過半天的各種內容形式。「迷因」一詞源自道金斯提出的概念，道金斯意欲將文化產物的傳播，類比為基因突變、選擇和轉移的結果。[49]因此，想法、訊息、概念、謠言或理論，都會受到與生物實體相同的機制所影響。迷因會被複製、模仿，但因為複製和模仿的成效不一，因此有些迷因得以存續，有些則會消亡。許多迷因發展出了自己的生命，而有些迷因——像是女巫信仰或反猶陰謀論——則會造成巨大的破壞。

特別成功的迷因會「go viral」，也就是爆紅、病毒式傳播。這個意味深長的詞彙要歸源於法國人類學家斯珀伯[50]的「流行病學」文化理論。[51]依照美國生物學家里奇森和人類學家博伊德的看法，[52]文化是「能影響個體行為的資訊，並透過傳授、模仿及其他社會傳播形式在同物種的成員兼備學習」。[53]顯然，這些訊息並不是每一種都能在社會傳播的過程中同樣成功。那些傳播效果更成功的訊息占得了優勢，並且開始不斷衍生出文化記憶。

想法、概念、實踐和技術，會在個體間的社會交流當中不斷自我複製。有些想法得以盛行，因為它特別簡單；有些則是因為它高雅或容易記住；還有一些則是因其特別能激發人的強烈情感，或是與我們的底層本能有所共鳴。演化的方式同樣解釋了文化為何從來都不是同一個模子刻出來的。文化不是一體成型，而是猶如碎片，它的內容來自不同的時代、傳統及起源脈絡：「除非是從演化來看，否則任何關於文化之事皆無意義。」[54]

・巴黎還是加州？

文化演化的基礎，是達爾文「在變異中傳承」（descent with modification）的原則。但在這當中何者更重要：是血緣的保存性？還是變異的建設性？於是，圍繞這個根本問題的爭論發展出了文化演化理論的兩個「學派」，有時會稱為**巴黎學派**和**加州學派**。[55]

對加州學派來說，文化資訊的社會傳播主要是在**複製**當中形成。唯有透過老老實實、甚至迂腐又毫無變通地模仿久經考驗的做法，才能達成人類特有的文化累積。為了改善傳承得來的技術，並且繼續傳給下一代，我們必須先能精準地模仿這項技術。

另一方面，巴黎學派強調的重點則在於「變異」，而非祖先。基因能夠自我複製，迷因和其他文化產物則是在傳授與學習的過程當中持續變化著。這樣的傳播過程會受到所謂的「文化吸引物」（kulturelle Attraktoren）調控，使得複製過程偏向於某些變體。我手上的《格林童話全集》版本共有三冊，當中包含了數百則故事，但我熟知的不過十則。我能傳述出其中兩、三則，這還是因為我在成為人父之後才相對應地更新了我的原本所知。我很肯定你知道的也沒幾則，而且也敢打賭，你認得的故事也跟我認得的一樣。《小紅帽》、《糖果屋》、《青蛙王子》顯然契合我們的原型情感及認知模式，因而在競爭當中，要比當中不為人知的《費契爾的鳥》「更適合」被世人傳述與記憶。[56]就算是顯然荒誕不經的童話，依然能夠做為文化吸引物。像是全知全能的神讓自己化身為人，受刑而死，以贖清全人類的罪，而且在死後三天復活重生的這種令人髮指、難以置信的故事，顯然就相當荒謬。不過，或許正是因為這個故事的明顯不可信，而且自相矛盾，因而才被人一再分享、傳述和解讀。現世彼此競爭的當代信仰或許更有理性可言，卻可能根本勝不過這則詭異寓言當中那教人迷惑的吸引力。

巴黎還是加州？真相或許就在這兩者中間。某些形式的文化產物最好是以精準複製為其模式：你若是想重印一本書，或依循食譜烹調出一道料理，最終目標就是要將其內容盡可能精確地複製出來。當然了，這個過程也不可能完美無瑕。

這種複製時的不完美在中世紀研究中就扮演著重要角色，例如在可藉著某些「明顯錯誤」來釐清手抄的副本家譜時。其他形式的文化傳播依循的往往是具創造性的巴黎模式。一首歌的翻唱者（或是第二次按食譜烹調的人）往往會希望自己能從中再創新意。因此，文化演化同樣含括精心模仿和建設性改造的混合體，也就是在保留暨有成果的同時，依然實驗性地精進與改良。

・認知的工具

有證據表明，讓我們有能力在文化上進行學習的思維結構，其本身就是經由文化獲得的。英國牛津大學萬靈學院的演化生物學者海耶斯試圖證明，[57]我們的思維之「水」不僅要歸功於文化演化，還要歸功於讓這些水可用的「磨坊」。她稱這些磨坊為「認知的工具」（cognitive gadgets）。[58]

要建立一座知識與技能的文化儲存庫，我們首先需要向他人學習的能力。這種**社會學習**通常相對於**個人學習**：社會學習是向他人學習——例如：當一名部落長老向我示範如何製作毒箭，或是YouTube影片向我展示怎麼更換輪胎；然而個體的個人學習則是非直接透過他人傳達的學習——例如：當我獨自站在紅綠燈前，而我注意到那號誌現在已經轉為綠燈。

演化心理學試圖透過研究人類心智的演化起源，以理解人類的心智——也就是我們的感受、思維和感知——如何運作。演化心理學在它經典的表達形式中，試圖找出所謂的認知「模組」。[59]這些模組是天生的（hardwired），也就是說，它不是「學習得來」的思維模式，它能實現非常特定的功能，而且通常是由專門對應該功能的神經結構執行。這種認知模組存在的一個重要跡象，就是它有可能在遭受非常特定的傷損後——像是腫瘤、外傷，或者發育異常——其他的思維功能仍不受影響。例如：臉盲症（Prosopagnosia）的人難以辨識他人的臉孔。辨識人臉極有可能是一種強烈由基因引導和演化形成的感知能力，無需學習。如今，**文化的**演化心理學聲稱，的確有這種認知模組存在，它不是天生的，而是透過文化過程形塑，並傳承下去。例如：社會學習要成功，有賴於各種過濾機制告訴學習者應該向誰學習——社會學習必須是**有選擇性的**，不能毫無區別。然而，「做大多數人在做的事」、「做最有名望的人在做的事」、「做最老的長輩在做的事」、

「做最有成就的人在做的事」、「做專家在做的事」——這些選擇策略往往本身就是文化上的傳播策略。

海耶斯也認為，人類有一種類似「新手入門包」的感知過程，在根本上促成了社會學習，當中包括對人類聲音的關注度高於其他聲音的天生傾向。（這種對「聲音」的先天偏好，顯然有利於社會學習，因為語言是效率最佳的訊息傳遞方式。）然而，許多選擇性社會學習的策略並非由基因決定。「**數位原住民**怎麼做，你就跟著做。」這是老年人要能成功運用現代通訊技術和通訊媒體的一條規則。這種所謂的「後設認知規則」，正是學習自文化，並在社會中傳承，它並無遺傳的基礎。

．超級模仿者

在選擇性的社會學習之外，模仿他人的行為也是建立累積性文化的關鍵。模仿已經驗證過的行為幾乎一向有其效率，因為唯有如此，才能讓自己無需耗費時間和代價去反覆嘗試和犯錯，便能學到有用的知識。

黑猩猩和人類孩童都會向他者學習。在許多情況中，社會學習都能讓行動成效更佳——跟著他人行動，便能更快、更好地達成自己的目標。即便是複雜的行動模式當中那看似多餘的部分，我們也會採行，這是我們人類的特徵。人類是**超級模仿者**。**例如：一項比較兩歲人類兒童和黑猩猩學習能**力的研究結果就顯示，即使某一項技巧的效率遠不如另一項技巧，人類兒童仍會精確地採用這項技巧。[60]這項研究設定的任務，是要受測者使用一個類似耙子的工具取得一件目標物（例如一顆糖果）。在向受測者展示耙子時，耙齒都是朝下的，對人類孩童和黑猩猩皆然。在這樣的情況下，要取得東西很困難，因為東西的體積小，容易從耙齒的齒縫間掉落。人類孩童仍按照成人實驗者的示範來達成取得物品的任務，即使這種方式顯然不利。許多黑猩猩則看穿了耙齒向下的劣勢，直接將耙子翻轉過來。盲從地模仿他者的行為——我們常誤解而戲謔地形容那就像是猴子「有樣學樣」——實為典型的人類行為。

·文化的不透明性

在學習以目標為導向、但動作模式又不是立即可理解的複雜行動流程時，人類的超級模仿傾向會特別明顯。紀錄片《壽司之神》（*Jiro Dreams of Sushi*）就呈現了這種練習與模仿的階段能持續多麼久，令人印象深刻。小野禎一跟在父親——影片拍攝當時已高齡八十五歲的「壽司之神」小野二郎——身邊的學徒生涯仍未結束，儘管他自己如今已是個老人。

文化演化的最驚人之處，或許就在於它能產出完全或部分超乎使用者——也就是傳授者與學習者——理解程度的物品或做法。唯有人類這個超級模仿者，願意在這些做法的意義尚未明確可知時，仍照樣模仿已示範的動作，因此才能真正掌握這項技術，並在代代相傳中逐步將其改進。

原住民處理食物的方式，尤其是去除食物當中的毒性，特別能顯示文化演化的機制如何產生遠遠超乎傳承者智識的知識及技能。納杜（Nardoo，學名 *Marsilea drummondii*，銀毛田字草）是一種澳洲東部原生的水生蕨類，它的形狀類似三葉草，果實體會產生孢子，一些澳洲原住民如揚德魯萬達人（Yanduwhandra）會將它加工成麵粉食用。[61]未經加工的納杜具有毒性，食用後可能會導致硫胺素（維生素B1）缺乏而引發腳氣病。為了讓這植物可供安全食用，當地原住民發展出了一套步驟繁複的加工技術：納杜採收之後要先研磨再洗淨；烘烤過程中要在麵餅裡加入灰燼，以降低它的酸鹼值；最後再以特殊的貝殼完成去除毒性的步驟。

相關者也不懂為何這些步驟缺一不可。因此，當伯克和威爾斯帶領的探險隊在一八六〇年於當地耗盡了補給品，開始改吃納杜麵餅時，也就沒有認真看待這件事。他們並未確實地模仿當地人的納杜麵餅做法，因此，儘管有食物可以果腹，他們還是在幾個星期過後死於飢餓。[62]

木薯根的製備就更複雜了。木薯的外觀就像是黑婆羅門參（或稱洋牛蒡）和馬鈴薯的混種，營養豐富，在南美洲分布尤其廣泛。[63]為了讓木薯可供食用，哥倫比亞的原住民圖加諾人（Tucano）就發展出一套複雜到令人驚嘆的處理程序。木薯根要先刨皮、磨碎、洗淨、烹煮，接著必須將纖維靜置兩天。這個加工過程的目的，是要避免食用者氰化氫中毒。食用木薯中毒的症狀相當隱微，要在食用多年之後才會顯現，如果沒有相應的醫學知識，幾乎不可能正確地將中毒症狀歸因於食用木薯。木薯的處理步驟缺一不可，但負責準備的婦女卻也解釋不出箇中道理。

文化要比繼承和傳播文化的個體更加聰明。這裡再舉最後一個例子：製造狩獵用的毒箭，程序往往極其複雜，即使植物學家也難以破解不同步驟的確切意義。像是雅瓜人（Yagua）這樣的亞馬遜部族，製作毒箭通常就要用上十幾種成分。這種毒藥——通常為箭毒[64]——必須和其他成分混合、加熱、冷卻之後，才能用於狩獵。這當中所需的必要知識及訣竅，也是得自代代相傳和承繼的文化演化。[65]

人造文化產物的不透明性也反映在社會制度上。例如：民主社會的運作仰賴於制度、傳統、規則、價值、行為與思維模式彼此間的複雜交織，即使歷經數十年有系統的研究，我們也無法確知，究竟是什麼讓這些因素得以穩定。權力分立、政黨制度、選舉、政治運動、強大的公民社會，以及相對應的媒體環境，這些因素的協調方式在不同的民主制度中都不盡相同，無法隨意複製。這也是為何要將民主制度出口到未受百年民主文化傳統薰陶的國家，會那麼困難。文化演化通常沒有捷徑可循。制度的網絡要能長久運作，它在之前必須先經歷過文化的演化。

人類對於一個文化傳承世界的仰賴程度，再怎麼強調都不為過。這就顯現在我們因果知識的「表面性」現象當中。[66]大家都會「使用」馬桶、「撥打」電話，可是除了一些或許和管道及資訊信號有關的模糊概念，你可知道這些日常用品的運作原理？你會修理電話嗎？能自己製造出一部電話？如果有人讓你搭時光機回到一百年前，你有辦法向你的曾祖父母解釋電話的運作原理嗎？那電磁爐呢？汽車引擎呢？鋼珠筆呢？也許你對這些或那些東西略知一二，但對自己每天用得理所當然的文化產物，卻根本不了解箇中原理。

在大多數情況中，文化產物的因果不透明性，不過是其複雜性的副產物。然而在某些情況中，這種不透明性恰好就是文化產物產生作用的核心所在。加拿大拉布拉多省的納斯卡皮人（Naskapi）是優秀的狩獵者。[67]可惜他們要獵捕的馴鹿在躲避獵殺方面的優秀程度也不遑多讓。由於這些北美馴鹿會避開先前曾經正面碰上獵人的地方，納斯卡皮人因此得盡可能預測出馴鹿的行蹤，以便選擇合適的狩獵地點。他們的做法是在火上燒烤死馴鹿的肩骨，直到骨上出現的裂痕、傷損及灼燒痕跡形成一張地圖，用以判讀馴鹿的可能蹤跡。

這方法當然沒有用——或者，至少效果不如預期。這個燒烤鹿骨儀式的真正作用，是讓納斯卡皮人的狩獵行為變得對馴鹿而言無法預期。馴鹿肩骨上的燒灼痕跡並沒有真實意義，它的意義**在於**：這些燒痕讓獵人得以隨機決定狩獵地點。對納斯卡皮人自己而言，這個占卜儀式有一個更深層的象徵意義，然而這個意義卻很容易會被儀式的真相所瓦解。

「隨機化」同樣有助解決人際之間的衝突。中非北部阿贊德人（Azande）文化中的一大特色，就是對巫術深信不疑。同時，巫術在這裡也被視為不過是一種司空見慣的平凡存在，和過去歐洲人認為在和撒旦簽訂的契約中會看到的那種形而上學的冒犯完全無關。

對阿贊德人來說，日常生活中碰上的不幸遭遇，大部分都可追溯到惡鄰的巫術施法所致。順帶一提，這個施法可能是非刻意的行為，甚至是施法者在無意間或睡夢中進行的。[68]為了確認被懷疑的鄰居是否真的有罪，他們會去向稱為「般格」的毒藥神諭諮詢。[69]神諭儀式上會將毒藥混合，讓一隻雞服下。控告者就會祈求，被告者若是有罪，那麼就請神諭殺了這隻雞（被告若是清白，那麼神諭就會放過這隻雞）。這個般格儀式的特殊之處，是必須在進行**第二輪**儀式之後，才能做出具有法律效力的判決。另一隻雞會服下這毒藥，被問同樣的問題，但向神論提出相反的請求。那麼，如果第一輪儀式中毒藥已經殺死了有罪的雞，那麼這時第二輪這可憐的雞應該要在這儀式中存活下來。唯有當毒藥產生相反的效果來證實有罪，才會被認定是罪證確鑿，毫無疑問。一旦「定罪」，犯嫌儀式性的道歉，通常就足以恢復社會安寧。

為何要進行第二輪？答案是：此舉保證了隨機性，因此判決有罪的機率為五〇%，這對雙方而言都是可接受的機率。為了讓一隻普通的雞有一半的機率可以存活、另一半無法存活，儀式中所用的毒藥既不能太強——否則會把前後兩隻雞都給毒死了——也不能太弱。這個儀式的關鍵或許也取決參與者並不理解它實際運作的機制。畢竟，在期待神靈給出睿智的裁斷時，誰會甘願讓結果取決於機率呢？

・第四次侮辱

文化演化在我們的頭頂上運作著。這對我們的自我形象意味著什麼？打從佛洛伊德以來，我們就一再聽到「科學技術的現代性並未讓人毫髮無傷」的論點：

隨著現代的開始，日益去中心化的世界觀對我們形而上的自戀進行了三次的「侮辱」，一步步將人類逐漸從全能造物者的寵兒，降格為宇宙裡無足輕重的蜉蝣。[70] 第一重侮辱是哥白尼發現的「日心說」，這個世界觀將地球從宇宙中心驅逐到了太陽系邊緣，而這個太陽系也不過只是宇宙眾多星系當中的一個。第二重侮辱是達爾文的演化論，它瓦解了人類在眾生物當中享有特殊地位的觀念；我們不再是一眾造物當中的王者，擁有特別打造的靈魂，我們只是演化的生產流水線上製造出來的標準產物，基本上和拉屎的猴子、甚至最原始的水母或變形蟲之間並無差異。若是比擬為一幢建築物，我們有意識的思維不過是這建築的尖角，大部分的精神生活其實都發生在潛藏於地下室的壓抑情感和無法觸及的驅動力中，這就是佛洛伊德自稱教會我們的第三重侮辱。

類似的評價也可見於叔本華和尼采的思想中。在兩人所有歧異的哲學觀點之外，他們至少都認為，人的不重要性不過是被人對自己的過度高估給超越罷了。論及「人在宇宙中的地位」，叔本華說得毫不留情：

> 在無垠宇宙中，有無數發亮的球體，每個球體周圍都有十數個較小

的發光球體在滾動，這些球體內部滾燙，外部則覆蓋著凝固、冷卻的表皮，而一層黴菌就在這表皮上孕育有認知能力的生命。[71]

尼采的看法也很相似：

在閃爍無數太陽系光芒的宇宙中的某個遙遠角落，曾存在一個星體，聰明的動物在那裡發明出了認知。那是「世界歷史」中最傲慢、最虛偽的一分鐘：然而也就只有一分鐘。在大自然呼吸吐納幾次之後，這顆星體凍結了，而那聰明的動物必須死去。——於是，儘管有人能編造寓言，卻依然不足以表明人的智慧在自然界裡是何等悲慘，何等陰鬱，何等短暫，而且多麼無謂且無常；過去曾有永恆，然而人類智慧並不在其中；當一切再度終結，一切將不再發生。[72]

文化演化的理論為這診斷再添第四重的侮辱，因而加進這類「廢黜敘事」（Entthronungsnarrative）的行列，[73]這類敘事將人類逐出了宇宙的中心，從根本否定人類對世界的掌控及理解。文化演化理論認為，每個人都不過只是一個在自己無法理解的過程裡渺小又全然可被取代的小齒輪，而這個過程早在個人之前就已開始，並將持續得比個人久遠。於是，這瓦解了原本令人欣慰、認為自己在大自然當中占有崇高地位、宇宙即是我們的**故鄉**、人類在天地間廣受歡迎的看法。這些見解雖然聽來令人不舒服，卻未必就不正確。一個理論難以為人接受，並不表示它就是錯的。正好相反，一個理論愈是和眾人視若珍寶的幻想相矛盾，它就愈有可能是正確的。

‧個人主義的偏見

從文化演化的角度來看，另一個帶有爭議的理論，可稱作**個人主義偏見**。康德曾說：「要勇於運用你的理性。」他把「勇於求知」（*Sapere aude!*）這句拉丁語做為啟蒙運動的座右銘。[74] 誰會反駁呢？有人會樂於將自己視為認知上的群居動物，對他人的看法不加批判就直接鸚鵡學舌，不形成自己的觀點嗎？人類的二十世紀不就是正以最壯觀又最駭人的方式，呈現了從眾主義、唯唯諾諾和同儕壓力的隱患嗎？

如果文化演化的理論是正確的，那麼這種個人主義偏見也必須修正。天生有缺陷的人類仍仰賴累積的文化，這種文化透過代代相傳和不斷精煉的文化知識，彌補了人類生理上的不足。我們是否「應該」與累積的文化共存，是否該藉著累積的文化生活下去，這個問題根本不存在。我們本質上即是文化的存在，這使得在文化建構的棲地裡生活，對我們而言就是必然的選擇。若是沒有文化，我們的生存，以及諸如藝術、性靈或是遊戲等具體的人類產物都不會存在。

個人主義偏見正是敗在這樣的理解上。我們的文化庫是由眾多資訊和技能所組成，唯有歷經代代傳承和逐步改進才能產生。這樣的文化庫是無法在一代人的時間內再生的，因為文化知識的複雜程度遠遠超乎個人的創新能力。這個累積的過程取決於兩個因素：在傳授者這端，有經驗的人致力建構教育環境，讓下一代的學習者能夠盡可能輕鬆、安全地汲取文化當中儲存的訊息。在接受者這端，學習者透過模仿和實驗性的嘗試，習得既有的知識。

人類生活及共存的可能與成功與否，密切仰賴於行為傾向，而這個行為傾向直接違背了個人主義的箴言，也就是人應當獨立思考，具有主見，並且養成對傳承的知識體系及傳統秉持懷疑和批判的態度。我們整體的認知與合作都建立在或多或少不加批判地採納歷代先人的觀點和行為上。要建立累積性的文化，模仿和從眾至關重要。[75]面對文化演化的洪流，質疑、審視和反思只能居於次要地位。或許正確的說法應該是：「要勇於利用**他人的**理性。」或更精準地說：「我的理性即是他人的理性，沒有他人的理性，我的理性便無法存在。」

・一切如故

反個人主義關注的是經過證實的知識和久經驗證的行動模式對人類生活有多重要，這似乎也讓累積文化演化理論帶有一種保守的政治傾向。我們不難看出這種印象從何而來。保守政治思想的傳統根基，一向都是建立在兩個要素的結合上：一是經過考驗的傳統的分量，二是懷疑社會制度徹底重組的可能。即便對法國大革命而言或許堪稱最重要的保守派批評者埃德蒙．伯克，[76]也曾對大革命的成功前景表達過懷疑，認為那直接涉及了文化演化的累積過程：「這工作本身需要更多思想的助力，絕非一個時代能夠提供。」[77]摧毀穩定的社會制度一向都比建立來得容易。因此，對於有意從根本上重建社會的激進提議，絕對要謹慎以待。

理性主義的烏托邦世界往往在紙面上還比在實際生活中更有意義。哲學家傾向設計一個宏偉、終極的烏托邦社會，而在這個社會裡，所有分歧皆得以消弭，所有不公盡被揚棄，所有衝突都將一勞永逸地獲得調和。在這樣的願景下，傳統的家庭制度往往就顯得特別醜陋。因此，為了實現一個真正公正的社會，就得先改造這個以親緣關係和黨派之爭為核心的社會。從美國的布魯克農場（Brook Farm）到英國的震教徒（Shaker），再到以色列的吉布茲（Kibbutzim）集體社區，以及德國六八學運的公社，[78]這些烏托邦實驗往往正是從這一點開始，試圖實踐哲學家和社會改革者心目中的崇高理想。然而這些實驗往往都是以災難告終；若不是，也往往是因為它們逐步複製那些自己原本想透過實驗廢除的結構，例如家庭與伴侶關係、勞動分工、商品交換、社會制裁，以此來避免崩潰。我們無法回到原點從頭開始建構社會新制度。相反地，我們依然得仰賴久經考驗的生活方式。

儘管如此，我們還是能抵抗這種對於文化演化的保守解讀。首先要問的是，累積的文化演變崇尚的是否真是保守派最樂於回歸的社會制度和生活方式？保守派心中嚮往的是什麼樣的生活？哪個時期是我們最該回歸的黃金年代？一九五〇年代嗎？事實上，這些當時的結構——由一男一女外加兩個孩子構成的中產階級家庭；由在全國扎根甚深的少數工業家族所宰制的經濟體系；以大多數人的忠誠換取法律和秩序的政權；擁簇共同的價值觀而形成的社會共同體——早已鬆動或完全消失。**從今日的現實**轉頭返回絕大多數保守派視為理想世界的社會，這恰好正是保守主義者一直疾呼萬萬不可的激進社會變革。保守主義思想的理性核心在於，如果沒有充分的絕佳理由，就不可廢除已經過驗證的價值觀和制度；但這種態度應與願意接受適度改變的善意相結合。

再者，文化演化理論的保守影響也被高估了。有時，有人會如臨世界末日般預言社會將因為像是同性婚姻合法化，或是女權運動的興盛成功而衰亡，然而我們回頭來看，這樣的預言毫無根據。唯有謹慎再謹慎，而且理由令人信服，我們才能放棄那些早已經過驗證的知識體系和久經考驗的社會合作形式。同時，累積演化的成功故事也鼓勵我們應以開放的心態去實驗，不斷重新調整那具備創新和變革潛力的文化傳承寶庫。

・文化與道德

我們的道德與文化緊密相繫。首先，道德規範與價值觀是促成複雜社會合作形式的必要條件，而這個形式正是建立累積性文化的前提。從學習能力提升及文化知識庫擴增的動力中所產生的回饋迴路，高度仰賴於一個特定群體的規模大小。一個群體的成員愈多，就愈能更快速且完善地填補文化利基，使下一代能吸收並精進這些文化內容。我們的道德正好解決了這個問題，因為人類群體若是沒有道德的規範，就無法成長到這種動力所需的規模。道德讓人類的共存得以「擴展」，進而為文化演化的累積創造出獲得動力的條件。換言之：道德讓有缺陷的人類，能夠藉著有組織的合作生活，彌補自身的匱乏與缺陷，進而奠定了形成累積文化的基礎。一個群體的規模大小與它能承受的文化複雜度直接相關，因為某些技術和知識的發展有賴於群體中的傳授者與學習者的可觀數量。[79] 例如：若將澳洲及紐西蘭的原住民族群的文化複雜程度做個對比，就能從中看出這一點：紐西蘭的原住民人口數明顯較少，而且地理位置孤立，發展到一定程度後就再也無法成功複製某些人造產物和社會結構，這些東西因而也就被遺忘了。

不同人類群體用來組織其共同生活的具體道德規範和價值觀，本身就是文化演化的產物。具備累積性文化的生物——也就是我們人類——就是道德的生物。躍升的學習能力給了人類豐富的規範心理，使得我們能夠學習並遵循複雜的社會規則。同時，這也意味著文化演化允許各個群體在建構互助合作的規範及規則上，能保有一定程度的相互差異。演化讓我們能夠在道德規範和社會制度的基礎上互相合作。然而，這些規範和制度具體是如何形成的，則取決於不同的因素。我們的人性為文化演化的過程勾勒出明確的線條，而文化演化則以多樣的方式為這些線條添上色彩。因此，透過一種能促進合作的文化彌補自身的不足，必然會產生新的問題——也就是新的不足——這反過來又需要合適的解決方案。

技術發展的進步使得社會學習者能夠在適當條件下產生經濟盈餘，進而促成了人類社會規模再次擴增。一旦一小群個人成功占有這些盈餘，進而在階級區別日益分明的社會中鞏固了自己的權力，我們便會發現，社會不平等也成為了人類群體中新的建構原則。物質不平等和社會分化導致了第一個人類大型社會、早期帝國文明，以及首波城市化浪潮的出現，而這些都是以壓迫和奴役人類為代價，才換來了「超人神王」的輝煌。生活在這樣的社會中，會是什麼樣的感受呢？

第四章

五千年——不平等的發明

5,000 Jahre
Die Erfindung der
Ungleichheit

・月神

快來看！快點，放下手上工作，快點來，否則就要錯過了！

因為他今日來到月神南娜的神塔前，[1]那載負所有名字的無名之人，那空前的全能者，那綻放光芒的長鬚之人。

這裡有椰棗和堅果、多汁的蛇肉和新鮮的麵包、橄欖、蜂蜜、色澤繽紛的魚、山羊肉和辛辣的湯。我們擁有的這一切，難道不是都該歸功於他嗎？芳香的紫霧宣告他的到來，他行伍行經的路上站滿莊嚴的鼓手，號角聲從遠處和宮殿裡傳來，好讓人在烏爾——納穆來到高處的神廟和月神一起做夢時，無人會忘記在塵土中伏地膜拜。

他們從四面八方遠道而來：來自拉爾薩，那裡的門要上兩道鎖；來自尼普爾，那裡有獵鷹棲息；甚至來自埃什努納，據說，那裡的火永不熄滅。[2]在這裡，陌生人以未曾聽聞的聲音警告末日將臨，發瘋的婦人懷中抱著早已斷氣的孩子，向微小的眾神祈求慰藉；衣衫襤褸的浪人遮掩著身上的天花痘瘢；這裡有黑眼珠的女孩在小巷裡等候；魔術師為有錢人解悶，賺點小錢；這裡的苦酒讓人疲憊卻又無比清醒；而風是如此炙熱，吹得人只想將井水飲盡。

它就坐落在那裡，那紅色的巨石，就在那神聖的屋頂下，向我們透露什麼是天神所喜。罕有人能承受那巨石入眼，真正見過的人更少，然而眾人皆知它就在那裡，我們都知道。今天又是那偉大之人前來向它祈問的日子，以求正義在烏爾城內得以伸張。他從我們喚做「埃胡爾薩格」的皇居下來，[3]綿長的行伍宣告他的到臨。僕役們牽著牛，覆蓋牛身的鏈飾叮噹作響。閹人們扛著轎，安坐轎內的是唯他所屬的嬪妃。騎坐山羊背上尾隨其後的，是那睿智的祭司和宰相；而那可愛的蘇爾吉，[4]我們的未來之光，正凌駕眾人，高高坐在頸上掛著大鈴鐺的長鼻巨獸背上。

啊！然而吾人的生活總是艱辛。我們必須感謝提雅瑪特，[5]她的雙眼曾生出幼發拉底河與底格里斯河，滋養我們的土地；我們也得感謝麥斯卡拉姆杜格，[6]至尊中的至尊，如今他早已長眠地底，正是他讓我們有了水壩。你若是安靜下來，便能聽到那些人在悄聲低語，那些與他同在地底深處安息的男男女女和哀傷的孩子，早在自己的時代到來之前，即已躺在地底長眠。

然而，若是沒有法律這塊色巨石，我們便一無所有。它告訴我們這世上萬物理當如何，榮耀何在，不義何在，以及誰是惡人。我該殺掉奪走我妻子的人嗎？誰竊走了我手足的東西？任由土地荒蕪的人，還能保有它嗎？對於治癒我的人，我有何虧欠？水又是歸誰所有？

他到了。他終於來了。通往禁地的階梯又多又長，即便這近乎不朽之人也要走上許久才能將之征服。現在他進去了。新的一年就此開始！如果月神南娜願意，且願來年富足一如去年，甚至更見豐碩！

・黃金時代

幾乎每個文化都存在「黃金時代」的概念。[7]當人們說起這樣一個多半已成過往的年代，同時也認定自己所處的當下是一個衰微的時代：是一個教人惋惜、卻又可以克服的過渡狀態，置身此間的人暫時失去了往昔那高貴而質樸、祥和又偉大的生活形式。據說，我們過去曾和大自然和諧共處，如今卻是對自然極盡剝削和褻瀆；如今支配著人類的是扞格、猜忌和競爭，但彼時我們曾以和睦、正直和美德等特徵而團結著；今天的我們在勞務的桎梏下哀嘆呻吟，然而往昔我們大可直接從大地的豐饒寶庫中取用所需的微薄資源。

黃金時代的糟糕之處，在於它極其短暫。對每一代人而言，無論回溯多遠，那團結和幸福的狀態都已俱成過往，幾乎就像是根本不曾存在過！

猶太教—基督教信仰的伊甸園神話、希臘羅馬的**阿卡迪亞**概念、北歐的**黃金時代**（*gulladr*）、澳洲原住民的**夢時代**，或者印度的**真理時代**，[8]這些對於盛世樂土的想像並沒有選擇可識別的歷史年代，而是表達一種跨文化的渴望，對某個非特定時代無憂無慮的過往的憧憬。就連重返那奶與蜜流淌、狼群會互道晚安的應許之地，也得一再延遲。於是，摩爾在他一五一六年發表的著作中，將一個理想的未來社會搬到了一座「新島嶼」上，名為**烏托邦**，意思是「無何有之鄉」。[9]那些終有一天能夠擺脫困頓、死亡和磨難，依然未能實現。

雖說神話一向不真實，卻也不是全然不真實。我們愈來愈明白，人類最初的生活或許不是無法忍受的。當時雖然沒有盤尼西林、沒有牙醫，也沒有計程車，但也幾乎沒有什麼傳染病、牙周病，或是惱人的預約行程。自從人類和近親的靈長類動物分別開來之後（數百萬年前），到首度出現複雜的社會（數千年前），這段期間在政治、物質及社會層面上的平等程度似乎教人訝異。

人類的第一批文明大約是在五千年前才首度出現，隨之形成了第一批城市，這些城市又相互結合，形成了帝國。大約同一時期，人類也開始形成同樣的技術發展和社會演化過程：我們開始進行有計畫的農耕，開始燒土製陶、學習築壩、引河水澆灌田地。新的分工形式逐漸成形，最後出現了專門的工匠和商人。商業和貿易上有所發展，我們首度有了盈餘。這時，統治階級出現了。他們試圖以宏偉的石造建築銘刻自己的威權。同時，書寫、計算和規畫等新的文化技術也如百花齊放。營運規模超越村落市集、仰賴複雜物流過程的貿易網絡，同樣也開始蓬勃發展。最後，隨著對畫家、雕塑家和馬賽克工匠技術的需求日益增加，藝術也自此打開了一片天地。若是柴爾德的看法，[10]上述這些現象彼時似乎在全世界同時受到一股無形力量推動，這個現象在二十世紀的考古學裡就稱為「柴爾德標準」。[11]

在幼發拉底河與底格里斯河之間的「肥沃月彎」上，蘇美文化蓬勃興盛，烏魯克（Uruk）、拉格什（Lagasch）、基什（Kisch）、巴比倫（Babylon）等大城，皆受烏爾王朝及薩爾貢（Sargon）大帝和吉爾伽美什（Gilgamesh）國王統治。同時間，位在現今巴基斯坦和印度地區的梅赫爾格爾（Mehrgarh）及哈拉帕（Harappa）的印度河流域文明也開始興起；在中國的中原地區，夏朝皇帝也曾在某個時刻宣告其握有政權。稍後，歐美克人（Olmeken）在中美洲登上了歷史舞臺，他們是今日墨西哥灣地區最古老的文明；世人對歐美克人所知不多，對他們的認識主要是透過那些戴著碩大頭盔、用以紀念其已故統治者的玄武岩巨型頭像雕刻。

這些地方全都留有陶藝、建築及城市建設、飾品與珠寶製造、植物栽種、動物的農業利用、國家統治機構的儀式認可等方面的痕跡，彼時全世界的人類似乎都遵循著共同的節奏。這個節奏造就出了首批的高度文化，同時也帶來了統治階層，以及此前未曾有過的社會不平等現象。[12]

在哲學上，公元前八百年至公元前二百年的這一階段，也就是目前所謂的「軸心時代」，從哲學家雅斯培開始，[13]就常被人強調是劇烈轉型和時代進步的時期，期間創造出了基本詞彙和人文主義的自我形象，而且，啟蒙運動和現代性儘管時間晚得多，最終也都是建立在這個時期的基礎上。[14]

但這看法是錯的。雅斯培的看法似乎主要是基於有許多深具智慧且極富影響力的能人智士就活在這個時期，發揮他們的作用：從荷馬、柏拉圖，到拿撒勒人耶穌、查拉圖斯特拉（或譯瑣羅亞斯德），再到釋迦摩尼、孔子和老子。然而若將這個時期形容成是關鍵的「軸心時代」，用馬克思的話來說，無異是將社會型態的文化上層結構與其底層的物質基礎混淆了，而且是秉持哲學家典型的私心自利的主智論，[15]獨獨挑出哲學家做為推進歷史的動力。然而各個社會的現實道德實際上並沒有因這些大人物而有多少改變：人類在軸心時代過後，還要再經歷兩千多年，才得以重新討論建立在形式極端的等級制度和物質不平等之上的封建社會的基礎，而這個過程至今依然猶未結束。

・平等

令人費解的是，我們究竟為何離開了平等的黃金時代？是什麼導致我們在五千年前發現了不平等？

由於我們現在已經習慣接受不平等是一種自然且無可改變的事實，因而會合理地假定，人類一直都活在這樣一種社會中：聲望、權力、影響力和財富的分配取決於個人在一個多少堪稱武斷的社會結構當中所處的地位。這個假設看似顯而易見：我們可能會認為，在進步的條件之下，個人與社會群體之間的自然差異是有可能彌補的，例如：一個人長得不好看，又不聰明，身體也不強健，但至少很有錢；另一個人雖然窮，卻有美貌和頭腦。在已開發社會中，我們能憑藉各式各樣的能力、天賦或特質去彰顯自己。既然沒有人——或說僅有極少數人——**完全**具備所有正向又有用的特質，那麼，人人理當皆可憑著自己的強項，在群體當中覓得一席之地。不過，只要一個人的社會地位主要取決於他的天賦特質，那麼一個群體當中那個最強壯或是最不擇手段的成員，恐怕就能統御眾人了。人類的自然狀態始終是不平等的。

人類的近親正是如此：黑猩猩和其他人猿的階級組織區分相當嚴格。牠們整個群體的生活完全由一個阿爾法雄性決定，牠要決定權力結構、監督資源分配，並且壟斷群體中的性交和繁殖。[16]唯有死亡，或是身體明顯出現衰弱跡象，這個雄性領袖的獨裁統御權力才會終結。

即使是那些在歷史上留有重要痕跡的人類社會，其結構往往也極不平等。書寫紀錄或是其他符號性的遺產，記下了過往前所未聞的財富和社會特權的標誌。[17]墓地尤其透露出我們少數富裕的先祖往往會在前往來世的陰間路上，有數量驚人的珠寶飾物、陪葬動物或儀式用品相伴。儘管如此，我們現在普遍認為，形式簡單、通常過著遊牧生活的狩獵採集群體，幾乎總是以一種平等得驚人的方式組織而成。從北極到卡拉哈里沙漠，再到巴西高原，對於當代部落社會的觀察就證實了這個組織模式；地位、財富差異和政治集權，在這些地方基本上並無顯著差異，或者差異相當微弱。[18]人類第一批階級分層嚴密、分工複雜的定居社會，直到距今約三萬年前才首度出現。[19]

對比近五千年的現代與前現代社會，狩獵採集社會在性別平等上也表現得非常好。彼時雖然有勞動分工——石器時代的男性主責狩獵，女性則負責採集果實和養育子女，我們常聽聞的這種說法基本上屬實——但女性成員在大家庭中往往擁有相當大的（原始）政治影響力，也就是說，女性也會和男性一樣，參與有關共同生活的決策過程。

・史上最大的錯誤

生活方式朝向定居及農耕發展，似乎是我們邁向階級制度和不平等的主因之一。在歷經數十萬年的不穩定階段後，我們已變得更加聰明且善於學習，而後，隨著冰河時期在大約一萬年前結束，我們首度有了能夠有效進行農耕、畜牧和栽培植物的氣候條件。由此形成的農耕生活方式，於內於外都提供了安全、穩定及規律的食物供應，讓人得以免受惡劣的自然災害影響。

地理及歷史學家戴蒙就曾在多部著作中描述古今文明的興衰，[20]但他認為，農業的發明是「人類歷史上最嚴重的錯誤」。[21]為什麼呢？人類的自然狀態是詛咒抑或恩賜？這個問題長久以來一直是政治哲學的爭議核心。在評判一個由國家組織，而且由中央壟斷武力與行使政治權力的共同生活是否合理時，我們拿替代的無政府狀態方案做為比較，會更清楚。脫離了無國家的原始狀態之後，我們人類是否變得比較好？或說，從部落過渡到國家，當真是萬惡的源頭？

一六五一年，霍布斯在一段哲學史上最常被引用的話中表明了他的立場：

由此可見，當世人活在沒有一個普遍的力量去約束他們的時期，他們會發現自己置身於名為戰爭的狀態，那是一種人與人之間相互爭戰的戰爭……因此，人人互為敵人的戰爭時代帶來的一切，也適用於世人除了自身力量和聰明才智，再無其他安全保障的時期。如此情況下，勤奮並無用，因為人無法確信自己的勤奮能有成果收穫；繼而不會有農業，不會有船運，不會有貨物從海上運抵，不會有方便舒適的建築，不會有工具可用於搬運需要極大力氣才能來回搬動的物體，不會有關於地表的知識，不會有時間計算，不會有藝術，不會有文學，不會有社會關係，而當中最糟糕的，是長期面對暴力橫死的危險及恐懼——人的生命即是孤寂、可憐、令人作嘔、野蠻，而且短暫。[22]

另一方面，盧梭在一七五五年發表的《論人類不平等的起源與基礎》[23]——這部作品堪稱當代文化及文明批判的奠基之作——則是有力地證明了人類文化的腐敗影響。[24]由於生活在規模更大且更持久的共同群體裡，人類原本健康的「自愛」（amour de soi）逐漸被另一種病態的「自愛」（amour propre）所取代，使得自然的純樸及美德生變，轉而成為怨恨和對地位的競逐。[25]

誰才是對的？如今我們已不必局限於大多毫無根據的推測，而將盧梭這種「高貴的野蠻人」看法，與霍布斯認為「凡人皆狼」的概念兩相對立。

事實上，這兩方都錯了：盧梭形容人是性好和平的孤獨者，儘管我們一直都是社會性的生物，於內雖是性好和平與平等，而且樂於合作，於外卻表現得像是一群嗜血的強盜、淫魔和殺人狂。至於霍布斯，由於人類在他看來不過是冷酷無情、善於策略、工於心計的利己主義者，因此儘管我們是樂於合作的生物，僅在大群體中才需要有一個中央的權威，但要是沒有國家的利劍，我們的契約根本一文不值。然而霍布斯正確地描述出了我們在演化上首先要解決的問題：唯有不合作行為不再是主要策略，合作才可能會出現。必須有某種方式來解決這個囚徒的困境——也就是「個人的理性行為往往會產生集體的破壞性結果」這個問題。霍布斯顯然無法想像，國家暴力並不是這個問題的唯一解方。

人類要是沒有過渡到以農業做為主要養分來源，便不可能出現（前）現代國家和早期文明。因為唯有透過有控制地栽種富含養分的食物，才能應付日益成長的人口數量和日趨狹小的共同生存空間。如此發展的代價，就是人類的飲食愈來愈單調。以稻米或馬鈴薯為主的飲食，無法提供如同狩獵採集者日常可食用的數十種動植物、果實和動物那般的多樣性。一旦氣候惡劣，或是某種作物的特定害蟲毀掉了耕作的所有收成，養分來源集中於特定幾種食物也會造成嚴重饑荒的風險。定居的農耕生活同時拉高了染上人畜共通疾病的風險，也就是由動物傳染給人類的疾病或流行病，這個問題長期以來都是人類文明的困擾，後果往往會是大規模的災難：歷來許多致命的流行疾病，像是黑死病、肺結核、西班牙流感、愛滋病，或者瘧疾，起因都能夠直接或間接地追溯到（大規模的）動物飼養，而且只有高人口密度才可能爆發。

也許你會認為，定居生活在物質上為人類帶來的顯著舒適感和安全感，整體而言能抵消這些明顯的不利因素。但事實並非如此。在文明開始之前的人類先祖們工作量更少、睡眠量更多，生活也更有餘暇。據估計，狩獵採集者每週的工作時間遠低於我們如今早已習慣的四十個小時，而且也大大少於過去這數千年裡絕大多數人日常中永無止盡的勞動時數。此外，像是憂鬱、背痛、痤瘡、心血管疾病，甚或癌症，這些文明病也都是我們的祖先幾乎完全沒聽過的，就連體重過重也是。[26]他們的平均預期壽命雖然低，但主因是彼時醫療並不進步，人類幼兒的死亡率相形之下往往也就比較高了。只有大約半數的孩子能活過五歲。一旦克服了這個障礙，後續大多就能享受到健康且輕鬆的生活，而且無論如何都不會太短命，輕輕鬆鬆就能活過六十歲，有時甚至還更長壽。

當然，這很大程度上取決於比較的對象：狩獵採集者**平均而言**是否比**某些**現代人來得幸福？這一直是個有爭議的問題。同時，從原始生活方式轉換為接近現代的生活，也導致許多人遭遇災難性的後果。十億饑民和百萬名童工的處境，若是在新石器時代之前的生活條件下，**無疑**會好得多。

．對肉的羞辱

因此，社會平等似乎是人類「自然的」生活形式。儘管如此，就連原始的部落社會也得費盡心力才能維持這個狀態。從社會性的結盟，到優越高超的技術、個人的不擇手段，或是純粹的機遇，各種諸如此類的不同力量不斷對平等主義的狀態造成不利挑戰，對它的平衡產生威脅。

我們的祖先為了抑制社會不平等的離心力，於是發展出各種技術，藉此建立「反向統治階級制度」。[27]對這些前人來說，屢試不爽的方式就是透過謠言、背後中傷、流言蜚語和訕笑，提醒那些渴望權力的後起之人，即使是自詡為王的最強者，也不過只是個終將一死的凡人。如果這樣還行不通，那麼弒殺暴君就是唯一手段。對群體而言，這就意味要消除不斷萌生的財富或社會地位不平等現象，這是個永遠的挑戰。或許平等是「更為自然」的狀態，但平等並非理所當然地。我們的確從平等當中學會了互助合作，但也學會了如何組成小團體共謀對付其他個體。

平等的財產結構，遏止了群體中的個別成員藉由過度的財富提升社會地位。私有財產的原始形式——或者說得更精準些，特權的使用權力——的確存在，但工具、資源、肉食或是居住空間的使用，會受到公共使用規範的約束，不會將任何人排拒在外，因此彼時從未出現嚴重不公平的情況。誰剛好有需要，誰就可以去使用工具。而照顧幼兒也是人人有責。當大家都挨餓時，你也得挨餓。因此，幾乎沒有任何個人或是核心家庭能夠成功積累出足夠的財富，以讓自己從群體的眾人當中脫穎而出。由於幾乎沒有永久持續的財產，因此也就沒有什麼好繼承的，繼而也就排除掉了「財富代代相傳」這個造成不平等現象的根源。

如前所述，要恢復平等主義的平衡狀態，最激進的方式就是直接殺掉聲稱自己要控制群體的潛在獨裁者。對於眾人著實無法容忍的「大人物」，受壓迫者——或者只是感受到壓迫威脅的人——往往會組成聯盟，以公開處決或埋伏暗殺的方式除掉那個壓迫者，以絕後患。

人類早期社會有一種特別新穎的形式，可以在社會差異才剛萌芽時就將之消滅，那就是有系統地淡化個人成就：一個人不該以其特殊成就，例如狩獵的收穫，而在眾人之間顯得鶴立雞群。像是如今仍住在卡拉哈里大草原上的科伊桑人（!Kung San），就習慣以謙虛的儀式認可一個人打獵時特別的好運氣。如果族中有人狩獵成果滿載而歸，眾人會預期他要盡可能稱說自己的這個收穫成就微不足道。一個科伊桑人如此描述這個過程：

> 假設有個人去打獵。那麼他回到家後不能像個吹牛大王一樣大聲嚷嚷：「我今天在灌木叢裡打到了一隻大獵物！」他得先安安靜靜坐下來，直到有人來到他的火堆前，問他：「你今天看到什麼了？」他要靜

靜回答：「打獵我不在行啦。什麼都沒看到……可能只看到一隻小小的東西。」然後我笑了，因為現在我知道，他可是獵到了一隻大東西。[28]

當獵物送抵村子時，眾人也有相似的反應：

> 你這是說，你要大家從大老遠過來，就是為了把這堆骨頭給拖回家？哎喲，要是早知道這東西根本也沒多少肉，我就不過來了。大夥兒呀，這大好的陰涼天我可全給浪費在這裡了。我們待在家裡也許會餓肚子，但至少還有涼水能喝唷。

藉著這種「對肉的羞辱」，透過社會溝通的實踐，他們明確表達出：任何形式的過度驕傲都是無法容忍的。在某些文化裡，微妙的禁忌也決定了該如何分享獵物收穫：依據一個人的性別、年齡，或者社會角色，獵物的某些特定部位僅能供特定的人食用，如此也就或多或少地確保了分配公平。

一個物種的生活方式向來代表著一種生態棲位，而與該物種相關的選擇壓力也就清清楚楚地表現在這生態棲位當中。我們祖先的實際生活方式形成了社會文化發展的脈絡，而這個脈絡也形塑了後續的適應歷史。漸漸地，我們發展出平等主義的傾向，使得你我從根本上就會對社會不平等的狀況有所質疑。對於太過誇張或是明顯武斷的社會差異，那股厭惡感已永遠烙印在人的靈魂裡。

・穀物的孩子

儘管深惡痛絕，對絕大多數人來說，從狩獵和採集時期的「黃金時代」過渡到辛苦勞動又受到束縛的生活，無疑等同是生活的嚴重劣化，規模比較小的群體因而常會極力反抗，不願併入第一批的大型社會當中。我們現在的幸福和滿足程度可能已開始要趕上史前時代——儘管是最近才剛開始，而且僅在世上極少數地區。過去這五千年的悲劇，是我們的先人必須付出的代價——數千年來的專制統治、剝削及戰爭，最終才創造出讓現代社會得以形成的條件。這樣值得嗎？

最初的文明強加於人身上的不平等、奴役、外來統治和苦難，正是滋養出救世論來世信仰的理想溫床，這些信仰沒有聳聳肩地直接認為死亡是人類世世代代必然的起落當中的一件平凡事，而是認為死亡是讓人得以脫離塵世淚谷的解方，而這人間塵世中的淚谷，正是對我們這些可憐罪人的懲罰。「散兵坑裡沒有無神論者」，據說這是二戰期間美軍士兵之間廣為流傳的一句格言。馬克思的看法也是對的，他形容救贖的信仰是「受苦生靈的嘆息」，[29]懷疑那信仰背後主要是緩解和安慰之效。

不平等和統治常被概括在「**社會階層**」這個概念底下。我們從美索不達米亞或是北非知道，人類最初那些成員達數千或上萬的大型社會，其社會分層的程度是你我難以想像的。即使是今日社會也根本無法和早期那些要求臣民確實拜伏在神王面前的統治和奴役形式相提並論。彼時那些神王往往會戴上極其奢華的頭冠，珠寶、貝殼、骨頭或者貴金屬飾滿全身。

同時，由於組織的關係，這種程度的不平等也愈來愈不可避免，因為人類群體的成員一旦超過某個數量，就無法再透過前述那種新石器時代之前群體共享和非正式監督的生活規範的社會結構維繫。靠著親族關係和互惠關係而穩定的社會形式無法隨意擴展，只要其中成員數達到數百人，這種模式的運作就已到達極限。這個組織上的問題唯有在一個階級分層嚴密、官僚機構和決定權集於中央的社會中才能解決——而這需要付出高昂的代價。

徵稅一向都是這個問題的解決方式。原始人類社會主要是依賴自給自足的經濟，也就是勉強糊口。因此，唯有當一個社會產生盈餘，讓當中某些成員能夠投身於更崇高的事業，國家才有可能形成。崇敬君主的禮法，經過祭司和智士完備的儀典，計算、檢驗、紀錄、規畫和書寫，這些都需要專業化的管理，而對罪犯的判決更是需要法律學者這個專門的階層去執行。這些無一不是繁重的任務，狩獵採集者根本無暇顧及。

因此，在奴隸制度之外，幾乎所有早期文明皆是建立在穀物栽種的基礎上。[30] 只要還未建立起像是錢幣那樣的正式交換媒介，國家課稅就得採用其他可儲存、運送，尤其最重要的是可計算的物品。歐防風、紅蘿蔔或是菊芋這類根莖蔬菜都長在地底下，因此能夠躲過稅務官的法眼；其他蔬植則是大多嬌嫩又容易腐壞；活生生的牛羊既難運輸，死了又會很快就變得一文不值。這些貨物的大小重量全都各自有別，因此難以進行可靠又可比較的徵稅。反之，穀物在各方面都可說是最佳之選：它可儲存、可運輸，又難藏匿，而且能以精確、可比較的數量進行細綁或包裝。因此，最初的國家總是有賴於穀物的栽種。

徵稅這個剝削機制，也對統治者提出了「政治上」的新要求，那就是要確保供給。認為生活在大自然無情陰影下的狩獵和採集者群體，會非常樂意放棄與掠食的野獸和可能危及人身性命的威脅共存的日子，換得做為耕種者和畜牧者的安穩度日，這種想像完全是會從這個發展中得利的剝削菁英族群編造出來的神話。隨著時間更迭，部落酋長制和早期的帝國開始出現明顯的不平等現象，常人對於合法性的需求也隨之大增：如果得承受折磨、剝削、壓迫和摧殘，你總是會希望至少要聽到為何如此的充分理由。於是，祭司階層很快地填補了這個位置，他們的任務就是去解釋為何僅有少數人可決定誰該去建造神廟、耕種田地、做為獻神的祭品——以及，為何這些少數人能過豐足的生活，其餘的人則是從生到死都只能身為農奴。

可是，如果一個建立於農耕之上、逐步發展為定居生活的社會，缺陷這麼嚴重又明顯，怎麼還能如此大行其道？部落酋長制和最初的國家又如何在大多數成員幾乎都無利可圖的情況下，順利維持眾人的忠誠度？

這兩個問題的答案都是：藉由強制和武力。面對這個狀況，或多或少堪稱平等的小團體中的成員大都不甘臣服，他們會起而反抗，不論是透過戰鬥、拒絕，或是逃離。即便兩千多年前的羅馬和日耳曼戰爭，也能依照這個模式去理解，對大多數的歷史事件亦然：擴張的帝國遇上了頑強抵抗的「野蠻人」，這群人不願不戰而降，屈服於這個充滿敵意的龐大帝國和其統治形式之下。這個過程也可理解成是一種演化群體選擇：即使在龐大的帝國出現之前，必然也有存在一些集合體，透過更大的成員數量、更嚴密的合作結構，以及更優越的戰術，成功消滅或吸納了競爭對手的團體。[31]

長遠來看，除了少數例外，所有的反抗皆是徒勞，因此早期的帝國大多會直接消滅他們在擴張版圖的途中遇到的那些規模小得多的部落社會，或征服其成員，或是兩者同時兼行。這也是早期文明建立於壓迫且極度不平等的社會模式最終占得上風的主因之一：雖然分散的小團體模式對大多數人實則更具吸引力，但它實在難以抵禦自封為神王的統治者所擁有的強大軍事武力和其帝國野心。

英國考古學者摩里士聲稱，[32]一個社會的價值體系也會適應其社會結構，說得更精確些：適應其偏好的能源生產方式。這意味**狩獵與採集**、**農耕**和**石化燃料**會影響一個使用這些技術的社會，願意容忍社會不平等和身體暴力到什麼程度。[33]因此，採集社會偏好平等及（對內的）和睦相處。而另一方面，標誌著開始轉向農耕生活的社會，其組織就非常不平等，而且對內對外都極端暴力。一個仰賴石化燃料做為主要能源來源的社會能接受物質不平等，但會愈來愈厭惡內部的暴力，最終同樣厭惡對外的暴力，也就是戰爭。人類的每個時代都以它所需要的價值觀在運行著。

儘管在軍事上征戰成功，帝國的結構卻往往會崩潰。許多最初的文明成了自身成就的犧牲者。因為隨著經濟力量成長，它們逐漸開始過度消耗其周遭環境的乘載能力，卻又無法藉著進步的技術及時彌補消耗的缺損。[34]一旦到了某個時間點，擴張的領土同樣無法再吸納因為新的經濟及合作形式而成長的人口數。社會的物質再生產狀態變得岌岌可危，饑荒和政治動盪於焉而至。關於這樣的演變，波里尼西亞復活節島的例子尤其著名，復活節島上的早期住民會以巨型「摩艾」石像向酋長和祖先致敬。[35]這種以石雕像做為表彰認可的形式顯然太過頭了，使得採行這個形式的社會從某個時間點開始大量砍伐島上林木，嚴重荒廢了漁獵，社會因而倒退到一種更原始的組織型態，而且無可避免地淪入同類相食的境地。

官僚組織和訊息處理的局限性，同樣導致了絕大多數原本大有可為的帝國最終走向解體。社會的持續成長會增加其自身的社會複雜度，這反過頭來又會加劇對於精細的行政管理的需求。但這個複雜度同樣受制於邊際效應遞減法則：從某個點開始就需要加碼投資，以因應下一次的複雜度提升。[36]一旦到了這個時間點，結果就是停滯、挫敗、無法行動。這樣的內在衝突會迫使一個帝國在「較低層次」的發展水準上進行自我重組，結果就是帝國會因成長而衰敗。

・我們為何困住了

特里伊歐布（Tereeoboo），夏威夷群島傳統貴族階級阿里伊（Ali'i）的王朝承繼者，他被人民視為神來崇拜：當代繪畫將他描繪成面目猙獰、神情嚴肅，皇家羽毛頭盔底下的一頭黑髮如海中波浪般從額前披洩而下，裹覆在飾有菱形圖案、紅黃兩色的斗篷之下，那斗篷不僅提供溫暖，也能提供一種精神上的保護。[37]

一七七八年，當庫克船長駕駛決心號抵達他以三明治伯爵（Earl of Sandwich）之名命名的小島時，他和隨行人員都對島上社會不平等的劇烈程度大感驚訝。十八世紀的英國人對階級差異可是一點兒都不陌生的。[38]不過，就連階級觀念根深蒂固的英國人，也對夏威夷這座島上的人民對至高統治者卡拉尼歐普烏的卑微服從嘆為觀止。平民於身於心都必須臣服於統治階級，尤其是國王本人。此地會殘忍且漠然地以活人獻祭，任何人要是觸犯看似無關緊要的禁令，也會被處以極刑。島上土地歸眾酋長和皇室所有，由奴隸負責耕種，這些奴隸臉上常會紋以刺青，藉此表明他們身為毫無價值的被棄絕者的社會地位。

從史前時代的小群體過渡到前現代的大型文明，這過程幾乎往往都是從平等結構的社會，過渡到社會不平等和專制統治。[39]我們時至今日依然生活在財富、權力、地位極度不平等的社會當中，這似乎是社會發展為複雜大型社會無可避免的代價。

但實情果真是如此？聲稱更新世的人類普遍生活於分散且組織結構平等的小群體，[40]這種簡化的說法如今愈來愈受人質疑。[41]最新的研究顯示，即使是在更新世當時，也已存在比以往所認為更傾向於定居，規模更大且政治上更不平等的社會結構。

人類學者格雷伯和考古學者溫格羅就警告世人，[42]切勿落入這種簡化說法的誘惑。[43]各種關於從平等的部落社會過渡到不平等的大型社會的流行說法，背地裡其實是要我們接受這種過渡，以及相信隨之而來的各種社會不平等及政治統治皆是無可避免且無從選擇。那些表面看似是對歷史進程的冷靜描述，其實是一種摻有意識型態的敘事，旨在扼殺我們對於政治的想像。

按照格雷伯和溫格羅的看法，我們人類事實上一直都生活在各種可能的條件下，而且不受氣候和群體規模大小影響，生活在所有可能的政治安排當中。我們一直都對自己的政治行動有所意識，從不讓自己穿上「演化的約束衣」；[44]某些小型社會嚴格地劃分階級區別，而且專制、剝削；北美洲有些規模龐大、成員達數萬人的原住民族群，就會對那些剛踏上新大陸土地，在他們族中高階領袖面前畏首畏尾、曲意奉承的法國人及英國人訕笑不已。有些社會有其領袖或酋長，但他們的角色更適合理解為群體裡的僕人；另有其他群體會依季節遞嬗，在截然不同的政治結構之間切換，毫不費力，在豐收的夏季自由地當自己的主人，而在嚴峻的寒冬時節則是暫且在政治君權的必要之惡底下屈居。

在社會演化過程中出現不同的社會化形式，這現象不足為奇。真正的問題在於，現在的我們為何**困住了**：為何在我們看來，物質上的不平等和政治階層結構會是這麼別無選擇，無可商議？格雷伯和溫格羅正確地指出，政治上的替代方案往往值得我們思索；如果我們認同福山（Francis Fukuyama）的觀點，認為自由—民主—資本主義的妥協是歷史的終結，是政治制度競爭中僅存、可嚴肅看待的候選方案，那麼，我們會錯過什麼？[45]

然而：即使格雷伯和溫格羅成功地打破了人類「從小而平等，到大而不均」的簡化進步敘事，表明人類的歷史往往也是政治的高度可塑性和社會多樣性的歷史，我們在很大程度上形塑出了彼此的共生共存，但他們幾乎從未真正證明，**現代的大型社會**也能夠在沒有不平等和統治的情況下存在。這正是為何我們如今會有自己被困住的感覺：我們確實困住了，除了重回極度簡單的共同生活形式——這種形式的生活本身就混合著浪漫與嚴酷，否則，要想在沒有顯著社會政治階層化的情況下組織出一個已開發的社會，是極度不可能的。這究竟是如何演變至此的？

· 偉哉眾神

最初的帝國大型社會開始明白寫下眾人共同生活的規則。當中最著名的，莫過於巴比倫的《漢摩拉比法典》（約公元前十八世紀）。[46]這塊如今矗立在羅浮宮內的黑色石碑，和記錄在紅色石頭上的《烏爾—納穆法典》（約公元前二十一世紀）相似，[47]規範了對於殺人、財產、違反契約等問題的處理方式，以及涉及文化和特定情況的其他問題：一個人和其奴隸生下的孩子，是否可在該人死後被承認為合法？殺害平民會受什麼懲罰？殺害王室重臣又要受什麼懲罰？蘇美文化的《里皮特·伊什塔法典》（約公元前十九世紀）也制定了類似的規則。[48]例如：這部法典規定，誰要是毀損他人花園中的一棵樹，就欠對方一錠銀子；誰要是弄傷牛在鼻環周圍的皮肉，就要支付牛價的三分之一。[49]

這些法典幾乎都是以統治者（甚或整個統治王朝）的神聖合法性為開端：在陷入法條細項之前，必須先表明的是，法條規範的有效性並非歸功於最強之人的權力，而是歸於神靈的庇佑。這並非巧合，因為對監督世人守法的道德之神的信仰，在早期先進文明興起過程中的核心要角。可見於小型部落社會當中的超自然神靈魔魅，往往是各種自然力量的具體化身，愛作弄人又無道德感的祂們自有其行事方法，既可透過獻祭收買，也能藉威脅安撫。另一方面，最初的文明幾乎都表現出朝著所謂的「巨神」轉變的模式[50]——這些神靈魔魅愈來愈被人想像成是抽象、超凡、具備強烈懲罰能力的巨型神靈，在歷經神學人物的幾番融合之後，最終融入了一神信仰當中。而這個徹底遠離塵世、全知且全能的永恆之神，祂洞察凡間一切，因而能懲罰世間所有不法犯行。

隨著群體規模的擴大和物質上的極度不平等，要透過互惠、親緣關係或簡單的社會制裁維持社會合作的穩定性，也變得更加困難。懲罰的制度雖然提升了我們的互助合作意願，但沒有徹底解決問題。那些仍然不為人知或未受懲罰的犯行該怎麼處理？從這時起，社會開始更容易接納有一個全知全能、無處不在的懲罰之神的概念，而這個神會記下每一樁違犯規則的行為，並且逐一追查。

唯有透過這樣的發展，「靈魂不朽」的概念才會變得有其必要。個人如果犯了錯，就要受到應得的懲罰，這種「為惡就要受罰」的觀念，實在和「行善未必有利可圖」的日常經驗大相扞格。現實中，惡人的處境往往好得教人詫異，許多好人的遭遇反而相當慘烈。因此我們必須設計出一個概念，讓正義藉此在各種情況下都能伸張、懲罰罪人，同時也讓道德價值及福祉得以平衡。正如英國哲學家洛克所闡述，[51]「靈魂不死」的概其實具有法庭式起源，也就是說，它最初的功能，是為了「讓現世的不當行為將在來世受到制裁」的概念在形而上的層面更易於理解；說得再淺白些，那些死後能在彼世為自己錯誤行為負責的人，會更願意遵守現世此生的規則。

人類身為高度合作的生物，具有先進的社會認知能力，讓人得以極為可靠地以直覺感知到周圍其他人的精神狀態。這個能力還讓我們可以假設自己並非只是一堆會走動的骨頭和血肉，還被賦予了其他東西，那就是精神或靈魂，是另一個容器，承載我們的意圖、欲望、信念、願望和觀點。當人開始將這樣的靈魂和其物質基礎——也就是個人會消亡、會死滅的肉身——完全分離，以便能更了解他者的心理時，也就朝著「可能也有完全非物質、純然精神性的存在」的想法邁出了一小步。而後，這個基本概念只需要被放大到超越人的神靈的規模即可。

是擁有偉大神靈的社會能發展出文明，抑或是持續發展的文明社會能造就出偉大的神祇？[52]這當中有一件事是肯定的：偉大的神能促進合作。[53]在經濟遊戲中，若參與者內心認為神有可能在監看一切，其在遊戲中的貢獻度就會更高。在所謂的「獨裁者賽局」當中，一個人能自行決定如何在自己和另一名參與者之間分配一筆錢。一眾受測對象給出了該筆金額的大約四分之一，然而先前必須先完成一項過程中會提及「神」的任務的那些受測者，卻會分享出該筆金額的大約一半。這種無意識的刺激——心理學上稱為**促發**（priming）——對於有信仰的人作用特別強烈：如果在上述遊戲之前，要求參與者將一連串涉及**神性**或**靈魂**概念的字詞（像是：甜點、神聖的、那是）依正確的文法排列字序（那是神聖的甜點），那麼他們在隨後的遊戲中，合作意願就會明顯提升。[54]

儘管如此，我們也不是全然理解這當中究竟是什麼機制在發揮作用：偉大的神是透過人對受懲的畏懼鼓勵著我們，讓人常因畏懼死後地獄的熊熊烈焰，因而不會屈服於犯下道德過錯的衝動？又或者，神會懲罰人所犯過錯的想法，不過是讓你我更容易做出決定，因為它會提醒我們應當遵循道德規範？

・不平等的心理學

人類演化上一個至為關鍵的階段，就是在平等的小群體中度過的——而這也形塑出了你我的心理結構。直至今日，我們仍然都會盡可能在團體之間營造平等的氣氛。我們都想和他人「平等地」互動，這就是為何我們會在一些協會、社團或是臉書社群上，就像是置身在俱樂部、酒吧、音樂會或圍著露營篝火那般備感舒適自在。在匿名的大型社群中，互不相識的陌生人往來交易，或是透過正式程序為全球問題制定解決方案，我們會覺得，匿名的大型社會總不免有些可怕又可疑。這種演化的「宿醉」，這令今日的我們會覺得噁心、頭痛的過往殘餘，也解釋了為何一代又一代的人類都會重新發現社會主義。我們在情感上依然難以抗拒一個建立在自發團結和自願參與基礎之上的社會，對家庭和夏令營來說，這仍是更為優越的概念。55

我們心理上無法理解的是，現代的匿名大型社會幾乎無法以這種方式組織起來，反而惱人地容易在短時間內淪為極端階級化的反烏托邦。遺憾的是，人類的文化演化迄今仍未找到能夠以真正平等的方式組織起大型社會的方法。有令人振奮的研究實驗顯示，受試者在沒有更進一步資訊的情況下看到描繪各種財富分配模式的圓餅圖時，會偏好分配更為平等的瑞典模式，而不是美國模式；在美國模式中，總數超過八〇%的財富落在排名前二〇%的富人手中。[56]（瑞典當然也是一個高度不平等的社會，這主要是因為除了少數例外，瑞典的資源優勢都會留予居住在瑞典境內的人。）

演化的過往不僅讓我們對支配和階級抱持懷疑態度，還對社會層面——尤其是在經濟上——的不平等非常敏感。其中一個重要原因可能是我們傾向從演化繼承而來的零和思維去判斷不平等。[57]由於狩獵採集社會地成員在經濟上幾無差異，獵得或採獲的東西，群體中的成員人人都能分到一份。於是，若有人分到比較多，這多得的部分必然就意味最終必然有人得到比較少。往往，一個人的獲益正是以另一人的損失為代價。不平等也未必建立在過度攫取、盜竊或剝削的基礎上，這聽起來有違我們的直覺，而有些不平等的形成甚至可能會對所有關係者都有利，這聽起來就更荒謬了。我們對不平等難以接受，因為有些人的富裕似乎就建立在犧牲他人的基礎上。

・向下拉齊

社會不平等引發了我們對階層和統治地位的反感，然而這憤怒並不是針對「不平等」本身——每個人擁有多或寡這種數學事實——我們真正生氣的是不公正，也就是不合理的不平等。[58]顯然，物品或利益的分配不均也有可能是公正的，而平均分配也有可能並不公正：平等既不是公正的必要條件，也不是公正的充分條件。教授不顧每位學生的表現差異，給了所有人同樣的最高分，這是不公正；為人一無是處的有錢公子哥兒拿著老爸的錢去放高利貸，這種行為也打壞了我們對於公平和收入的認知。儘管如此，大多數人都認同「不平等」是一種罪惡，但至於為何會這樣，眾人的看法就不那麼一致了。

認為公正與平等之間存在一種密切連結，這種觀點是謂平等主義（Egalitarismus）。平等主義最不受歡迎的影響之一，就是它在道德上將對所有人皆無助益、甚至會損害某些人的行為合理化。挖掉所有視力正常者的眼睛，好讓盲人與之同享平等，這樣的精神是否符合公正？這種論點被稱為「向下拉齊異議」（leveling down objection）。[59]

哲學界的反平等主義者相當重視這些異議，從一開始就調整了自己的政治策略，以確保比較性的考量因素無關道德。因此，對一個公正的社會來說，公平與否並不在於一個人擁有的比他人來得多或少，而是此人擁有的是否足夠。[60]當然了，一個人比他應得的更富裕或更貧窮的狀況比比皆是，但若按反平等主義者的看法，這種情況的取決點並不在於一個人相較於他人擁有多少。分配的公正不需要這樣的比較。一個公正的社會確保人人都能過著體面且有尊嚴的生活——至於有些人是不是過得更體面，那並不重要。

因此，反平等主義者也能輕輕鬆鬆地辯稱，當前和過往歷史上的所有不平等都是不公正的。反平等主義者未必就是深信不平等在本質上著實令人嚮往的非平等主義者：公平與不公平本身並不具有道德意義。歐洲的封建制度、東亞的種姓制度、南非的種族隔離制度、種族分隔政策、奴隸制和歧視，這些都無需先考量比較性的平等，即可歸類為不公正。就算我們不認為平等本身即是目的，若因膚色、性別或社會階級而去剝削、虐待或排斥他人，這些行為也應受譴責。

社會不會自動發展出平等狀態。由於資源和地位的平等分配不會自動形成，因而需要持續的人為介入干預，好將一再失衡的現狀修正到我們所追求的理想平等狀態。要實現這樣的理想，就得簽下「浮士德契約」，[61]因為唯有賦予中央政府能夠干預人民個人命運的權力，必要的再分配才能順利進行。因此，我們永遠無法真正解決不平等問題，只能一再以另一種形式的不平等與之交換。以政治不平等取代經濟不平等，這個代價或許是公正的。然而，想透過政治干預去消除社會不平等，如此冀望不過是徒勞一場，因為政治行動唯有在社會權力不對稱的情況下才可能見效，而社會權力不對稱本身就已經是一種獨特的不平等形式。

在二十世紀的政治哲學中，諸如美國的諾齊克等自由派思想家，[62]也激烈地提出一個類似的觀點。[63]諾齊克有意在一起著名的思想實驗中證明，人可以從一個物質上完美平等的狀態（我們姑且稱此狀態為Z1），過渡到一個明顯不平等的狀態（稱之為Z2），而這過程當中完全不必有任何不公正存在。可是，諾齊克這麼問道，如果Z2是始於一個完美無缺的初始狀態，接著歷經毫無瑕疵的中間過程而產生，那它怎麼可能會不公正呢？人們認為，公正的移轉不可能讓公正的狀態變得不公正。

諾齊克利用當時世上最優秀的籃球員張伯倫，[64]進行了一場「我們活在一個完美公正的社會」的思想實驗。某天，張伯倫在球賽即將開始前宣布，即刻起，唯有每個入場觀眾在入口處的錢箱多投入十分錢，而這錢會直接歸他所有，那麼他才願意上場。絕大多數觀眾都是來看他打球的，因此一萬名觀眾也就樂於達成這筆交易，而張伯倫在賽後也比隊友多帶了一千美元回家。不公正是在哪個時間點出現的？重點在於，唯有這種本身完全無害且所有參與者皆自願參與的交易完全停止，前述Z1的情況才能永久持續下去。這不僅讓人感覺十分專制，阻止成年人自行決定怎麼運用他的十分錢，似乎也極不公正。

如今有些哲學家認為，在世俗條件下，「人類在道德上基本平等」的概念已站不住腳。[65]這正是尼采的想法：唯有接受上帝無條件的愛，我們才是平等的。尼采死後，我們必須接受殘酷的事實：這個看法是錯的。

那麼，我們基本的平等應該以什麼為基礎？不可否認的是，這平等必須建立在某種基礎之上：沒有人會認為石頭和蚱蜢與人類具有相同的道德價值。這顯然是因為人類具有無生命的物體或形式較簡單的生物所缺乏的某些特質。不過，一旦試圖去界定讓你我在道德上成為平等主體的特質——是我們的理性？還是我們的意識？或者是我們受苦的能力？——我們很快就會發現，根本不存在一種特質同時符合：(1)在各方面似乎都與道德相關，而且(2)實為全人類共有的特質。嬰兒沒有理性，腦死之人沒有意識，即便我們真能找到一種能建立平等的特質，人也會在無數其他特質上彼此互異，各自有別。我們所謂的道德平等，在形而上學的基礎依然是個謎。[66]

‧戰爭過後，人人平等

即便不平等主義者的看法是錯的，而且社會經濟平等是一種本質上有價值的善，那麼，這種善是否能輕易實現——要是可以，又如何實現——一直都是個懸而未決的問題。通往地獄的道路往往是由善意鋪成，就政治上而言，如果你無法提出具體的實現方案，只要求目標是不夠的。

我們可將不平等的形成，重新建構為是早期菁英攫取了人口成長和農業創新所帶來的盈餘的發展過程。就像先前所述，菁英這個地位等級在意識型態上的合法化，是透過分化職業思想家當中的宗教知識份子階級而實現的。[67]早期文明藉此獲得的軍事力量，導致了此前仍能共存的平等小群體遭到滅除或吞併，這些小群體先是生活方式受到壓迫，最終幾近徹底滅絕。

少數人篡奪了先前本由群體共同管理的資源，我們在爾後數千年裡似乎都對這樣的情況別無選擇。世上各地最肆無忌憚的軍閥和強盜自此成了封建領主，他們最關注的就是鞏固和擴大自己握有的特權。於是，社會不平等成了我們的第二天性，而「人實則並無一等、次等、三等之分」的觀念也唯有到了近代早期才得以在政治上重振，而後在啟蒙運動的推促下加速恢復，只是至今猶未完備。

同時，社會平等程度提升的階段，往往代價高昂。從歷史上來看，要有效消除社會不平等有四個主要的機制：戰爭、革命、制度崩解，以及大規模傳染病。[68]在許多國家的集體記憶中，二十世紀後半是一個特別和諧與繁榮的時代，像是彼時法國的**輝煌三十年**，及德國的**經濟奇蹟**。[69]當然了，就算你不是經濟學家也能明白，若是已有準備要將一切盡數摧毀，置之死地而後生，那麼，要實現平等和成長可就簡單了。即便是讓經濟力量握於少數幾個大型家族企業手中的財閥模式，一九四五年之後也無法在日本繼續維持下去。戰爭具有均衡之效，這個模式屢見不鮮：十九世紀中期的美國南北內戰，就讓南方各州最富裕的上層階級在社會總財富的所占比例下降了超過一〇%。

在俄國革命、中國文革的「大躍進」、北韓和柬埔寨，當然還有大約一百五十年前的法國大革命，社會平等往往是透過屠殺或至少是餓死俄國富農、[70]反革命的中國地主，以及法國舊制度的權貴，[71]並奪占這些資產階級的力量來達成。當時的受害者人數多達數千萬。

一三四七年，黑死病席捲西西里島，無數人因而喪命。出身錫耶納（Siena）的編年史家阿尼奧洛．迪圖拉（Agnolo di Tura）大約在一年後所做的紀錄，或許正是對這場疫情的最佳總結：

他們就這麼死了。再也找不到人能為了錢或出於友情來埋葬死者。家中成員竭盡其力將死者帶到土溝邊，沒有神父，沒有祭儀。喪鐘也一聲未響。錫耶納各地都挖出一個個大坑，深坑裡填滿無數死者。他們成百上千地死去，無論是在白日或黑夜裡斷氣，盡數被丟進這些土溝裡，以泥土覆蓋。這些土溝一旦填滿，隨即又再開挖新的。而我，阿尼奧洛．迪圖拉……親手埋葬了我的五個孩子。死了那麼多人，所有人都以為這就是世界末日。[72]

這場瘟疫最終大規模地消弭了所有社會差異，卻也同時減少了歐洲和北非的半數人口。

·不平等的今日

沒有多少議題能像社會不平等問題這樣，強烈占據著政治評論者的頂上腦袋和手中鍵盤。

社會不平等能以各種方式衡量。**吉尼係數**是可用於衡量財富不平等的最著名工具。[73]這個係數一向介於〇與一之間，反映了國家層面的分配不平等狀況，因此適用於整個國家。吉尼值為一，就表示個人擁有國家的所有財富，其他人則一無所有。吉尼值為〇，則是每個人都擁有完全等量的財富或收入。大抵而言，世上最不平等的國家，例如南非，其吉尼係數約為〇．六。美國及俄羅斯等國家，則落在〇．四至〇．五的中間值，其社會也存在明顯的不平等。而相形之下較為平等的國家，例如德國或荷蘭，吉尼係數則約〇．三或更低。

除此之外，社會經濟地位也常被用來測量規模較小的群體，甚或個人相互之間的不平等程度。[74]這個數值描繪的是更複雜的狀況。我們透過這個數值能看到收入與財富的分配、教育程度、生活方式、身心健康狀態，乃至職業聲望。[75]具備文化意識的總編輯，或是收入高於平均的醫生，以及／或者財富繼承者，社經地位往往較高；而一個未受教育的失業者，社經地位則相對較低。

例如：我們可從法國經濟學家皮凱提《二十一世紀資本論》一書的大獲成功，[76]看到社會不平等現象在我們的政治思想中所扮演的核心角色。[77]這本書自二〇一三年起成為世界級的暢銷書。儘管書中極力引用了巴爾札克和珍奧斯汀的小說內容，想讓經濟理論容易理解，但德文版八百多頁裡的圖表、數據和方程式，仍讓它被視為一本笨重、甚至不可能暢銷的著作。如果皮凱提的論點是正確的，我們在二十世紀後半所見到的相對平等時期，實則是以戰爭和破壞換得的例外時期。

皮凱提的看法因而與他的美國同行顧志耐（Simon Kuznets）的理論相左。顧志耐這位經濟學家認為，分配失衡的歷史發展是一種鐘型曲線：在平等的起點之後，繼之會是對少數逐利者有利的不平等擴張階段，而後，隨著愈來愈多人能享受到技術進步帶來的經濟成長成果，不平等的狀況再度縮減。[78]對此，皮凱提反駁道，從歷史上來看，財富的收益幾乎毫無例外一向大於經濟成長。他將之歸結為一個簡單的公式：r>g，也就是資本收益（return on capital）高於經濟成長（economic growth）。只要情況依然如此，社會經濟的不平等就必然會加劇，而且若無主動進行重新分配，這樣的現象就會長期穩定地持續下去——這就是所謂的「馬太效應」[79]：富者愈富，窮者愈窮；凡有的，還要加給他，叫他有餘。

諸如樂施會這樣的非政府組織，[80]每年都會多次強調這世界在全球層面上遭遇的社會不平等問題。二〇二〇年，全球財富分配失衡的問題大致歸結如下：世上最富有的二十二個男人，其握有的財富高過了全**非洲婦女**（人數為三．二五億人）所擁有的總和。[81]這類說法往往多有矛盾——例如：從一個人的淨資產、也就是資產減去負債來看，一個背負超過一百五十萬歐元房貸的倫敦居民，必然要比雖然一無所有、但至少沒負債的辛巴威人更窮。但這依然表明了，財富的累積以及在少數國家中的少數地區的收入快速遽增，造成了物質層面上的不平等程度，而這種形式的不平等長久以來大都不為人知。

・繼承不平等

社會經濟的不平等僅僅是不公正的一個維度。評判權力或財富這類資源的分配不均是否不公，不僅取決於一個社會當中的傾斜程度有多嚴重，同時還取決於既有環境彼此之間的流動可能性有多大。權力、財富與地位是否開放到人人皆有機會企及，還是已經僵化到成為難以逾越的階級分化？

因此，重要的不僅是社會差異，還有社會**流動性**。不平等一旦形成，就會持續下去，它頑固得驚人。這倒也不足為奇，決定明日誰將屬於菁英族群的，當然是今日的菁英。一般來說，那會是他們自己的孩子，而這些孩子（應該會）透過自己具有地位憂患意識的父母處心積慮且往往耗費巨資安排的博物館參訪、鋼琴課、馬術課、外語課程，以及透過家族財富所帶來的眼界，為自己日後在上層社會中的角色預做準備。

蘇格蘭經濟學家克拉克[82]就透過追蹤姓氏罕見的家族在幾個世代間的社會地位，分析現代社會的滲透性。[83]例如：第一個已知的佩皮斯（Pepys）家族成員，出現在一四九六年的劍橋大學，此後共有五十多位佩皮斯家族成員就讀同一所大學，是預期統計人數的二十倍之多。如今仍在世的十八位佩皮斯家族成員當中，有四位是醫師。而最近逝世的佩皮斯家族成員，平均留下超過五十萬歐元的遺產。

特別教人訝異的是，社會流動程度幾乎沒有受到政治上的真正影響。無論是義務教育的公共教育體制，或是大規模的經濟成長，還是擴大選舉權和公民權的適用對象，抑或稅收再分配，這些都沒有明顯提升現代社會的階級流動性。形式更溫和的社會不平等，例如地位階級的區別——誰屬於**上層社會**，誰又屬於下層？——在現實中尤其無法根除。至少只要法律沒有載明，這種不平等就依然會根深柢固。如果法律中有載明這種地位差異，那至少還能透過修改相關法條，以正式廢止或至少緩和這些不平等。一九一八年，施特雷澤曼的妹夫克利菲爾德成為最後一位被授予貴族頭銜的德國人。[84]不久之後通過的《威瑪憲法》第一〇九條規定：「公法規定之出身或地位之特權或優勢應予廢除。貴族頭銜僅視為姓名一部分，不得再授予。」此舉就使得德國社會不平等的一個主要根源從此走入歷史。

另一方面，還有許多更加隱微的因素，會標誌出一個社經階級成員的身分歸屬。布赫迪厄猶如里程碑般、對於「細微差異」的精采論述，[85]尤其解釋了社會差異如何具體表現在個人慣習當中，而一個人的社群歸屬便透過這些慣習，以外部訊號和行為特徵表現出來。一個人具備的文化資本尤其會直接影響他如何被社會感知。餐具的拿法，是否了解古典音樂，是否熟悉倫敦幾處冷僻的博物館，如何談吐，說話帶著什麼口音或方言，生活方式，住在哪裡，穿著風格，在晚宴上能否自然而然地談起麗絲玲葡萄園、古董錶、包浩斯建築、印象派繪畫、家族辦公室，[86]以及拉丁美洲魔幻寫實主義等話題，這些都決定著一個人握有多少文化資本。

由於一個人必須在年幼時就獲得這種「權威知識」，才會顯得「真材實料」，那些在好學的家庭環境中長大的人往往就因而享有幾乎無可動搖的先天優勢。這種起步優勢難以從政治上去抵消，因為界定一個人生活方式和慣習的行為準則，僅能在潛移默化之下培養及傳承，無法簡單地重新分配。即使是一個能保證在物質上完全平等的社會，最終也將無力抵禦這些社會特權代代相傳的機制。規模更龐大的經濟平等甚至可能會加劇原本微小的地位差異問題，因為渴望與他人有所區隔的菁英，已無法再在金錢上與普羅大眾有所區別，於是他們轉而努力讓諸多細膩、幽微的地位象徵臻至完美——例如不直接說「錢」，而是婉轉使用「pekuniär」一詞。[87]

・性別難題

除了經濟地位差異，大多數社會中還存在其他形式的社會不平等，這使得一個人在社會結構中的位置取決於他所屬的不同群體。最廣為人知的例子，莫過於性別差異的不平等。

關於性別不平等的起源，歷來大致都有這樣的說法：很久很久以前，曾有一個男女平等的社會。有一天，出於嫉妒或是厭女等各種低劣的複雜動機，男人設法奪走了這個社會的控制權。自此之後，父權便統治了各個領域，掌握了政治、經濟和文化權力，同時建立起有系統地排斥、歧視和剝奪女性權利的社會結構，將女性貶落到只能在家庭及廚房中立足。

事實上，現今對此已有更複雜的解讀模式，認為性別不平等並不是透過父權制（及其女性幫凶）施加於婦女的準共謀式壓制，而是社會演化過程的結果。出於基本行動協調的實用緣故，我們在這個演化過程中導入了性別分類，因而在隨後的演化過程中形成了社會劣勢的基礎。

人類社會是由眾多協調問題所構成的網絡所組成。這些協調的問題有時是**彼**

此相關的：在這種情況中，重點在於人人都做一樣的事。駕車行駛路上，重要的並非你開在哪一側，而是每個駕駛都要行駛在同一側。其他的協調問題則是**雙方互補的**：眾人在跳華爾滋時，由誰領舞並不重要，重要的是有一半舞者領舞，令一半則讓自己跟隨這個帶領。

社會分工有其效率。當社會裡人人各司其職，而不是大家都做同樣一件事，那麼就有意義；一個人人都是老師或警察的社會，聽起來並不理想。但一個社會要如何決定該由誰來承擔什麼任務？這就需要一種能夠分配任務的特性了。於是，這就將分工變成一個互補性的協調問題。

人際之間商定出角色分配的辦法，將相應的行動選項——領導與被領導，耕種或煮食——與不同的社會類別連結起來，這會有助於順利解決互補性的協調問題。所有已知的人類社會，都透過社會分類去解決自己一大部分的協調問題。基本上，哪些類別會獲得社會意義有很大的轉圜餘地，然而這選擇得取決於那些人人皆能從外觀上快速又明確地辨識的分類特徵上。因此，我們在每個社會中都會發現兩性在社會角色和社會功能上的差異。這些功能上的性別差異並非「自然的」或與生俱來，因此，哪個性別負責狩獵，哪個性別養育孩子，這是在演化過程中是硬性規定。相反地，這世上有男有女是生物學上的事實，而這也為出於協調目的而分配社會角色提供了特徵。

極大程度上，這種分配可說是相當隨意，但也不是絕對如此。例如：在所有傳統社會中，獵捕大型動物或是金屬加工，實際上都是由男性完成。[88]另一方面，洗衣及紡紗則幾乎全由女性來做。而像是製繩、建屋或播種等其他活動，時而會分配給男女其中一方，時而又換成另一方。即使是現代社會，由（異性戀關係中的）婦女負責修剪草坪或鏟雪，而男性負責洗衣和家務勞動的情況，在統計上也是相當罕見的，儘管這樣的角色分配並沒有什麼問題。

只要這種任務結構沒有造成權力、地位或收入上的差異，那麼這樣的分工倒也無可厚非。然而，事實證明，就算沒有一群陰險的人為求自利而在暗中操弄，幾乎每個社會最終都會自然走向社會不平等的狀態。社會不平等是一種「群體均衡」，原因在於，要解決社會協調問題的最佳方式，就是由一個容易識別的群體（例如「女人」）去承擔A任務，並由另一個容易識別的群體（例如「男人」）去承擔B任務。有些情況中，並非每項任務都同樣有利可圖，要視機運而定。於是，恰好分配到更理想的選擇的群體，最終會過得更好。

儘管如此，對於每個身在這類不對稱均衡當中的個人而言，參與還是有意義的，因為透過群體中成功協調而實現的效率收益，還是要比各自的協調嘗試所導致的徹底失敗更富吸引力。因此，一旦某些分工形式對某個社會群體比對另一個群體更為有利，那麼最終必然會在某個時間點產生出有系統地對一個群體較有利的任務分配。只要這種帶有不對稱均衡的互補性協調博弈存在，社會不平等就會幾近自發地產生。而且，由於人類彼此的共生共存受制於文化演化的力量，社會差異一旦形成，就會被自身不斷傳遞和延續下去。這並不是要為不平等開脫的辯護，而是表明要徹底消弭不平等有多麼困難。

・不平等的代價

社會不平等會自發地形成，代代相傳，而且難以根除。簡言之，社會經濟不平等問題將長期存在。這是所謂的**棘手問題**，因為沒有人知道問題的根本是什麼，對於什麼才是最佳解方也爭論不休。

徹底平等的社會此刻還無法實現。因此，要在猶如脫韁野馬的不平等和激進徹底的平等之間做出選擇，也是一種誤導。因為徹底的社會經濟平等既不可能也不可取，但一個**相對**更為平等的社會仍然會對所有人都更有利。

不平等日益加劇所招致的最大弊端，其一便是不平等結構會摧毀一個社會的社會資本，也就是由大眾普遍接受的社會規範所構成、讓所有成員彼此能夠順利合作的非正式網絡。[89]這尤其關乎**社會信任**的資源，因為唯有人際間彼此能在根本上互信，社會結構才得以維持，進而為和睦且成功的共生共存生活奠定基礎。從社群基本形式的瓦解，到公共健康狀況劣化，再到心理問題增加、暴力傾向上升，以及社會中大多數人合理懷疑自己沒得到公平的成功機會，因而心灰意冷，這些都是社會不平等造成信任喪失的外顯症狀。如此態勢會導致因自殺或藥物濫用「絕望而死」的人數增加。[90]

現代社會要能容忍一定程度的不平等，但容忍的前提是導致不平等的制度另有其他益處，能充分補償這些不平等背後的心理及情緒代價。就算是運作良好的市場，同樣也會導致社會經濟的不對稱，因為經濟上的成功往往取決於好運氣、有利的出身背景，以及個人才能。然而，這樣的安排在效率及繁榮上的效益，對所有人皆有益。人類此刻還不知道該麼做，才能建設出一個避免嚴重不平等的大規模社會，即使這樣的社會安排有違你我的道德直覺。只有少數人真正嚮往回歸「更原始」形式的共生共存，但這大多也只是因為這種生存形式的本質已被浪漫化了。

當沒有人因為不平等而變得更好，不平等就成了問題。所謂的「**地位商品**」，其價值主要取決於其他人**無法**擁有那些商品。不是每個人都負擔得起一只豪奢的 F.P. Journe 腕錶，[91]紐約中央公園西區的公寓數量同樣有限。若是從整個社會的角度來看，獲取這些商品就是一場零和遊戲，因為一人有所得，必是另一人有所失。因此，競逐這種地位商品的地位競爭所造成的社會不平等，並不會提高社會平均幸福感，因為它創造了互補的贏家和輸家。

尤其這種物質上的不平等，一旦在已開發的社會中破壞了個體自尊的社會基礎，它就成了問題。用於統計德國社會情況的相對貧窮概念，其衡量的主要不是經濟上的貧困，而是衡量一個人有多缺乏要充分參與社會所必需的資源。你無需窮到挨餓或受凍，也會承受無法上餐館吃飯或沒有餘錢買電影票的社會性恥辱。早在十八世紀，蘇格蘭的經濟學家暨啟蒙運動哲學家亞當斯密（Adam Smith）就已提出一個「體面社會」的標準，就是社會當中的每個人都有辦法能夠「不帶羞恥」地現身公共場合：

例如：亞麻襯衫嚴格來說並非生活必需品。希臘人和羅馬人即使沒有亞麻布，生活想必也是過得非常舒適。但現今歐洲大部分地區，一名體面的雇工要是現身公共場合卻沒穿著亞麻襯衫，就會自覺羞恥，因為眾人會認為這就意味此人簡直窮到可恥，任何人若不是因為極爲低劣的行為，都不會淪落至此。[92]

當然了，亞當斯密這個標準顯示的，充其量不過是一個人社會參與的足夠程度，而這個程度主要可透過確保社會收入分配的最低分配額達成。亞當斯密的標準並沒有禁止億萬富翁存在，這些富人的存在和所有社會成員的自尊是可以兼容共存的。

去中心化的社會的一個特殊優勢，就是它在價值觀多元化的現代多元主義條件下，能發展出基本上數量並無限制的地位階級制度，而當中各個階級都有自己的聲望和成功標準。只要一個人未必非得成為億萬富翁才能獲得社會認同，而是也能因為是個稱職的養鴿人、傑出的遊艇賽選手，或是有天賦的合唱團員，而受社會讚賞，那麼，人人也都能在社會上擁有自己的地位。[93]

歷來有無數致力追求平等且極為成功的案例，我們無論如何都不樂見這些努力就此被人放棄：過去這三百年裡，貴族握有的社會特權已被廢除，（大多數地區的）奴隸制度也已終結，美國黑人在《吉姆．克勞法》的時代告終後也得到了公民權，[94]婦女獲得了投票權，南非種族隔離制度告終，印度種姓制度逐漸鬆動，少數群體的公民權利如同性婚姻得到擴張，而身心障礙人士也獲得更具包容性的社會態度。這些發展反映出道德水準的提升，而如今已無法接受逆轉。[95]

如今我們能看到，即使政治上已強制消除歧視、廢止貴族特權，一個毫無階級之分、如同天堂般的平等社會，也絕對無法一蹴可及。現代社會朝向菁英政治轉型，自有其（往往相當高昂的）社會代價：[96]過往屬於弱勢群體中的孩子，如今也能憑藉自己的才智、勤奮和天賦，在競逐地位與收入的競賽中脫穎而出。透過標準化的測驗，哈佛大學如今已招收更多猶太裔與日裔學生，這兩個族群在二十世紀仍遭到嚴重歧視。另一方面，一個將個人自尊與成功、將成功與表現緊緊捆綁在一起的社會，會助長有毒的不良競爭，甚至迫使幼兒在對社會地位高低極度敏感的父母的鼓勵和陪同下，早早去上小提琴和外語課，好擠進最頂尖的幼稚園就讀。同時，這也營造了一種敘事，認為那些沒能「成功」的人，只能將失敗歸咎於自己的無能——然而，在過去封建時代的條件下，至少眾人都還知道，財富成就和個人特質之間的關聯其實非常薄弱。從舊金山到新加坡，以及類似的超級明星城市中，一個極度推崇高度專業知識菁英工作者的社會，很難給予被邊緣化的少數群體應有的認可與尊重。

我們對當前對菁英政治的懷疑，是建立在什麼前提之上？這個答案一向模糊不清。「菁英政治」這種任人唯才的理念是，如果基本上人人皆能得到社會地位，而且與個人表現相關，那麼社會不平等是可以被正當化的。那麼，問題是在於這個理念本身，還是在於這個理念未能被妥善實踐？美國政治哲學家桑德爾，[97]在其批評知識菁英政體的文章中寫道：「用人唯才，這實則無可厚非。」[98]以及，「一般而言，由受過良好教育者領導政府，確實值得嚮往。」他進一步指出：「貴族政治並不公正，因為它將人局限在其原生階級，不允許向上流動。」[99]那麼，什麼又是菁英政治的暴政？替代方案又是什麼？

社會不平等問題源自古代世界的早期文明。毫無疑問，過去這五千年裡，在少數人握有權勢及財富的同時，這世上絕大多數的人依然貧困，而且被剝奪權利。世人直到最近才開始急迫地討論起有關公正社會的基本原則問題。一個認可個人尊嚴的社會是什麼模樣？我們該如何調和個人的自由，以及對世俗幸福的渴望？而人人平等的生活又意味著什麼？這五百年來如同幽魂糾纏著這個世界的，正是這些問題。

第五章

500 Jahre
Die Entdeckung der
Seltsamkeit

五百年
——發現不尋常

・頹圮

多年前我已回想不起那究竟是多久之前——我認識了一個甫從遙遠國度歸來的男人。那男人顯然比我年長許多，於是，某次晚餐上，我道出了我的人生計畫與期望，以及仍待追尋的目標，尋求他的看法。他耐心聽著。最後，在我暫歇喘口氣之際，他以一個此生已實現大部分抱負、千帆過盡的人才會有的溫和懷疑眼神看著我微笑，接著以一種隱晦的方式回答我。我在許久之後才明白箇中含意。

他對我說起他才剛走過的一片沙漠。某天，在長途跋涉之後，他看到兩隻巨大的腿聳立直入雲霄，那大腿沒有軀幹，以石材造成；旁邊是一張半掩於沙中、巨大而乾裂的臉。那張臉的神情嚴肅，嘴唇抿緊。因猜疑而緊鎖的眉頭充滿冷靜的自制感，顯示雕塑者自身必然對這張臉上暗藏的情感再熟悉不過。我的朋友曾在它面前駐足，這藝術作品已然相當古老，然而，它的經歷卻比那以譏諷的雙手在無生命的物體上留下自己印記的創造者還更久遠。在那基座上有如下文字，我的朋友記得清清楚楚：「吾名拉美西斯，賽提（Sethos）與圖雅（Tuja）之子，太陽神後裔，鴕鳥冠冕的佩戴者，王中之王。且看我的功績偉業吧，爾等強者，絕望吧！」

那人保證，這即是他僅存的所有，再無其他。在那坍塌的巨人廢墟周圍，只見一片荒蕪沙漠，似無邊際，片片黃沙孤絕地延伸至地平線外。

・現代的譜系

舊時的偉大帝國和最早的都市中心如今已盡成過往。現在，觀光客在讚嘆那些昔日榮光的遺跡之際，也在 Instagram 上記錄輝煌已逝的殘垣廢墟。

這個世界，我們的世界，是如何從另一個世界衍生而來的？本章要回溯現代性的譜系：這段發展過程空前迫切地要求人類的自主性和個性，迫使我們的價值觀、制度，以及界定你我共同生活規則的規範性基礎結構產生徹底的轉變。它釋放出了經濟、科學，以及科技的能量，質疑了傳統等級制度，要求個人的權利。這是全新的發展，或者，那不過是因為它的時代終於到來？

為了理解這個發展，我們必須重新審視，人類從最初的大型社會開始出現不平等現象的這五千年來是如何生活的：我們在貧窮、汙穢、悲慘和農奴身分下度過短暫一生，被凶殘暴君壓迫，受瘟疫疾病所擾，在毫無意義的戰爭中疲於奔命，被宗教迷信恐嚇，焦慮地恐懼（或期待）死期將至；孩童的背因為挑水負重而彎駝，婦女則被懷孕、分娩、繼之再懷孕的枷鎖一再套牢，直至最終早逝。

出生的偶然性早已決定了人的一生：幾乎無人能離開那個世世代代定居，自己的先祖曾是鐵匠、木工或牧羊人的村落。若是真離開了，也得冒著極大風險，徒步或搭著搖搖晃晃的馬車，穿越幽暗的森林，或是走過會遇上猛獸和惡徒的無邊草原，或是乘著木造船隻，在驚濤駭浪中穿越汪洋，駛向未知國度的邊界。

這個發展到了最後，新世紀於焉而生，而生活在其中、網絡已全球互聯的大都會居民，必須展現豐沛的創造力，好讓此刻平均長度已然加倍的生命充滿意義及娛樂。在這個新世紀裡，許多人脫離了苦役的枷鎖禁錮，能夠自主決定自己是誰，想在哪裡生活。那遙遠國度的甜美水果，那曾經如此罕見、遙不可及，就連富人也只能從更富有的人掛在自家廳堂的畫作中認識的奇珍異果，如今在這時代已能隨時取得。這個時代，翱翔天際的夢想已然成真；這個時代，一顆陌生人的心臟也能在瀕死之人的胸膛內再次搏動。

現代性的譜系講述的是，幸福與自由這雙重承諾如何能從悲慘與壓迫當中脫胎而出。當然，這些承諾不是至今對每個人皆然，也不是對所有人一概平等。因為：現代性創造出了一種新人類，他視自己為一個個體，被其他個體所包圍，而他出於自由，自願與這些其他個體共同生活，而且——至少按此說法——對於有意在什麼條件下生活，他握有唯一且最終的自主權。這和千年前的狀況大為不同。過去，我們認為自己最初是家族的成員，是理所當然的階級制度的一部分，是親族關係網絡中的一個節點和一個主體。

這個新人類的歷史，是一段關於個人主義、政治自由和個人尊嚴的起源故事。長久以來，知識份子、文化理論學者、哲學家和社會科學家一直試圖破解新人類的起源之謎。傳統「社群」是如何轉化為以協議取代習俗的現代「社會」？[1]是什麼促進了從「機械性的」團結，過渡到「有機性的」的團結，讓後者以功能性分工取代簡單的結構？[2]韋伯提出了意欲讓全世界變得可預測的「西方理性主義」，[3]這種想法從何而來？[4]

過渡進入現代，就意味著「大部分在五百年前已完成」的發展來到了終點。[5]這個過渡如何改變了我們的道德？我們的價值觀又得做哪些調整，才能啟動朝向現代邁進的轉變？

．世界上最奇怪的人，第一部

二〇一〇年夏天，我以博士生身分在荷蘭萊登大學（Universität Leiden）參與一項研究計畫。我們的讀書小組每個月大約碰面兩次，討論與「道德思想與行為的心理學基礎」這個核心研究主題相關的最新研究文獻。這個小組關注的重點是（往往過於技術性又不太有趣的）哲學辯論，這些辯論試圖分析道德判斷的認知基礎、人類自由意志的可能性，或是一般人格特徵和性格特質對我們行為的影響。

在準備下次會議時，一名小組成員建議大家不妨研讀一份當時才剛出版、標題隱晦如謎的文章：〈世界上最奇怪的人？〉。這篇文章是由一群加拿大心理學家聯合撰寫，自出版後的十多年來，已被引用了將近九千次，並立即被視為是現代經典。

心理學家渴望理解人類的心智。我們的感知如何運作？記憶如何形成？情緒如何被處理？思考如何進行？是什麼形塑了你我的身分？智力差異的成因是什麼？我們如何做出決定？為了找出答案，他們設計了一些用以揭示人類行為，並調查人類心理是按照什麼機制在運作的研究。亨里奇和他的同僚注意到的問題是，心理學自稱對於普遍人性的觀察結果，幾乎往往是得自於非常不普遍的資料。

隨機研究是心理學研究的黃金標準：從總人數中隨機選出受試者，接著，再隨機將之分配到對照組和實驗組，以期藉此找出實驗的操作是否會產生影響，如果會，那麼這影響又有多強。然而心理學家出於務實考量——也就是為了節省成本及時間——往往都是拿自己的學生來進行研究，而學生也常以此換取學分。

因此，有關人類心理普遍性的一般論述，其基礎實際上都是取自高度特定的群體中的思想及行為模式：心理研究的受試者幾乎全是來自富裕的西方工業化民主地區，而且受過高等教育的人。[6]亨里奇和他的同事為這個族群創造了一個或許堪稱有史以來最佳的縮寫詞：「WEIRD」，其中各個首字母分別代表西方的（Western）、受過教育（Educated）、工業化（Industrialized）、富裕（Rich）、民主（Democratic）。[7]

如果這個群體的人真能代表其他人，也就是說，WEIRD族群和所有其他人之間並沒有系統性且顯著的差異，那就不成問題。但這顯然不大可能：如果一批在少數幾間入學門檻特高的菁英大學中讀書、出身世上最富裕國家的高智商年輕人，其認知直覺、感知模式、喜愛偏好和行為傾向，會和隨機從其他人類群體當中挑選出的個體相同，那才真的令人訝異。

即便如此，亨里奇和他的團隊似乎也沒料到，他們的實驗對象會是這麼「奇怪／罕見」。如果有系統地去研究這個問題，便會發現，WEIRD族群往往都是統計上的特例。這種局外人角色最令人印象深刻的例子，可見於視覺感知領域：奇怪的人的眼光也奇怪。在許多情境中，我們尤其可藉由研究錯誤認知，了解人是如何透過視覺接觸這個世界。視覺上的錯覺能讓人深入了解視覺認知通常如何運作。「繆氏錯覺」或許是所有感官錯覺當中最著名的一個例子。[8]亦即，兩條在客觀上長度等長的線，在線的末端有朝內或朝外的箭頭時，這兩條線的長度在主觀上看起會有差別。長期以來，我們一直認為，這是會出現在所有人身上的一種普遍錯覺，成因與人類的感知器官運作方式有關。然而事實上，繆氏錯覺在這世上許多文化當中根本**不會產生**。例如：在卡拉哈里沙漠裡的桑人（San）看來，這兩條線就是等長，在奈及利亞的伊爵人（Ijaw）的和剛果的松耶人（Songye）看來也是如此。北美地區的學生在繆氏錯覺測驗中的得分——反映其受錯覺欺騙程度高低——明顯高過其他群體。對於這個結果，一個可能的解釋是，有些人在童年發展的最初階段開始，就已在「木造」的環境中長大，因此視覺處理能力早已適應了周圍頻繁出現的直角。

幾乎在所有其他心理特徵上也都有類似的模式。無論是在已開發國家與發展較基礎的社會、在西方與非西方社會，甚至在西方社會**內部**的比較中，皆是如此——具備特定認知能力與社經背景的大學生，他們的表現會和平均水準有極大的差異。WEIRD 族群——也就是來自現代工業化國家的西方人，他們的思維不同、感覺不同、生活方式不同、價值觀不同，而且一向是都是統計上的特例。如果要他們為東西命名，他們會說「樹」和「鳥」，而不是「樺樹」和「知更鳥」，他們會先跳到一般大類，而後才轉向具體例子。如果問他們是誰，他們會先說自己的職業、個人成就、年齡和特點，而後才會提到自己是誰的子女，以及認為自己隸屬於哪個群體。

WEIRD族群是如何產生的？又為何產生？他們是何時出現的？又是什麼使得他們如此特別？

如今我們已經知道，是**道德和制度上的**變革，從根本上重新塑造了現代人的認知、思維與感受。

．世上最奇怪的人，第二部

WEIRD族群表現出一連串複雜的認知及道德特徵。我在書中會直接稱他們為WEIRD族群，這樣稱呼並未明確指涉某個區域，因為不同區域和不同國家會有程度不一的文化「怪異」程度，不限於歐洲或「西方」，而且這個稱呼是中性的，其意義既無明顯正面意義，也不具負面意義。

WEIRD 族群通常會（但並非絕對）出現在現代西方民主國家，例如丹麥、德國、挪威、瑞士、英格蘭、澳洲、加拿大、美國、西班牙，以及阿根廷。然而，就全球範圍來看，WEIRD 族群算是統計上的特異。在探究這個群體究竟是怎麼形成這樣的特質之前，我們應該先釐清，是什麼使得這些人變得有**道德**。

WEIRD 族群在道德觀上有一個最重要的面向，那就是明顯的道德**普遍主義**傾向。普遍主義的道德與所謂的特殊主義道德，主要區別在於它是建立在普遍通行的道德規則上，這些規則同等適用於每一個人，而任何社會團體的特定價值觀，或是與朋友、親屬之間的個人關係，則對這些規則的有效性不具影響。

請想像你涉及了一起撞傷行人的交通事故。[9]你同在肇事車輛當中，這輛車以近六十公里的時速在限速三十公里的路段超速行駛，而駕駛是你的好友。你該在法庭上指證自己的好朋友嗎？你的朋友是否有權要求你不這麼做？（這就是所謂的乘客困境。）大多數人都會認為，在法庭上吐實是合理的。而這裡，區分普遍主義道德傾向和特殊主義道德傾向的關鍵問題是：「那是我的朋友」，這個事實是否會在**道德上**影響你的決定。在 WEIRD 族群的國家中，壓倒性的多數人都認為，差別對待朋友和任何與自己並無私交的人，是不可接受的。這就是道德普遍主義。

「WEIRD 族群是很糟糕的朋友。」亨里奇總結道。[10]不過，這種社會性的冷淡態度也有它受人歡迎的一面，專業術語稱為**非個人化的親社會性**（impersonal prosociality）。這個概念關係到一個人是否願意信任陌生人，以及是否願意與陌生人合作。我們已經看到，出於演化，我們的合作意願根本上仍然強烈地以群體為導向；因此，非個人化的親社會性其實違逆了演化規則。

在被問及否願意信任他人、信任到什麼程度，或是在和陌生人打交道時是否必須格外謹慎的問題時，WEIRD 族群與非 WEIRD 族群之間又出現了強烈差異。七〇％的挪威人對此的回答是肯定的，而千里達及托巴哥人當中大約僅有五％願意信任陌生人。歐洲內部的 WEIRD 程度也不同：在「非個人的信任」上，北義大利人的得分就明顯高過西西里島人。和絕大多數人不同的是，WEIRD 族群在道德上給自己所屬群體的成員——家庭、朋友或國家——的優先權比較低，給予陌生人的優先權反而比較高。

相對於陌生人，WEIRD 族群當然會對自家親戚和朋友更有愛、更和善，也更不具敵意。但值得注意的是，這種傾向在這個群體當中平均來說明顯比較弱。

在面對**未來的自己**時，受試者也出現了類似的模式。心理學上常會以「**時間折扣**」（zeitliche Diskontierung）和「**延遲滿足**」（aufgeschobene Belohnung）的概念，來描述一個人對於自己未來的重視程度。時間折扣是指一個人對一樣物品或一件事情的偏好，會取決於事件要在多久之後發生，或物品是當下就要到手還是可待稍後才獲得。許多人都寧可**現在**就擁有比較少的錢，更勝於**日後**能多得到一些。無論事物與此刻相距遠近，都能評估價值，這就是延遲滿足的能力，簡單來說就是耐心。

所有人都傾向將時間折現，相較於未來，我們更看重現在。這在根本上也堪稱合理：只要無法保證我隔年還能活著，那麼今天手上的一百歐元和來年夏天的一百歐元，價值可不一樣。但在這問題上，不同群體之間也存在顯著差異：要讓一個挪威人放棄他當下手上的一百歐元，你必須提供他一百四十四歐元的未來報酬；而對一個盧安達人來說，平均要提供二百一十二歐元，他才會願意等待。政治環境會影響長遠思考的報酬多寡，這也會強化對於上述選擇的影響：在社會經濟條件穩定的條件下，規畫未來會更容易。

WEIRD 族群也不是從眾之人。在社會心理學當中，從眾行為模式——也就是強烈地將自己的行為導向他人真實或想像的行爲——傳統上是在所謂的艾許從眾實驗（Asch-Paradigmas）框架中進行研究。[11]這個實驗是一九五〇年代由美籍波蘭裔完形心理學家艾許（Solomon Asch, 1907-1996）所研發，[12]爾後成為心理學界最著名的實驗之一。在實驗中，受試者要從三條直線裡選出一條長度與標準範本相同的直線。這個測驗本身相當簡單：在正常條件下，幾乎百分之百的受試者都能選出正確的線條。但在艾許的實驗設置中，毫不知情的受試者會被一群「新加入者」包圍，這群人預先受到指示，要給出錯誤的答案。面對這種形式的同儕壓力，確實讓為數不少的受試者心生動搖，認同了明顯就是錯誤的答案。受試對象是否真的相信錯誤的答案，這未必重要；從眾壓力的影響在於他們公然同意了錯誤的答案。相較於其他人——不論是來自科威特、香港，或是辛巴威——WEIRD 族群最不容易受到這種壓力的影響，這個結果在當今世代身上甚至比老一輩更為明顯。年輕的 WEIRD 族群因此最不可能會讓自己從眾去適應其他人的行為。

放眼全球，WEIRD 族群的道德感同樣相當特殊。許多傳統社會都有「榮譽文化」：一個人身為人妻或人夫、人母或人父、商人、工匠或社群成員的名聲，是一種社會往來中的重要資本。這個名聲取決於諸多因素，像是個人的事業成就、可靠度，或是在性事上的行為。常人對名譽受損的反應是羞恥感：他們感覺被貶低、遭羞辱、被公開曝光，想躲避他人目光、掩面躲進地洞裡。在他人的社會評價中，恥辱就表示一種被貶損的狀態。

WEIRD 族群感覺到的往往是罪惡感，而非羞恥。罪惡感和羞恥感是道德情緒，其驅動力——大多數人會覺得這些反應非常不舒服，會試圖避免罪惡感和羞恥感產生——讓人得以規範自己的行為。但要如何避免，人人做法不一。由於羞恥感大部分來自他人的評判——同樣的行為可能引發強烈的羞恥感，也可能完全沒有，端視行為發生當下是否無人在場，或是眾目睽睽——而一個人的罪惡感則主要是在自己沒能達到自己的道德標準時所引發。舉例來說，一個原本立志吃素的人，在意志薄弱吃肉之後，即使周圍全是非素食的朋友，而且這些朋友也完全理解他剛吞下的牛排，他依然會深感罪惡。WEIRD 族群更容易產生這種沒有社會中介的罪惡感。

這種心態也影響了對於違反社會規範行為的制裁方式。WEIRD 族群不太會動手報復有損其（或其親友）榮譽的行為，但會更傾向對第三方執行社會規範。[13] 傳統社會中的首要重點是保護自己所屬群體的社會經濟地位不受可能的威脅侵擾，至於其他人或群體在做什麼，有何爭執，違反什麼規矩，只要沒影響到我，就一概與我無關。WEIRD 族群雖然很少會去報復，卻更有意制裁違犯一般社會規範的破壞行為。

WEIRD 族群這些思維與行為上的差異，成因之一是這個群體的成員對於自己和自己身分來源的認知概念不同。WEIRD 族群對自我身分的認知，是客觀、抽象的，而其他人大部分的具體自我概念，則是以複雜的社會關係和角色為特徵。[14]在要求 WEIRD 族群完成「我是……」這樣的句子時，他們會列出一連串的個人特質、成就、功績，或是志向。對於這個身分問題，這群人的理解是：這問題在問是什麼讓我獨一無二，是什麼定義了我，而且唯有我。於是，一個人的身分會取決於他是個電影迷或美食家，是曼聯隊的足球迷還是集郵家，是企業老闆還是極限運動員，是醫生或者棋手，而且極大程度上取決於一個人的特殊興趣及能力。對於非 WEIRD 族群的人而言，歸屬於一個更緊密的社會角色及關係的結構才更重要。WEIRD 族群的背景脈絡會要求一個人在不同的社會環境下都要維持穩定且一致的人格。[15]在非 WEIRD 族群的社會裡，一個人如果在朋友的祖父母面前時表現得安靜、害羞又恭敬，但在其他情境裡卻是喧譁、狂放又自大，那也是很尋常的。非 WEIRD 族群的人絕大多數都會認為，自己主要是家庭或信仰團體的成員，是一個關係網絡和習俗的承繼者、維護者和看守者。

一個人是刻意或無意地做出某件事，在道德上是否有差別？如何回答這個問題也會反映出對個人做為核心倫理單位的關注。我們可透過探問不同社會形式裡的人——像是洛杉磯的大城市居民、安哥拉的辛巴族牧者、現今玻利維亞的奇美內族（Tsimane）獵人和農人，以及主要為漁民的斐濟亞薩瓦島民——來檢驗一項行為的刻意性與可指責性及可懲罰性的關聯，看他們是否認為在後果相同（例如造成了等量的損害）但出發點有別的行為之間，在道德上是否有所不同。[16] WEIRD 族群會認為，由於誤認為是自己的袋子，因而「偷」了他人的購物袋，要比故意拿走更值得原諒（儘管所有人基本上都看得出這個差異）。在非 WEIRD 族群的社會裡，一項行為不論背後的態度為何，最重要的是它造成了什麼後果。我有意偷那只包嗎？我想偷那只包是出於偷竊癖，還是出於貪婪，或是惡意？

最後一個差異與我們的抽象思維有關。WEIRD 這個族群更傾向（一如既往：

平均而言）**分析性**思維，而非WEIRD族群，則傾向**整體性**思維。分析性思維的人會試圖將世界理解成是一個由具有某些特質又彼此互異的諸多孤立實體所組成的集合體。而整體性思維的人看重的則是事物彼此之間的關係，會試圖找出事物之間的關係和共通點。整體思維者看見的是「整體」，分析思維者看見的則是部分。

有一種簡單而直覺的方式可檢驗這兩種思維方式，那就是讓受測對象進行所謂的三合任務（Triadenaufgaben），也就是要受試者從兩個物品中選出一個與第三個物品配對。我們假設「目標物」是一隻兔子，而另外兩樣東西則是一根紅蘿蔔和一隻貓。這項任務是要受試者決定，這兩樣東西當中的哪一樣應「歸屬」於兔子那方。WEIRD族群會將兔子和貓歸在一起，因為這兩者都屬於「哺乳類動物」。絕大多數的泰國人或保加利亞人看到的反而是兔子和紅蘿蔔之間的強烈連結，因為這兩者之間有特定關聯。非WEIRD族群即使給出與分析性思考者相符的答案，回頭探究，往往也會發現那答案其實是整體性的。亨里奇就描述了一個案例：一個南美洲馬普切人（Mapuche），在「狗、豬、玉米」的分類任務中，將「狗」和「豬」歸類在一起，而不是將「玉米」和豬歸在一起——但他這麼歸類不是因為認為狗和豬同屬一類，而是因為狗會「保護」豬。

分析性思維得分最高的十個國家是：荷蘭、芬蘭、瑞典、愛爾蘭、紐西蘭、德國、美國、英國、加拿大、澳洲。在此不難看出，分析性的思維方式和個人主義的道德彼此如何相輔相成：這種將世界視為眾多孤立實體聚合而成的傾向，與一種藉融於社會且其倫理結構取決於他在群體中身分的「家庭一份子」，反襯出帶有權利、義務和意圖的「個人」的道德觀更為契合。

這些思維方式彼此間的差異，不可斷論為是上述思維方式孰優孰劣、孰對孰錯的反映。依據所處的文化環境或自然環境，一個人更傾向分析性思維，或是更強調意圖的作用，或是更看重未來，都可能是合宜的。某些社會中，知道兔子和貓都是哺乳類動物很重要，但在其他社會，知道兔子會吃紅蘿蔔或許才重要。儘管如此，你我置身的社會是偏向由 WEIRD 族群的分析性思考者所組成，還是由非 WEIRD 族群的整體思考者所組成，這可是會在文化上產生大差異的。

WEIRD 族群有一種非典型的道德心理：他們是道德普遍主義者，與陌生人的合作（相較下）不受個人關係影響。WEIRD 族群會將個人理解成是核心的道德單位，自願與他人建立合作關係，並且依據背後的意圖去評判他人的行為。他們會將一個人的身分與個人成就和性格特質連結在一起，而不是這個人歸屬於哪個家庭、氏族或部落，而且他們對於延遲獎勵更有耐性。或許我們對這些特質組合並不陌生，但客觀來看，這些特質仍是極不尋常的，就全球範圍來看也是例外，而且放眼歷史也是近期才出現。

WEIRD 族群的文化演化導致的最重大改變，就是經濟和政治性質的變化：第一個讓過渡到現代大型社會得以實現的制度，是藉由去中心化的價格信號組織起來的貿易及交換的廣泛網絡，也就是所謂的**市場**；其次是愈來愈多人要求自由與社會參與，因此有必要保護其個人權益，這也就是所謂的**民主**。然而這樣的過渡只能在特定的社會文化土地上發展茁壯，而此前做為社會核心組織框架的親族關係和統治結構，也在這片土地上慢慢被削弱了。

・世上最奇怪的人，第三部

放眼全世界，富裕的西方工業國家在認知道德上實屬特例。WEIRD 族群思維方式不同，價值觀也不同。不過，為何會這樣？這個「個人主義情結」是如何生成的？[17]

亨里奇和他的研究團隊雖然發現有些人具有 WEIRD 的心理特徵，卻無法解釋這些最終帶來現代性的認知及道德模式，究竟從何而來。我們也還不清楚，究竟是哪些因素導致了這些轉變恰好發生在我們今日所見之處。

在這份如今已成傳奇的研究結果發表幾年後，當時已是哈佛大學教授的亨里奇，正和其團隊致力於研究 WEIRD 族群的價值觀及思維模式起源的普遍理論。於是，二〇二〇年，亨里奇的巨作《世上最奇怪的人》（*The Weirdest People in the World*）問世，對現代「奇特性」的形成做出廣泛且複雜的解釋。[18]

亨里奇認為，WEIRD 這個群體的普遍道德觀和分析性思維方式，是一段發展超過千年的結果，在這段過程中，天主教教會摧毀了歐洲從傳統中長成的家庭結構，原本做為經濟、政治、權利、信仰及個人生活的組織核心原則的親族關係網絡，遭到教會摧毀，進而啟動了文化演化的進程，並在距今大約五百年前導向了現代性。

天主教教會的家庭政策造就出西方的道德及認知特質，這個理論乍聽之下令人訝異。但亨里奇以他對數據痴迷到令人信服、甚至歎為觀止的細節捍衛了這個論點。《世上最奇怪的人》或許是二十一世紀至今最重要的社會科學出版品。

亨里奇理論中的一項核心元素，是「**西方教會的婚姻暨家庭計畫**」概念，簡稱 EFP。從大約公元三百年左右、在西班牙格拉納達舉行的埃爾韋拉公會議（Synode von Elvira），到一二一五年十一月在羅馬召開的第四次拉特朗公會議（Vierten Laterankonzil），羅馬天主教教會在這一千年內徹底改造了歐洲的婚姻及繼承結構，此舉也逐漸瓦解了此前西方社會中普遍存在、連繫緊密的親屬及家庭關係。[19]

親緣及家庭關係為所有社會提供了社會共生的基礎結構。這不是一種「家庭」應該發揮如此作用的規範性說法，而是一種「事實就是如此」的表述性說法。絕大多數的西方社會，尤其是在基督教信仰之前的歐洲，傳統親緣關係的基本特徵就是：[20]

- 人類主要生活在以親緣關係為基礎的群體裡，而這個親緣關係又鑲嵌在更大的群體或網絡（氏族、部落、宗族等）當中。

- 家庭建立在「父系」上：繼承權、財富及居住地是由父系決定。（但不是絕對必然。在一些社會中，婚後夫妻並非女方搬入男方家同住，而是男方住進岳家。）
- 這些親屬單位會對土地和資產實施集體控制。
- 每個人的個人身分，取決於他在個別親緣關係網絡中擔負的社會角色。
- 對於衝突、法律或責任問題，會按親緣團體內的習俗處理，並在可能時化解糾紛。
- 親緣關係的作用，就像是一張社會安全防護網，保護遭受疾病、貧困或意外打擊的成員。
- 被安排的婚姻相當普遍，結婚對象的決定往往會考量對方整個家族及財富。
- 多偶婚，更準確地說，是一夫多妻的多偶婚（一妻多夫的確也有，但極為罕見）。位高權重和多金的男人擁有多名妻子，並不罕見。

在傳統的非WEIRD社會中，親緣關係主導了個人的整個人生，從居所、配偶、職業到人生發展道路，皆是由奠基於家庭網絡上的個人角色所決定。但西方教會的婚姻及家庭計畫怎麼會逐漸削弱了這些結構？對此，前面提及的那場在公元三百年左右舉行的埃爾韋拉公會議有了解釋：與會的宗教人士在這場於西班牙舉行的宗教會議中提出的幾項決議，是天主教教會流傳至今最古老的書面見證之一。當中關注的重點在於道德的生活方式、婚姻，以及其他要求基督信仰導向的日常問題。這些決議不但描繪出彼時歐洲教會的歷史，同時也顯示了當時家庭組織的社會結構有了多大的變化：新凱薩公會議和尼西亞會議（Konzilen von Neocäsarea und Nicä）禁止了夫兄弟婚（沒有子女的喪夫寡婦嫁給亡夫的兄弟）；公元五〇六年九月，在南法舉行的阿格德大會（Synode von Agde）宣布，不可接受堂表親之間的婚姻，而男子和其亡故兄弟的遺孀結婚、與妻子的姊妹結婚、和繼母結婚、和舅舅的遺孀或女兒結婚，或和任何家族親屬結婚，教會皆無可容忍——而且這些行為也自此開始被歸為亂倫之舉，往往會被處以死刑。除此之外，教會還引入「教父教母」制度，讓毫無血緣關係者能以這種方式，擔任孩子精神上的父親或母親，此舉也降低了孤兒由具有血緣關係的親屬收養的重要性；

教父教母和其教子教女之間的婚姻自然也是被禁止的，這又再進一步削弱了家庭紐帶的力量。

在隨後幾個世紀，教會對於誰能與誰結婚的規定或禁令更加嚴格：在西方教會的婚姻暨家庭計畫（EEP）當中，禁止表親成婚尤其重要，[21]這個禁令也成為西方教會與東正教教會的一大區別。這個計畫的內容核心是：

- 禁止（六等之內的堂表親屬）血親之間聯姻。
- 禁止多偶婚。
- 引入精神上的親屬關係（教父教母）。
- 在結婚儀式上新人公開以口頭表示同意此樁婚姻，以杜絕被安排的婚姻。
- 新住處（新婚者必須遷居到自己的住處）。
- 透過個人遺囑，實現個人所有權及繼承權。

如此發展到最後，原型中產階級的核心家庭於焉形成，而核心家庭透過基本上家務各自有別、彼此連結鬆散的聯合體形式，取代了原本的父系結構。人人在當中都互有親戚關係的氏族，即是由這個父系結構延伸而來。這個變化趨勢也反映在各種不同的親屬關係和法律關係詞彙上，其中，許多原本家庭成員的特別稱謂——許多社會將母親的兄弟與父親的兄弟區別開來——也被各種強調性關係亂倫性質的稱謂取代。於是自己妻子的母親成了岳母，自己兄弟的妻子成為嫂嫂或弟媳，或者就如英語說法：「法律上的姊妹」（sister-in-law）。

沒有任何物理上的障礙能阻擋基因上有親屬關係的兩方發生性關係。因此，大多數社會都必須找出方法，解決實際上確實有可能發生的亂倫繁衍。這個問題有部分可從生物學上解決：成長過程中彼此非常親近的小孩，日後會自動覺得彼此在性方面很難相互吸引，無論他們實際上是否真有親緣關係（這即是所謂的韋斯特馬克效應）。[22]這也就解釋了為何幾乎所有人都會對兄弟姊妹之間的性行為有強烈的直覺厭惡感；正如上述，這是出於生物學上的因素，而非文化因素。此外，社會規範的文化演化必須闡明亂倫禁忌那幽微的複雜性。在這一點上，各個文化的做法差異極大，而早期歐洲教會採行的措施正是相當極端的一種。

亨里奇總結了教會這些措施的意義：「教會的婚姻與家庭計畫重塑了歐洲的

家庭，這個過程大部分在五百年前就已完成。但這當真影響了世人如今的心理？當我們在親緣關係不甚緊密的制度當中長大，這當真會顯著影響我們的動機、知覺、情感、思維方式，以及個人的自我概念？現代人的心靈真能回溯到教會嗎？」[23]

・現代心靈的文化演化

天主教教會的婚姻及家庭計畫並不是在一夕之間就摧毀了西歐的家庭及氏族結構，那是逐漸發生的。原本是社會組織原則的緊密親緣網絡已遭取代：政治及經濟自此開始愈來愈需要揚棄原本的那種基因上的忠誠。這就促進了分析性思維方式的文化演化，而對道德的發展歷史而言，更重要的是，讓陌生人能夠彼此自願合作、以謀共同利益的非個人化親社會性及道德個人主義的形成。

如此演變的結果，就是人際關係結構益發擴大，而經濟成長、技術發展、政治自由和科學進步也達到了前所未見的程度，因為這些現代社會的關鍵要素正需要由教會的婚姻及家庭計畫所帶來的分析性思維和流暢、靈活的合作形式。WEIRD 社會於是開始了它的全球霸權。

但西方教會為何要這麼做？教會的這個行為背後不可能有什麼先見之明。上述這些變化的發展是如此新穎、不可預測且為時漫長，不可能是預先刻意為之的產物。當初教會決策者認為自己是受神的計畫所託，根本不知道自己引入了什麼樣的制度變革，或是這些變革將會對西方世界的文化、經濟、政治及軍事統治產生什麼長遠影響。當初這些發展的策畫者追求的目標是什麼，又是出於什麼理由而懷此信念，世人往往無從得知。

文化演化的概念顯示了，變異和選擇的過程能產生出複雜的人工產物，像是超乎人想像的工具或組織。我們在這裡遇到的或許也是文化演化過程的問題，天擇對或多或少在偶然間產生的文化「變異」施加了壓力。在西方教會的婚姻及家庭計畫奠定基礎之際，或許同樣出於偶然，世界上還有一連串其他的宗教運動，在意的道德規範和禁忌則是截然不同。不論伊斯蘭教、猶太教、東正教，還是波斯的祆教，這些信仰當中的婚配限制都不若西方教會婚姻規範的那般嚴酷無情。在這些信仰當中，多偶婚、夫兄弟婚，或是表親婚，基本上在大多數情況下都仍存在，這也使得傳統的家庭結構仍能繼續繁榮興盛，不必為了迎合社會合作新形式而必須改變。

在無人能夠事先計畫或料想的情況下，「WEIRD 模式」最後在隨機的文化演化過程中發現了一種變體，這種變體以其體制當中的市場經濟、眾人皆可參與的平等政治、非個人的官僚體系，和擺脫宗教教條束縛的科學，讓人得以過渡到了現代。這條邁進現代之路並非預先確定的目標，世上所有社會好似都在參與一場全球競賽，看誰能率先找出一套心理和制度樣貌，以掌握成功之鑰。一如歷史上出現第一批有分層組織的大型社會，如今**回頭來看**，「WEIRD 模式」已證明它是相對最堅定的一種模式。

創新的財產及繼承規則是這個模式得以成功的一大關鍵，這個規則不斷順利地將大筆財富匯集到了西方教會手中。基督教倫理一向都視個人財富為道德疑點，《新約聖經》就一再表明，駱駝要穿過針眼還比富人能上天堂容易得多。對世俗幸福的冀望竟和永受詛咒的前景捆綁在一起，這對有錢人而言無疑是個噩耗，也使得教會的道德準則對常人毫無吸引力可言。於是，教會很快就找出一個跳脫這個兩難困境的妙方，那就是向富人保證，只要願意**在死後**將財產遺贈給教會，那麼，你們此時此刻還是能將錢財握在手中好好享受，而死後還是可以上天堂。這種財產結構同樣鞏固了教會的世俗權力，同時也從倫理層面阻斷了財產在家庭內部轉移，進一步削弱既有的家庭結構。

・血濃於水

為了從因果關係上證實「西方教會的婚姻暨家庭計畫」（EEP）的影響，亨里奇和其團隊開發出自己的新方法，將親緣關係網絡的密度，與一個文化區域數世紀以來受教會影響的程度連結起來，而後將「親緣關係有多重要」和「EEP影響有多大」這兩個因素，與「WEIRD思維」和「WEIRD道德」的心理特徵進行比較。

打從公元三百年起，一個社會從天主教會吸收到EEP的「劑量」愈高，就愈「WEIRD」嗎？簡單來說：沒錯，正是如此，而且這一點還能清楚證明。亨里奇和他的同事成功開發出一套數字量表，這個量表既能反映一個社會與教會家庭政策的接觸程度高低，同時也能反映既有親緣關係的相對緊密程度（也就是所謂的親緣關係強度指數）。一旦比較這些數值，我們便會發現，前面細述的那些心理特徵，全都和這些指數強烈相關，無一例外。一個族群與EEP的接觸「劑量」愈高，其親緣關係強度指數的得分也就愈低，同時他們也就愈「WEIRD」。個人主義、意向性、分析性思考、會有罪惡感而非羞恥感、不順從，以及非個人化的親社會性，或是對陌生人的信任感，這些都與兩項測量指標密切相關。

這天主教的「新」家庭道德影響，甚至大到在整個變革過程完成已將近五百年後的今天，我們還能在義大利九十三個省份的市鎮邊界精確地追溯到它的蹤跡。取決於各村與教皇領導下的EEP的接觸程度，在今日的義大利（一如其他國家）仍可發現村與村之間在思想及行為上的巨大差異。例如，五百年前那種表親之間通婚的頻率如今還有多高，有多少人匿名捐血，有多少人不以其他方式儲蓄、而是偏愛現金，以及一個區域的貪腐程度多高。[24]

這些例子最終也顯示出社會合作對於我們共生共存的核心作用：在人類的歷史上，能和更多人進行包容度更高的合作，這樣的道德往往能提升科學和技術水準，促使經濟更加繁榮，同時強化軍事優勢。

觀。

．不尋常的辯證

魔鬼耍過最成功的花招，就是讓天主教教會相信了最終導致自身衰敗的價值觀。

因為凡事有始必有終。傳統家庭結構被破壞殆盡的反面，也就是對非傳統形式社會化的支持，因為（大型）家庭的解體當然不會導致社會同樣也解體，它反而迫使歐洲世界去找尋共同生活的其他形式，並將精力投入新的經濟活動和合作上。如果一個群體不能建立在基因親緣關係的基礎上，那麼就得找出其他互動方式，發展出彼此交換貨物、資訊和價值的新方法。於是，這就強化了不以血緣關係、而以自由參與為基礎的社會制度，結果便是在十一、十二、十四世紀分別於波隆那、牛津、海德堡建立了首批大學，以及諸如法蘭克福、科隆（Köln）等自由的帝國城市崛起，或是貿易網絡的擴張，出現像是同屬漢薩同盟的呂貝克（Lübeck）、不來梅（Bremen）和但澤（Danzig）等自由的帝國城市。修道院、協會和企業也在這個時期紛紛出現。在這些情況下，新的社會型態於焉而生，並且得到了制度化，為個人立基於自願參與、契約協議，以及明確成文法規的合作鋪出一條坦途。於是，商品生產、知識獲取及決策也就自此逐漸從父系氏族結構轉向了個人主義的雙方協議。

政治共同體同樣臣服在個人主義和自願參與的道德新邏輯底下。中世紀早期和中期尤其將國家視為是上帝的神聖王國，必須去管理、促進人類道德，使之完善。然而世人此時對於國家的理解，愈來愈認為國家是服務的提供者，其存在的合法性在於保障個人的安全和權利。社會的目的不再是執行上帝的計畫，而是要提供能讓人類生活得以自由且富足的法律制度條件。在霍布斯、洛克、盧梭及康德的政治理論影響下，國家從上帝的工具轉變成了契約的對象，它的世俗邏輯日益打破教會與國家之間原有的政教親密連結。

不尋常的辯證會進入宗教領域也只是遲早的問題。亨里奇稱說，從十六世紀開始興起的新教，是所有信仰當中最「WEIRD」的，因為新教將信仰、美德和對上帝的敬畏，從階級權威和穿著錦緞拖鞋的教士權貴當中剝離開來，讓這些成為個人的事。身為教士、大學職員，以及自由城市公民的路德，[25]會同時分屬這三個早已徹底終結以親緣關係為歸屬標準的組織，也絕非偶然。[26]

天主教教會的婚姻及家庭計畫所創造的認知和道德傾向，最終從內部侵蝕了羅馬奠基於傳統和啟示的權威，進而導致教會自身的衰敗。在路德和喀爾文之前，原始新教思潮就一直存在著[27]——像是熙篤會等修道會，[28]以及威克里夫等諸多中世紀神學家，[29]就已預見到「唯獨聖經」的基本思想；[30]按照這個思想，一個人的信仰和虔誠本質上是取決於個人對於教義的理解：神的恩典並非由世俗官員授予，而是由信徒的個人良知接受。信仰已不再是要成為某個組織成員的問題，而是必須全然無疑地接受其教條和規則的問題。現在，人必須建立個人與上帝的關係，了解祂啟示的話語，同時以理智鑽研其中，才能真真切切地信仰上帝。

很快地，要求政治正當性的新壓力也影響到了中世紀的政治秩序——尤其是各種形式的革命。一五二四至一五二六年間在施瓦本和弗蘭肯地區爆發的農民戰爭，[31]就嚴格檢視了過去以來一直沿襲的傳統結構，發現了當中缺陷。農人明確表達出要求（儘管訴求還是包裝成神學問題）：既然上帝所造之人皆自由，那麼我們也不想再為農奴；我們不該因為稅賦和勞役過重而生活艱困，我們獲取土地、森林和獵物的機會不該因為領主的貪婪而受限，而且要受的懲罰輕重也不該取決於領主的恣意妄為。

・世界的除魅化

道德的現代化不僅推進了道德與宗教，也推進了整個思想。如果沒有深刻的認知論結果，就不可能有新道德產生。一九一九年，韋伯形容這是「世界的除魅化」，但這不表示人類已發現所有真相，解開了宇宙間的所有謎團，而是意味著我們相信這世上所有事物都是正確的，沒有任何奇幻、超自然或不可辨識的力量能躲過自然法則毫無間隙、滴水不漏的嚴密掌握。[32]一九三五年，胡塞爾[33]甚至將這種自然在數學—技術上的可計算性的出現稱作「危機」（Krisis），而在這危機中，現代科學及哲學的先驅將一個由相互碰撞的質點所組成的無位置座標系，強加到了人類日常舒適的「生活世界」上。[34]

在現代來臨之前定調的世界觀，全然是**目的論**的世界觀，[35]也就是以目的為導向。世人認為，自然即宇宙，是由智慧之手建立的目的與手段的一種秩序，而萬物在這秩序當中皆有其天生的位置及狀態，並且為此而奮鬥。這種對於目的論世界的想像，也可見於亞里斯多德的**目的因**概念，[36]以及基督信仰的形上學當中，它們認為自然環境即是一本「自然之書」，而人只需細讀，便能理解其意義。

像是古代晚期的《博物學者》這類流傳甚廣的自然史書寫，[37]就將活生生的自然界描寫成是一連串比喻和暗示具體化身的集合體，當中的動物往往都是神話或傳說裡的生物，而牠們的行為就像是一本教義問答之書，讓人可從中讀出堪為模範的善行美德標準。[38]獨角獸的天真，獅子的勇氣，鳳凰的浴火重生，戴勝鳥的樂於助人，或是鬣狗和蛇的邪惡，這些無不以某種形式指涉著《聖經》中良善特質值得世人效仿的大衛、約伯或是拿撒勒人耶穌。

因此，世界的除魅化也就表示「道德」自此被從自然界驅離出去。在這之前，人類認知的宇宙是由兩個不同的領域所組成：**月下**球體是變化、消逝、運動和異動的區域，而**月上**球體——月亮此時還未被認定為天體，本身**並非**自然的一部分——則住著永恆不變的數學完美體，而這個完美體是由與地、水、火、風四個元素並列、但不屬於塵世的第五元素所構成。

伽利略、克卜勒、布拉厄[39]和哥白尼等天文學家發現的革命性觀點，其實並不是意識到地球繞日運行；早在公元前三百年，希臘天文學家阿里斯塔克斯就已提出這種想法，[40]距今五百年前的人類對於地球繞日運行早就不再大驚小怪。伽利略等人的觀點真正的革命之處，在於他們意識到整個宇宙，無論微小或至大，無論是在大地上或蒼穹中，全都同屬於一個自然，而且這個自然沒有任何目的，卻遵循著同樣一套規則。

我們對自然的理解愈是深入，舊有的形上學當中那些虛無飄渺的東西就愈是沒有存在的空間。宇宙自此成了一個令人生厭且大多空洞的巨大容器，當中不見親愛上帝的蹤跡。即使就細微的極小範圍來看，這世界也是由謎樣的微粒所組成，那微粒如此之小，小到人的肉眼根本無法看到；我們尋覓那仁慈的造物者，卻盡是徒勞。

WEIRD族群對分析的熱情並未止於自身，人們開始解剖、繪製人身。於是，一如宇宙已再無上帝的立足之地，人身也已無位置可供靈魂安棲。於是靈魂從原本一股滲透在會呼吸、流血、咆哮、舞蹈的人體當中的生命之**氣**，轉變成了抽象的**思維物**，[41]被我們放逐到了二元世界裡不具意義的流放之地，好騰出位置，讓位給毫無意識的物質。人類原本認知的上帝形象愈來愈模糊，最終化為一種消極的神學，根本不敢具體論述上帝的本質，只能說明上帝**不是**什麼。

個人主義的生活方式和西方教會的婚姻及家庭計畫對社會強制推行的分析性思考方式，導致出一種新的科學方法論，使得知識生產得以脫離聖經、教皇，或如亞里斯多德等古代哲學家過往威權的束縛，轉而臣服於更好的實驗不帶約束的壓力下。此時，中世紀對於自然的道德主義—目的論的理解方式，已愈來愈站不住腳，因為世人愈來愈懷疑，自己遭逢的災厄和疾病其實根本不是個人罪孽與褻瀆所招致——說得好像一個人要是行為完美無瑕，便能避開這類災禍似的——大多只是不巧感染或碰上罷了。

一七五五年的一場大地震將里斯本幾乎夷為平地。這場災難讓許多妓院倖免於難，卻讓眾多宗教禮拜堂化為瓦礫，這立刻彰顯出災厄在道德上的隨意性。[42]此時，三十年戰爭早已證明，[43]就算在神學上鑽盡牛角尖，也難具體證實上帝和世界的終極真理，可是在這些吹毛求疵當中的分歧卻會導致世間實實在在、長達數十年的燒殺擄掠：

> 在一年的好光景過後，戰爭果真來到我們眼前。一天夜裡，我們聽到它在嘶鳴，而後是門外喧鬧的笑聲；我們聽到門被砸碎，甚至還沒拿起毫無用處的乾草叉或刀子走上街，那烈焰即已捲起火舌。那些傭兵比平常更加飢餓，他們已經許久未曾踏進物資如此豐盛的城市了。睡得很

沉的老露易絲沒料到這回會死在床上。神父站在教堂門前以求自保，卻也喪了命。肖赫家的麗斯為了藏金幣而被殺。那個麵包師、鐵匠，還有老蘭伯克和莫里茲・布拉特，以及絕大多數的男人，全都為了保護妻子而喪命，而她們則如戰爭中的女人一樣死去。[44]

由於死亡永無止盡，對於獨身主義、變質論（麵包與葡萄酒化為基督的聖體與寶血），[45]或教派正統性等其他問題的爭論也無法在這場戰爭中以科學方式解決，於是，以思想上的自由主義——一種徹底陌生、過往未曾嘗試過的生活形式——做為這個困境的實際停戰解方，也變得更具吸引力。

原本對自然和社會充滿道德意味的詮釋，此時逐漸被冰冷、生硬、不帶感情的事實所取代，這個態勢一直持續至今，仍未結束。世人愈來愈明白，原本讓既有的社會階級和不平等現象顯得理所當然、別無選擇的自然事實，其實全都是建立在偏見和半真半假的基礎之上。仇女的性別歧視，以及對其他國家的種族主義剝削，過往一直都被包裝成是天生就低劣的孱弱性別和未開化的野人的必然結果。但隨著無關性別或種族歸屬、人人皆生而平等的事實愈來愈難否認，這樣的虐待及社會剝削其基礎也變得益發薄弱。迪亞洛的紀錄，[46]寫下了橫跨大西洋販奴的駭人細節——迪亞洛這位受過高等教育的塞內加爾富拉尼族（Fulani）王子，在一七三一年遭到綁架、販賣，多年後才得以返回故鄉。他的紀錄以令人震撼的方式，向那些對歐洲及歐洲人的優越身分深信不疑的無知受眾傳達出如此訊息：宣稱身陷水深火熱的非洲原住民族意志薄弱、頭腦簡單，這種說法不過是一種人為杜撰的迷思，其目的是要從意識型態上合法化他們在「新世界」攫取廉價勞力的行為。沃斯通克拉夫特一七九二年所著的《女權辯護》，[47]也達到類似的效果。她認為，男女之間在社會政治上的差異，並不是天賦性別差異造成的結果——這個性別差異將世界分成了智力發展低下、永遠瀕臨歇斯底里的女性，以及實際上占據主導地位的男性——而是文化建構出來的教育結果，因此在政治上是可以選擇的。即使是對當時現狀辯護最力之人，也不免認為，要將對人類價值觀的興趣歸因於不具意識的微生物，未免太過牽強。因此，儘管是到許久之後，疾病細菌說也終於踢掉了歷來認為人的疾病和虛弱絕對是因為生活放蕩所致的舊有看法。[48]

在哲學上，「不尋常」的發現引發了一場從個人或群體的自主能力當中，[49]尋找道德行為和政治合法性根源的思想革命。[50]由上帝頒布、教會批准的自然法已顯得陳舊而過時。從現在起，個人要從傳統家庭及權力結構的舊權威當中脫離出來，只依循對一個自由的公民而言顯得合理的規則生活。

這些發展最終導致了兩個結果。

首先是哲學家休謨洞察到了**實然**與**應然**之間的分隔，如今這已是一道無法跨越的鴻溝。[51]自然與人無關；它已降為不涉及道德、不具規範形式的事實的體現。事實是價值中立的：自然和其規律並無遵循任何倫理原則，也不提出任何道德建議。

其次，如果為了訂立約束人類行為的道德規範，因而剔除了所有人際之間的愛與感情、友誼與親情、團體和歸屬等具體且堅實的關係，那麼，能對我們的決定行使道德權威的，也就只剩純然的合法性了。這在核心本質上就是康德對其普遍道德原則的主要論據：「只按你即刻希望它成為普遍法則的格言行事。」[52]

事實（實然）與價值觀（應然）之間的根本區別，以及個人主義的自主倫理最一致的表述——康德的**定言令式**，[53]這兩者都是中世紀天主教會家庭策略的認知最終產物。

・英雄不再

在史詩《伊里亞德》第二十一卷中，阿基里斯在斬殺萊卡翁（Lykaon）之前，向他表明了什麼才是最重要的：

> 我親愛的，你也必死無疑。既然如此，你又何必這般疾首痛心？帕特多克洛斯已經死去，一位遠比你優秀的勇士；還有我，你沒看見嗎？長得何等高大威武，有一位顯赫的父親，而生我的母親更是一位不死的女神。然而，就連我也躲不了死亡和那命運的強力迫脅，將在某一天拂曉、黃昏或中午，在與某個人激戰時，因長槍或離弦的箭鏃而喪命。

這些宏偉及力量的詞彙強調著一種經受試煉、戰勝一切、憤怒和無懼死亡的倫理觀，然而這樣的倫理觀在我們現在這個新興的信貸與資本世界裡，已再無立足之地。從《吉爾伽美什》到中世紀中期的德國史詩，諸如《帕西法爾》和《羅恩格林》、《埃雷克》和《伊凡》、[54]《齊格飛》和《哈根》，這些英雄勇士都必須在不斷更迭的**冒險**中，證明自己堂皇的榮耀——可是，在一個交換鮮花及香料的商貿世界裡，偉岸的身軀、高超的劍藝，還有那橫眉冷對死亡和敵人的無畏勇氣，這些還有什麼用？

這些特質當然不會變得毫無價值，只是中產階級的謹慎美德如今確實已取代了此前形塑出西方統治階級價值標準的英雄倫理。由於 WEIRD 族群的出現，過往社會中由宮廷貴族主導的尚武美德，已被諸多革新過的中產階級美德所取代，好適應現代化經濟的運作。美國經濟學家麥克勞斯基就認為，[55]一系列源自基督教及異教，典型「陽剛」與典型「陰柔」的美德，正是有助於推動「商業時代」倫理價值取向的混合物。[56]而這一連串的新美德當中就包含了謹慎、節制、正義，以及愛。

五千年前的英雄倫理觀還無意去理解這種陰柔的自制。當然了，古代及中世紀史詩頌揚的英雄主義，在意義上一直都是意識型態多於現實，而且盡是宮廷上層階級的獨有特權，與平民百姓的日常無關。儘管如此，前現代封建社會的意識型態建構能夠這麼快就從騎士的男性優越主義，轉變為細緻謹慎和情感克制，這一點還是值得注意。

十一世紀時，威尼斯總督家中娶進了一位生活習慣引人側目的拜占庭公主。[57]據說她吃飯不像常人那般進食，而是使用一種末端帶有雙叉的小金棒，將餐食送進嘴裡。[58]宮中朝臣對這位公主的舉動大感不悅，他們從沒聽說過如此過分精緻的習慣，也從未感受過如此輕蔑、勢利又傲慢的羞辱。不久後，這位名叫阿吉洛的公主染上了可怕的重病，教士們對她的可憐遭遇大感欣喜，認為那正是對她挑剔行為的公正懲罰。不過，現在這些全變了。很快地——也就是幾世紀之後——拿餐巾擤鼻涕，將殘渣碎骨吐到地上，或是進食不用**叉子**，都被視為是粗魯又無禮的行為。社會學家愛里亞斯將這股趨勢稱為「文明的進程」，[59]它掀起了一股新的馴化浪潮，建立了**統治階層**精細的行為規範，並讓更優秀的個人自制能力成為社會差異化的標誌，這股浪潮還以英勇取代魯莽，並讚揚一套更適合晚宴而非劍術決鬥的價值觀和行為標準。

・大逃脫

發現 WEIRD 模式，也就是發現信仰、規則和研究上的新形式。但它最戲劇性的後果是和經濟有關：人類一直都想跳脫讓千年來的生活標準幾乎毫無變化的「馬薩爾斯陷阱」，卻徒勞無功。[60] 與大眾普遍認知不同，貧窮並沒有原因。**富裕**才有其成因，貧窮則是一般常態。（當然，這不表示原本的富人不會因為戰亂、管理不善或天災而變得一貧如洗，而是說，社會繁榮的存在本身就是一種成就，並非理所當然。）人類此前一直陷在馬薩爾斯陷阱當中，經濟無法持續增長，因為生活水準無論有何改善，都會立即被它帶來的人口成長吞噬掉。

直到出現了現代形式的經濟活動，也就是不以遊手好閒、等同盜匪般的貴族對勞苦農人進行掠奪和剝削為基礎的經濟活動，現代的文化演化才找到了經濟真正成長的可能。財富不再只是從左口袋流向右口袋——或者說得更精準些，從底層流向上層——而是成為（理論上）人人皆可從中得利的真正盈餘。

如果沒有道德的革命，這場經濟的革命根本不可能實現。因為我們必須將這張互助合作的大網撒得比過往更廣、更遠，而唯有藉助新的道德結構，我們才可能在家庭或朋友這些可信賴的小團體之外實現這個目標。

經濟學家常將幾個世紀前在WEIRD社會開始的長期經濟成長稱為「大分流」[61]，或是「大脫逃」[62]。在此之前，世界生產總值——也就是全球在一年內生產的所有商品及服務的總值（如果能夠實際估算的話）——一直處於停滯狀態，數千年來都不見顯著變化。[63]人類這時過著自給自足、勉強餬口的生活。隨著現代的曙光乍現，世上少數幾個區域成功破解了經濟生產力的祕密，透過技術的創新，巧妙的勞動分工，加速物流，新型態的貨物互換交易、談判，以及資源的有效分配，它們不僅分食了這塊經濟大餅，還讓創造出一塊更大的經濟大餅成為可能。

WEIRD族群此時必須透過破壞傳統的家庭結構，以實踐非個人化的親社會性，這正是上述發展得以站穩腳步的必要條件。對許多早已聽慣了自私的**經濟人**（*Homo oeconomicus*）傳說的人而言，亨里奇的研究結果相當驚人，並與直覺相悖：來自商業化程度愈高的社會的人，其行為與理性效益最大化的行為差異也愈大。來自市場化組織社會的WEIRD族群，其行為最公正、最願意合作、最值得信賴，同時也最不自私。在行為經濟學的實驗中，一個社會的結構愈像是市場——衡量標準是一個人經由購買而不是自行生產、獵得、家人轉贈或是簡單的以物易物換得商品的比例高低——那麼，人們在實驗中的平均出價就愈是慷慨大方。

以市場為立基的現代社會，不會淨是產生出冷酷無情、工於算計、永遠只顧自身利益的割喉者，實際上恰好相反：雖然 WEIRD 族群相形之下對家庭和團體的忠誠度比較低，但對陌生人展現出的利他主義和合作意願，卻高過全球平均值。非 WEIRD 族群或許會和密友、氏族成員與血親密切合作，但對在此之外的其他人，態度可就如同常人對經濟人往往會有的認知那樣，顯得蔑視、猜疑和自私了。所以，這和淺白的社會批評宣稱的恰恰相反，這些批評就像是反射性地將所有弊病全都歸咎到資本主義競爭的腐敗影響。

唯有以個人彼此間公平交易、買賣雙方彼此相信能從物品和服務的交換中獲益的市場規範為導向，才能夠實現跳脫馬薩爾斯陷阱的「大脫逃」。我們今日看到各國在地緣政治上不平等的巨大差異，正是這個區域迴異發展的結果。

・安娜卡列寧娜原則

但是人類的 WEIRD 模式並不是這些發展的唯一因素；它補充了自從戴蒙的《槍砲、病菌與鋼鐵》一書在一九九七年出版後，就一直被視為解釋全球不平等現象的模型。這個解釋模型特別強調，世界上某些區域之所以享有發展優勢，是因為它位處特定的地理位置，或是擁有特別有利的動植物資源。

戴蒙稱之為「安娜卡列寧娜原則」。[64]這可追溯到俄國作家托爾斯泰的同名小說開頭第一句：「幸福的家庭無不相似，不幸的家庭各有不幸。」戴蒙認為，這是因為要幸福的方式只有一種，那就是避開**所有**可能會導致不幸福的問題——例如嫉妒、疾病、經濟窘迫、爭執，或是一心求子卻未能如願——**一個**都別沾上。反之，不幸福有千百種樣貌，端視一個家庭面臨著什麼問題或是一連串的煩惱。

戴蒙認為，這個原則同樣適用於農作物或家禽家畜上：大型哺乳類動物必須具備幾項特徵才可馴化，缺一不可。體型龐大的大象要超過十年才能完全長成，而在真正長成之前，豢養的支出損失會大過收益。斑馬容易逃跑。大型貓科動物是極端危險的肉食者，也無法產出像是牛奶或羊毛這類產物。適合馴化做為家畜的動物體型必須大小適中，同時性情和飲食習慣也得合宜才行。全世界有一百四十八種陸棲、草食大型哺乳類動物可以列入馴化考量：在這當中僅有十四種可被馴化，而這十四種當中，從牛到兔子，有十三種都是歐亞大陸的原生動物。非洲或澳洲的哺乳類動物無一符合這些必要條件。

農作植物也需具備一些特性，才能有農穫生產力：小扁豆、小麥、大麥或稻米是歐亞大陸的原生植物，既能耐寒暑，營養又豐富，而且易於儲藏或播種。歐亞大陸的水平軸線因此也確保了必要的農耕技術和植物本身能在類似的氣候條件下，往東、西兩個方向傳播出去。非洲及北美和南美的大片陸地都是由北往南延展，這也使得要繁殖或栽種本已稀少的動植物更是困難。

WEIRD 族群的故事正始於安娜卡列寧娜原則到達極限之處：巧合的地理及生物因素解釋了人類首批帝國和早期文明為何都出現在一條範圍相對狹窄、卻也異常肥沃的長廊上，同時，亨里奇的 WEIRD 族群則顯示，本以親緣關係做為社會組織基本原則的某些地方，唯有個人主義道德在某個關鍵時刻取代了親緣關係，那裡才會出現下一波的社會文化演化。

·被掠奪的身體

世上不同區域之間在技術、科學、經濟發展水準有所差異，這應該歸因於一個區域對另一個區域的掠奪嗎？「富人和窮人就站在那兒，彼此對視。窮人蒼白無力地說道：你若是不富，我也不會窮。」布萊希特這麼寫道，[65]再次展現了他措辭生動的才華，以及對經濟的一無所知。

掠奪論背後的根本概念是，若非帝國對其他地區的剝削和殖民壓迫，就無從解釋世界上少數地區數百年前便已開始迅速成長的繁榮景況。公元一千年時，所有國家或多或少都仍稱得上同樣富裕，或者說，同樣貧窮。時至今日，世界上一些區域，尤其是西歐及其殖民後的美國、加拿或澳洲，它們的富裕程度是最貧窮國家的大約五十倍。這樣的富裕程度若不是強取豪奪而來，怎麼可能實現？[66]

有些人的致富與有些人遭掠奪同時發生，這一直都令人起疑。目前有一群歷史學家正試圖撰寫出一部「資本主義新史」，他們認為奴隸制度及殖民掠奪在極大程度上正是形成現代經濟活動的條件。[67]

奴隸制和殖民主義在過去和現在都是常人難以想像的暴行，是極不道德的剝削、鎮壓、虐待和種族滅絕行為。西班牙道明會的傳教士德拉斯卡薩斯，[68]就曾目睹哥倫布在西印度群島的暴行。他形容那是一連串永無止盡的殘酷成性和恣意的大肆殺戮：

> 一個西班牙人突然拔出劍來，隨後整整一百個人也都拔出他們的劍，開始剖開羔羊的肚腹，宰殺這些「羔羊」——一群坐在一起、毫無戒備、驚惶無助的男女老幼……接著西班牙人踏進周圍屋舍，因為這暴行就發生在門外，他們開始以同樣手段大量劈砍、刺殺所有能找到的人，奪其性命，直至最後血流成河，好似有大量牛隻遭屠。[69]

十九世紀末，幾乎所有歐洲國家，以及鄂圖曼帝國、中國、日本或是美國，都在南美州、東南亞或是非洲等地經營殖民地或保護國，這些地方往往也是如同荷屬西印度及東印度公司這類國際經營的貿易企業的平行結構。殖民地政權往往是一種帝國政治壓迫的形式，絕大多數都會伴隨著駭人的殘酷統治手段，目的是要藉著鞭笞、威嚇，迫使當地原住民族在政治上屈服於統治者，或是接受強迫勞動，抑或（通常）兩種皆是。在一張由傳教士哈里斯於一九〇四年五月拍下的照片當中，[70]一名剛果人父低著頭，失魂落魄地看著面前自己五歲女兒波阿莉被人砍斷的手腳。波阿莉不久前剛遭到比利時國王利奧波德二世所任命的公共部隊（Force Publique）殺害，只因她沒能達到比屬剛果公司（Compagnie du Congo Belge）要求的橡膠採收額度。[71]

儘管殘酷又極不人道，但剝削和奴役勞動不太可能解釋為是富國和窮國之間經濟差異的關鍵成因。如果奴隸制在一八六一年至一八六五年的南北內戰之前，對美國的經濟真的那麼重要，那麼，美國經濟在奴隸制廢除之後為何沒有崩潰，反而還繼續成長？為何反蓄奴且早已廢除奴隸制的美國北方各州，其經濟發展會遠勝南方的邦聯，而且直到今天依然如此？

帝國的殖民主義並非全球各國之間不平等現象的主要成因。帝國曾經最為輝煌的國家，在過去及現在都絕非最富裕的國家；而最富裕的國家，過去和現在也絕非最激切想建立、維護帝國的國家。除此之外，殖民主義顯然也無法解釋為何有些國家成了殖民者，有些卻成為被殖民地。殖民帝國訴說的並不是一國剝削另一國的故事，反而大都是**兩國**菁英階層剝削**兩國**貧窮階層的故事。竊盜是一種零和遊戲：竊盜並沒有創造出財富，它不過是將財富從一方移轉到另一方而已。隨著現代的開始，全球的經濟產物產量也一併成長，這無法單以掠奪來解釋。國家的財富尤其是經濟真正**成長**的產物，在這過程中，地球的經濟產出是呈指數性成長。殖民主義、征服、奴役，以及壓迫，這些在世界上都已存在數千年，卻不見它們自動帶來長期的經濟成長。這一點相當微妙：殖民主義幾乎沒有讓任何人因此致富，反而令許多人淪入貧窮，因為長期來看，殖民主義的社會政治後果，仍可能會對前殖民地的制度結構造成破壞。

新一批的資本主義史學家試圖以具體的計算解決這個矛盾。他們認爲，這計算表明了奴隸買賣和棉花生產約占了全美經濟生產的半數之多。坦白說，最早朝此方向去計算的嘗試，實在挺尷尬的。一些作者得先學習何謂國內生產毛額（Bruttoinlandsprodukt，也就是GDP），以及國內生產毛額該如何計算；無論如何，你都不能靠著將物流、勞動力、管理、耕種、土地取得，以及整個附加價值鏈當中的所有開銷，全數再灌進最終產品的最終價值當中，而讓棉花產業在所謂的「戰前時代」，也就是南北內戰之前，在美國經濟當中的五%占比，硬生生膨脹到五〇%，因為這些費用當然早已包含在最終的棉花售價當中，因此不能重複計算。[72]

奴隸制和殖民主義並非健全的經濟概念，從道德和政治的角度來看，這無疑是個好消息。奴役和強迫勞動實為惡上加惡，不僅在道德面堪稱災難，在經濟面更是完全不可取。經濟的成長——這是我們所知唯一能有效消除貧窮與苦厄的長期藥方——極大程度取決於「包容的」制度：[73]一個正常運作的法治國家、充分自由的市場、堅實穩健的產權、貪腐度低、具備合宜安全網絡的穩固公共基礎設施和社會流動性，這些共同構成了能夠跳脫馬薩爾斯陷阱的制度組合。**榨取性**制度制定出了有利於一小撮菁英剝削者的遊戲規則，讓這群人得以藉著政治威迫，獲取過量的有用資源，自身卻不生產任何有利於提升社會其他成員生活水準的成果。而**包容性**制度正是隨著 WEIRD 族群的出現，才逐漸在世界上某些區域開始站穩腳步。

・西方必勝主義？

WEIRD 族群，非 WEIRD 族群——人類並非只有這兩種「類型」，而是一個

「**WEIRD 模式**」的連續體，這個連續體存在大致的趨勢，但來自不同文化的不同個體都能在這個連續體當中找到定位。個人自制力、分析性思維或普遍親社會性的差異，這些都無關基因，而是一個人的心理特徵和發展出這些特徵的制度框架條件共同演化而成的結果。

不同區域在社會、科技和政治上的發展有別，與基因和種族差異無關，而是取決於文化演化的力量。尤其是像社會規模（規模大小取決於學習及合作制度的整合能力）等因素，便會決定哪些心理特徵能體現於社會，又能體現到什麼程度。文化演化教導我們的關鍵一課是：一個社會的複雜性幾乎從不取決於其內部個體的特質，而是取決於這個社會繼承的文化習俗和制度的框架。當塔斯馬尼亞人在大約四百年前首次見到歐洲探險隊時，他們的技術發展水準甚至還低於石器時代的人。與此同時，就在不遠處的澳洲原住民卻已擁有從小舟到長矛、炊具、藥物，再到運輸用船舶等上百種複雜工具；這就容易引人推測，認為這兩者差異巨大的背後成因，或許就是種族上的基因有別之故。[74] 事實上，如今隔開了澳洲和塔斯馬尼亞的巴斯海峽，[75] 在一萬兩千年前還是能讓人以步行通過的陸橋。隨著末次冰期結束，上升的海水隔開了當地居民，而被隔離在塔斯馬尼亞島上的人口，其規模實在太小了，根本無法讓成熟的技術在文化上存續下去。

亨里奇的研究企圖是要說明西方世界為何在心理上變得「WEIRD」，以及這個變化對於西方世界的繁榮昌盛和價值觀有何影響。亨里奇概述的主要論點裡，歷史發展不僅將個人自由及人類尊嚴的觀念賦予了西方世界，而且還讓西方世界變得**富裕**。如果這個理論會令許多人緊張不已，那也是可以理解的，因為這種觀點似乎是認為西歐在智性上更為優越的種族主義偏見的幫凶，這樣的偏見過去常被用來合理化對殖民地的壓迫行為，如今當然已不再為人接受。那些對西方必勝主義的指責，假設了在所有以社會科學解釋西方真實霸權的說法背後，不過都是種族中心主義忽視了智性的偏狹思維。諷刺的是，這個指責對種族中心主義觀點的顧慮，本身就是「WEIRD」在心理上的主要徵候。普世主義的觀點力求自己務必跳脫偶然文化的偏見，認為自己的價值觀和準則不過是世上眾多世界觀的一種。然而這種想法本身就是最為西方的觀點。在世界其他各地，抱持種族中心主義的態度幾乎都是再自然不過的事，沒有人會懷疑自己的價值觀、傳統和習俗是否是唯一正確的。

當今全球社會各種發展趨勢都傾向於市場經濟、民主政治制度，以及「消費文化」，如此趨勢有時被人形容為「溫和版的殖民主義」。或許西方國家如今已不再像是幾個世代之前那樣，會帶著火槍和獵犬向其他國家「強推」自己的價值觀和制度，但這不表示擴張的態勢已就此停歇。這不過意味著侵略者如今已經掌握到訣竅，使用的文化同化手段更加幽微，也更背信棄義。西方國家如今已不再以武力傳播自己的文化，而是藉由現代生活方式的膚淺誘惑來達成，同時掩蓋一個事實：儘管有諸多便利之處，然而一旦你將現代西方的生活方式迎入家門，就再也擺脫不了它的缺點。

西化不過是一種重要性被過度高估的表面現象。西化的確存在，但唯有當非西方國家採行了在制度上可有可無的文化實踐，才確切符合「西化」的描述。中國共產黨的領導階層，就和德國DAX指數底下三十家企業的理監事會成員一樣，[76]會穿著清一色的深色西裝，繫著素色領帶。這就是真正的西化，因為這種穿著方式源自於西方世界，除了能喚起穩定感及信賴感的象徵效果，並沒有其他任何深層因素，能讓這群人在做政治決策時非要穿西裝、而非傳統的絲質漢服。

大多數所謂的「西化」都有不同的特徵，我們可更有效地形容那是自由化及現代化的雙重動力，與西方沒有特別的關係：[77]日本在十九世紀末開始廢除宗族結構，但此舉不是為了仿效西方，而是因為某些親屬制度，像是一夫多妻制或明顯的父系制度，在客觀上和日本一八八〇年在明治天皇帶領下開始的現代化進程格格不入。市場益發自由的現代經濟組織於是提出了一連串的功能要求，要求原本由家庭關係主導的社會，應該朝向（至少在官方上）公正的官僚法律管理、個人財產權以及可自由選擇職業或居住地轉變。[78]中國在二十世紀中期就經歷過這種轉變，但中國是改朝共產主義的工農國家轉變，而不是轉為資本主義的市場經濟，這表明了親屬關係的滲透性，但原則是一樣的：一個正在現代化的社會無法與任何密集的家庭結構共存。中國在一九五〇年代禁止了過去一夫多妻、近親通婚，以將女兒排除於繼承權之外的制度。

中國轉變的例子尤其清楚表明，心理上的「WEIRD 模式」並非西方世界特有，而是取決於一個社會的制度框架。雖然這裡的數據狀況顯然較為零散，但現有的例子也顯示出我們已知的模式：親緣關係的強度，與個人主義的價值觀和分析性思維，兩方會呈現負相關。就歷史來看，中國這個差異的肇因當然不是因為天主教教會的家庭政策，而是因為耕稻。一個社會要建造出種植稻米所需的堤壩、灌溉溝渠和梯田，需要有組織的人力，而在前現代的條件下，唯有透過延伸的宗族結構才有可能實現這個結果。這種農耕形式數千年來在中國南方尤其盛行，至今依然如此；初步研究顯示，多種麥而非米的中國北方居民，他們在心理特徵上平均與美國大學生一樣「WEIRD」。

這是否就意味著現代的個人主義、技術理性化，以及生活世界的科學化，將在某個時刻散播至世界上所有地區，也許僅有少數例外？我們不知道。樂觀的可能情況是，參與科學與技術文明化的福與禍，會產生某種思想及行為方式，而那必然會在某個時刻由內開始侵蝕專制的意識型態和宗教迷信。如果不希望沒有舒適的航空旅行或現代醫療可用，一個社會就得開始培訓一些成員成為醫師或工程師，他們很快就會意識到自己的求知若渴與基本教義的教條格格不入。不過，情況也可能悲觀：由於啟蒙運動和科學革命在某些地方已經發生過，這使得其他區域有可能因此放棄了同樣的發展方向。諸如飛機或疫苗等現代文明的眾多便利性，也能夠由外部引進。一個社會無需自己再去經歷同樣的文化和制度革命。

這世上有許多地區此時都正走在歐洲曾經走過、邁向現代化的路上。出於前述那些偶然的因素，歐洲最早踏上了這條路。這裡講述的故事看似帶有歐洲中心主義，但那只是歷史的接近性所產生的假象。事實上，我們正處在新的軸心時期，世界上大多數人的生活都被一股持續了數世紀的現代化浪潮席捲，而我們因為置身當中，靠得太近，因而看不到這股浪潮。

第六章

五十年
——歷史的道德

50 Jahre
Die Moral der
Geschichte

・沉重的教訓

如果你知道當時人在普林斯頓的並非這個羅納德・瑞登霍爾（Ronald Ridenhour），而是另一個同名同姓之人，那麼，也就不難理解二十世紀了。一九六八年三月十六日，美軍C連的一百二十名士兵，在越南的美萊村犯下了越戰中最慘無人道的大屠殺。美軍懷疑這個小村是越共游擊隊的藏身之處，那些越共不久前才突襲了他們的同袍弟兄，殺了幾個人。他們無情地進了村子裡，毫無節制地展開了殘酷的行動：

一大早，直升機將士兵送進村裡。部隊散開時，許多人就已開始持槍射殺村民和牲畜。村中沒有任何越共紮營的跡證，整天下來也未見有人開火反擊，但進村的美軍C連還是持續屠村。他們放火燒掉了所有屋舍，強姦婦人和少女，事後還將之殺害。他們將刀捅進幾名婦人的陰道，剖開其他人的內臟，還砍下她們的雙手或剝去她們的頭皮。懷孕的婦女遭到剖腹後還被棄置一旁，任其自生自滅。還有大量強姦、槍殺、刺殺，以及大規模的處決。數十名老幼婦孺在一條溝渠內同時遭到機槍掃射殺害。四個小時內，有近五百名村民遭到屠殺。[1]

在得知美萊村發生什麼事之後，駐紮在附近的第十一步兵旅的年輕大兵羅納德．瑞登霍爾，覺得自己有必要將之公諸於世。他向國會議員遞送了一份報告，甚至也直接寄給了美國時任總統尼克森（Richard Nixon）。在多次嘗試未果後，終於有人聽到他的聲音。瑞登霍爾的描述對後續大眾更關注越戰的恐怖暴行至關重要。這份報告和其他對於越戰殘酷暴行的報導，最終導致美國境內對這場遠在東南亞且愈來愈沒有意義、也沒有正當性的戰爭的原有支持勢力崩解。

「誰說起人類，誰就是在欺騙。」[2]法學家施密特在一九二〇年代還能這麼說，[3]因為他認為，這個「人類」是由必然互有敵意且利益相互衝突的團體與個人所構成的無定型群體，彼此不可能真正團結。反之，英國哲學家格洛弗[4]則是在二〇一二年將他談二十世紀道德史的著作，直接取名為《人性》。[5]二十世紀的至高頂點，就是世人痛苦地領悟到，超越國家、種族、語言或宗教藩籬，值得一再強調的，是所有世人的共通點：眾人都在康德所說的「目的王國」當中，[6]所有成員都值得在道德上受到重視及尊重。美國心理學家麥卡洛（Michael E. McCullough）在談到**陌生人的善意**是現代道德的明顯特徵時，也提出了類似的觀點。[7]在麥卡洛看來，人類天生就有獨獨會對自己和親近的人保有敬重、同情及合作意願的傾向。二十世紀的道德革命從我們的道德觀裡剔除掉了這種偏袒心態——或者至少試著這麼做。這也是披頭四樂團的主唱約翰·藍儂在一九七一年的《Imagine》一曲中唱到的世界：世上所有人皆情同手足，各種決絕的分裂終將被克服。

道德的歷史極大程度上也是一個規模大增的團體裡新的合作方式的歷史，這也是本書中一再出現的主題。人類的二十世紀最終在慘痛中發現了所有世人共通的整體性，並且試圖打破各民族和「種族」之間的決絕界線，以重新圈圍出一個新的道德共同體。這就是**擴大的道德圈**的概念。道德群體協商出來的新界線與新的人類概念兩相結合，這個概念比以往更意識到個人的社會局限性，並試圖將這個洞察轉換為一種預防邏輯：最重要的是，我們是自身社會環境的產物，社會環境會決定我們的行為是好或壞。「我們內在那引人做出撒謊、荒淫、盜竊和謀殺的是什麼？」一八三五年，德國作家畢希納讓他筆下的丹東這麼問道，[8]而二十世紀也以前所未見的急切再次質問我們同樣的問題。任何人若想改善人類，制止浩劫再現，都要從這裡著手。這些全都匯聚在**邪惡的平庸**這個概念上。

最後，我們意識到，許多人類社會強加在共存環境中的規範，實則都是道德上的妄為之舉；許多我們據以維生、認為具有道德實質意義的規範，其實都應該改以中性視之，沒有對錯好壞，並將這個道德規範的地位降級為習俗常規。我們可說這是一種**去道德化**的過程。但這過程只能一步一步進行。

・道德進步？

過去數十年的一個可能的歷史樣貌是這樣的：二十世紀是道德進步的世紀，從此開始，我們道德的基本傾向應該特別照顧弱者和受剝削者，讓他們不受占據統治地位的多數人所擾。少數族群及被邊緣化的群體開始要求實現先前那些對自由及平等的承諾，他們過去一直都被不公地排除在這些福祉之外。當然，現在也是。二十世紀敢於嘗試真正的道德進步，讓社會共生的權益不是由已握有權力的成員獨享。

朝最好的方向看，這些聽起來甚至堪稱犬儒主義和對現狀的天真辯護；朝最壞的方向看，這是危險的意識型態，就像是為正在沒入水中的沉船乘客所唱的一首安眠曲。請問：現在要到哪兒去找這樣的進步？在種族認同已被洗掉的民族共同體[9]專制政權的法西斯調情當中？在加速失控、將讓我們淹沒、烤焦或是水深火熱兩者皆有的氣候變遷裡？還是在這場奪去了百萬人性命並導致政治分裂的全球疫情裡？

進步論常被人形容為「過於樂觀」（panglossianisch）。知識界裡幾乎沒有比這樣的形容更嚴重的指責：許多知識份子寧可被人當成雞姦者，也不想被斥為「潘格羅斯」，因為知識份子的責任就是**批判**，這樣的態度與承認「有些事情如今要比過去來得好」並不相容。在伏爾泰一七五九年創作的小說《憨第德》當中，潘格羅斯是故事主角的導師，身為忠實的萊布尼茲主義者，他堅信我們的社會不僅是一個可合理接受的社會，更是在邏輯上可能存在的所有世界當中最好的一個。小說主角憨第德隨後一再遭逢不幸，伏爾泰這部小說的目的，就是在藉諷刺駁斥這種不諳世事而且又愚蠢的過度樂觀主義。「一個更美好的世界甚至無可想像」，這種觀點根本就是大哲學家再擅長不過的無稽之談。叔本華的這句話無疑更貼近事實：「若想驗證這世上是樂多於苦，或是苦樂至少相當，那麼就去比較獵食者與被獵吃的動物兩方的感受。」[10]不過，即便斷論如此斬釘截鐵，也不表示這世界就不會**相對地**變好，儘管它這麼糟糕。進步論說的不過就是如此。

對進步信念抱持某種懷疑態度是有道理的，因為「世界歷史有其目標」這個觀點，常被斥為一種在形而上過度誇大的隱藏宗教而遭摒棄，[11]它以黑格爾的「世界精神」（Weltgeist）取代了上帝，成為操控歷史這個魁儡的主宰。黑格爾在他的《法哲學》（*Rechtsphilosophie*）中認為，人類的歷史並非只是盲目偶然和強者為王的歷史，而是依循確保道德共同體在歷史上得以實現的理性原則在進行著。這是矛盾的世界觀：如果我們距離歷史的終點不過僅剩最後衝刺之遙，如果道德完美、幸福無限的烏托邦已在我們掌握之中，那麼，為了抵達那最後、**最終**的人間天堂，即使犧牲再大，似乎也是合理的。即使機會渺茫，能贏得無限的人也會放手一博。對正義的渴望能確保和平與團結，但過度沉醉對於完美社會的渴望，將導致「在和平大旗之下的奴隸圍欄，和以仁慈或超人傾向為依據而進行的大屠殺」。卡繆在《反抗者》一書當中如是說。[12]

如果歷史進程已在鐵律的引領下走上它必然的道路，自行其道，而我可以放下罪惡感，袖手旁觀，那麼人類究竟為何還要奮鬥？如果未來這座大鐘已上緊發條，我們只需坐等未來實現，那麼我們為何還要犧牲，為何還需努力？你可能會認為，進步允許被動，甚至逆來順受。

對於道德進步的信念，似乎源於一種道德上的冷酷，這種冷酷更傾向關注勝利者的收穫，而不是適當考量落敗者的損失。「不幸者可以去打擾幸運者的幸福嗎？」這是和我住家相距不遠處一間書店遮雨棚上所寫的句子。在信奉進步之人的心中，這答案顯然是：不可以！然而，在我們歡慶已開發國家脫離貧窮與戰爭之際，這世上每年仍有數百萬名兒童因為腹瀉和瘧疾而喪命，或是因為河盲症而失明。[13]這又透露了怎樣的優先順序？

道德進步的可能性仍然是一個有用的觀念。幾乎所有社會都保守又厭惡創新。即使一貫傳承下來的生活方式、習俗或規範顯然有害，它們仍會死守不放。非洲奈及利亞的伊爵人（Ijaw）強烈希望透過生育來促進人口成長，但仍會殺掉所有雙胞胎，只因為殺掉雙胞胎是傳統。[14]幾乎所有社會都能接受以極大的代價去維持複雜的儀式、麻痺人心的迷信，以及功能失調的規範。[15]儘管弊病重重，卻往往沒有任何力量能帶領社會脫離這種有毒的平衡狀態。而這正是道德理念發揮作用之處：道德理念在今日的作用就像是一種「迷因」，讓社會能夠接受社會變革和技術進步的好處。讓「我們還能如何改進」取代「我們一直都是這麼做」，讓創新突破取代沿襲傳統。

・環境的力量

那麼，羅納德・瑞登霍爾呢？一如其他諸多暴行，美萊村屠殺事件也成為一股萌生自社會服從的壓力，如同惡魔般令人不安的力量的象徵。往往，似乎只需要一件小事，就能讓原本看似清白無辜的常人，搖身變成殺人舐血的狂魔——納粹的猶太人大屠殺同樣也為這個教訓提供了難以計數的例證。這些例證當中最廣為人知的，莫過於美國歷史學者布朗寧記錄的那段漢堡警察一〇一營的史事。[16] 一九四〇年夏天，該營接獲命令，要前往波蘭的約瑟夫村「清理」該村中的猶太人。某天早上，該營少校威廉・特拉普（Wilhelm Trapp）在向五百名下屬傳達這項恐怖任務的指令時，有時會被下屬暱稱為「特拉普老爹」的他，對眾人提出了一個不尋常的提議：誰要是覺得自己無法參與射殺一千五百人的任務，就向他報告，那麼即可不必參加這次任務，而且無需顧慮後果。只有十多人接受了這個提議。[17]

堅硬如鋼鐵般的服從心態成為二十世紀道德心理學的主要研究主體。很快地，世界上最具聲譽和名望的社會學者及心理學者，紛紛開始巨細彌遺地研究起這種服從心態獨特的必然性。他們想了解，原本看似無害的常民百姓是在什麼情況下會被推向形式極端的暴力和殘忍，而服從心態、對當權者的服從、團隊精神和順從主義，又在其中版演了什麼樣的角色。幾乎沒有人不知道一九六一年進行的「米爾格倫實驗」，[18]實驗參與者很輕易地就被人以參與研究人類學習能力的說詞藉口給說服，對其他參與者施加了（據稱的）強烈電擊。[19]大多數受試者都一路進行到對他人施加最高程度的電擊，這過程當中完全沒有人徹底拒絕在場科學家不斷提高要求的壓力。

只有一個例外。在最初這場實驗過後幾年，當美國心理學家羅森漢試圖在普林斯頓大學重現米爾格倫的實驗結果時，[20]唯有一名受試者提出了異議：一個名叫羅納德·瑞登霍爾的年輕人，他甚至在進行第一次電擊前就直接拒絕這麼做。

數十年來，社會心理學家無不認為這是個奇異的巧合，在美國人二十世紀影響最深遠的心理實驗及最廣為人知的屠殺行為當中，都見到了同一個人的身影，而且在這兩個情境下，他都是唯一克服重重困難、做出正確選擇的人。尤其米爾格倫實驗的目的，正是為了闡明導致美萊村屠殺慘劇的種種殘酷從眾現象。

只是我們現在知道，羅納德．瑞登霍爾並不在普林斯頓大學。或者該這麼說：此羅納德非彼羅納德，這兩個羅納德其實是不同人，不過名字同樣響亮。一九六八年，他們在兩地分別面臨對自身堅定性的考驗，時間前後不過相隔幾個月，但兩地相距甚遠。直到幾年前，社會心理學家貝爾（Gordon Bear）才解開了數十年來在課本和教學素材裡不斷流傳的混淆訛誤；貝爾發現，這兩個羅納德大約同時間都曾在越南隨美國陸軍特種部隊打過仗，還恰巧彼此認識（而且，甚至還有第三個同名同姓之人）。

這個可被原諒的混淆包含了兩個教訓：首先，像是米爾格倫實驗這樣的心理實驗，以及像美萊屠村這樣的歷史事件，都顯示出我們的道德價值——尤其是我們的道德行為——會受到外在環境影響，而不是由個人內在人格所主導。至少我們在極大程度上都是外部力量影響下的產物，這就是為何所有的道德改革計畫都要從這個面向著手。其次，這樣的觀點非常有違直覺。我們往往會將一個人的外在行為歸因於個人的性格，認為這性格基本上在各種情境中都是穩定不變的。[21]這種認知傾向強烈到就連本該因為自己的研究而對這種錯誤認知免疫的社會心理學家，也以難抵擋如此印象，認為這兩個羅納德．瑞登霍爾是同一人：畢竟，他不是在兩次關鍵時刻都展現出堅決的勇氣嗎？這個羅納德．瑞登霍爾就是異常堅定的反權威人物，而命運給了他兩次發光發熱的機會，這不是再明顯不過嗎？

．邪惡的平庸

一九六一年，納粹戰犯艾希曼將在耶路撒冷地方法院受審。[22]當鄂蘭要為《紐約客》雜誌撰寫一篇關於艾希曼的報導而飛往以色列時，[23]激昂的知識份子們原本預期見到一幅撒旦魔鬼的肖像。然而鄂蘭見到的卻是一個哀怨的行政官僚，此人以公務員的謹慎細心與狹隘思維，策畫了現代最駭人的暴行。鄂蘭因此創造出了一個最令世人印象深刻也最貼切的道德哲學詞彙：邪惡的平庸。[24]

鄂蘭「邪惡的平庸」概念不僅抵觸了基督教的「原罪」思想，也與大多數哲學傳統背道而馳。康德就認為，人是由「彎曲的木頭」所造，無法從人身上鑿刻出任何「全然筆直之物」；[25]反之，人是「徹底的惡」，因人天生就傾向違反道德法律要求的義務。[26]

激進之惡與平庸之惡有一個重要的區別在於，前者依循的是自我控制的邏輯：這個觀點認為，人唯有透過自制、紀律和意志力，才能克服自己的敗壞與墮落。到了二十世紀，人們逐漸認為，人類天性的缺陷實則難以補救或克服，只能迴避或圍堵。於是，重點就從原本呼籲個人最終應當自己振作起來、實踐美德，轉而改為呼籲社會建立結構、做法和制度，藉此先讓外在壓力無法生成，因為沒有人能對這種有毒的壓力環境完全免疫。如果我們置身在壓力下，但沒有成為暴行惡舉的幫凶，那多半只是因為幸運。重要的是，第一時間就別讓助紂為虐的合作機會形成。

社會心理學界在一九六〇年代末建立了「情境主義」（Situationismus）的研究典範。[27]能在各種情境中都保持一致，這種強大的性格幾乎不存在：你想找也找不到。沒有人天生就是勇敢、羞怯或吝嗇的；也沒有人是非好即壞、非正直即墮落的。我們的性格其實更為碎片化，和自身所處的具體情境關聯更強。和朋友一起去跳蚤市場時，我們會很吝嗇，討價還價，但和陌生人共進晚餐時，卻又慷慨大方。社會心理學在近五十年來一直致力於證明，影響我們行為最劇的，正是這些外在的情境因素。在一項著名的實驗中，一個人是否願意彎腰幫另一人撿起掉落的紙張，主要會取決於他先前是否在電話亭裡撿到了一枚（故意放在那裡的）錢幣。[28]還有無數其他實驗也都顯示了外在環境對人的強大影響力。

邪惡的平庸當中還是存有一些慰藉：世人並沒有分裂為極惡與至善兩派，在歷史舞臺上進行永無止盡的鬥爭，分不出勝負。這個世界由人組成，而人就只是人，一如自然界裡的其他存在，同樣受環境塑造，必須適應環境，或因環境而失敗。這並不表示世界上就沒有做出令人髮指之事的惡人，而是意味著我們人類——至少在原則上——是可以重塑改造的。而且，「在我們當中」也沒有大量的極惡之人，其他常人只需以某種方式應對本質固有的墮落即可。

但這個平庸性也有令人不安之處：「伴隨**咎由自取的倒退**，我們在二十世紀經歷了真正的文明裂解：不是『倒退回野蠻』，而是全新的、從此刻起**永遠存在的**、整個國家道德崩潰的可能性，而這個國家甚至曾按當時標準自詡為『文明』。」[29]納粹對猶太人的大屠殺，蘇聯的古拉格集中營，柬埔寨赤棉的殺戮戰場，以及盧安達圖西族的種族滅絕，[30]雪布尼查大屠殺，[31]或者美軍在阿布格萊布（Abu Ghuraib）監獄虐待伊拉克戰俘的虐囚行為，這些最終也已證明人類有一股不可忽略的力量，這股力量讓我們仇恨和暴力的本能不會徹底沉睡，而且，會讓阿多諾和霍克海默曾形容的「完全開化」的社會，[32]永遠處於道德崩裂邊緣。

二十世紀重大的道德變革，就是試圖創造出能夠盡可能抑制、緩和或疏導我們破壞性傾向的社會政治條件，如此一來，希望人類是一同安棲在自由的溫柔羽翼之下的兄弟姊妹，這樣的兒時美夢才能終將實現。最初的情況我們也都知道了：在二十世紀中期，我們對於末日的戒慎，克服了我們最大的恐懼。現在則是要防範未然，預先築起制度的堤壩，以抵禦憎恨社會的厭世誘惑。即使這些措施未必一直奏效，或是徹底成功，但人類自此已開始首度誠心地持續全面透過制度，遏制自己心理上最具破壞性的力量。為了能成功，我們得正視這些破壞傾向，以了解道德的毀滅最初是如何發生的。

・血的法則

一九四三年的秋天，同時身兼法官及律師、負責打擊德意志帝國集中營系統貪汙問題的納粹親衛隊最高司令官康拉德・摩根（Konrad Morgen）收到一個小包裹。那包裹重得令人詫異，是一名醫官寄給妻子的東西。包裹裡有三塊金子，其中一塊「可能有兩個拳頭大」，重達好幾公斤，而且成色甚佳。

那是牙科用金，這種非法的黃金運送會被摩根主管的海關查驗團隊視為必須交付的外幣沒收。眾所周知，勞動營內死者的金牙會被收集起來，送進納粹的帝國銀行。但這塊金子的大小讓摩根甚為詫異，於是他開始估算：

進一步去想，我後背不禁竄起一股寒意，因為一公斤的黃金是由一千公克所組成……而一片補牙用金不過才幾公克。那麼，一千或一千多克就意味有數千人死亡。但不是每個人都有黃金補牙，在那個貧窮的年代，只有一小部分的人才有。再者，依據你要如何推估，是每二十人、五十人或一百人中才有一個口中會有黃金補牙，必須乘以這個數值，那麼，這批沒收的黃金實際上就等於有二萬、五萬或是十萬具屍體……我本來可以輕輕鬆鬆就把這批沒收的黃金處理掉，這麼確鑿的證據，將犯嫌逮捕起訴也就結案了。只是，我在考慮過後，就像我向你們簡單描述過的，我非親自去一探究竟不可。

於是，摩根這位親衛隊最高司令官驅車前往這個包裹的來源地，一個位在波蘭南部、名為奧許維茲（Oświęcim）的小村。他要親眼看看這個他懷疑是「有史以來世上最大的人類滅絕場所之一」的地方。

隨後幾年，摩根以反貪汙為由，試圖從內部破壞、或至少減緩這場大屠殺，畢竟，他是個「狂熱的正義之士」。[33]然而摩根和辛德勒（Oskar Schindler）不同，他並不是什麼竭盡個人之力以挽救眾人性命的善心英雄，他只是一個受到職業倫理驅使的官僚，在意的主要還是不讓集中營內的工作人員斂財的自肥行徑躲過稅務機關的法眼。一如邪惡，善行也有其平庸之處。

一時間，似乎人人都意識到這場猶太大屠殺終結了道德進步的理念。美國哲學家納思邦寫道：「也許我們終該放棄十九世紀對於人類會穩定朝益發偉大的道德成就前進的期望。二十世紀的戰爭已摧毀了這種目的論的期望，二十一世紀至今也未見任何理由能重燃希望。」[34]

猶太大屠殺之所以造成文明斷裂，特別是因為其規模之大，駭人聽聞，以及組織和施行方式既是理性的官僚主義，另一方面卻又極為邪惡，以欺瞞手法誘騙受害者自行走進毒氣室，還有這場屠殺竟發生在德國這個自詡為啟蒙運動發源地、浪漫主義的搖籃、德意志理性主義和音樂家舒伯特及詩人里爾克的故鄉的事實。[35]

儘管這一切確實令人難以理解，但不表示這個世界正走在道德淪喪的路上。嗜血惡人奪取權力，開始殘殺他們憎惡的少數，這在歷史上不是什麼新鮮事，多少已成常態。所有社會往往皆會以自己當下能企及的程度及效率，將腦中想像的種族滅絕暴行化為現實。

這場猶太大屠殺的特殊性及例外性，似乎支持、而非反駁了道德進步的觀點。如果道德進步信念不過是一種天真幻想，那麼世人對猶太大屠殺的反應必然會截然不同——例如國際間的冷漠和無所作為。對於這場難以想像的殘酷暴行，世人在許多方面的實際反應也是不足的：太猶豫、太遲緩、太愚蠢、不夠一致。

儘管如此，最終還是形成了一股國際聯盟的力量，竭盡其力終結了納粹政權，儘管那往往是以巨大的個人犧牲為代價。

猶太大屠殺畢竟還是在特定場所祕密進行的行動。相較之下，十八世紀末法國恐怖統治時期，在巴黎市中心廣場以斷頭臺處決，或是在南特地區被貶稱為「國家浴缸」的羅亞爾河進行的溺水處決，[36]都是在光天化日、眾目睽睽之下進行。另一方面，希姆萊在他的波森演說中直截了當指出，[37]有計畫地滅絕猶太人，是德國歷史「未曾被書寫、也永遠不該被書寫的光榮篇章」。

納粹政權以其對人類心理的深刻理解和無與倫比的手段，透過巧妙且狡猾的宣傳，成功說服大多數德國人相信了它最無恥的謊言，從而讓被巧妙毒害的民族捲入它最凶殘的計畫中。

但宣傳究竟是如何起作用的？《永遠的猶太人》這部一九四〇年由戈培爾策畫、希普勒拍攝的著名反猶宣傳影片，[38]就將猶太人描繪成是一群卑劣、可憎的生物。如今我們自問：怎麼有人會相信這種鬼扯的無稽之談？那些羔羊怎麼會看不出他們被灌輸了什麼？這部影片顯然是穿鑿附會，帶有明顯的傾向和偏見。怎麼會有人如此愚蠢，輕易相信這些無稽之談？

這是誤解造成的疑問。宣傳無法說服任何人，或者，至少只能說服少數人，但說服受眾並不是宣傳的本意。《永遠的猶太人》也不可能讓人信服。影片一開始就展示了貧窮的波蘭猶太人在小屋裡的生活，髒亂的周遭環境盡是蒼蠅。這是為了表達猶太人往往沒有能力過著文明的生活。下一個場景是以各種不同的統計數據，表明在一九二〇年代及一九三〇年代的柏林，律師、醫師及商人這些職業當中的猶太人占比過高。此舉意在明指猶太人無法老老實實地在土地上做些真正的勞動工作。影片最後，鏡頭中的猶太人無精打采地做著他們被拍攝者強迫去做的工作。這一切根本毫無意義可言。

這樣的無意義正是宣傳的重要組成，而不是拍攝執行上的缺陷。宣傳並不是為了要讓受眾相信內容而提供訊息。宣傳提供的是信號。宣傳不說受眾應該相信什麼，而是說它自己該說什麼。《永遠的猶太人》內容太愚蠢、太做作，無法讓人信服，它甚至沒有試圖傳達什麼訊息，而是直接告訴受眾該接受什麼，以便他人檢驗他們對於某件事的忠誠。為了發揮這樣的作用，宣傳必須是不可信的。真實的東西可以因為獨立的原因而為人所信，但宣傳必須明顯虛假、牽強、誇大和誤導，那麼一再重複宣傳內容就等於是在向他人發出明確的信號，表明你忠誠於某個特定群體的信號。[39]

這個見解相當重要，因為我們如果在找尋能抵禦宣傳威力的可行方式，就得先了解宣傳是如何發揮作用的。宣傳給了大眾可供彼此認出同道中人的識別特徵，但更重要的是：拿事實真相去對抗宣傳的謬誤謊言，實際上反而會強化宣傳信號的可靠性，因為這就等於含蓄地告訴那些想藉宣傳口號表明自己是忠誠信徒的人「什麼話不該說」。宣傳的作用就如同徽章，佩戴者可藉此表明自己歸屬於誰。

一旦以真訊息壓過假訊息的反擊策略不見成效，反宣傳者往往喜歡更進一步，以更強的力道和更激烈的方式傳達自己的訊息。然而此舉有時會適得其反，因為這時有人就會起疑：他們為何這麼大費周章地反駁這些所謂的宣傳？我們難道要被這些人民的叛徒和破壞國力的人欺騙或腦嗎？

事實上，我們現在知道了，這種宣傳只能說服原本就已受到納粹反猶立場吸引的人。打從一開始就是這樣，接近戰爭末期時更是如此。巴伐利亞邦什文福（Schweinfurt）安全局的一名員工就直截了當地說：「我們的宣傳在各地都遭到民眾反對，因為那內容在他們看起來就是虛假又謊話連篇。」[40] 尤其是最終勝利的童話，[41]很快就再也說服不了任何人，而納粹將之美化偽裝成「安樂死」的滅絕謀殺，也仍然非常不受歡迎。

納粹意識型態的核心何在？美國哲學家傑森．史丹利以令人信服的方式，[42]呈現了法西斯運動如何利用人民對於過往的浪漫憧憬、對性方面越界的不安、對正義與秩序的渴望、對種族和民族或性別「自然階級」的信仰，以及對專家有所懷疑的反智主義，刺激你我內在「我群／他群」的二分心理。[43]邊緣群體被挑選出來成為代罪羔羊，是墮落社會裡所有問題的弊端，這麼一來，本身行為良好的社會多數人就能回歸美德的正途。

這些當然全是事實，然而史丹利的診斷失敗之處，在於他並未說明是哪些特定因素促成了法西斯運動的成功。對被視為外來者、具顛覆性的少數群體的敵視態度，渴望正義與秩序和懲罰破壞法紀者，過度緬懷過往加上對未來過度悲觀，對出版界、機關部會、大學裡自詡聰明的蛋頭學者反感，轉而改為支持未被腐化的「健全」常識；上述這些，以及所有史丹利指為法西斯的典型特徵，其實都只是人類心理的一般特徵而已。這種心理特徵在許多情況中，都不是導致法西斯份子奪權的因素，因此無法和法西斯確實奪得權力有因果關係。

這些「一般」的心理特徵，有許多仍是令人不安且危險的。對自己所屬群體的偏袒心態往往問題重重，容易帶來不良後果，而沉緬過往與悲觀主義、性道德主義及反智傾向等，無不令人擔憂，理當盡可能加以抑制。然而，以大多數人慣有的想法和感受去解釋一種極度特殊的政治風格，也不會有多少幫助，即便這種政治風格本身確實應受譴責。史丹利的論點或許是，法西斯運動汲取、利用了我們的這些心理特徵，去達成它的政治目的。然而這種汲取和利用正是法西斯主義能夠奏效的原因。極權主義體制為何能成功？這答案往往是，首先，我們人類是非常陰森險惡的傢伙——但接著就永遠沒有第二個答案了。事實上，納粹倫理是建立在極度特殊的殖民和軍國主義邏輯上，而這個邏輯抵消了一般的道德價值和原則，甚至將之扭曲。[44]

適當的反應來得著實太晚。這裡描述的道德進步動力，是在終戰大約五十年過後才在德國境內開始形成，因為唯有到了這個時間點，一個世代才足以長成，而這個世代的人才能以必要的自信和反思，表達自己在道德上的憤慨。我們父母那一輩失望了、失敗了；他們沒能堅決抵禦法西斯主義，這個失誤不可重蹈覆轍，那麼，從現在起，國家機器每一次在權力上的過失踰矩，無論多輕微，我們都必須以道德上的高度敏感反應，視之為法西斯主義正捲土重來的微小跡象。**騙我一次，可恥的是你，騙我兩次，可恥的是我**——這一回，為了達到目的，一切手段都是正當的。德國哲學家馬夸德（Odo Marquard）借用佛洛伊德的概念，貼切地形容這是「後續的不服從」（nachträglichen Ungehorsam）。[45]佛洛伊德曾稱下列這種現象為「後續的服從」：在經歷過青春期反抗父母的階段之後，許多為人兒女者在自己長大成人後，最終會回頭採納上一代人的態度和價值觀。而五十年前的情況恰恰相反：這一回，反法西斯的力量萌芽得相當及時，只是當時法西斯主義並沒有捲土重來，因此，除了少數幾個特別嚴謹的學生和幾名經濟及政治官員成為犧牲品，也沒有人真正得到幫助。

除了赤軍旅幼稚又自戀的恐怖行為，[46]左翼學生反動行為對道德的助力實在難以低估，而且儘管想法當中帶有些許粗糙、許多混亂和一些多餘，他們的行動仍不失為一則偉大的成功故事。那些戰後年代虛偽又傳統的道德觀必須瓦解；為何不呢？畢竟體面又良好的公民準則當初也沒能阻止那場終極的人禍發生。膚淺的美德、廉價的人際社交和虛偽的謹慎，這些價值觀之間反而似乎有某種內在的共謀性，正是這些價值觀促成了第三帝國的道德先是扭曲和墮落，最終導致文明幾近徹底崩解。

・戰爭與和平

在廣島原爆中僥倖生還後的第三天，身受燒灼重傷、方向感盡失且左耳失聰的山口彊在一個極不巧的時間點回到家鄉長崎。山口彊在二〇一〇年以九十三歲高齡逝世，迄今仍是唯一被日本政府正式承認為遭受過兩次原爆的**被爆者**（hibakusha）——也就是在一九四五年八月兩度經歷原子彈攻擊的倖存者。世上沒有多少倡議和平之人的可信度能與山口彊相提並論，他在晚年更是極力主張裁減核子武器。

齊滕街、約克街、格奈森瑙街，[47]在德國各地，還是有免役者和出於良心而拒服兵役者住在這些數十年前、甚至數百年前以騎兵隊將軍和元帥的名字為街道命名的地方。這些街道是一個過時世界的證明。因為二戰讓一個如今就直覺看來非常合理的觀點快速地在群眾間盛行：戰爭一向都是壞主意，若無戰爭，世人會過得比較好。如今我們或許很難想像，這樣的觀點在當時究竟有多麼新穎。

如果一挺機槍能擊發等同百名士兵的射擊量，那不就意味著能減少戰死沙場的人數嗎？因為如此一來，同一場戰爭即可減少動員人數。發明出更加駭人的殺人道具就能終結戰爭，這是個幾近天真的誤解，卻在歷史上一再重演。但不論是發明出機槍前身的格林機砲（Gatling Gun），或是諾貝爾發明的炸藥，都滿足不了人類希望藉由更有效率的殺戮來維持和平的期望。最後是核子武器毀滅世界的威脅，才帶來這個矛盾的結果：人類的終極武器能將世界上交戰各國帶向某種穩定且互相威懾的平衡狀態，也這就是所謂的冷戰。但能將政治與戰爭的關係從克勞塞維茲的實用主義中解放出來的，也不是只有技術創新的文明化效應，若按這個實用主義，戰爭不過是另一種形式的政治。戰爭的非法化也是人類有意識地從制度上遏止暴力衝突的結果。律師海瑟薇和法律哲學家夏皮洛就特別強調，[48]《非戰公約》的重要性一直被人低估。這個一九二八年八月二十七日在巴黎奧塞碼頭（Quai d'Orsay）簽署、又稱《凱洛格—白里安公約》的條約，其簽署者不僅有名列其中的美國時任國務卿凱洛格（Frank Kellogg）、法國外長白里安（Aristide Briand），還有德國外長施特雷澤曼（Gustav Stresemann）。凱洛格為此送了一枝金色鋼筆給德國外長，筆上刻有拉丁文「*Si vis pacem, para pacem*」，意思是：「期望和平之人，當為和平預做準備。」公約中兩條極其簡短的條文規定，[49]爾後國際間的衝突，只能透過和平手段解決。[50]

這項也稱為《巴黎非戰公約》的條約，如今常被人貶斥是荒謬可笑的天真之舉。想藉公告戰爭為非法行為來遏止戰爭，這舉動看來不是幼稚無知，就是虛偽諷刺。當戰火正是因為所有協議皆證明無效而爆發時，協議又如何有助於制止戰爭？然而這種態度就和認為「反正總會有人一再犯案，所以宣告謀殺及竊盜為非法也沒有意義」的觀點一樣，都是毫無道理的。像《非戰公約》這樣公開宣告以和平方式解決衝突的意願，事實上是前所未聞的，這是國際政治領域上真正的範例轉變。《非戰公約》無法預防第二次世界大戰發生，正如沒有任何法律能單憑其存在就可防止杜絕違法行為。儘管如此，它仍為「長期和平」奠定了規範的基礎，長達數十年間，諸如德國或法國、英國與俄國，這些過往曾為世仇宿敵的國家彼此不見干戈相向，這在過去一度是無法想像的。[51]

官方的和平宣言是一場劃時代變革的基礎。從根本上來看，這似乎是現代國家內部以及國際之間對暴力容忍度普遍降低的例證。經濟動盪對此也有推動之力，因為全世界的經濟千百年來或多或少都是一場零和遊戲。這期間的物質生產並不多，許多情況下，掠奪往往是一國經濟成長的快速捷徑，有時甚至是唯一方式。直到現代化從文化演化中發現，透過創新、貿易和市場也能創造出真正的經濟附加價值，而且眾人皆可從中受惠。我們這才發現，原來財富和繁榮能在國與國之間的和平合作中覓得，而不是來自血腥衝突。康德在《論永久和平》一文中就已意識到，[52]連結成網絡的經濟是促進國際和平最重要的激勵結構之一；[53]儘管如此，試圖以嚴肅的措施遏止戰爭，此舉在歷史上仍極為罕見。

戰爭從解決跨國衝突的首選手段，淪為最後手段，這依循的是現代社會在生活領域中已日益可見的「非暴力」邏輯。從謀殺、性侵，到對婦女孩童的家暴，或常見的酒吧鬥毆，我們已愈來愈難以容忍身體暴力。[54]遺憾的是，這些行為都依然存在，但現代的合作結構也在此產生了馴化效果，因為暴力行為及相對應、為保護名譽而以暴制暴的尚武倫理，正逐漸被暴力程度較低的行動模式所取代。

社會採取暴力行爲的傾向程度，以及對於以暴力做為解決衝突手段的容忍程度，大都有其社會經濟方面的原因。時至今日，依然可見不同的經濟活動形式對暴力行為的發生頻率和社會接受度的影響。[55]榮譽文化至今仍殘留在美國南方各州的社會心理當中：平均來說，南方人對遭到羞辱和挑釁的反應更加激烈，謀殺和酒吧鬥毆也更常見，暴力行為在南方也更容易被原諒，或是得到理解。與普遍的看法相反，這並非氣候之故（或者至少只是間接原因），南方人不會因為氣候炎熱而好鬥。暴力行為更可能和以牲畜為基礎的經濟，或（較偏北方區域的）農業經濟對從事者的聲譽管理要求不同有關：一群牲口有可能一下子就被人一舉全部盜走，但田地和農場可就沒這麼容易偷走了。因此，個人牧者有必要及時明確表明自己會以武力捍衛生計。這種形式的經濟活動在南方各州更為普遍，因此也留下了一種榮譽文化，其影響至今依然存在，只是隨著現代化的推進已逐漸被削弱。

・寂靜革命

道德進步包含哪些內容，又是如何產生的？現代社會在二十世紀後半葉開始了道德變革的進程，結構也逐漸由保守轉為積極。

這個變化包括日益強調所謂的**解放的**價值觀，也就是讓人從壓迫和不利當中解脫。過去的偏傳統傾向如今被偏世俗的態度所取代，關注重點也從要確保物質安全無虞，轉為重視個人自主和表達的自我實現，以及政治自由化。這些發展尤其表現在社會對同性戀和性別平權更加包容，對言論及思想自由、社會獨立、標新立異、教育和個人創意的益發重視上。[56]

數十年來，在技術及經濟上有所發展的知識社會，日漸重視個體的多樣性和政治解放。這個趨勢會因地區不同而有強弱之別，但基本上全球皆然。從一九八一年起，世界價值觀調查（WVS）就一直在衡量這些改變的價值觀模式是如何反映在不同的文化區域上。儘管在像是羅馬尼亞或阿富汗這樣經濟貧困、政治高壓的政權，與諸如挪威、美國、澳洲或荷蘭等較為進步的國家在價值取向上仍有巨大差異，這股趨勢顯示，除了少數主要集中在撒哈拉沙漠以南地區的例外，世界各地一直都朝著解放性價值觀的方向前進。[57]

美國政治學家英格爾哈特稱這些發展為「寂靜的革命」。[58]但它會一直如此發展嗎？我們擔心這些進步的成就將會受到人口高齡化影響，因為人會隨著年紀增長，變得更為保守。但這樣的顧慮並無道理：對自由、解放和包容的渴望並不會悄悄被逆轉。因為所謂保守的態度及價值觀，會隨所有人的年紀增長而一再更迭變化。之前的各個世代，不論是個別來看，或是直至世代的最後階段，都會逐漸更加進步，即使個人會逐漸隨年紀增長而變得傳統和保守，繼之而起的各個世代整體而言也會較先前的世代更為進步。整體而言，也就形成了一個朝進步方向發展的全球趨勢。[59]

這股潮流背後的驅動力，是社會政治的穩定和經濟上的繁榮盛景。不過，實際上是為什麼呢？繁榮與進步價值觀之間的選擇關係從何而來？或許這也與不同價值觀的「邊際效用」有關，也就是一個人對於某種物品的擁有或消費量增加一個單位所能獲得的滿足和利益：一顆蘋果會因為你已經擁有一顆、一百顆，甚或完全沒有，而有不同的價值。在政治動盪和經濟不穩定的情境下，經濟改善、傳統主義，以及提供穩定價值的邊際效用，會高漲到讓自主、真實、自由和自我實現（依然）毫無立足空間。隨著時間推移，一個文化區域愈是繁榮和安全，經濟資源的邊際效用也就隨之愈低，反之，解放價值觀的邊際效用會在某個時間點相對提高，最終開始超越「法律與秩序」取向的邊際效用。沒有人不渴望自由與自主——但是，唯有在這些價值觀的相對重要性提高到足夠的程度時，世人才會以必要的力道不斷要求實現這些價值觀，直至那些從中得利的掌權菁英再也無法拖延現狀。

‧骯髒的錢財

始自二十世紀中葉的現代性，它的進步動力主要來自新的社會經濟變革。唯有在經濟相對安全、政治相對穩定的條件下，諸如平等、包容和自由的解放價值觀，才能夠具體實現。

錢無法讓人幸福，這道理雖然眾所周知，但並非事實。我們很難不懷疑這根本是無需為錢煩惱的人才會接受的論點。生活在挑高的灰泥精緻雕飾天花板底下，你大可對骯髒的錢財不屑一顧，可是當你住的是溼泥砌糊而成的小屋，又餓著肚子，物質資源是否真如辦公室裡那些看似衣食無缺的職員認為的那樣可有可無，那就不一定了。

從一九七〇年代開始，我們終於有了可靠的經驗證據，能證明財富與幸福實則各自獨立，互不相屬。以美國經濟學家伊斯特林為名的「伊斯特林悖論」就發現，[60]雖然一個國家裡的富人往往會較窮人來得幸福，但總體而言，富裕國家的人民卻未必比貧窮國家的人民更快樂。[61]將幸福程度量化為一到十，較富裕的丹麥人（世上最富裕的國家之一）自評幸福程度為八，較貧窮的丹麥人則自評為六；而在非洲的蒲隆地（按國內生產毛額來看，是世上最貧窮的地方），相對較為富有的人自評為四，而最貧窮的人則自評為二。這說明了個人的生活滿意程度，並不會隨著富裕程度下降而不斷降低。但是，這怎麼可能呢？財富究竟會不會令人更容易感到幸福？

伊斯特林對於這個惱人發現的解釋是，一個人對於自身幸福感的主觀評價，極大程度上會受到比較因素影響。當人們覺得自己比他們用來比較的對象**更快樂**時，就會認為自己是幸福的——反之，不幸福亦是如此。在伊斯特林的研究中，絕對的財富水準差異不大，至少是在年收入大約逾兩萬美元左右。除此之外的更多錢財並不會令人感到更幸福。

若從全球範圍進行比較，年收入達兩萬美元的人，已可稱得上是名列最富裕的群體當中。伊斯特林悖論從未證明，世界上最貧窮國家的經濟改善是不值得的。但比較因素確實會強烈影響一個人在心理上對生活的滿意程度。我們是社會性的生物，和他人相較會對我們內心安好與否產生實質的影響。但如今的新數據也顯示，原始形式的伊斯特林悖論是站不住腳的。年收入五十萬美元與五十五萬美元的幸福感差異，不如年收入五萬美元與十萬美元的差異來得強烈，但這是人盡皆知的邊際效用遞減現象，而不是悖論。若再仔細探究現有的可用數據，我們會發現，財富增加與生活幸福感增加之間有明顯而強烈的正向關聯。[62]根據英裔美籍經濟學家迪頓的研究，[63]收入每增加四倍，幸福感就會在由一分到十分的範圍內增加一分。[64]由於至貧與至富的國家之間差異極大，因而影響劇烈。最富裕國家的平均幸福指數為八，最貧困國家為三。已開發國家中的較富裕者更快樂、更健康、生活水準較高，生活中可得的機會也更多——簡言之，他們就是更幸福。

凡事總有例外。儘管史古基有的是錢，但為人吝嗇，脾氣又差；小提姆雖然又病又窮，但一向樂觀開朗，笑口常開。[65]平均而言，金錢還是能使人幸福。這就意味著金錢是一個人生活滿意度的**充分**條件，但**非必要**條件。雖然有一些相對較貧窮的國家——尤其是在南美洲——儘管收入相對較低，人民生活滿意度卻相對較高。但沒有任何富裕國家的人民普遍生活得不好。我們永遠無法透過客觀的測量，百分之百確定一個人究竟有多幸福，但還是有一些好線索，能告訴我們什麼是美好生活的必要條件。沒有人會希望挨餓，沒有人願意因為兒女死亡而哀悼，沒有人想背負艱苦的勞務，或是承受政治迫害。要是有人有異議，認為才不是這樣，那麼倒是請您來解釋一下為什麼。

已開發國家成長的財富，帶來了兩種道德進步。其一，當人們生活變得更好，那就是進步。你不必是個功利主義者，也知道一個滿是歡樂和健康的世界，要比盡是苦痛和疾病的世界來得吸引人。再者，財富愈是豐盛，大眾對於貧困現象就會愈加敏感。[66]如果每個人都窮，就不會有人意識到貧窮原來是個不幸、但原則上本可避免的狀態，而且值得努力去對抗。另一方面，現代社會有數百萬人正以科學的方式研究貧窮問題，試圖藉助技術上、政治上或慈善的手法，將世人的貧窮程度降至最低。因此，過去十幾年來，所謂絕對貧窮——也就是一個人每天僅能靠兩美元維生——的人口，已從（按今日標準來看）九〇%降到了一〇%。[67]而且，即使有人質疑這條貧窮線的有效性，一項無可否認的事實依然存在：工業革命之前，人人皆是窮人，而如今我們已不再貧窮。[68]中國與印度近期的進步尤其驚人，兩國已正在展現社會政治的爆發力，也開始慢慢出現自由和包容的解放價值觀。

另一個根深柢固的迷思是，現代國家的生活，尤其是已開發的資本主義國家，往往會導致精神和心靈的貧瘠，這些國家的人儘管物質生活無虞，內心卻滿是疲憊、虛無、沮喪和焦慮，如同浮士德與魔鬼交易那般，他們拿自己的心理健康換取閃亮的玩具。[69]文化評論者徹底愛上了這個觀點：如果資本主義底下的物質進步無可厚非，那至少是同時以抑鬱、恐懼或普遍的不安全感等心理現象劇增做為高昂代價換來的。實際上，按數據顯示，抑鬱症診斷之所增加，幾乎全是因為「看診數」的增加，而不是抑鬱症「病例數」的增加。這倒是個好消息。人生往往充滿艱辛、沉重與哀傷，但相較於早年避談心理問題，或是將之掩蓋、汙名化的做法，二十世紀的人們開始意識到了人類心靈的脆弱性，治療方法和建議解方也愈發多樣。精神疾病如今愈來愈受到正視並獲得治療，這是正向積極的發展，絕非負面。

・擴大中的圈圈

在金恩博士開始讓群眾一窺他的夢想之前幾分鐘，[70]一個正值壯年的矮個子男子走上林肯紀念堂前架起的講臺。一如當天現場的眾人，普林茲的衣襟上也別著一枚小徽章，[71]徽章上的圖案是一隻白手和一隻黑手友好地緊緊交握，還寫著：**為了工作和自由，朝華盛頓邁進，一九六三年八月二十八日**。

普林茲對著六隻麥克風講話，語氣格外具有權威感：身為柏林米特區奧拉寧堡大街上那座猶太教堂的拉比，他早已贏得鼓舞人心的演說者之美名。普林茲在一九三七年從德國猶太族裔生活日漸遭受威脅的情況中，已預測到了日後的可能發展。彼時，有數千人參加了他在離德赴美前夕的那場告別布道會，當中也包括柏林安全局二處一一二猶太部門的負責人阿道夫・艾希曼。而這時，身為美國人、猶太人及猶太裔美國人的約阿希姆・普林茲正提醒現場群眾，你我皆能互為鄰人，和睦相處，而沉默、漠視和袖手旁觀，甚至比仇恨、盲從和偏執更會帶領本應最為文明的國家走上極端。

大約五十年後，二〇一一年秋，我坐在他孫子傑西・普林茲（Jesse Prinz）

的辦公室裡。這位紐約市立大學哲學教授，戲稱這間辦公室是座電話亭，因為實在太小了；曼哈頓的空間寸土寸金，對受公家資助的市立大學尤其如此。我們討論到道德的起源——身為客座博士生的我，其實聆聽多過發言——以及同情心和同理心為何常會成為可疑、甚至具有誤導性的指南。同情心會快速枯竭、容易分心、常有偏頗，而且只對最鮮明的印象產生反應。[72]據說，史達林曾說一個人的死亡是悲劇，但一百萬人的死亡就只是統計數據。這聽起來也像是描述我們同情心的一句箴言：我們關心的人不過是少數，而且只關心自己認識、喜愛的人。大多數人在我們眼裡並無不同。但我們必須接受這一點嗎？

什麼是二十世紀道德進步的核心，或者說，什麼是現代晚期決定性的道德變革？世人對此提出了許多建議，但有一個核心動機是，無論信仰、膚色或是出身，所有人都享有應有、與生俱來、不可侵犯的尊嚴。道德哲學往往將道德進步的歷程形容成是一個「擴大中的圓圈」。[73]這種觀念認為，道德地位長期以來（至今依然）都是極少數社會菁英所獨有，而獲得正式認可的社會成員，可歸屬於享有社會提供的一切權利及福利者之列。而這在長期以來一直都是屬於特定性別、年齡、種族、宗教和社經地位之人才有的權利。這是過去千年來所有社會皆然的現象。道德地位的特權，端視你所處的時代和所在的地方，是雅典公民、歐洲貴族、領主、中國官吏、印度婆羅門、資本主義的中產階級，或是經濟獨立的上層階級所獨有的。而婦女和幼兒、工人與農人，窮人與病人、移民與公民權被剝奪者、少數族裔和持不同政見者，這些族群充其量都只是次等公民，道德地位因此也被否決，遭到貶低、遺忘或忽視。

美國哲學家布坎南（Allen Buchanan）和包威爾（Russell Powell）形容這個擴大中的圈圈是「包容的異常」。[74] **包容**，因為有愈來愈多過去被排拒在外的人從此開始能踏入受道德認可的領域。**異常**，則是因為這樣的嘗試在人類歷史上極為罕見——道德地位一直以來都是**少數人**的特權。

伴隨著標誌現代性開端的道德革命，原本要進入這個道德地位圈圈的門檻也慢慢弱化，降低了下來，並且擴展到了更大的群體——儘管這個過程只是漸進發展，而且慢得令人沮喪。而從道德上對性別、種族或階級的專制劃分，以及因此產生的各種形式的排斥、歧視、剝削、壓迫和邊緣化，如今都該廢除，至少按此主張是這樣。無論偶然得到的特質為何，所有人基本上都該被認可為一個完整的道德主體。

種族主義、性別歧視或階級歧視，在道德上都被視為是有違正義的歧視形式。最近，即便屬於正確的生物物種——也就是人類，也被貼上了物種歧視的標籤：[75]這又是一個指涉醜惡事物的醜惡詞彙。一個人是否有資格具備道德地位，要視他是否有思考及經受苦痛的能力。認為這個地位唯獨「人類」這個特定物種所有，顯然是一種偏見。在這個脈絡下，澳洲哲學家彼得．辛格在一九七五年出版了《動物解放》一書。[76]隨後在一九七九年，別稱「牛津素食者」的牛津小組（Oxford Group）也發表了一份所有動物及具有知覺的生物的普世權利宣言。

這個包容性的動力儘管與我們根深柢固的道德本能相悖，它依然被載入二十世紀各種重要的法律文件當中，尤其是在二戰之後。《威瑪憲法》第一〇九條將廢除貴族及男女兩性在法律上地位平等編入其中，而一九四九年的《聯邦德國基本法》、一九四七年的《日本憲法》，以及一九四八年的《世界人權宣言》，其核心主體也都是無區別地認可每個人的尊嚴及不可侵犯性。

不斷擴大的道德圈這一概念，最初源自愛爾蘭歷史學家威廉．勒基一八六九年所出版的《歐洲道德史》一書。[77]這個圓圈的結構仍有爭議。有些人認為，這個道德的圓圈實由同心圓構成，本質上是由每個人的親屬關係——首要的就是遺傳——所決定的。按此模式，每個主體都位在這個圈圈的正中心：每個人即是自己的同胞。接著是自己的父母、手足，以及子女；繼而是祖父母，以及和自己同父異母或同母異父的兄弟姊妹，依此類推，直到圈子到達最外緣，也就是和個人在遺傳上並無親族關係、但屬於個人自身**群體內**的人，也就是朋友或熟人。不相識的陌生人和其他同屬人類的成員，則在這個圈子的範圍之外，繼而是其他哺乳類物種、一般有知覺的生物，最後則是整個生物世界。這樣劃分道德圈的方式，大致是受到漢彌爾頓規則啟發。[78]按照這個規則的看法，我們的合作意願會隨親緣關係的強度減弱而降低。

從心理學角度來看，一個人在「道德擴張尺度」上所處的位置，也會有個體差異。[79]這個差異也出現在政治層面上：政治態度較為「保守」的人，往往會將道德地位的圈子劃分得更窄，以此強調自己對於所屬群體的道德忠誠。而自由主義者的自我認同，則更強烈地傾向於全人類。[80]這當中有各種向心力及離心力在作用，決定了一個人會完全接受誰為其成員，或者沒那麼接受誰，甚至根本就不接受。[81]

一九七一年，羅爾斯的《正義論》一書問世，[82]該書宣稱這種擴張的公正性是公平社會制度的核心架構原則，這樣的看法也為政治哲學理論在歷經數十年的疲態局面之後再創新局。依照羅爾斯的看法，一個正義的社會必須好似是在「無知之幕」後選擇其基本原則建構而成：[83]公正的社會制度是一個人不知道自己在依此建立的社會當中會處於什麼位置的情況下所選擇的制度。這是為了確保宗教信仰、所屬種族、性別和社會階級的差異不會影響一個人有權享有的基本自由，以及能爭取的成功機會。收入和地位上的不平等，唯有在這個不平等能對社會位階最弱勢者有益的狀況下，才堪稱合理。例如：每個人都能因為有醫術精湛的醫生存在而受益，那麼，這個社會就可制定措施，以較高的收入鼓勵別具天賦的聰穎者投入醫界。

由於我們顯然無法直接在繪圖板上重新設計和重啟既有的社會，因此有時必須改採積極的行動，以便盡可能讓承襲自前人、帶有缺陷的制度和所有權結構，能更趨近於公正的理想。這在許多情況下就導致了「平權行動」方案的引入，而這些方案致力於對邊緣化群體有利的「正向區別對待」。[84]一九六一年，美國總統甘迺迪發布的一〇九二五號行政命令就宣布，政府基於種族、信仰或出身的歧視為非法。依據法律規定，有時必須以像是盲目招聘或確切分配名額等主動的方式，[85]改善某些群體在某些職業中代表性過低的問題。美國哲學家安德森認為，[86]這是「融合的必要性」的變化：現代社會必須竭盡其力，透過積極的融合措施，最終克服承繼自過往的社會隔離和劣勢。[87]

伴隨著 WEIRD 族群的出現，這個道德圈開始擴大。當文化演化開始瓦解親屬關係在社會結構原則當中的核心角色時，它也發現了非個人化親社會性的潛力：一個開始嘗試以合作、利他和互利的態度與陌生人互動的社會，最終會發現，若將他者視為應被排擠、奴役或該屠殺殆盡的惡魔族群，將有礙於國際貿易和現代國家的正常運作。承認所有人與生俱來的道德地位，同樣也是受到經濟利益的驅動。

道德的擴張儘管重要，卻仍有限制：例如暴力和謀殺日益減少並受到寬容對待，並不能稱為是道德地位的擴張。婦女解放常被視為是道德圈擴張的重要例子，但它最終還是得歸因於另一種動力。從歷史角度來看，婦女歷來遭受的不公歧視，主要原因不能歸咎於女性被排除在道德圈之外，因為這就等於徹底將女性非人化（儘管情況常常就是如此）。女性未曾被徹底拒於道德地位之外；她們遭受壓迫的模式並不是被非人化，而是被視為附屬品：女人是一個實實在在的道德主體，卻背負著基於所謂特定特徵的特定權利及義務——這些特徵往往會被人直接當成缺陷看待。對抗性別歧視必須依角色整合的模式去思考——像是可以有女主廚或女總理——而不是採用更基礎的社會融合模式，例如轉化先前那種按種族區分的隔離空間。因此，擴大的道德圈並不足以做為放諸四海皆準的道德進步概念。

在許多進步的敘事中，道德認可範圍的擴大都占有特別顯著的地位，因為仇外、歧視、排斥、非人化或種族滅絕是那麼明顯又深具歷史意義的道德過失，使得任何道德地位標準的擴大最初看起來都值得讓人展臂相迎。

另一方面，也有許多社會發展的例子表明了，**道德圈**的收縮，也就是道德圈範圍縮小，就歷史而言是正確的變化。正如同廢除貴族制度，現代的世俗化動力也同屬於這一脈絡。對自由的國家而言，沒有什麼是神聖的，也沒有誰比誰更優越。先天的——也就是與表現無關——地位差異被弭平，而曾被視為唯一正確救贖之道的主張（每個宗教都這麼說），也開始遭人懷疑是謬論。

道德圈縮小仍在其他地方繼續發生。如果環保人士或原住民團體代表認為，將法人的權利、義務和責任賦予像是紐西蘭的旺阿努伊河這樣的無生命自然實體是個好主意，[88]那麼我們也會認為那是可理解的。然而我們難免會心想，要解決環境永續的問題，我們本可尋求一個不那麼泛靈論或泛心論的辦法才是。[89]

道德圈的方向重新定位，往往會帶來令人不安的牽連影響。對動物的剝削、虐待和貶低被視為物種主義，因而遭到斥責，這是硬幣的一面；而硬幣另一面則有可能是否定某些同為人類的成員的道德地位。如果一個生命的道德地位取決於是否具備某些像是思考、計畫，或是承受苦痛的能力等特徵，那麼，出於一致性，人往往會不得不將某些在其人生之初或人生末尾的個體，歸類成道德歸屬的邊緣案例。極端情況下，即使是對某些人施行安樂死，也可能是在道德上受允許、甚至必要的行為。這樣的讓步使得彼得．辛格等諸多抱此立場的倫理學者一再遭受抨擊（在德國最甚），指責他們擺明是在宣揚一種「種族優生」，竟然認為殘疾的生命根本上並無價值可言。這樣的指責批評自然是無稽之談，因為不會有任何生物倫理學家會想違背他人明確理解和表達的利益，去傷害對方。然而這也表明，在重新協議道德圈的過程中，必然會面臨強大的心理障礙擋道。

道德擴展也延伸到了整個自然界。對於無家可歸的恐懼似乎是人類學上的一種常態。這種恐懼或許是我們一部分的天性？無論如何，這種恐懼絕非二十世紀的發明，也不是德國浪漫主義的產物，儘管對純淨、原生的自然的嚮往之情正是德國浪漫主義的主題，認為唯有在這樣的自然當中，現代人飽受折磨的心靈才能與自身和解。你我顯然都苦於可能失去家園的憂慮，畏懼自己淪為流離失所、遭放逐者之列，擔心有朝一日得打包行李，再也無法重返故居。這種憂慮並非毫無道理，人類歷史上滿是因為過度漁獵、濫伐、水土流失、土地灌溉或土壤貧瘠問題，而造成一個社會的環境壓力大過經濟承載力，於是導致自身崩解的實例。這些狀況往往又會因人口成長而愈演愈烈。[90]

對於人口數量失控成長的恐懼，是一種特別陰險的變形，源自對地球資源能否永續利用的合理擔憂。這個恐懼常被譴責當中隱含了種族主義，這些指控大都不是無的放矢，因為我們會發現，被要求應該減少人口數量的，往往都是世界上某些特定區域裡的特定族群。而挪威給人的印象似乎是人口永遠不夠多。一九六八年，埃利希出版了《人口炸彈》一書。[91]這本書是一場新馬爾薩斯主義的狂熱夢想，其「高明之處」就在於它對據稱已迫在眉睫、必將導致數億人死亡的全球饑荒的預測幾乎全錯了。[92]

同年，羅馬俱樂部成立，這個組織在一九七二年一份詳盡的報告中對成長的極限發出警告，這份文件也成了現代環保運動的奠基文件之一。[93]而後，綠色和平組織（一九七一年）和反核能運動也很快繼之而起。這份報告呈現的對於人口過度成長、耗盡地球資源的恐懼，雖然不像《人口炸彈》中那樣帶有末日般的強烈非理性色彩，本質上倒也是異曲同工：如果我們不謹慎行事，走上一條截然不同的道路，那麼將會萬劫不復。誰會希望自己的子子孫孫有朝一日將生無可戀地活在饑寒交迫、再無希望和前景可期的世界，身裹襤褸又發臭的衣衫，在淒涼荒原上四散遊走，就只為了爭奪已遭汙染的水坑中最後的那一滴水？

・去道德化

一九四〇年，洛杉磯：這次他可要精準執行。大衛・賽茲尼克，[94]導演希區考克的電影製片，由於前一年《亂世佳人》大獲成功，本已盛氣凌人的他也就更加恣意妄為了。為了盡可能讓賽茲尼克難以對自己的藝術理念做出劇烈改動，希區考克選擇以「鏡頭內剪接」的方式剪輯他的最新作品《蝴蝶夢》。[95]這種費力的做法，不會像平常那樣先拍攝大量的畫面素材，再進剪接室拼組出成品。「鏡頭內剪接」只拍攝作品最終真正需要的場景畫面，而且是按最終成品所見的順序拍攝。由於膠卷上沒有非必要的畫面素材，出資的金主無論再怎麼固執要求，也破壞不了藝術家的最終版本。

希區考克對作品的忠實度如此狂熱，卻對杜穆里埃原著小說中的一處細節進行改動，[96]這就更令人訝異了：小說中，馬辛姆承認自己殺了他美得超凡脫俗、為人卻傲慢無情的妻子。但在電影裡，她卻是死於意外：罹癌的蕾貝卡對人生早已厭倦，病中不斷挑釁丈夫馬辛姆，直到他最後在某次爭執中將她推倒，她因頭部重創而不幸身亡。

之所以會有這個改動，是因為威廉．哈里森．海斯的關係。或者更精確地說：是因為美國當年施行的《電影製片法規》。由於海斯時任美國電影製片商協會主席，因此這個法規也被非正式地諢稱為《海斯法規》。[97]這套電影戒律目的是要確保觀影者不會受到像是淫穢的舞蹈、性暗示動作，或者過度的接吻所騷擾。（老電影中，演員接吻每隔兩、三秒就會中斷一次，這種奇怪的現象正是因為《海斯法規》對於身體親密接觸有時間限制。）而黑人與白人相戀——這在當時仍稱為「miscegenation」，字面就是「種族混雜」之意——以及咒詛和褻瀆的情節也是嚴明禁止的。同時電影也要避免引起觀影者對罪犯心生同情，或是讓犯嫌逍遙法外。這就是為何蕾貝卡在電影裡要死於意外，而非遭到殺害：這麼一來，馬辛姆和我們不知其名的第二任妻子最終才能過著幸福快樂的生活。即使是在二十年後，希區考克《驚魂記》裡最令當時的觀眾覺得不堪入目的場景，也不是珍妮．李飾演的女主角出人意料地早早死於非命，而是她竟然在鏡頭前沖馬桶，好沖掉幾張碎紙屑。這種明目張膽的汙穢行為，過往可是從未出現在眾人眼前的。[98]

希區考克不是唯一犧牲在海斯狂熱之下的名導演。今天任何人若是觀看庫柏力克導演的《萬夫莫敵》一九九一年修復版，[99]都不會知道自己在一個本已於一九六〇年被剪掉的場景中聽到的臺詞，並非勞倫斯．奧立佛的原聲。在這個消失已久、只找回畫面但未能找回音軌的電影段落中，奧立佛飾演的克拉蘇，必須由安東尼．霍普金斯（Anthony Hopkins）代為配音，霍普金斯能完美模仿出他昔日戲劇表演導師的說話風格及特質。在這個場景中，人在泡澡的克拉蘇問由年輕的湯尼．寇蒂斯（Tony Curtis）飾演的奴隸安東尼奧斯，他是喜歡吃「牡蠣」，還是愛吃「蝸牛」，而且明確表示，偏好牡蠣或蝸牛不過是個人的口味問題，與道德無關。儘管庫柏力克已經這麼隱晦又謹慎地捍衛古時的同性情欲，海斯的審查人員還是不放行。這個冒犯的場景必須修改，以免過度影響了彼時清教徒般的道德敏感，或者，如同《海斯法規》當中白紙黑字載明的，「不得製作降低觀影者道德標準的影片」。

自此之後，很多事情都有了變化，已然不同。對於電影製作和藝術創作應當遵守哪些基本道德規範，依然多有爭論。「去你媽的！」（Screw you!）電影觀眾首次在主流戲院螢幕上聽到的這句髒話，出自一九六六年電影《靈慾春宵》當中的伊麗莎白．泰勒之口，[100]但這句髒話最初同樣只出現在針對英國市場的版本當中。

而今，情況已截然不同：《海斯法規》的代表們關注的是描繪白人清教徒主流社會的傳統道德觀，他們對所謂法律、秩序和性規矩衰微的顧慮，要在電影中獲得滿足。可是，當前的道德優先關注事項是要廢除於理無據的不公特權，這些特權會不斷受到包容性和代表性進步標準的削弱。因此，從二〇二四年開始，任何電影若想競逐奧斯卡獎項，就得確保影片裡或拍攝過程中有適當比例的少數族裔、社會或性少數群體成員出現或參與。[101]

道德規範是人類文化遺產的一部分。但遺產也是一種「物」，你若是覺得這東西對你的未來弊大於利，也可將之完全或部分地拋除。

道德進步最重要的面向之一，就是將如今已顯過時的傳統道德規範去道德化，例如過往曾被高度汙名化的婚前性行為，如今就已廣為人接受。[102]這樣的變化可能有多種成因：也許是因為這個規範過去要解決的問題如今已不復存在；也許是這些規範已被認定為無效，甚至有害。在所有這些情況中，我們都該仔細檢驗，並在必要時修正自己生來就接受且認為理所當然的道德規範。

當一項規範徹底地去道德化後，我們會看到截然不同的世界。電影中出現廁所曾經被認為是可憎、幾近難以容忍的鄙俗冒犯，如今我們只能在書中讀到竟然有這種事情。現在我們不會再見到這種情況了，而懷疑呈現個人基本衛生面向的畫面就等於是道德崩裂的先兆，這樣的道德歇斯底里也只會讓我們覺得好笑。

去道德化的動力在二十世紀中期開始益發增強。從歷史上來看，規範曾一再失去道德特質；從現在起，我們已能反射性地以道德中立的角度，看待那些過往曾被視為離經叛道的行為：我們開始有意地大力推行道德中立化。一些興起中的社會運動正致力於消除某些行為的禁忌，如此一來，只要在不傷害他人的前提下，想採取這些行為的人即可不受干擾地盡興而為。道德的去道德化，意味著社會的自由化。這些發展往往都是以巨大的個人犧牲要求和爭取來的。十九世紀末，作家王爾德宣稱那「不敢說出名字的愛」是崇高的精神，無需道歉，因而被冠上「猥褻行為」的罪名入獄服刑。[103]自從一九六九年紐約克里斯多佛街發生「石牆暴動」之後，[104]同性戀去道德化的歷程取得了獨特的成功，尤其是在西方社會。現在我們甚至已不確定教宗是不是仍然恐同。

對於被貶稱為「雞姦」的同性情感的排斥，和就歷史來看幾乎全屬嚴厲的懲罰，可回溯到幾乎遍及全世界的千年傳統。因此，非異性戀的生活方式受到社會接納的速度能如此之快，也就更令人訝異了。同志平權在此已有明顯的進步，但像是同志運動這樣的進步形式，目前卻仍未再現於像是抗議種族歧視等其他形式的歧視上。這可能與同性戀的「橫向分布」帶來了相對有利的社會心理條件有關。[105]膚色做為所謂「種族」社會的建構基礎，一向清清楚楚，明顯可見，而且膚色會因其強大的遺傳因素而呈「垂直」分布，因此能夠做為差別對待或種族隔離的辨識特徵。但同性戀與膚色不同，同志分散在整個社會當中，並無區別。隨著愈來愈多的酷兒同志出櫃，主流社會也意識到，不論是親朋好友當中、貧者富人之間、左鄰還是右舍，同志無處不在。就統計上來看，你不可能不認識或不欣賞男女同志。這也為同志鋪出了一條能受人完全接納的道路。儘管目前仍未全然實現，但有朝一日必將成真。

婚前性行為如今在道德上是中立的，唯有在論及性病傳播和意外懷孕這兩方面才會受到質疑。婚前性行為的汙名化過往在很長一段時間內有其特定的道理，因為在有可靠的避孕方式，以及能保護非婚生子女和可憐的生母即使在婚姻關係之外也能得到最低限度保護的現代社會安全網出現之前，行為放蕩這個壞名聲的威嚇力，可說是一種雖堪稱壓迫，有時卻也有效的社會控制手段。未婚懷孕對女性的影響尤其為甚，而對至少參與其中一半的孩子生父，社會大都只是聳聳肩了事。

性工作的日益去道德化，同樣也屬於這個脈絡。道德也不會在自然的欲望和渴求面前止步：它會令整整好幾個世代的人必須忍受愚蠢的規範築起的銅牆鐵壁：「當今這個世代幾乎無法想像，歐洲的賣淫活動在世界大戰之前曾一直大幅擴張。如今大城市街上已難見到賣淫者，就像車道上已罕見馬匹。然而彼時人行道上盡是待價而沽的女人，想避開她們比要找到她們還難。」[106]作家褚威格在其著作《昨日世界》裡，以清醒又諷刺的筆法寫出了當人企圖以「道德的馬蹄」去忽視、壓抑和禁止人類的性欲時，[107]會產生什麼意料之外的副作用。[108]

早在中學生時期，褚威格就看到了日後他將透過佛洛伊德驗證的事情：那就是自然的驅動力無法輕易被壓制；這股力量終究會找到出口。如同想對世人隱匿食物和病菌的存在，藉此抵禦飢餓和疾病，十九世紀的歐洲社會企圖以道德說教消除、或至少否定人類的性欲，尤其是女性的性欲。結果就是：如同褚威格所說的，幾乎每個年輕男子都害怕從「遊走街頭的女孩」身上感染到梅毒。治療梅毒的過程極為羞恥，過程費時且不見成效，以致於許多就診者在得知感染後會立刻掏出左輪手槍自盡。至於那些「遊走街頭的女孩」自己呢？她們幾乎一直都在這種有毒的環境中承受著更強烈的苦痛，這樣的環境不僅造成被剝削的她們淪入貧病交迫的境地，還造成了無法彌補的社會排斥現象。

世紀之交的歐洲社會以它歇斯底里的嚴苛道德，將人類無害的天生傾向和欲望趕進了禁閉室，為自己劃出了一道傷口。將帶有性別歧視的虛偽正經與美德和謹慎混為一談，會對社會在心理層面上造成長達數十年的破壞。褚威格以動人的同情心，寫出了在他之後的那一代年輕男女如何重新定義兩性關係的自由與正常——儘管讀者早已知道，一九二〇年代在道德上的慷慨大度和自由奔放，很快就將成為過眼雲煙。

寫出《國富論》的亞當斯密認為，在公開場合唱歌不該收取報酬：他將其比做「公然賣淫」。[109]這對苦苦掙扎中的音樂產業來說，可不是什麼好消息。西方哲學歷來也存在反對有償借貸的悠久傳統，亞里斯多德和阿奎那都曾將其斥為「高利貸」。[110]當保險公司提出第一份死亡保單時，大眾對於人命竟然被商品化提出了強烈的抗議。經濟學家如今依然愛開玩笑說，配偶死亡的最佳保險金額，就是會讓妻子不再在乎丈夫下班是否能平安返家的那個數字。墮胎的道德爭議至今在美國仍未結束。但在幾乎所有已開發國家中，墮胎大都已轉為醫學上的問題，這個變化是由公共宣傳活動所促成的，像是德國記者施瓦澤在一九七一年發起的「我們墮過胎！」這場著名的運動。[111]

其他過時的道德表現，像是男人為捍衛個人榮耀的決鬥，也已不復存在。美國政要（可能的）最後一次生死決鬥，發生在一八〇四年。[112]兒子已在同一地點的決鬥中喪命的漢密爾頓，早上搭船從曼哈頓渡過哈德遜河，前往新澤西州西岸的威霍肯，準備和他的政治宿敵及挑戰者伯爾對決，給彼此一個「滿意的交代」。[113]在副手彭德爾頓（Nathaniel Pendleton）陪同下來到現場的漢密爾頓原本似乎打算放過對手。他擊出的子彈近身擦過了伯爾，擊中伯爾身後的樹枝；伯爾的反擊可就沒手下留情了。漢密爾頓被擊中下腹部，斷了幾根肋骨，子彈傷及臟器，隔天他便因槍傷而喪命。

儘管當時紳士之間仍常見透過決鬥恢復個人榮耀及聲譽，但決鬥在當時早已被視為非法行為。伯爾不久後就被控謀殺，但最終未見審判。不過，這兩個男人顯然認為，他們長年的恩怨當中既有政治動機，也有私人因素，使得他們除了決鬥之外別無選擇。在這種情況下，道德上的「體面」要他們將自己的性命交給命運和對手的槍法決定。

可是，無用的規範究竟是如何複製和流傳下去的呢？功能失調的規範之所以不會自行消失，可能有諸多原因。澳洲哲學家斯特雷尼以一個美國軍事術語「SNAFU」形容這個情況，[114]意指「情況正常，一切搞砸」（situation normal, all fucked up）。[115]在許多情況下，一度確立的規範和禁忌之所以仍能在社會中繼續存在，往往是因為大眾處於「多元無知」的狀態。[116]許多家庭其實不願意自家女兒接受「女陰殘割」，卻誤以為只有自己家才這麼想。一旦透過教育改正這種情況，這類規範就會被瓦解。或者，這是一個常見的「先行者困境」：沒有人想當第一個打破普遍規範的人。又或者，某項規範可能在極大程度上毫無意義或具傷害性，而延續這個規範是因為它符合那些菁英權貴或特殊利益團體所需。[117]

去道德化，也就是對某些行為進行道德上的中立化，是現代社會生活的自然結果。文化保守者會執著地認為當代價值觀衰落，嚴格來說是有其道理的：許多道德規範和價值確實正在被瓦解、遭侵蝕，漸漸消失。不過——在這點上，文化保守者的顧慮是不必要的——這大都是好消息，因為價值的去道德化，往往也等於是社會的自由化，以及擺脫已成為負擔的限制，獲得解放。這是無可避免的演變，因為社會文化的演化會產生新的合作形式。已開發社會之所以也是多元化的社會，原因就在於它的成員數量眾多，而社會生活的多元化也展現出所謂「生活實驗」的多種可能性，這必然會削弱傳統規範的權威性，因為它讓人從生活實踐當中看到，許多既有的傳統規範其實根本是可有可無。

在許多情況中，我們不只要對錯誤的事情去道德化，還要將正確的事情道德化，這是兩者相輔相成的挑戰。**道德化**首先是一種心理現象。[118]這並不是說一個人改變了他對一項行為原本的道德判斷，例如現在對於某項行為的判斷更為嚴苛或是更加寬鬆，而是某項行為首次被當成是與道德有關的事情看待。有時這麼做是為了減低個人的有害行為，像是吸菸；有時則是直接出於道德因素，例如葷食吃肉。

道德化一直都存在。新趨勢是積極地去將正確的事情道德化。例如「飛行恥辱」一詞，[119]代表有人企圖剝除搭機旅行做為理所當然或身分象徵的特質，並且將之標誌為是個人為圖便利而對地球造成破壞的毀滅性消費行為。

不良、有害、無用或是不公的規範和價值觀一旦被中立化，道德就會有所進步。這是去道德化過程的核心。但相反的情況也同樣重要：道德進步也可能意味著過去被誤認為是道德中立的行為，如今開始顯得有害、可憎、不公、帶有歧視意味，或是令人起疑。我們長久以來忽略了什麼？我們該如何才能讓被忽略的這些最終顯現在眼前，而不致於自我憎恨，甚至彼此憎恨？

第七章

5 Jahre
Unpolitische
Betrachtungen

五年

——非政治思考

・洪流過後，烈焰將至？

一九六五年是美國內戰結束及廢除奴隸制度的一百週年。「百年自由！」當時理當這麼慶祝。然而美國作家、知識份子，以及民權鬥士鮑德溫看著眼前的慶祝活動卻說：「這個國家慶祝百年自由，足足早了一百年。」[1]

我們很難否定鮑德溫的看法。當時，愛默特．提爾腫脹、變形的遺體入土不過才十年，當初他母親要求打開放置遺體的棺蓋，好向世人控訴她兒子遭受的私刑。[2]而斯托梅．德拉維利在一八六九年六月二十八日於曼哈頓的石牆酒吧前，朝虐待他的警察揮出第一拳，也尚未發生。[3]鮑德溫擔心，在民權運動的洪流過後，如果美國的效忠誓詞《忠誠宣誓》結尾這句「全民皆享有自由與正義」的訴求無法盡快令人滿意地實現，[4]那麼，烈焰將會在某個時刻熊熊燃起。世界上其他地方宣告奴役已結束的喜訊，同樣言之過早，也被視為犬儒和盲目的舉動。

在這之後，又過了五十多年，現代社會在這期間又一再向眾人重提它對自由與正義的承諾：任何人都不該因其出身或膚色的差異而處於劣勢，也不該因其性別或信仰而遭歧視與排斥，或是權利因此遭到剝奪。這個社會應當徹底包容、廣納眾人，平等地給予所有人機會與幸福，幫助所有人從束縛中解放、從壓迫中脫離，免於戰爭與種族滅絕的恐懼。可是，我們果真成功實現了這些承諾嗎？

我們希望逐步廢除法律上的歧視、隔離和邊緣化，提升對所有人基本平等與尊嚴的認知意識，再結合更為自由的社會秩序，最後具體實現所有人在社會、政治和物質層面上的平等。然而這個希望至今猶未成真。當前正在成長的這一代人感受到了這種挫折，並在挫折感助長的不耐中團結起來。他們正在尋找一種新方法，不再只以自由和機會均等的角度來看待渴望已久的成就，如此一來，就不會如金恩博士曾說過的那樣，以膚色來評判一個人，而是以品格來評判。[5]他們正另闢蹊徑，從截然不同的途徑尋找解方：特別強調集體身分及群體歸屬，最終是要陳述出他們的主張、訴求和不滿。

我們在社會契約裡做出了社會經濟平等的強烈承諾，同時也一樣強烈地承諾了個人自由。第二個承諾使得第一個承諾永遠無法完全兌現。當今是自由且多元的文化，因此需要讓個人擁有異常強大的抵禦權利，以抵禦群體中的多數及國家工具。這種自由主義已融入現代的道德—政治基礎架構當中，使得想藉由國家的嚴密干預來一舉實現平等的承諾，成為不可能的事。要排除社會中的種族主義和不公現象其實並不難：只要立法明定所有人必須與誰為友、必須住在哪裡、必須愛誰，並將所有財富徹底重新分配，這樣也就符合了平等的理想。

既然這種對私人自主權和資產的極端干預，在自由主義的條件下完全不合理，我們就得改弦易轍，另覓方法。我們的社會不是在繪圖桌上塗塗抹抹創造出來的，因此，無論好壞，我們都承繼了往昔留下的資產及負擔：那當中充滿掠奪與歧視、隔離與階級區別，滿是血腥、私刑與毒氣室，而仇恨、混亂和動盪不安正是其特徵。我們承繼的這份遺產與劣勢、邊緣化和不平等的結構有所牽連，在政治上幾乎沒有任何彌補措施能解決這些問題。沒有任何和諧的解決方式能對治這個根本的衝突。還是，你知道什麼解方？或者有誰知道？當前的道德危機就是對這個嚴峻考驗的回應。無人能斷言我們是否能通過這個考驗，又該如何通過這個考驗。

・當前的道德危機

「一切盡皆崩散，中心將不復存在。」詩人葉慈在詩作《第二次來臨》當中如是說。[6]事實上，即便你歡欣雀躍，也無法長期無視近年來的文化動盪現象。依然冷靜清醒的人，則是注意到了當下「道德過熱」的狀況。我們的道德詞彙已變得混亂不堪，當中還結合了批判的冷酷無情，和批判者的絕無寬貸。英語世界對此現象有個形容說法：**文化戰爭**。在文化戰爭的戰壕裡，咬牙切齒、以憤怒和怨恨全副武裝自己的宿敵，正在為該如何解釋你我的過去、如何理解你我的現在，以及如何形塑你我的未來而爭鬥。

當前的討論就在關於**覺醒文化**的爭論上達到危機頂點。[7]世人在二十世紀後半試圖建立一個不會因為道德專斷而剝奪成員權益的包容社會。這個理想至今依然廣受採納，也被認爲合情合理。在此同時，我們卻也對實現這個理想竟需耗時如此之久，更感沮喪。美國自從在一九六〇年代中期廢止了《吉姆．克勞法》之後，黑人與白人在形式上已然平等，在政治上也擁有同等權利。儘管如此，美國白種人的財富還是明顯高過黑人。[8]在德國，有移民背景的人，其財富也僅達平均值的一半。[9]而女性的收入平均也較男性低了二〇%，這是社會經濟流動性的停滯。[10]

世人愈來愈無法接受這些社會不平等現象，可是，在種族歧視和性別沙文主義已大為減少且極受社會排斥之際，為什麼這些問題依然存在呢？[11]我們很快就開始懷疑，社會不平等之所以根深柢固，主要並不是因為個人的偏見、排斥和歧視行為，而是已與社會紋理深深交織互融的社會結構，使得這些不平等得以延續。

要消除這些系統性的劣勢和邊緣化形式，首先得讓問題浮上檯面，好讓人們看到問題。於是**保持警醒**成了一句口號：對壓迫和歧視的機制保持警覺，因為這些機制根深柢固到往往你我都不會察覺到。有些人認為，覺醒文化是實現公平社會的唯一手段。他們相信，讓居於弱勢地位的少數族群意識到他們被邊緣化的現實，他們才能透過最後的力量來克服這個狀況。另一些人則認為，覺醒文化是西方文明的喪鐘，過度敏感又憤怒的修辭家，想以禁止思想和語言為手段來破壞西方文明自由社會的基礎。

覺醒文化的現象匯集了所有標誌出晚期現代性道德矩陣的特徵：對正義和自

由的要求；對身分和群體歸屬意義的質問；權力、資產和特權的分配問題；爭取你我的社會象徵基礎結構；發言話語的界線。我甚至猶豫是否該採用「覺醒」一詞，因為如今這個詞彙大都被用於嘲諷，甚至帶有貶義。這個詞彙最早出現在數十年前的非裔美國人社群，隨後進入主流視野，本意是呼籲所有遭到邊緣化的群體成員和其盟友，要對種族歧視、性別歧視或殘障歧視等常被忽視或被認為是理所當然的現實保持警覺。幾年前，「覺醒文化」這個詞在傳統媒體及社群媒體上日益走紅，尤其是在二〇一四年八月美國密蘇里州佛格森市發生布朗命案之後。[12]另一方面，批評者也利用「覺醒文化」這個詞彙來諷刺弱勢群體的憤怒不過是一種歇斯底里的表演，目的只是虛偽又膚淺地展示自己的正義感，而不是真正的正義。

我們正在經歷的文化時刻，是由在人類歷史進程中形塑出規範和價值的各種制度及因素結合而成。哪些訴求、主張和關切是合理的，哪些又不然？我們該如何解讀這些相互對立的道德語法？而在善與惡的歷史中，又有哪些元素正在重組？

·覺醒文化的起源

若非二〇〇一年的九一一事件和二〇〇八年的金融危機，使得知識界將關注焦點放在全球恐怖主義及金融市場反覆無常的動盪上，或許清算時刻會來得更早。即使沒有這些事件，到了某個時間點必然也會出現類似發展，因為網際網路的顛覆力量遲早都會將種族主義和性別歧視的問題納入時代精神的議程。

二〇〇〇年代的部落格圈子裡，眾人最初關注的焦點還是敵對宗教的分裂影響。[13]這些唯一武器就是鍵盤的電腦極客，老早便將網路世界當成了自己的新家園，很快就開始宣稱自己的理性超脫凡人。他們聲稱宗教世界觀中最愚蠢的教條，尤其是美國福音派的教條，在智識上根本無法與早已掌握真理之人的清醒主權相提並論。他們鎮日都在發明一些像是「飛天義大利麵神教」這樣的偽宗教，[14]好戲謔地模仿傳統宗教中最為傳奇的故事。如果這樣還不夠，他們還會拿自己淺薄的知識，好為人師地對虔誠的基督徒或穆斯林解釋，為何聖母的「始孕無玷」不可能就那樣發生。[15]這些策略沒能見效，應該也不令人訝異。

參與網路討論的女性必然很快就意識到，那些長年不見天日的宅男在網路上試圖對她們調情的手法往往都相當笨拙。當她們以不感興趣或拒絕回應之後，和諧氣氛就不復存在了，而且往往會變成公然的厭女症。這也就使得女性知識份子更加敏銳地意識到，女性每天都得面對的，是一個有毒且充滿侵略性的世界。

然而，某些時候我們必然會注意到，歧視其實是會**相交集**的：[16]不利的處境會不斷累積、相交、加乘。儘管一般女性有其背負的苦難，但相較於又窮又殘障又是同性戀的黑人女性所承受的邊緣化，一般女性的苦難往往顯得微不足道。女性主義之外的社會問題，是當今益發受到關注的焦點。殘酷的警察暴力和虐待事件頻傳，促成了像是「黑人的命也是命」等新社會運動興起，[17]開始將批判焦點放在有色人種所面臨的、無處不在的艱困遭遇上。

・甦醒

覺醒運動也是始於美國這個西方霸權。美國再次成為西方世界的文化燈塔和危機的先鋒，那些構成當前社會及知識地景的斷裂和扭曲情況，就在一種特別惡毒的歇斯底里壓力下，猛然出現在美國。

詆毀者聲稱覺醒運動是終極的信號燈，認為它標誌了自由與法治國家黃金時代的最終衰亡。事實上，努力找出我們文化、語言和思想的地窖裡那象徵性的具具遺骸，將之清理，將之消除，這倒也不是什麼新鮮事。因為那其實只是我們熟悉、確保了記者和其他寫作之人生計的**政治正確**幽靈，在現代社會裡陰魂不散。

政治正確的問題和任務依然存在：現代社會愈發展，要改變它就愈困難，它愈發展，就愈顯笨重，也愈不願意受控。只要狀況依舊如此——種種跡象表明這狀況仍會持續許久——社會不平等的現象就難以藉政治手段消除。但似乎又有足夠的財富，能在彈指間輕易將這些不平等消除殆盡。這裡到底是怎麼回事？是什麼險惡的心思這麼肆無忌憚地在破壞社會進步？又是什麼阻擋了沉默無聲的多數大眾走向街頭壁壘，起而抗爭？

社會不平等無法在彈指之間輕易改變，由此而生的無力感讓人無法抗拒去改變那些有別於頑固的機構、根深柢固的積習和進度遲緩的基礎設施的事物，那些事物改革起來會相對容易許多。對都會菁英而言，那東西就是我們的語言。正如每個修習羅馬語的學生在第一學期就會學到的，語言形塑了人的思維。如果沒有人拿起乾草叉，起身對抗你我周遭那些明顯的不公不義，我們很可能是被有害的意識型態思維模式所困住。我們有責任為困在玻璃罐中的蒼蠅指引出路。此外，如同鴉片，文化產業還提供了誘人、令人癱軟、備感安慰的麻藥，如施催眠般束縛著大多數人的被動性。[18]從現在起，語言，這個社會象徵性的上層建築，將成為教育圈文化戰爭的首要重點。[19]再過不久，世人就會開始爭論鳥類名稱是否帶有種族歧視意味，好似鳥類學上的命名問題真的是攸關生死的大事。[20]

這種轉變之所以加速朝語言和象徵性兩個領域發展，是因為率先「發現」社會不平等的，往往是對創新成癮的學術圈。學術圈子裡最能博得聲望的莫過於為一種新的社會病態命名。[21]由於職業性質使然，學術圈特別容易導入和使用奇巧古怪的新詞彙，而後再以道德關懷的名義，要求其他人也採用這些詞彙，即使他們自己也發現採用新術語往往很困難。不是每個人都有那個閒工夫，能在紐約大學的長廊上閒晃，隨時掌握那些在道德上無懈可擊的最新詞彙。

這必然會造成兩極化發展：一部分的人益發要求遵循新的語言規則，另一部分的人則覺得自己愈來愈受到這個語言規則的宰制和批判。同時，次世代已部分地解決了這個問題。他們吸收了文化菁英的語言規範，將之做為自己的道德母語。但對次世代而言，這個現象仍會在下一個世代更迭的循環中重演。政治正確和覺醒文化，這兩者都是文化進步無可取代的趨動力，同時也是（對大多數人而言）無法根除的煩惱。我們目前還看不到一勞永逸的解決之道。

這些要求社會正義的強烈訴求，對那些「已落人後」的菁英份子特別具有吸引力。他們樂見這些進步術語打亂社會穩定的效果，將之當成表達自己對自身社會地位大失所望的宣洩出口。一個社會有時會因為結構和人口統計的因素，出現**菁英過剩**的階段。[22]一大群受過頂級高等教育，在學識上全副武裝、配備齊全且承受父母高度期許壓力的年輕人，拿著亮眼的大學文憑，滿懷希望地踏進成人世界，卻發現其實隧道盡頭的那一道光根本不是什麼滿到爆開的藏寶箱在發亮，而是一列迎面疾駛而來的失速列車。在必須證明自己的倉鼠滾輪競賽中，殘酷的競爭永無止息，因為其他人也都受過良好的高等教育，而原本暗示名聲響亮的大學文憑能順利轉化為六位數薪資的保證，原來也不過是誇大其詞的說法。求職路上，聲望高的好工作數量有限，大多數人必然空手而返。這在某種程度上會讓人產生「這個社會一定是骨子裡出了問題」的印象；不過，「我條件這麼好，還是沒能如願以償地功成名就，所以我被嫉妒和怨恨吞噬了」，這可不適合拿來當成激起團結和同情的政治口號。所以我最好聲稱自己是受壓迫者的代言人，替他們——當然囉，**怎麼會是**為了我自己的利益呢——喊出要求徹底重組社會的顛覆性口號。要是編輯部或法律事務所那個搶手職位的競爭對手因為沒有及時在他的推特簡歷加上所需的代名詞而遭淘汰出局——做為附帶收益，那就更好了。這種情況於是導致了富裕的白人之間產生出一種心理劇，讓那些對既有的社會不公真正深感愧疚之人，面對著一群寧可忽略這些不公義、只想裝作沒事繼續過活的人，以及一小群黑人知識份子，分別站在這兩種敘事的其中一邊。[23]與此同時，社會弱勢群體的物質處境依然不見變化。

從保守派觀點來看，這正是典型自由派人士「我是萬事通，我最懂」的表現，必須當成左派勢力暗藏的極權道德強迫控制的跡象，加以譴責。儘管這是一種公關策略高招，但與事實無關。從美國的「**支持我們的軍隊**」（*support our troops*），到英國的「**國殤罌粟花**」，[24]再到德國必須承認東德為「**非法治國家**」（Unrechtsstaat）的口號，[25]保守派主流一直都有其自身的政治正確形式。它們和自由派的不同之處在於，這些身分政治的形式都與建制派的利益和意識型態相符，因此會被視為一般、正常且理所當然。

「身分政治」這個概念，最早是在一九七七年由康比河聯盟提出，[26]該組織是由黑人、社會主義者和女性主義活動者組成，致力實現社會正義。[27]不過，以弱勢者、權利被剝奪者和人生不順遂者之名所提出的身分政治，往往都會被形容為是一種如同破壞聖像的另類煽動叛亂，必須在其萌芽階段就將其扼殺，否則左派暴徒會搶走街角鞋匠的鞋楦，並伸出食指告誡他別打老婆。我們最終會走到哪裡？共產主義就是要把一切都砸個稀巴爛，這正是自圖霍爾斯基的時代以來，[28]資產階級始終堅信的一項信念。[29]

覺醒運動的反對者常犯的一個普遍錯誤，就是認為當前趨勢會永無止盡地延續下去。他們往往會搞混「當前既有形式的覺醒運動會對社會造成什麼影響」，與「如果社會無限期地追求、不間斷地實施覺醒運動會有什麼影響」的問題，將之混為一談。不管這是不是一件好事，這狀況都不會發生。覺醒運動仍會存在，但只會更加弱化，變得更為溫和，最終成為區域性的現象，並在這個過程中改變其形式。

最後的局面會是這樣：首先，覺醒文化將被資本主義和菁英領導制稀釋並吸收——如同當初的六八學運份子要求終結被腐敗的主流、菁英和國家控制的體制，自己最後反而成了這種體制的另類幫凶，覺醒文化也將走入公司董事會、出版社、電影製片廠和議會的後臺，在當中存續下來，但也會被中和掉，而它本有的激進形式也會被剝除。菁英人士一向懂得收攏成功的社會運動，放進個人利益的口袋裡。[30]因此，眾人擔心或期望的西方文明終結並不會發生。相反地，會有更多女性位居領導職位，也會有更多亞裔人士或跨性別者擔任領導角色。這些都是早該出現的正向發展。[31]

其次，覺醒文化是西方文化重要的輸出物。[32]政治正確的影響在這方面也會帶來廣大益處。歸根究柢，耶魯、劍橋和洪堡大學的理論研討會代表什麼激進理念，[33]其實並不重要。如果覺醒運動有助於比利時反思過往壓迫他人的殖民歷史，或是得以提升阿拉伯國家的女性權益，那麼，覺醒運動早已實現了它的目的。

・保持警覺

覺醒文化為何這麼遭人憎恨？這個現象之所以打從一開始就受到社會大眾強

烈反對，或許是兩個因素共同造成。第一是覺醒運動追求社會正義平所激起的道德狂熱。大多數人都不認為自己是種族主義者——要注意，這往往是錯誤的——因此對於被指控和種族主義結構勾結而染上歧視者汙名，會產生過敏的反應。有人認為，種族主義要麼無法根除，要麼只能藉著不斷的懺悔和對內心鞭笞去治療。

再者，前面也提過，大眾總懷疑政治正確的議題根本就是愛管閒事又好發議論的大學畢業生的菁英計畫，這些人總是會想出新的語言地雷，以表明自己是道德先鋒，是站在歷史正確的一方，而他們在利用廉價的標籤（hashtag）去爭取政治上代價高昂的慘勝之際，表現出來的盡是虛偽和自命清高，而這些行為終究也只是為了拉抬自己的個人地位。簡言之：沒有人想被（所謂的）偽君子批判。

二十世紀試圖藉由制度性預防的邏輯，以及對不合理禁忌的去道德化，來抵消群體思維的危險性，進而擴大道德的範圍。為了終結群體思維的這股動力，從此刻起，原本隱蔽的不公正結構將被**道德化**，好讓它為人所見，並將之消除。

一如眾多的包容性道德運動，覺醒運動的根本矛盾就在於它依據的準則和價值觀，與它批評、排斥或克服的社會經濟脈絡之間，有著千絲萬縷、密不可分的連結。保護少數群體、希望社會公正、要求平等、反歧視，以及反種族主義，這是西方社會、尤其是西方 WEIRD 社會特有的理想。在簡單的史前部落社會之外，歧視、剝削、奴役、種族滅絕和不平等，其實才是歷史與當今社會的**常態**。覺醒運動的矛盾之處在於，在其最極端的表現中，在道德歇斯底里的刺激下，它開始排斥那唯一曾為克服它正確診斷出的缺陷而嘗試過的社會形式；這個社會形式雖不完美，但至少認真嘗試過。覺醒運動成了一種自體免疫的混亂：渴望改善道德，這本身是一件可取的好事，但這個渴望卻反而開始質疑起讓這種渴望最初得以生成的基礎。

而直接排斥覺醒運動和政治正確的人，則是犯了另一個互補的錯誤。反覺醒運動的根本矛盾在於，它將那些堅持徹底實踐構成西方文明的價值觀和規範的人，都當成了西方文明的敵人。這種包容性運動的道德**目標**無疑是良善且正確的。大家應該都會贊同，現代社會裡，一個人的命運不該受其種族、膚色、性取向、身體狀況，或是社會背景影響。大家唯一的分歧，僅僅在於實現這個目標的方法。明智之人有能力化解彼此之間分歧的意見，只是這強大的潛力目前仍未實現。

覺醒運動的倡導者低估了一點：如同其他同樣以社會政治進步之名進行的社會運動，覺醒運動也無法對策略問題免疫。覺醒運動使用的詞彙一旦為社會接受，就容易遭到別有居心的行為者挪為己用，也容易被懂得營造道德敏感假象的搭便車者利用，用來掩飾他們客觀上來看有害的行為。像是**粉紅洗白**（Pinkwashing）或**綠色洗白**（Greenwashing）這樣的詞彙，指出我們不該被營運全球的跨國石油公司矇騙，讓它們認為靠著讓董事會成員半數為同志（粉紅洗白），在推特上發個「*#TimesUp*」推文，以及隨便種幾棵樹（綠色洗白），就能抹去自己嚴重破壞環境的痕跡。[34]如同前面說過的，社會菁英總是能找到門道，將各種社會新運動工具化，以達到自己的目的。「激進時尚」[35]可不是在作曲家伯恩斯坦於紐約公園大道八九五號那個有十四個房間的頂樓住處為黑豹黨舉辦募款活動之後才出現的。[36]

包容自有其辯證法。每一種制度、每一種新論述，以及每一種創新的社會實踐，總會為那些有辦法發出正確的道德信號、但實際目的卻不甚高尚的投機者創造出新的利基。因此，平等和身分等包容性詞彙，一旦被實為反包容的運動採用，解放運動就會產生出自身的反作用力。性挫折的**非自願單身者**，[37]也就是非自願單身的年輕男性，或是男權運動者，聲稱個性害羞或不具魅力的男人處於不公平的劣勢，他們在主張獲得性關注的權利時，便會使用再分配或邊緣化的語言。大眾不應該歧視身有殘疾之人；那麼，該如何看待笨拙的年輕男性？誰來傾聽他們的擔憂和需求？誰會願意和他們上床，儘管他們有口臭且性格乏味？

年輕人渴望的性愛數量，和他們實際擁有的數量之間，差距懸殊，這是世上再尋常不過的事情。但這個事實卻因為社群媒體的普及，而在社會上產生了出人意料的爆炸威力。一個鍋配一個蓋，人在覓得自己看得順眼又滿意的對象之前，往往都得歷經一段時間或長或短的乾涸期。每個人都得找到方法獨自去面對這個問題。不過，這個狀況在網路時代可就截然不同了。性事受挫的青少年會在網路論壇上向他人抱怨，他們突然意識到：原來我不孤單——有好幾百萬人和我有同樣遭遇！我們是新的受壓迫少數群體，沒有人對我們感「性趣」！他們開始懷疑這個社會當中有一種陰謀存在，也就是有一些在性事上特別成功的男性——所謂的**查德**，他們壟斷、獨占了少數在性事上特別具有魅力的女性——所謂的**史黛西**。對他們而言，大多數男人因此就該淪為沒有「性福」可享的**貝塔男**。[38]性受挫者的怨恨感一直都是右派保守主義的心理核心；於是，該怎麼解決就很明白了：

這群人認為，必須讓這群蕩婦明白優秀的父權制的好處，所以現在他們要重返父權制度。

史賓塞在二〇一〇年發起的另類右派運動，[39]希望以「另類右派」一詞為標籤，[40]重新樹立「白人至上論」的觀念。這個運動很快就質疑，為何世人樂見黑人之間特別團結、特別強調黑人文化身分的認同，可是類似的反思用在歐裔美國白人的民族認同上就不恰當？這似乎存在一種雙重標準：非裔美國人可以頌揚他們獨特的價值觀和認同，那為何「我們」就不行？這些質疑都是表面打著平等的幌子，實則煽動種族歧視和性別歧視的陰險策略，史賓塞也因此飽受言詞和人身攻擊。[41]

右派的反彈有哪些是認真的，哪些則不然？[42]青春期的年輕人最愛的，莫過於挑釁。為了達到這個目的，他們在某種程度上幾乎什麼手段都能用上。我可以用來反叛的「彈藥庫」日益枯竭，因為我爸媽以前曾是嬉皮，認為用藥和婚前性行為也沒什麼大不了的，那這樣我下一步還能做什麼來挑釁？這下一步往往是崇拜納粹十字、粗暴的仇女言論、坦言幻想謀殺他人。這些挑釁大部分帶有諷刺意味，或者更棒的：超越諷刺（metaironisch），這種諷刺恰恰讓人看不清究竟哪些是諷刺，哪些又不是。不幸的是，有些剛剛還互使眼色、共享玩笑的人卻忘了，自己得留意提防自己正在假扮的人，因為你在某個時刻會真的成為自己在假扮的那個人。褪去諷刺姿態，他們真的成了納粹或仇女的信徒（或者往往兩者皆是）。

無論左派或右派，幾乎每個社會群體都需要克服極端主義膨脹的問題。一個團體的意識型態會被代表該意識型態最極端版本的人所主導，而這個極端版本在一段時間過後，就會成為該團體意識型態的新正統。如果有人想加入這個團體，或有意在這個圈子內發展，那麼他就得對此展現出特別的忠誠，這通常就意味著這種激進的循環會因此繼續升高。很快地，你會發現自己面對的是一個有人堅稱金正恩能夠瞬間移動，或者深信「領導」永遠英明的團體。沒有人相信這些無稽之談，也沒有人相信其他人會相信。意識型態的極端主義於是成了一種昂貴的信號，目的就是透過焚毀通向理性和智慧的橋梁，以建立信任。這種現象在政治光譜上的各種派別中都可見到，就像有些人否認全球氣候變遷，有些人否認疫苗的預防之效，另外有些人則深信，世界經濟全掌控在猶太人的陰謀集團手裡。每一場社會運動往往也都得找到解決辦法，以應對那些受其吸引而來的騙子、吹噓者、白痴和精神錯亂者。

每個社會都有處於不公平劣勢地位的人，以及位居不公平優勢地位的人。減少這樣的社會不平等現象，始終是現代社會的一項核心要務。只是這樣的努力常會遭人利用。一旦被邊緣化的群體成員得到了外界特別的支持或關注，往往會產生吸引外人誇大或徹底捏造自己為受害者的動機。這結果就是社會的孟喬森症候群：[43]化名恩凱奇．阿瑪雷．迪亞洛的瑞秋．多勒扎爾，是個出身蒙大拿州、淺色眼睛的中歐後裔白種女子，但她長年冒充成非裔美人民權運動者；而出身堪薩斯州、猶太裔白人女子潔西卡．克拉格，也以潔絲．拉．博姆巴勒拉為名，反對紐約東哈林區的士紳化，「巴利歐」（el Barrio）是該區占人口多數的西班牙裔居民對它的稱呼。[44]這類情況實屬罕見，卻可能削弱大眾對於覺醒運動追求的包容目標的信任。當然了，絕大多數稱說自己遭受壓迫的人都不是說謊者、騙徒，或者精神不穩定的人。但每一項新的社會運動，都會創造出新的激勵結構和新的利基，而這些利基有時會遭人濫用。

這類激勵結構同樣也解釋了我們的道德詞彙為何會受到語意變化的影響，進而造成詞彙的精確性逐漸減弱。諸如「暴力」、「創傷」或「虐待」等詞彙概念是具有強大影響力的。一個人聲稱自己遭受創傷，或是遭受暴力傷害，他表達的是一種道德上的強烈控訴，並要求他人能傾聽他的心聲，正視他遭受的傷害。你能從這些詞彙驚人的力量當中得益——這是個強烈的誘惑，無論你對這個誘惑有無意識——那麼，就算置身邊緣化的處境也沒關係。這種狀況在心理學上就稱為**概念蠕變**，意思大約就是：概念的逐漸擴張與變異。[45]那些想讓自己表現得像是特別敏感、在道德上毫不妥協的人，很快就會聲稱奧維德《變形記》裡形形色色的強暴場景，[46]「觸發」了他們自身的「創傷」。這種傾向展現自己的脆弱的趨勢，並不是個好的發展現象。創傷應當被克服和處理，而不是去培養和強化它。[47]

擴展道德範疇的語義界限，暗藏著一種「非自由」的可能，這理所當然會令覺醒運動的批評者緊張，而覺醒運動的支持者應該也能認可這一點。[48]自由社會的特徵，就是推定自由的存在：沒有禁止，即是允許；要禁止就必須有充分理由；唯有為了保護第三方，才能限制個人的自由。[49]因此，暴力行為是禁止的（自我防衛除外），但汙辱性的言論則不受禁止（有少數例外），因為單純的言詞雖會傷人感受，但不會造成真正的人身傷害。強烈的言論自由準則於是應運而生。不過，一旦像「傷害」這類詞語的語義界限被弱化，使得就連以口語表達某些言論也算是「暴力」時，大幅限制言論自由也就有了正當理由。否定變性女子是「真正的」女人，這可能是錯誤且傷人的。但宣稱那是一種逾越了言論自由界限、施加於人的暴力，則是一種危險的想法。

「盛行率引發的概念變化」現象，又更強化了這個發展，[50]因為某件事愈少發生，我們就愈容易看見它。「Agression」（侵略、侵犯）一詞不久前都還特指對身體或言語上的公然威脅和攻擊行為；一個社會愈是和平、馴化、合作，「真正的」侵略或侵犯在當中的發生率就愈低，也就使得我們將「侵略」這個標籤用於狀態更溫和的情境上。這就像是「狼來了」的狀況：誰要是一直在根本沒有狼的情況下大喊「狼來了」，日後，當狼真的在他面前齜牙咧嘴時，他恐怕再也喚不來援手。因此，我們必須格外謹慎，不可濫用道德重量很重的詞彙，要是過於頻繁地借用這些詞彙的警示力量，那力量遲早會被徹底掏空。

於是這裡就產生了一個令人心生矛盾的態勢：一方面，我們的道德標準理當更嚴格，對帶有傷害性的行為容忍度也會減低；另一方面，太過浮濫地使用道德意義強烈的詞彙，也會招來指責，說我們面對的是一群就像「雪花」般不成熟的人，這些人最好自己振作一點，別老是自認為受到攻擊，被人輕輕一碰就融化。

什麼話可以說，什麼又不行？要劃分這條界線相當困難。要是能將歧視性的表達方式列為判別社會文化的指數，進而將之逐出禮貌的社會之外，那當然再好不過。只可惜，只要賦予這些表達夾帶歧視意味和情緒威力的那些內在心態和外在態度依然沒變，同樣不會見效。當一個乍看似乎沒問題的新詞彙，取代了有問題的舊有表達詞彙——像是以「具有移民背景的人」取代「外國人」——這個新詞彙往往很快也會沾染上舊詞彙原來的貶義。語言改革的倡議因此往往成為不過是虛有其表的「委婉語跑步機」，跑得再怎麼努力，也只是原地空轉。[51]

許多字詞本質上就帶有攻擊性、排他性或去人性化的語義。赤軍旅的邁因霍夫就明白表示，[52]她認為警察不是「人」，而是「豬玀」，這背後的意思就是：「當然可以開槍射殺他們。」還有「Itzig」（對猶太人的貶稱）、「Schwuchtel」（對同性戀的貶稱）、「Krüppel」（對身障者的貶稱）、「Mongo」（對蒙古人或智能障礙者的貶稱）、「Muselmann」（對穆斯林的貶稱）、「Zigeuner」（對吉普賽人的貶稱）或「Fotze」（陰道，常用於辱罵女性），這些詞彙的核心都是徹底的貶義。「Neger」（黑鬼）這個字在我童年時代還相當常見，所幸現在已不再如此。有人試圖從語言學和歷史的角度指出「niger」一字不過是「黑色」的意思，但這個說法從沒讓人信服。「Idiotes」（白痴）這個字曾經是「私人」的意思，儘管如此，那些樂於喊別人「黑鬼」的傢伙，絕大多數在聽到別人以一種所謂價值中立的方式稱他為「idiot」時，恐怕也會覺得自己被冒犯。字詞的語源決定不了一個字詞在今日的意義。

除了像「BIPoC」（Black, Indigenous, and People of Color／黑人、原住民及有色人種）這樣，打從一開始就以追求進步為目標、立意良善的新詞彙，已不再有單一詞彙用以稱呼深膚色的人，這就是明顯的進步。但如果只是說出一個冒犯、歧視或不人道的字眼呢？年輕的饒舌樂迷是否必須抱怨歌詞中出現這種字眼的段落？對於「*negro*」這個字眼在《亂世佳人》或《決殺令》電影裡滿天飛的狀況，[53]我們又該做何反應？

哲學家喜歡區分一個字詞的**使用**和**提及**。「土星」有兩個字；但**土星**沒有字，因為它是由氫、而非字所構成。第一個情況中，「土星」是被談及的字詞，第二個情況中的土星則是被使用的字詞。這個例子不會對我們造成什麼問題或困擾。不過，一旦涉及的是我們人類，情況立刻截然不同。即便只是「說出」一個歧視字眼，而沒有「使用」它，這樣也有問題嗎？「使用」和「提及」之間的區別，有時是否也會被打破？

身為符號物種，我們人類有能力為這世界的某些部分賦予意義。有時，這意義是負面的，而且有些負面意義強烈到因此成了禁忌。禁忌，它是神聖事物的世俗表親；禁忌儘管未能得神聖的認可，傳達的仍是同樣不可碰觸的語義。在美國的文化脈絡下，禁忌的「那個N字」現在幾乎只會被「提及」。《紐約時報》最近刊出一篇哥倫比亞大學的（黑人）語言學者討論這個「**negro**」禁忌起源的文章時，社方還被迫在另外刊出一篇特別聲明，解釋為何決定完全不做審查地印出這個糟糕的詞彙。[54]

但這樣的禁忌會產生意想不到的後果。它們非但不能中和某些詞語造成的殺傷效果，反而還會賦予它新的力量，甚至進一步鞏固它的情緒影響力。每個人都知道，若有人真**使用**了「那個N字」，或是你為了批評他使用那個字而說出「你不該使用『negro』這個字」，因而自己必須用到這個帶有殺傷力的字，這兩者是有天壤之別的。後者的行為大多無損道德，前者在道德上可就是錯誤的行為了。[55]但你還能怎麼做？「你不該使用『那個N字』。」這麼說是錯的，因為要避免的是該字本身，而不是委婉說法。

關於那個N字的爭議，正是覺醒運動試圖透過干預語言，以實現社會正義的象徵策略，特別明顯的矛盾例子。克服非人化詞彙內在不言而喻的排他性，是成功且值得讚許的行為。可是，當美國歌手梅爾（John Mayer）這樣的傑出白人，在二〇一〇年一次惡名昭彰的採訪中，被問及他的音樂與非裔美國人社群的親近性時，梅爾答說，一個從未被餐廳拒絕入座的人，永遠不可能真的擁有「黑鬼通行證」（nigger pass，也就是讓白人破例享有特權，使用原本僅供黑人社群使用的詞彙）。聽到這樣的言論，我們又該如何反應？[56]

就像電影《侏羅紀公園》裡的麥爾坎博士所說的，生命會自己找到出路，次世代其實已開始懂得區別以「硬R」為字尾、明顯帶有種族歧視色彩的那個N字，以及朋友之間會隨性使用、帶點調情意味的「nigga」。被邊緣化的群體並非全是被動的受害者，他們往往也是自主又富有創造力的個體，能夠重新使用帶有貶義的詞彙，並且褪去詞彙當中原本的貶義，例如**身心障礙社群**當中的身心障礙者就以諷刺又自信的方式，將「cripple」（殘廢）一詞轉為己用。

覺醒運動待辦清單上的首要關注問題裡，有許多都是合理且重要的當務之急：對女性、新住民、身心障礙者和貧困者的歧視，是既可恥又不可取的行為，現代社會必須持續努力，好讓這些問題有朝一日成為過往歷史，不復存在。與此同時，積極投入社會正義的行動者，他們優先關注的道德焦點有時卻令人詫異。根據最新的《精神疾病診斷與統計手冊》估計，[57]性別不安（Gender-Dysphorie）——也就是一個人的性別（gender）認同與其身體所表現的性別（sex）不一致——在總人口中的盛行率僅為〇．〇一四％。每個跨性別者都應該要能不受壓迫和歧視、自由自在地生活。然而這也無法改變一個事實，那就是從整個社會來看，涉及跨性別者的相關問題其實很少，那些不過是極為罕見的現象。

另一方對此的道德恐慌就教人更難理解了。性別不安是一種罕見但真實存在的現象，一直堅持要由生理現實決定一個人是男是女，根本無助於理解這個現象，也無助於培養社會懂得如何適當地對待跨性別者。如果把這個問題對照養父母的法律及社會地位來看，會有助於理解：[58]對收養的子女來說，養父母就是實實在在的父母親，如果外人一有機會就強調他們在生物學上不是「真正的」父母，那就是既不必要且缺乏尊重的傷人行為了。某些情況下，這麼提有可能是合理的，例如涉及器官捐贈或是診治遺傳疾病等醫療措施時。可是，一再懷疑跨性別男性不過是一群想以女裝新身分做為幌子，在女性更衣室裡伺機尋找下手目標的性侵犯（即使確實會有這種個別案例），那就是徹底荒謬和對跨性別的恐懼了。有一點千萬別弄錯：右翼保守派的工具箱中最受喜愛也最有效的工具，就是不斷透過巧妙操弄關於性變態惡人的危言聳聽，藉此煽動大眾對於未知新事物的恐懼，以獲取大眾支持他們開倒車的退步政策。

進步計畫優先關注的道德重點有時實在令人難以理解，這並不是覺醒運動特有的問題。這樣的狀況也可見於所有的政治運動或黨派。在美國，心臟疾病和癌症每年會各自導致五十萬人死亡，另外還有五萬人死於腎臟疾病——然而各個政黨、報紙或活躍團體，無一以眾人期望的急迫程度討論這個駭人的數字。[59]這和政治話語的普遍病態有關。政黨和社會運動關注的重點，不在於就整體來看相當重要的問題，而是在於能贏得搖擺選民的支持、讓敵對陣營難堪的問題。「分歧的問題」若非根本不重要，就是幾乎**相對**不重要。[60]腎衰竭是個大問題，但這個事實並無爭議，我們沒辦法利用這個議題在和政敵的競爭中占得什麼優勢。於是，這個狀況也就促使了政治話語朝向象徵和文化方向轉變。到了某個時間點，一旦曼哈頓的道爾頓學校的課程中，[61]將塞凡提斯的《唐吉訶德》改換為**批判性種族理論**，[62]這個問題就會成為當下主要的政治議題，儘管那對絕大多數人的生活根本毫無影響。[63]

・曾經的種族主義和復歸

古典的自由主義仍相信，時間會治癒我們的創傷。一旦社會賦予眾人平等的權利，並且建立起以公平及公正一視同仁的程序，那麼，大眾對於正義的渴望便能自行紓解。覺醒運動的積極份子說得沒錯，有時事情才沒有這麼簡單：如果直接就將中立的程序、平等的權利和個人的自由強加於既有的不平等狀況上，你首先就擺脫不了不平等。在極端自由的條件下，極端的不公義會永久長存。

那麼，為何不徹底放棄中立的假象？某種程度上，強調集體的群體身分，好讓這些群體的怨言心聲能立即被人聽到，這做法會更能見效。應該要提醒白種人，他們無可迴避的白人身分，以及隨之而來的「白人特權」。有色人種則被呼籲，要和自己的兄弟姊妹攜手合作，最終以「部族」自視，[64]以便瓦解種族主義結構，以自己的苦難遭遇換得政治貨幣。覺醒運動的圈子普遍認為「種族」是一種毫無科學基礎的社會建構，同時，這個社會建構卻又以一種異常強烈的方式被人強調和彰顯。這真是諷刺的歷史大迴轉。[65]**某種程度上**，我們可將日常用語中對不同族裔出身的人——黑人、白人、亞裔——所用的分類，用於形容具有共同歷史、可從基因上識別的人口群體。[66]但這仍然是相當粗略的分類。而像是「BIPoC」（黑人及有色人種）這樣的新詞彙，往往打從一開始就明確要以各個群體遭系統性歧視和邊緣化的受害者身分為基礎，來對群體進行分類。

過度強調其實早已過時的「種族」分類，讓許多人緊張不已。誰會認為一直提醒白種人他們是白人會是個好主意？如果白人打著**白人身分**的旗幟集結，就算目的是為了集體謝罪和誓言改過自新，聽在耳裡，誰會認為他們這個舉動是進步和有益的？[67]為了對抗種族主義，因而堅持「種族」分類，這看似矛盾的做法不禁讓人聯想起喜劇演員卡林的見解：為了和平而戰，就像是為了貞操而做愛一樣荒謬。[68]只可惜這種傾向深深扎根在覺醒運動當中，因為如果對遭到邊緣化的受害者而言，覺醒運動意味的是要對自己所受的歧視現實有所警覺，那麼，對於從這歧視中受惠的人和加害者來說，覺醒運動也就等同承認了自己所屬群體的特權，他們也就會繼續自視為「白人至上」的同謀者。

就和不公義和劣勢一樣，社會特權的成因也都是相互交叉的。有些人認為，「白人」特權一詞帶有誤導性，因為也有社經地位低下的白種人。但他們忘了這個見解：這當然沒錯，但這也不能說明什麼，因為特權只適用於「**其他條件相同**」（*ceteris paribus*）的情況中。白人特權的存在並不表示每個白人都過得比每個非白人更好。這表示的是，在其他條件相當的兩個人之間，白人會因為他們的特權，而在人生競賽中過得容易一點。[69]

如今，一個獨立的批評流派也已形成，而這個流派也檢視了「白人」或「生物學上的德國人」面對種族主義問題時的不情願與抗拒態度。[70]像是迪安傑洛這樣的積極份子就舉辦了幾場研討會，[71]探討白人該如何降低他們從既有的「白人至上」結構中得利的認知敏感度，以克服自己的「白人脆弱性」。這多少可說是一個矛盾的問題：一旦有了這個詞彙，就難以區分出對種族主義指控的合理反駁，和無意承認現代社會遺留的問題。任何人要是否認自己有種族主義偏見，就會落入「卡夫卡陷阱」，在這樣的陷阱裡，拒絕接受指控正是這個指控有理的證明。許多人都不樂於被人貼上是不公不義的黨羽的標籤，會產生防禦的反應。我們在這種地方往往較傾向自我批判。但一個人在特定情況下否認自己是種族主義結構的受益者，也不是每次都是白人過度敏感的徵狀。

隨著「WEIRD 社會」的出現，如今世人認知的政治共同體已不再是由傳統的階級制度和無可改變的親屬關係所構成的網絡，而是一種社會契約，而共同體的所有成員皆能自由且平等地以簽約人身分訂立這個契約。只是，顧及現實中依然存在的種族歧視、性別歧視和殘障歧視，這種想法不免顯得迂腐且缺乏誠意。要是黑人和女性從沒被納入這「契約簽訂」當中呢？要是我們的社會契約其實一直都是「種族契約」，而白種男人同意了當中允許他們從非白種、非男性的他人所受的苦痛和剝削中得利的條款呢？[72]

批判性種族理論（Critical Race Theory, CRT）試圖讓人看見這個意識型態模式：[73]自從奴隸制度和官方隔離制度廢止之後，種族歧視或許已變得不再那麼殘酷，然而在某些方面，歧視不過是轉換了形式，變得更加隱晦、非正式，而且毒性更甚。歐洲白人盜賊統治般的陰謀，曾在美國喬治亞州棉花田裡監工揮擊的鞭子聲中、密西西比州眾人共謀的私刑謀殺，和阿拉巴馬州黑白隔離、必須分開使用的飲水機上表露無遺。但這根深柢固的種族歧視的後遺症，現在仍存在於修正主義懷舊者內心的憤恨和歧視性的住房政策法規裡。例如：美國的「紅線制度」

長期以來就一直處心積慮要讓非裔購屋者只能在不利的條件下購得所在區域不佳的住屋。[74]購屋一向是私人財產最重要的形式，也是獲得社會安全的重要途徑。而**禁毒戰爭**與美國法治系統其他結構病態的兩相結合，也導致了全球罕見的高監禁率，受害最深的是黑人男性。[75]

於是，許多族群在社會這張牌桌上，一直都只能拿著一手被人做了記號的爛牌。而眾多訴求便從這些結構性的不利劣勢中應運而生，認為現今社會仍對這些被推向邊緣的人有所虧欠，應以某種形式補償他們承受了過去遺留下來的不公義。[76]最年輕的一代人只是承繼著前人留下的這個結構性不平等，並無任何罪惡意識，於是他們反問，為何他們該為自己從來沒有想要、或從未做過的事情和造成的結果付出代價？這使得各方都覺得自己身處不利地位，而且受到不公平的批判。系統性的種族歧視已深深嵌入這個社會的紋理當中，這個問題在道德上也就特別棘手難解。因為若種族歧視包羅的範圍廣泛，你根本就避不開，也無法置身事外。如此一來，很快就會導致狀況過度簡化為：你要麼是個反種族歧視者，會積極對抗歧視的結構，不然就是根本毫無作為，所以你就是個種族歧視者。這裡沒有單純就只是「非」種族歧視者這個選項。[77]

我們懷疑，不知何時開始，多數社會對於少數群體、弱勢族群，以及另類生活方式的仇視敵意，已從原本官方的社會主流移轉到了集體潛意識當中；在這個原本官方社會主流裡，種族主義的汙衊、性別歧視的偏執、對身障者的排斥，都是符合社會框架、為社會接受的。我們的偏見並未消失，而是自此隱蔽起來，無法被人主觀地察覺到，只會在個人直覺、下意識的反應和判斷中露出狐狸尾巴。因此，從一九九〇年代末期開始，意在揭露這類潛意識的心理測驗就開始受到關注。其中最著名的莫過於巴納吉和格林華德研發出來的哈佛**內隱聯結測驗**。[78]現在大家都能在線上自行進行這項測驗。[79]測驗結果會顯示，就算你根本沒注意到，甚或刻意抗拒，負面的歧視看法仍然可能存在。這個測驗依據的觀點是，歧視態度就存在於我們對於社會群體和具有負面含義的事物或情況之間的內隱聯想當中。這個測驗量測的，是一個人將正面及負面詞語，與白人或黑人、體型纖瘦或肥胖、一個人有無戴頭巾的圖像連結在一起的反應時間。要是發現大眾會更快地將槍械或老鼠的圖像與黑人臉孔聯想在一起，那可就令人不安了。然而這類測驗在科學上的效度與信度也愈來愈受質疑，尤其是最近這幾年，因為這類測驗既不是特別**有效**，也沒有特別**可信**。[80]首先，這個哈佛內隱聯結測驗測量的是反應時間，但反應時間是否就和真正的**偏見**一致，答案仍是未明；此外，重複測驗往往也會得到大相逕庭的結果。有別於測量結果基本上總會相同的捲尺測量，內隱聯結測驗的結果有可能會在幾分鐘、幾小時或幾天內徹底改變。最後，內隱聯結測驗的預測能力極為低下：內隱聯結測驗的特定量測結果，無法說明一個人如何在現實生活中表現出歧視行為。內隱的偏見可能實實在在地存在，但要讓這些偏見能受測量，繼而得以矯正，這依然是非常複雜的問題。

強調種族主義結構往往與為解決問題而提出的做法與解方相矛盾：有人堅信，對種族主義與性別歧視做法的批判，和大眾腦中及內心的想法和主觀動機並無關聯，因為真正將少數族群再度推向邊緣的是系統性的因素。然而我們見到的解方和改革建議，往往卻是針對個人的心理態度和習慣，要求個人更深入地自省、行動更謹慎、承認自己也是歧視的共謀，或是去「檢視」自己的特權。那些對種族主義的批判應該更嚴謹地看待自己的診斷和解釋，並且界定出結構性問題的結構性解決方式，即便那解方似乎是在為那些從這些結構中得利之人開脫。

野心勃勃的社會革新批判必須調和兩件背道而馳的事情：一方面，它必須保有所有社會批判必需的警覺和潛在憤怒，以便能讓人覺得它的觀點一針見血，為之信服，能受其激發並起而行動，以贏得新的支持者。另一方面，如果它有意忠於事實，就該承認它已有顯著進展，已令人寬慰地減輕了種族與性別歧視的殘酷罪惡。由於這兩件事在情感上難以相合——一個教人擔憂，另一個卻令人放心——於是進步的言論又回到了「不公不義依然存在，只是更難辨認出來」的論點上。我們能看到、感覺到奴隸制度和種族隔離，聽到和感受到種族歧視的羞辱。可是，奴隸制和種族隔離制不是已廢除，土耳其或希臘籍的「客籍工人」不是也已成為德國公民，而且子女還從高中畢業，擔任公職了嗎？[81]

傳統傾向的左翼份子指責身分政治將種族主義和性別歧視當成了現代社會的根本問題，因而忽略了真正的問題所在。他們認為，問題的根源終究是某些群體在物質上的劣勢：覺醒運動的身分政治採用了那些它們曾經承諾要克服的種族—民族類別，卻忘了剝削和不公是社會經濟階級的問題。我們往往認為統治菁英最樂見的，莫過於知識份子與社會批評者在這個身分政治的議題上鬧翻，沒空去觸碰讓統治菁英得以成為統治菁英的整個資本主義剝削體系。因此，新自由主義樂見平等代表的邏輯，它願意在董事會裡按比例配置女性及有色人種，以換得制度的平穩運作。

・詞彙測驗

世人不是常說，萬物皆有縫隙，而光能透過縫隙照進去嗎？我們現在要找出這些縫隙，那正是覺醒運動真正的力量所在：那力量就在那股我們用來微調道德的羅盤，將社會的中心從它教條式的沉睡中喚醒的創意能量裡。

而這通常需要新的詞彙，因為做為以意義為媒介的符號物種，任何無名之物都是不真實的。[82]這些新詞彙往往會遭人排斥，因為新詞彙聽起來必然會顯得矯揉造作，又很勉強。我們能理解這種抗拒的衝動，但應以克服：你可能會覺得許多新詞彙實在很愚蠢，但誰知道日後哪些新詞彙將證明自己是既可行又能存續下去的呢？許多現在的變異可能很快就會成為你我的第二天性，這一點，今日還有誰會懷疑？

各種性別平等語言的提議，對彼此的細微差異吵得不可開交，這讓人看了很難不對各方的自戀程度啞然失笑。在德文中，女性稅務顧問應該要稱作「Steuerberaterinnen」？還是「SteuerberaterInnen」、「Steuerberater*innen」、「Steuerberater_innen」？或者是「Steuerberater:innen」？[83]你要怎麼說出這標示性別區分的間隙？會害羞地略過，還是喜歡得很？一如納博可夫筆下的亨伯特．亨伯特那樣，會細細品味他囚禁對象名字的三個音節，[84]就像克萊斯特《O侯爵夫人》小說中的那個破折號一樣？[85]（這兩個文本在強暴的議題上，立場模稜兩可到令人痛苦。在這個脈絡下，引用這兩個文本做為參考又是多麼有待商榷？）從現在起，我們就直接稱呼「Kanzlerin」（**女**總理）嗎？這些有一大部分都是水準低得可悲的爭論，但你不能只因為駁倒了腦袋最空洞的反方代表，就以為自己已贏得勝利。爭辯的改革與保守兩派，雙方在此都虧欠這個社會的其他成員，彼此應該各退一步：改革派應當去更了解自己想法的試探性、可商榷性和（有時的）醜陋性；保守派應當更願意去看看對手這些努力當中公義的核心，而不是自顧自地生著悶氣，裝作沒學過這些新詞彙。

我們無法先驗地決定哪種解方最終最為可行，而是要取決於多元社會允許的各種力量自由發揮。在這樣的社會中，決定其中成員生活方式的不會是上級機關的命令，而是實驗性的競爭。我自己就難以抗拒特異新詞彙的神祕詩意，這些詞彙打開了此前我從未注意、忽略、甚至完全不知道的部分世界。誰願意承認自己是個偏狹、自滿之人，只因為一個新詞彙不適合自己生活的那個介於開放式辦公室和保齡球館之間的小小世界，就拒絕接受它呢？

「玻璃天花板」一詞眾所皆知，它形容的是許多職場女性都看得到掌握真實權力與影響力的最後一階，但似乎有一道不可見、也難以穿越的障礙將她們隔絕在那最高成就之外。然而除了一小群時常掛在網路上的人，誰會聽過「**棉花天花板**」呢？[86]這個詞彙形容的是會受順性別女同性戀吸引的跨性別女性遭遇的困境。因為前者往往不會接受後者是真實且完整的女性，或者，只是充其量聲稱接受，但性吸引力卻是難以馴服的。因此，一開始看似後續大有可為的調情欲火，往往會在前者手移往胯下摸到對方那棉質的屏障時熄滅；就在這裡，許多自詡進步的人也不得不意識到，自己的欲望並不總是願意、也不總是順從自己的政治理念。然而這個詞彙也蘊含著飽滿的體驗，那體驗滿是苦痛，即便對永遠不會有此遭遇的人來說，也能從中感受到詞彙裡的失望、羞恥和悲傷之情。如果我們不去理解這個詞彙當中的意義，那就是鄙俗且愚蠢。

杜波依斯，[87]二十世紀最重要的黑人知識份子之一，也是哈佛大學首位取得博士學位的非裔美國人，曾談到「身為白人的心理獎賞」，[88]即使是最貧窮、最缺乏之教育的白人，往往也總能以自己「至少不是黑人」來自我安慰。主觀上伴隨這種心態的特權，是一種習慣，一種對待周遭世界和他人的態度，一種在你耳邊不斷低語的聲音，告訴你：你很好，你有權待在這裡或任何地方，無需恥於面對任何人。對我而言，這種特權的存在顯而易見。在我多少堪稱無所顧慮的生活裡，我不會遭人羞辱或侵擾。誰要是否認這種特權存在，都會讓人聯想到魚在被問到水是什麼樣子時，卻反問「水是什麼鬼東西？」的那種天真無知。[89]

極力抵制使用更具包容性的語言，是禁不起反向測試的。[90]這個測試是由牛津大學的博斯托姆和奧德研發提出，[91]概念如下：如果你反對某個參數X朝某個方向變化，那麼你應該問自己，**反方向**上相對應的變化，是否是個更好的主意。誰要是也不喜歡這一點，那麼他就必須能夠解釋，我們為什麼應該恰好就位處在與X有關的局部最佳狀態。許多人對於藉由化學或基因的途徑提升人類認知能力的可能性抱持懷疑態度。可是，這到底是為什麼呢？所以我們反而應該透過化學或基因的途徑讓自己變笨？如果這樣看起來也不太對，那麼問題就來了——所以我們現在應該是已經在偶然間到達了智力的理想水準？或者，我們可能只是因為現狀，因而故步自封？

的確，致力改革語言的行動有時看似笨拙，而且往往令人困惑。但是，我們為何就該認為，歷經數世紀演變的語言會自行達到我們該為自己設定的道德標準？誰會認真稱說我們過去對詞彙做過的修正並不合理？誰還會一直稱唐氏症的孩子為「Mongos」（蒙古兒），或是叫身心障礙者「Krüppel」（跛子）？誰若是想落於這個進步之後，就必須能夠解釋，為何當前的進展應該就夠了？為何在道德意義上已有改進的語言，目前所到達的水平應該就已是故事的尾聲，已是難以再更進一步改善的最佳狀態？這就曝露出了保守派對維持現狀的偏頗。

女性主義作家索尼特在一篇引人入勝、名為〈男言之癮〉的短文中寫到某次她在科羅拉多州亞斯本（Aspen）的一場別墅派對裡的奇遇：一個男人滔滔不絕地以一副「我最懂」的高姿態對她講解一本實際是她所著書籍的內容。[92]結合了「man」（男人）與「expalining」（解釋）兩字，「Mansplaining」（**男人說教**）這個合併詞開始普及之後，我們便見到它無處不在。男人說教不過是一種更加普遍的現象的表現形式，英國哲學家弗里克稱這個現象為**認識上的不公正**。[93]認識上的不公正，是指一個人特別以其做為認識主體者的角色所遭受的不公對待。當一個人被剝奪了充分理解特定經驗的概念手段，就會遭受到**詮釋上的**不公正。一個從未聽過「性騷擾」一詞的女祕書可能不認為上司的毛手毛腳是一種她可以訴諸法律保護的攻擊行為，而是無可避免的日常現象，而她必須忍氣吞聲地咬牙接受。倘若她能更理解自己的遭遇，便能更有效地將之歸類，知道自己絕對有理由起而申訴。

證詞上的不公正則是未被充分視為知識**來源**，也就是不足以做為線人或證人、權威或專家。於是，年輕的女教授往往會被當成博士生，或女性博士生被當成女學生；遭強暴的女性受害者不被信任，反而被視為是歇斯底里的紅顏禍水；外籍同事發言遭到打斷，或被無視，被迫沉默。男人說教是一種認識上的傲慢，在這樣的傲慢當中，一個人將自己做為男性權威的地位，置於女性較低階但確實為專家的權威之上。這是一種在資訊上對自我過度高估的行為。

反過來看，女性遭遇的**證詞上的**不公正，可能只是一種更深層的病理症狀：那是一種如同雅努斯那般、具有兩張面孔的父權制和厭女症怪物。[94]澳洲籍的社會哲學家曼恩在她深具影響力的著作《不只是厭女》中指出，厭女是性別歧視立法機構的執行者。[95]性別歧視是一種意識型態，在父權制度中合法化了女性的附屬地位和所受的壓迫；厭女症不是一種仇女情緒，而是一種社會結構，是性別歧視意識型態的執行者，它透過精心校準的社會制裁，讓叛逆的女性在社會中進退維谷。曼恩表示，另一方面，男性在此同時也樂於沉浸在「**同理他心**」（himpathy）當中，也就是男性對（有權勢的）男性的過度同理，原因就只是因為對方是（有權勢的）男人。

同時，還有一連串新詞彙應運而生，從**狗哨**、**煤氣燈效應**、**微歧視**到**文化挪用**，這些詞彙以文化批評的方式，要大眾去關注所有那些與「白人、富裕、健康、異性戀男性」等規範期望不相符的人所遭受到的大大小小不公與傷害。狗哨（Dog whistles）是一種修辭策略，藉此可傳遞出暗藏在言詞底下的信息。就像狗哨發出的超高音頻只有狗才感知得到，某些信息的含義也只能傳達給一部分的特定受眾。例如：乍聽之下，指出貧弱的「社會焦點」的社會問題似乎在政治正確度上是沒有問題的，[96]但聽者都聽得出這個詞彙暗指的是哪些區域，那地方可不會有金髮碧眼的路德維希或夏洛特在遊樂場上嬉戲。[97]如此一來，狗哨能讓蠱惑人心的政客觸及他們的擁護者，又不必褪去主流可接受的偽裝掩飾。

煤氣燈效應（Gaslighting）是一種微妙的精神操弄技巧，透過操作信號促使對方相信自己失去理智、歇斯底里、神智不清，甚至精神失常。在一九四〇年版的電影《煤氣燈下》（*Gaslight*，一九四四年曾經重拍）中，一個男人試圖讓妻子相信她已喪失理智。他將妻子的首飾藏了起來，儘管她非常確定將首飾收進哪個抽屜，卻再也找不到。他還暗中四處移動傢俱，稱說她怎麼自己移動了那些傢俱卻不記得了。妻子只能想像家中煤氣燈的昏暗閃爍和她聽到閣樓裡的腳步聲，都是自己神經衰弱的幻想症狀；事實上，那是入夜後男人在那兒翻找自己在一場殺人劫財後奪得、藏在閣樓裡的珠寶。男人試圖讓他妻子自我懷疑，如此一來，她就不會對煤氣燈的閃爍和閣樓裡的雜音起疑。這種操弄技巧也能用來撈取政治資本，例如：如果有心人想讓社會運動的代表相信他們不過是在誇大其詞，看到的是根本就不存在的問題，而且行為舉止就像是個反應過度的娘娘腔，要先做好「自己的基本功課」，或者他們根本就脫離了現實。

微歧視（Mikroaggression）是眾多日常互動的組成，雖然看似微不足道，卻可能會對承受者造成不成比例的傷害。[98]最典型的就是詢問一個人「真正」出身自哪裡：身為印裔英國人、韓裔美國人，或是在德國長大的伊朗難民女兒，你很難不注意到自己被人百般暗示你就是有點不太一樣。微歧視是不對稱的：「加害者」可能認為自己的行為完全無害、甚至還是友善的，但那卻會觸發「受害者」遭到排斥的感受，產生累積效應。於是，這就強化了雙方都認為自己遭到不公對待的印象。同時，這裡也顯示出了新詞彙的進步潛力：由於其內在邏輯之故，微歧視具有自我隱藏性，如果沒有一個能讓這個現象變得具體且容易理解的可用字詞，那麼發送者和接收者就會陷入一種相互誤解的僵局。

文化挪用（culture appropriation）也稱為文化侵占，形容的是對某個特定群體具有特殊意義的儀式、工藝、表現形式或時尚風格，被另一個群體持續或暫時地取用或利用的情況。同樣地，這往往也不涉及惡意：但在這種情況下，挪用方式如果顯得輕率或令人反感，便會被視為是不尊重或貶低之舉——尤其當「挪用者」與「被挪用者」之間存在歷史性的歧視與壓迫關係時，這種感受更為強烈。牙買加的雷鬼頭、加拿大克里族印地安人的儀式用羽毛飾品、巴伐利亞的連身裙、[99]日本的「白無垢」和服，這些都被視為是具有深刻意義和情感力量的象徵，不適合做為狂歡節變裝打扮之用。依此觀念，這些象徵不是人人都有權使用。新詞彙也會產生新問題。有些字詞上的創新最初聽起來甚有道理，之後卻成了效果適得其反的毒物；有些創新雖是合法，卻可能被人策略性地剝削挪用；還有一些單純就是已被濫用，因而喪失了批判的力量。

透過壓迫的強權奪取一國文化資產，這樣的文化侵占顯然是不可接受的行為。這讓人不禁想到殖民侵略者盜取他國的宗教藝品，將石柱和雕像從原處盜走，改而放進博物館展示，或成為富人的收藏。同時，文化也不是一塊僵化的巨岩，而是在彼此交流、模仿、相互啟發，以及滿是趣味和創意的聚合體當中蓬勃成長。認為不同的文化之間應該要有不可逾越的障礙存在，這無疑是落後的觀點，結果也會適得其反：族裔與社會群體之間的關係會因此僵化，取代本應蓬勃發展的團結、理解、彼此認識及合作。如同社會批評新詞彙手冊裡的所有其他詞彙，使用「文化挪用」一詞也應謹慎適度，如此才有助增進多元社會的共生共存，而不是製造出新的分裂。

因此，認識上的不公正應當被拆解。但要如何做到？少數族群和遭歧視者傾訴的心聲無人傾聽，他們從邊緣化的處境裡發出的反應無人相信。這個問題最直接的解方，就是從現在起傾聽他們的聲音，相信他們的說法。可惜這也行不通，因為要相信受壓迫者，首先得先確定他們確實是受壓迫者。只因對方自稱受到壓迫，我們就一味相信，這種做法並不可行。對此，你必須具備獨立的評判標準，才不會受到自認遭受歧視的白人異性戀男性的偽擔憂所迷惑。[100]某些人因為歸屬於某一特定（邊緣化）的社群，因此有特權可獲得某種形式的知識，這是「立場論」的核心理論觀點。[101]然而，呼籲大眾多多少少不加懷疑地相信弱勢者，會讓人很容易遭到佯裝或誇大其所受壓迫的假扮者利用。

「男人說教」或「煤氣燈效應」，是具有如同病毒般高度傳播能力的詞彙。它們捕捉到了大眾熟悉的現象，快速將之具象化，而且一針見血，直指核心。很快地，這些詞彙成了眾人朗朗上口的口頭禪，愈來愈常用於那些只能讓人依稀想起它原始核心含義的行為上。這就導致了與前面提過的概念蠕變現象相關的「批判性轉變」：由於這類詞彙愈來愈常被人用於無關或無害的案例上，詞彙原有的社會批判潛能因而也逐漸被削弱。[102]從某個時間點開始，任何不是為真的說法都會被說成是煤氣燈效應，而每當男性指正女性的錯誤時，也都被認為是男人說教。我們要如何才能認真看待這些詞彙，才不會落得只因手握鐵鎚，眼中就只看到處處都是欠打的釘子？

覺醒運動將會繼續存在。因為我們不能沒有它：在一個致力實現自由、平等與人類價值，然而迄今做得還不夠完善的現代社會裡，一種社會運動將會——也必須會——始終存在著，它會以受影響者的真實性，報導出什麼是不平等和劣勢的感受，它會以承受苦難者的依據提出訴求，制定眾人該如何更為和睦地共處。

我們不該盲目輕信這些訴求，但應仔細傾聽。

・真相：訃告

真相是戰爭的第一個受害者。雖然我們不在戰爭中，但現代性道德話語當中強硬的戰線前緣，總讓人聯想到武裝國家的無可調和，它們看不到敵方慘被消滅、擊潰，最終還遭凌辱之外的任何可能。這些話語好鬥的邏輯破壞了民主的「權宜的妥協」。[103]

我們是否已失去了共通的真理？你我似乎各自活在規則互異、事實充斥矛盾的一個個孤立宇宙中。這種感受在近幾年來以**假新聞**這一關鍵字為討論主題的現象裡到達巔峰。假新聞是偽裝成可信新聞的不實消息、謊言、廢話或宣傳。

假新聞並不是新現象：即使是像馮塔內這樣的文化人士，也曾在一八五〇年代——我們以為，在他那個年代，所有事物應該都比較簡單才是啊——擔任普魯士政府駐倫敦通訊記者期間，提供給故鄉的讀者大量加油添醋過的報導、編造出事件目擊者和戲劇化的事發細節，佯稱自己親臨了那場倫敦漢普斯特德（Hampstead）住宅區的大火現場，儘管這些資訊實際上都是他從寄來柏林施泰格利茨（Steglitz）區給他的《泰晤士報》上才得知的消息。[104] 當時社會上就有這種為了競逐金錢、影響力與他人關注，因而鼓勵大眾不計較事實真相的激勵機制存在。這種機制如今依然存在。

假新聞的產生不是因為資訊不足，而是因為資訊**氾濫**，即便是最精明的公民，也招架不住這些超過自己資訊處理能力的訊息量。受眾因此心生迷惘，也想脫離這般情況。假新聞靠著呈現假定的真相，滿足了這股需求，將看似清晰的事實與看似明確的敵人形象連接起來。但如病毒般快速傳播的假新聞為什麼是一大問題？

一個明顯的假設是，一個人若對粗鄙的無稽之談深信不疑，定會在某個時刻做出壞事。二〇一六年十二月四日，二十八歲的埃德嘉・麥迪森・韋爾奇手持步槍攻擊了華盛頓特區的彗星乒乓披薩店，因為他受到網路上的假消息誤導，懷疑那地方是柯林頓夫婦操持的跨國兒童色情集團的總部。想必韋爾奇很快就發現，現場根本就沒有那暗中組織陰謀的陰暗地窖。他最後也在情況可能進一步升溫之前遭逮。[105]

但這因果順序實則是相反的：人（通常）不會因為相信荒謬的謬誤而犯下殘忍暴行；他們之所以相信荒謬的謬誤，是因為有意犯下殘忍的暴行。[106]施暴的欲望在先，這促使人接受了為這些暴行辯護的信念。假訊息並非問題的開端，而是順應個人的殘暴與社會的反常而生。

假新聞尤其陰險，因為個人對它束手無策。即便知道那是假新聞，我們還是會相信，因為我們曾經聽過那消息。[107]只可惜由政治插手干預解決的可能性也有限。大眾經常呼籲加強「監管」，以做為對抗謬誤信息擴散的解方。但誰不會對全權交由國家政權監管真相有所遲疑？很多人都聽說過歐威爾小說《一九八四》裡的「真理部」。[108]這樣的機構一旦獲得這麼大的權力，可能就會落入錯誤的人手中，而且是由有血有肉、本身對假新聞也無法免疫的真人選出的錯誤之人。你相信替你護照蓋章的那個人，能分辨得出知識和謬誤之間的界線嗎？

那麼，是什麼原因導致了當前假新聞如爆炸般激增？**後現代**的診斷推測，我們已徹底失去獲取真相的途徑，因為現代社會已再無通用的標準可區分訊息真假。取而代之的，是彼此互不相容的模式、世界觀及意識型態，而我們在這當中再也無法做出非獨斷的決定。但實情並非如此：其實每個人都明白，我們可信賴的客觀真相確實存在，也有嚴謹的方法論幫助我們發現這些真相；只是很難辨認出哪些是真相——當然，情況一向如此。在過去，是社會的禁忌或宣傳，或是宗教的盲信屏蔽了真相。如今，則是個人行為者在社群媒體上毫無限制地散播著偽資訊。然而，重要的是，不要失去洞察能力：每個時代在各個時期都自有其一方小天地，謬論、欺騙、謊言和不實之詞，都能以其當下伎倆在這小小天地裡大行其道。

對於假新聞，就**政治上的診斷**也不正確：這個觀點認為全世界正朝右偏移，反動的反民主專制力量蓬勃再現，繼而產生對假訊息的需求，並藉著假訊息將進步派的發展勢力與其代表者標注為敵對勢力，發起反自由主義的奪權競爭。然而假新聞並不是專屬「右派」的問題，因為在左派的政治光譜中，同樣不乏對無稽之談深信不疑的人。傳統上，媒體界和科學界會更傾向左翼自由派立場，這就是為何他們會對來自右派陣營的假訊息更為敏感。然而這忽略了這個現象的核心重點。

就**心理上的**診斷同樣也有不足之處：像是加拿大的彭尼庫克等心理學家也研

究了我們對於「偽深度鬼扯」的敏感度，以及造成人會相信各種荒謬鬼扯的心理機制。[109]這些研究沒什麼問題；許多人要是能多培養一點「對鬼扯的抵抗力」，[110]就不會像個什麼都輕易相信的傻瓜，在政治上被人操弄利用。不過，將假新聞的傳播歸因於個人批判思維和理性認知有缺陷，並無法解釋假新聞何以會增加，因為社會上大多數人的批評思考能力不可能在近五年內出現這麼急速的變化，當然也不會有那麼劇烈的改變。這當中必然有結構性的成因。

另一種認為人際之間有相互孤立的訊息**迴聲室效應**，[111]讓人能在當中與同道中人分享或消費無稽之談，這種對假新聞的診斷同樣站不住腳。迴聲室效應是一種迷思。我們現在事實上是接觸到了更多訊息，也更了解你我周遭的人相信什麼。因此，我們也知道了哪些信念屬於「我們」這個群體，而哪些又是屬於「其他」群體，因而應該避免。正因為我們更知曉周遭其他人的想法，因此能讓自己的意見與自己所屬群體的觀點更為協調一致。兩極分化是透過身分認同上的自我分類，和以群體為導向的觀念校準而產生的，而不是透過社會隔離。

某些情況中，特定的個人會負責散播不實謬論，傳播猜疑和不安感，藉此換取金錢。[112]這聽起來就像是陰謀論，然而實情確實如此。世人往往低估了一小撮的科學家聚集在受私人資助的智囊團、基金會和職業協會當中，蓄意向公眾提供錯誤訊息的程度。這些人就像是由各行業各自聘雇去破壞科學共識的傭兵。塞茨和辛格這兩位物理學家，[113]曾在二戰期間共同協助建造原子彈；他們倆在一九七九年至一九八五年間，曾為美國雷諾菸草控股公司（R. J. Reynolds Tobacco Company）進行一項實驗計畫，這項計畫的目標再清楚不過，就是要獲取偽科學數據，藉此讓人質疑吸菸是否真的會對人體健康有所危害。另外兩位曾為美國太空計畫工作的物理學家，尼倫伯格和賈斯特羅，[114]他們他們在一九八九年撰寫一篇報告，質疑石化燃料的消耗與全球氣候變遷的因果關聯，聲稱酸雨並非人為的環境汙染所造成，而是起因於火山爆發。

這種策略若是想成功，未必要讓絕大多數的公民或決策者對這些不實謬論深信不疑。只要能讓大眾認為眼前事物的現狀在科學上猶有爭議，而且並不完整，進而削弱解決某些當務之急的政治決心，那就夠了。

要了解假訊息的傳播，就要回想一下人類文化的本質。由於人類天生就具備的知識微乎其微，幾乎所有資訊和各種能力都需要從他人身上學習，為了讓這些社會學習過程更趨完善，我們於是發展出了各種過濾和篩選的方式，以決定最好

該向誰學習。[115]在此，我們仰賴的是能標記出資訊來源可信度的大量證據，這當中就包括了學術頭銜和共通的價值觀。[116]唯有在極為罕見的情況下，我們才會對研究情況和既有的科學數據所透露的內容自有判斷。我們必須決定該相信誰，因為身為純粹的社會性動物，你我皆仰賴文化的傳播與知識的採納。

為了做出這個該相信誰的決定，我們仰賴所謂的**次階證據**（Belege zweiter Ordnung）。初階證據是事實的證據：比如溫度計顯示天氣是冷或暖。然而大多數情況下，我們都缺乏估量這種初階證據的專業知識。世上無「一人」能獨自擁有可用於檢驗一項政治提議可行性的必要物理學、生物學、地理學、經濟學、心理學、法學和社會學的所有知識，即便那僅僅是最簡單的方案提議。因此我們仰賴知識的分工。

次階證據是用以評估初階證據的憑證。這往往都是透過認定我們能認可其評估的其他人來達成。但是，我們無法以知識為依據決定能相信誰，又應該相信誰：外行人——你我所有人在所有事情上幾乎都是門外漢——無法親自檢驗出誰才是真正的專家。也因此，讓我們選擇相信這些人、而不相信那些人的，往往就是我們和對方擁有共通的價值觀，以及屬於同一個社群的歸屬感。這樣的信任網絡正解釋了假新聞好發的原因。

這是根深柢固的問題。在文化上並沒有其他選擇可以替代規範了資訊流通和傳遞的信任網絡。我們別無選擇，只能從他人身上獲取所有知識，在這過程中也不得不受粗糙的經驗法則牽引，去相信我們應該相信誰，又不該相信誰，而誰是可信賴的專家，誰又是有政治企圖的騙子。認為有些人就是既愚蠢又不理性，無法判別真假，這樣的想法既不準確，也自以為是——因為，當然了，蒙昧無知又不理性的都是別人，不是自己。事實上，我們都只是累積的文化資本的消費者，這些資本讓我們成為了資訊的人質。因此，雖然導致有些人會採信假新聞的過程聽起來有違直覺，但那卻是完全理性的——在這當中發揮作用的機制，就和我們藉以獲取其他知識形式的機制是一樣的。這不是個人缺陷的問題，而是知識傳播的環境已遭破壞，才造成了假新聞氾濫——這可稱作是認識上的環境汙染。

網際網路會加劇假新聞泛濫的問題。諸如臉書、抖音或X等社群媒體的商業模式原則上避免不了假新聞：由於這些平臺供應者的資金大多來自廣告收益，因此當中存在著有利不實訊息傳播的結構性機制。精采的虛假報導要比新生兒的家庭照片更能引人關注、按讚和分享，畢竟初生嬰兒那乾乾皺皺的臉只有父母自己會喜歡。社群媒體的經濟激勵結構確保了偽資訊能夠傳播擴散。

網際網路削弱了我們對無稽之談的社會群體的免疫能力。每個人時不時都會有自己的各式各樣看法、態度和信念，而這些看法、態度和信念不免混亂、愚蠢、自相矛盾，或者甚至根本就是錯的。直到不久之前，這些看法都還需要直接面對親近社交圈的審判，要是你又是說了些無稽之談，親朋好友立刻會讓你知道你說了什麼胡言亂語。然而網際網路讓我們跳過了第一道健全常識的過濾網，和相信同樣垃圾話的人直接建立起了連結。不實訊息的地方流行病便於焉而生。[117]

認為假新聞是個大問題的人，都有一個核心論點，那就是反對幾乎所有形式的身分政治，不論那是左派或右派，並且將社會群體理解成是政治的基本組成：我們應該盡可能少強調政治上的群體歸屬感和身分認同，因為那會削弱我們處理訊息的能力。我們的知識幾乎全得自他人，為此，我們必須相信他人。然而，如果因為假設或實際的兩極分化，以及時時記掛著自己與他人的政治忠誠及立場差異，彼此的社會互信就會被破壞，我們就再也無法從他人那兒獲取任何知識了。

也因此，即便是權威的資訊來源，例如病毒學家或氣候研究者，只要這個人在政治或道德上的「身分」一被強調，權威的資訊來源者也會遭人懷疑所言並不可靠，因為原本運作良好、衡量信任並因此獲取社會知識的固有程序，在政治上被打斷了。這種敗壞態勢的缺陷，就是有些常人同時也變得非常容易受到無稽之談和像是陰謀論這類明顯錯誤的訊息影響，只因為這些訊息是由和自己在政治及道德上同屬一群的「自己人」所散播的消息。因此，你若是從個人缺陷的角度去理解假新聞傳播的現象，認為他或她就是因為不夠聰明，所以容易受騙，會相信胡言亂語，那麼你可就錯了。假新聞完全是社會現象，而訊息流通、知識共享、信任，以及對價值觀和群體身分認同的依附，正以一種有毒的方式全數混合在那當中。

一定程度的斯多葛主義在此仍是適當的。「行動主義謬誤」這麼說：我們得做點**什麼**，而這就是那個**行動**，所以我們要做**這件事**。然而，並不是每個問題都會有一個好的解方，有些問題甚至其實根本就無解。無論如何，還是有極少數人會相信瘋狂的東西，這無法改變。現代社會必須與這些事實共存，並讓自己的媒體與政治制度能抵禦這個事實。這世上依然有人不相信愛滋病的存在，認為大屠殺猶太人從未發生、甘迺迪是被中情局暗殺、美國太空人登月的畫面是在派拉蒙的電影片廠拍成，而天主教會有系統地掩蓋自家的虐童事件。或者，這些說法當中有些或許真有其事？

・不給平臺！

如果有人或是組織出於明顯的動機或惡意，散播不實消息，解決方法似乎很簡單：直接拿走這些人的麥克風，將人趕下舞臺，最好一開始就別邀他們上臺，以免讓他得到可信度的光環。

不讓某些觀點或理論的代表者能有公開的論壇平臺可表達其鄙俗、冒犯，甚至不實的立場，這種做法稱為「**不給平臺**」（no platforming）。然而有時這麼做也已經太遲了：某個知名人士已有其受眾，到處露面，「不給平臺」的這艘船已離港遠颺。這種情況下，這個不再受寵的人隨後必須從他具有影響力和能見度的位子上被拉下來，或許也可能只是被解除職位。這種剝除一個人的地位、聲望，或其視聽受眾的做法，稱為「**取消**」（cancellation），而「**取消文化**」（cancel culture）假設這種制裁的可能性，在我們這個時代構成了一種隱微但永久的威脅感，將帶有爭議性的看法排除於公開討論之外，同時也導致許多人對自己的自我審查。

「取消文化」一詞具有政治傾向。難以忽視的是，會運用「取消文化」這個詞彙的泰半是這種做法的反對者。在他們眼中，取消文化就像是一個熱心過頭的言論警察在執勤，欲以出於正義的憤怒感，將自己清教徒般的道德標準強加於這個社會，反而造成一種不健康的自我審查和道德譴責氛圍，有損思想和言論自由。[118]另一方面，支持取消文化的一方則認為，批評者輕鄙地稱為「取消文化」的做法，實則是一種**問責文化**（accountability culture），是這個社會早就該建立起來的一種責任文化。長久以來，「老白男」一直都能毫無後顧之憂地表達自己的性別歧視言論和種族歧視偏見，無需承擔後果。如今，我們已明白，這類言論在這個社會裡已再無立足之地，當然也得不到任何掌聲。

薩科事件是我能回想到的第一起取消事件。[119]二〇一三年，薩科（Justine Sacco）在推特上發了一篇推文，搞丟了自己在InterActiveCorp網際網路公司公關部主管的職位。當時她正要搭機前往非洲，推文寫道，希望自己可別在非洲得了愛滋病才好，接著輕佻又譏諷地補了一句：「開玩笑的。我可是白人！」至於她是因為道德因素，還是做為公關部主管的專業能力表現不足才被革職，外人一直不得而知。

但這現象並不比政治正確或是假新聞更新鮮。一九八八年，時任德國聯邦議院議長的葉寧格，於「水晶之夜」發生五十週年之際，[120]在議院發表的演說中，表露出「對希特勒的迷戀」及對其政策的過多理解，因而必須下臺；彼得・辛格在德國受邀參加的活動曾多次被撤銷，並且遭人大聲斥責、詆毀、謾罵，因為許多人看不出他在生死倫理問題上代表的立場和納粹的優生學計畫有何不同。[121]

我們不應將「真正」的取消與其他更為嚴厲的制裁混為一談。有時，有人會說比爾・寇斯比和哈維・溫斯坦已經「被取消」了，事實上，他們並不是因為失言而從公眾視線中消失幾個月，而是因為犯下嚴重罪行而遭判多年監禁。[122]在多位同行女演員舉報他曾在電話中、旅館房間或秀場更衣室裡當著他們的面前自慰後，路易・CK（Louis C.K.）的脫口秀演員生涯長期中斷。「**MeToo**」一詞是二〇〇六年由社會活動者塔拉娜・伯克（Tarana Burke）提出的口號，目的是要用一個眾人皆能朗朗上口的詞彙，表達無處不在的性騷擾現象；當女演員艾莉莎・米蘭諾（Alyssa Milano）在她的個人社群平臺推廣「*#MeToo*」這個標籤之後，它就成了一場全球運動。社會迫切需要反思男性性騷擾問題——因為加害者幾乎全是男性——同時，也需要去理解受害者遭受的汙名化，並重新進行兩性之間互動規範的社會協商。[123]一位女性友人曾告訴我，不過才幾年前，她的公司參加慕尼黑啤酒節時，最漂亮的年輕女同事被派去和重要的公司往來客戶同桌陪笑，還是一件多麼理所當然的事。這就是實實在在的父權制。也許有人會感嘆，如今就連社交舞蹈上那略帶騎士風度的調情之舉眼看也要被淘汰了。但是，每個女人多少都得學會一套技巧，好把自己膝上那雙鹹豬手巧妙甩開的世界，終究該在某個時刻成為歷史。

就連「*#MeToo*」運動也無能抵抗會導致所有社會運動失衡的策略力量。進步的社會運動一向都會遭遇反對方的反擊，當對於性騷擾的合法批判擴及到愈發矛盾或者有時甚至無害的情況時，這股反擊力量就會更為激烈。性吸引和性交流不能隨便定義。美國喜劇演員阿茲·安薩里究竟是性侵犯名單上的又一人，以為自己憑藉權勢和財力就能為所欲為？或者，他只是和認識的對方約會得不愉快？[124]我們提出的解決方案，往往也是基於對問題的誤診。女方舉報自己遭到性騷擾或性侵犯時，常常不被採信。但「相信所有女人」（Believe all women）這個口號選得不好，因為有時女人也會說謊，而男性性侵犯有時也應被推定無罪。此外，這口號也誤解了這個情況的策略邏輯：這問題從頭到尾都不是和那個呼風喚雨的電影製片人有過不舒服經驗的女性所說的話不被採信。好萊塢每個人都知道哈維．溫斯坦的性侵傳言確有其事；與其說是性別歧視者對性侵受害女性的不信任，掩護了大權在握的男人的惡行，不如說集體行為的結構才是這當中真正的掩護者，這樣的結構會讓**第一個**出面承認遭受侵害的人承受極度風險。其他受害者也會站出來嗎？或者，我的控訴會毫無結果，還毀掉了自己的事業？

許多其他案例同樣具有爭議。小唐納德．麥克尼爾（Donald McNeil Jr.）是《紐約時報》優秀的資深記者，當年甫因報導新冠疫情脫穎而出；二〇一九年，他在一趟秘魯旅行中，和當地一群中學生交談時說出了「N字」之後丟了工作——請注意，他當時是在追問一位學生是否可接受此字出現在饒舌歌詞中。[125]詹姆斯．達莫爾由於違反公司行為準則而遭到Google解職：達莫爾在一份名為「Google意識型態迴聲室」的備忘錄中，質疑了Google的多元及包容計畫的合法性。[126]達莫爾在當中指出，根據研究經驗，女性在科技技術領域的代表性不足，因為平均而言，女性對於人的興趣高過對於物件的興趣，因此更適合成為心理治療師，而不是軟體工程師。現在已有網站將所有的取消事件全數羅列出來。[127]可是，**不給平臺**和**取消**實際上有何用處？

不給平臺做為一種認知方面的環境清理策略，它帶有「家長主義」傾向。[128]成熟的公民需要的不是已預先過濾的資訊，他們能夠自主形成觀點，思考自己所見，不會對自己的聽聞毫無批判，而且也無需別人來保護他免受有問題的言論或理論影響。真理不證自明，虛假也會被人識破。不過，不給平臺未必全然是家長主義式的，也未必會破壞理性思考者的自主性，將他們幼稚化，裝作他們無法依據現有證據判斷真相。不讓一個人和他的觀點有可表達的平臺，這麼做在某些情況中是否還合理？[129]

次階證據在此也再度扮演了重要角色：向某人提供一個公開平臺並不是一個在認知及道德上中立的行為，尤其當這種公開平臺又是以聲望為其框架時，那就更不是了，例如某人受邀到一所知名大學公開演講。這樣的邀請會產生次階證據，也就是受邀者提供的初階證據——他的演說內容——會被認真看待，應當被傾聽。一個人得到平臺，就會得到公信力。剝奪一個人的平臺，就等於移除他的公信力，而這麼做在某些情況下是合理的，但具體是在什麼情況下呢？

不給平臺與憲法規定的個人言論自由無關。既然本來就無人有權能隨意在梵蒂岡的聖保羅大教堂或是麻省理工學院的大禮堂內發表演說，那麼也就沒有人的權利會因被剝奪或沒有這個可能而遭侵犯。拒絕對某人提供平臺，同樣無違學術自由，因為大學和其他教育機構有其自由及任務，可依專家評判，決定哪些假設和理論符合學科標準。[130]絕大多數人都是達不到這個標準的。

有些觀點和意見顯然不值得擁有平臺。我們不能期望歷史學家一再討論猶太人遭屠殺的浩劫是否真有其事，抑或那只是猶太復國主義者捏造的陰謀，目的是要讓猶太人最終能夠建國。同樣地，正經的生物學家也無需為聖經創世論者提供任何平臺。然而這裡的特別之處，在於這些爭論已然發生，而且已有明確的決定，只要沒有任何新的數據、論點或證據出現，就沒有必要重啟這些「殭屍式的辯論」。另一方面，有些觀點雖具有爭議，或許甚至還帶有破壞性，仍應保有開放討論的必要。這裡並沒有任何常規或規則，可解釋什麼樣的理論、論點、個人是否配得上一個平臺。這必須依情況而定。

不給平臺與**平臺驅逐**（deplatforming）不同。不給平臺是在最初就根本不邀請某個人，平臺驅逐則是在事發之後撤銷其原有的平臺。後者的做法風險更高，因為那會產生另一種次階證據，讓人以為某個人的觀點某種程度上是危險的，並且不受歡迎、新穎、叛逆、很酷、被禁、令人不適，而那些呼籲撤除其平臺的人則是膽小怕事的懦夫，抑或是總把別人當小孩看待的家庭女教師。許多人會對反叛者的魅力深深著迷，因此平臺驅逐常會產生不良的副作用，實際上反而甚至增加了一個人在某些特定受眾之間的可信度，而且往往就是你最不樂見的那個群體。

在論及不給平臺時，有一個重要但往往被低估的見解，就是一個人能否得到平臺，其實並不在我們掌握之中。**我們**雖然能決定不給某人平臺，但無法確保他人也會這麼做。在提供平臺與不給平臺之間，我們別無選擇。實際上，我們可在兩種世界之間做出選擇，其一是讓有問題的人能得到平臺，而平臺裡滿是和善厚道、卻無批判精神的諂媚者，或者，讓他得到的是另一種平臺，裡頭同樣滿是和善厚道、卻無批判精神的諂媚者，不過**還有我們**，還有我們這些無論如何都希望敢於提出批判的質疑，敢於在眾目睽睽下揭穿「國王的新衣」赤裸真相的人。我們要麼是透過操作，將一個帶有爭議、偏執、仇恨或不真實的立場移到對它安全的環境裡，讓它因此不會受到批判質疑的攪擾，得以在晦暗不明的網路論壇上和兄弟會中得到贊同者的擁護，或者，我們也能讓這個立場去面對真正的阻力，讓它在更完善的辯證的隨機約束下消亡。

只要人們已有一個平臺，那這就是我們的唯一選擇。在這種情況下，不給平臺是不公正的，因為那會產生誤導的印象，也就是無人能對帶有爭議的觀點給出正經的答案，而我們唯一能反駁這種想法的，就只是彷彿陰謀的沉默。認為不給平臺是一種選項，這是錯覺。我們僅有的選項是去說動他人，二選一，他們要麼是享受一個不受打擾的平臺，或者，享受一個能讓當中尚未決定、仍可被說服的部分受眾有機會看出一項論點破綻的平臺。

如果只要動動手指，就能將一個人的所有曝光和能見度剝奪殆盡，那麼我們是否該這麼做？也許吧，但現況並非如此。若有疑問，請洽平臺：這可視為一種啟發法，[131]也就是做為一種可用於決策的粗略經驗法則。由於在思想上自由進行智性交流，因而獲得的認知和道德政治收益是如此豐厚，而反對限縮話語廊道的理由又是那麼充分，因此，開放地辯論一項觀點，讓它受公眾的批判目光檢視，往往都是值得的。視之為禁忌而避談一項想法，導致其結果愈演愈烈，要比大方公開討論、最終證明那想法不過是無稽之談更具災難性。我們無需畏懼真相：低劣的想法和不道德的觀點終會自取其辱。

・美德的記號

取消文化和不給平臺是消極的制裁方式，意在透過社會性的強制手段，令人遵循或採納要求更高的道德新標準。同時，具有道德動機的行為者會試圖發出積極的信號，以表明自己支持這些標準，期望這些標準為人接受，並且隨時會斥責有違標準的行為。

在當今的論述中，這種公開展示自身道德關切點的行為，常被稱為「**美德信號**」（virtue signalling），大意就是：在道德上的自我彰顯。美德信號起初本是一個價值中立的詞彙，表示某些人發出這種「美德的記號」，以表明自己與某些道德—政治團體理念的契合與支持；在此同時，有些道德自我彰顯者的形象也愈來愈聲名狼藉，因為大眾開始深深懷疑這些人在高調展現其個人道德敏感性的背後，實則暗藏譏誚且虛偽的動機，認為他們企圖從道德關懷的高尚聲音中收割利益，卻無意誠心致力於所謂的重要事務。

許多的道德信號例子，都只是「**道德上的譁眾取寵**」（moral grandstanding），也就是道德上的炫耀。[132]問題是，刻意引人注目地發送出美德信號的做法很容易變質，而且很快就會開始拉低整個道德話語的品質：道德上的譁眾取寵行為往往會衍生出不近人情的集體恫嚇（咄咄逼人），導致情勢愈發嚴峻（火上添油），以及譴責實則根本無違道德的道德罪行（捏造事實）的發展態勢。道德話語演變成了展演性質的出價競標比賽。當中潛藏的弊端，正在於自我彰顯者真正在意的並不是在道德上做正確的事和說正確的話，這些人真正在乎的是提升自己在特定社群裡的地位和歸屬身分。道德因而也降格淪為了忠誠度的信號。

不過，美德信號未必全然是自我彰顯的譏誚之舉。公開闡述自己的道德價值觀和關注重點，能夠建立起信任感，如果這些價值觀是以自信且肯定的態度提出，那麼就有助他人信服這些價值觀，繼而有助他們依循這些價值觀行事。[133] 除此之外，這還能發揮汰除有害、過時的道德規範的作用，這些規範往往是因為相互的行為期待和「多元的無知」而得以延續至今。[134] 我們會做某些事，往往是因為認為社會上其他人預期我們會這麼做；但社會上的其他人做事，有時也是出於同樣的原因。公開宣揚新的道德立場能克服這些集體無知的陷阱。例如「飛行恥辱」一詞就代表著試圖在全球氣候變遷的毀滅後果面前，將搭機飛行的行為道德化，進而將搭乘私人飛機旅行的行為限制在最低限度之下。如果有人——最理想的莫過於是名聲響亮的人——能公開承諾不再搭乘私人飛機，它就有助實現這個目標。

提出簡單解方的人並不可信。如果一個人懷疑每一則道德批判背後都藏有佯裝憤怒的虛偽面目，很可能也會對個人或團體表達合理不滿的聲音充耳不聞。反過來，若是會毫無批判地全盤接受推特上每一則表達道德憤怒的推文，那也等於忽略了，在演化論的手冊裡記載的最古老伎倆，正是以崇高的道德詞彙掩飾個人圖謀的私利。

・逆風而行

近年來也發展出了一種以截然不同的手段和方式，追求社會正義活動者所企求的道德目標的運動，就是追求一切有情眾生的根本平等，對弱者、遭邊緣化的群體、權利遭剝奪之人和受壓迫者的承諾，以及期望推動現代社會道德變革。這種運動就是**有效利他主義**。[135]

覺醒運動採行的是表達和象徵的做法，而且是以集體的角度在思考。有效利他主義則認為自己徹底反象徵，而且是個人主義的：他們的基本概念是，我們的利他主義動機也應該遵循成本效益原則。有意行善者大多會注意那些近在自己眼前的事情：只是，你捐出一千歐元給漢堡市郊一所地方幼稚園用來翻修遊樂設施，這筆錢的「邊際效益」是微不足道的——受益的小朋友的生活品質只會有極其微小的改變。然而這筆錢若是用於購置防瘧蚊帳，或是資助中非國家的驅蟲活動，那麼等量的金額就能切切實實地挽救**更多生命**。

有效利他主義這個運動可以回溯到彼得．辛格的倫理方法，目前也得到了進一步的闡述，尤其是在牛津大學。諸如威廉．麥卡斯基等哲學家就呼籲世人要做**更好的**善事。[136]我們的自家親戚、朋友、認識的人或同胞的命，並不比其他人的命來得更重要，這是我在先前章節討論過、關於「包容」的一貫思維。就道德上而言，更重要的是他者的福祉，因為「我們」已如此富足，要是繼續在自己身上花個幾百歐元，對我們的生活也不會有多大改善。有效利他主義意味著我們必須繼續努力，以對抗或是至少減緩全球的貧疾問題。這當中包括採行素食生活，以避免繼續助長肉品工業的殘酷，以及在某些情況下嚴格限制你我的生活方式，因為絕大多數的奢侈品消費都對有效改善人類福祉沒有幫助。而奢侈品一詞在這裡的定義極為廣泛——不論是一件新的冬季大衣，或是去看一場電影，所有禁不起道德成本效益計算的物品皆屬奢侈品。

人平均一生要工作八萬個小時。像「**八萬小時**」這樣的非營利組織就提供了一項服務，會建議個人如何參照有效利他主義的原則，調整自己的整體職業選擇。[137]乍聽之下，在華爾街管理對沖基金似乎不是最有道德感的職業。不過，要是我選擇將賺得的數百萬美元用於資助斯里蘭卡的小額貸款，讓窮人能用貸得的錢買輛腳踏車代步，或是買個小攤位賣水果做生意呢？「**GiveWell**」[138]或是「**The Life You Can Save**」[139]這樣的網站就提供了這類資訊，讓人知道有哪些慈善機構禁得起嚴格的審查檢視，會讓資助者知道錢用在哪裡。

有效利他主義徹徹底底打破了我們的道德直覺，因為它超乎大腦理智的建議幾乎不具直覺上的共鳴。這並非巧合，因為這股趨勢的理性基本態度打從一開始就對我們的「感受」極為懷疑。你我的同理心往往是一個糟糕的顧問：它目光短淺、有失偏頗，既會消耗殆盡，又容易岔題分心。[140]要是不藉著如同外科手術般冷靜、不帶感情的經濟學精算來過濾你我的衝動，那麼，光有一顆善心也是不夠的。

幾乎人人都能接受有效利他主義的基本理念：如果只需一點點代價就能幫助到需要幫助的人，那麼就該這麼做。[141]但僅有極少數人完全接受這個基本理念的道德意涵。然而有些人的內疚感更沉重，中產階級隱微的羞恥感對他們而言更是負擔，而且服膺在看似良善又正確的事物的願望又是那麼激切，無可辯駁。他們在幼時就開始吃素，爾後更成為徹底的素食者；他們在收容中心和食物銀行擔任義工，在殘障者工作坊和臨終關懷機構裡服務，成為社工、活動者、無國界醫生。就像傑夫與茱莉雅．考夫曼，他們有天夜裡躺在床上為世上的苦難落淚。[142]但事情並沒有到此為止：眼淚乾涸後，他們想出了一個計畫。茱莉雅將放棄全數收入，而傑夫會放棄五〇％所得。除去房租和伙食費之後，兩人僅剩三十八美元的零用錢。好事難為：「責任啊，為何你沒有一張甜美或可愛的臉？」美國詩人納許這麼說道。[143]而德國作家席勒在譴責道德「義務」的嚴厲無情時，也已道出了眾人心聲。[144]

托比．奧德，有效利他主義的一位代表人物，就做出了所謂的**捐贈誓言**，自願立誓長期將個人所得的一大部分捐作慈善之用。在奧德創立的「**Giving What We**

Can」協會官網上，你也能立下這個誓言。[145]你準備好了嗎？也許還沒；如果還躊躇不定，不妨到「**How rich am I？**」這頁面上看看自己相較於全球各地的富裕程度。[146]大多數人都認為別人很富有，但一個平均稅後收入達兩萬四千五百三十九歐元的德國雇員，就已屬全球最富裕的前四%，世上九六%的人口還更貧窮。若是擔心自己所捐的錢可能會被蠶食掉，無法真正送達需要的人手上，那麼可選擇「**Give Directly**」：這裡會省略所有中間程序，捐贈者可直接且立刻將錢捐到需要者手上。[147]

有效利他主義者在疫情（再次）降溫之前，就已警告世人全球流行病和核戰的危險。[148]因為促成現代社會得以形成的經濟成長和科技進步，不單為我們帶來了疫苗和網路，也產生出世人始料未及的人為新問題，而這些問題也開始發展成生存風險，開始危及人類全體。有一種類型的有效利他主義稱為長期主義，[149]它嚴肅看待大多數世人早已遺忘、忽略或是低估的顧慮，並且追問我們是否已對超級火山的爆發、巨型小行星的撞擊、氣候變遷的後果，以及人工智能失控可能導致的末日預先做好了準備。[150]我們只是不想再挨餓了——只不過，我們取用的，是否已多過了我們能負擔的？

・道德的絕對主義

諸如覺醒運動或有效利他主義這樣的社會正義運動，彼此始於截然不同的道德前提，得到的道德結論也大相逕庭。我們近五年來經歷的核心道德轉變，是這兩場運動深深結合的趨勢：對道德絕對主義而言，私人領域即是政治領域，既不容妥協，也不許逃避，在（我們所屬的）善與（他人所屬的）惡之間的永恆爭鬥中，一切皆需服膺於它，而它將每一個清醒的時刻，與從愛與笑、從進食到睡眠的各個生活面向，盡數納進了它在道德上要求純潔、如修道院般晦澀的禁欲主義裡。然而一如所有的偏執狂熱，當今道德倫理上的過激和誇張現象也有那麼一點青春期的色彩；這就意味著這股狂熱終將成為過往。

終章

Schluss
Die Zukunft von allem

萬物的未來

‧噬人獸

夏爾斯一向都是自己游向海中。當眾人將他帶回岸上之前，他已經死了。

當地居民和外來遊客此時已不知所措。當時科學界的主流觀點認為這種動物一般不會攻擊人類才是。然而這已是近期內的第二起攻擊事件：一週前，來自費城的艾普丁‧范桑特（Epting Vansant）先生才因為遭到攻擊，失血過多，在海灘天堂恩格塞德旅館的經理辦公桌上斷了氣。另外，不久前才剛離開故鄉瑞士，在紐澤西春湖區的埃塞可斯與蘇塞克斯旅館（Essex & Sussex Hotel）找到侍者工作的夏爾斯‧布魯德（Charles Bruder），死在了救生艇上；他的雙腿被咬斷，傷口一腳在膝蓋上方、一腳在膝蓋下方。一九一六年七月七月的《紐約時報》報導，當查爾斯殘缺的遺體被拖上岸後，婦女們驚慌逃離海灘，還有男性因驚嚇過度，不得不讓人攙扶回房。

第三起攻擊事件發生在事隔一週後的七月十二日，造成紐澤西沿岸人心惶惶。遭到攻擊的萊斯特‧斯迪威爾（Lester Stilwell）不過十一歲；想過去營救、但同遭攻擊的華生‧斯坦利‧費舍爾（Watson Stanley Fisher）也才二十四歲；

只有約瑟夫·鄧恩（Joseph Dunn）在連續攻擊中倖存，但傷勢嚴重到兩個月後才得以出院。事發後，當地漁民立即開始找尋這個動物的蹤跡，憎恨又敬畏地稱之為「噬人獸」。這一連串的事故要到住在哈林區的德裔馴獅員麥可·施萊瑟（Michael Schleisser）捕到一條游到紐約市附近海岸的大白鯊之後，才終於結束。夏爾斯在瑞士老家的母親稍後接獲兒子的死訊，通知信中還附了一些錢，是旅館客人出於同情為她募集的善款。

這年夏天的多起鯊魚攻擊事件也為時任美國總統伍德羅·威爾遜帶來噩耗：在當年的選戰中，威爾遜在遭到鯊魚攻擊區域的得票率掉了將近一〇%，儘管他和鯊魚攻擊人根本毫無關係——歷史學者一致這麼認為。[1]

我們的政治立場往往只是武斷的決定。洪水氾濫成災，鯊魚攻擊噬人，或者傳染疫病流行，這些對你我政治態度的影響程度，要比我們以為的還大。然而影響你我最甚的，是我們的價值觀，及其決定我們**身分認同**的方式。我講述的道德歷史，說的就是這些價值觀，就是形塑了你我共生共存的情感、規範和制度。這一段歷史將我們從東非平坦地景裡那一小群為了生存而爭鬥、還稱不上人類的生物，帶進入了全球相互串連的現代社會，一個以其他生物未曾有過的方式交換貨物、武器和知識的世界。我們接著會怎麼發展？我們能期望什麼？又必須畏懼什麼？

・教訓

分裂，是當前的道德危機。或者說得再精確些，是看似分裂的危機。自由與平等，現代社會答應我們的這兩個矛盾的雙重承諾從未兌現，由此生出的挫折與憤怒之感於是釋放出了古老本能的能量，再度將這個世界劃分為**我們**與**他們**。如果世人願意克服這場危機，就必須了解導致這種社會分裂的機制。定義出我們現在的身分認同之爭，正源於一直驅動著人類的那股生物、文化及社會演化力量。

人類合作的演化解釋了我們的道德為何是**以群體為導向**。合作行為之所以能實現，是因為它僅限於一小群人（也就是**我們**），而將其他人（也就是**他們**）隔絕於外。之所以出現這種「我群」和「他群」的區別，正是因為唯有親緣關係、互惠交換和合作行為，才能在我們狹隘的群體內創造出道德行為利大於弊的條件。

為了更進一步穩固我們群體的凝聚力，以及強化合作意願，我們開始藉由制裁來確保能維繫社會凝聚的道德規範。我們有了以規範為導向，去監督和懲罰違反規範行為的能力。於是，我們群體導向的道德心理開始變得具有**懲罰性**。

動盪多變的環境不斷提高對於彈性變通的要求，因而啟動了文化演化的進程，讓我們成了社會性的學習者。我們開始建構自己的環境，當中充斥著持續精進的複雜技術和制度。你我的群體生活開始變得有賴於從他人身上習得的技能與知識的累積。共同的價值觀和身分認同標記創造出了必要的社會信賴。我們原本以群體為導向、懲罰性的道德心理，也轉而變成了**以身分認同為導向**。

文化演化過程中出現了持續成長的大型社會，這些社會產生出剩餘收入，這些剩餘收入被最初的意識型態合法化，並且依照階級組織起來，進行不平等的分配。我們的社會世界分裂出了少數的統治菁英，和占多數的被剝削者及受壓迫者。這世界因而變得**不平等**。

我們對於不平等和統治依然存有厭惡之感。隨著社會文化演化的進展，世人對於個人解放、平等和自主的要求也復甦、重現。社會規範和制度的出現，造就了日益以個人主義為導向的 WEIRD 族群，同時也開始對「做為社會組織原則的親屬關係的功能」與「專斷的繼承特權的合法性」提出質疑。

隨著現代社會的發展，不平等、戰爭、種族滅絕、歧視和剝削等既有的道德缺陷，也愈來愈難見容於開明的社會。二十世紀經歷的災難更是持續加速了對於實現自由及平等的要求。

由於這些訴求遲遲未能實現，令人沮喪不已，道德議題的討論於是過度升溫，世人對於平等的訴求也愈發激切。道德爭鬥轉而在象徵層面上進行，因為在這個層面能取得較快的進展，滿足我們對道德改革的迫切期待。社群媒體營造出兩極分化、不可調和的陣營氛圍，要麼是更加激進地為社會正義而戰，不然就是試圖出手阻止。我們懲罰性的群體心理遇上了你我對社會不平等的厭惡，致使我們的道德身分認同更加明顯可見。文化資訊的流動受到阻礙，因為我們只願意信任與自己同屬一個道德陣營的人。

當前的道德氛圍正是那些一直形塑著我們道德歷史的不利因素共同造成的。我們看到的是各個對內友好合作、對外猜忌敵視的群體相互衝突，這些群體有時會以略顯嚴厲的制裁，捍衛自己的準則和價值觀，而且只信任自己認同的人。幾個世紀以來，這些群體建立了一個社會嚴重不平等的世界，同時也表達了批判這些不平等的個人主義價值觀。它們藉由持續一致地施行平等的價值觀，例如資源再分配或配額規定等做法，試圖去克服這些不平等現象，然而達成預期成果的速度卻是極其緩慢（有時甚至根本就不見效）。反過來，藉由重新強調集體身分認同，特別關注個人的種族歸屬或性取向，以實現社會正義，目前也正面臨著將在我們眼前崩解的危機。

在舊有問題獲得解決之前，我們的道德觀必須適應新的挑戰。那甚至可能是我們在離開這顆星球——因為我們想要離開，或者，因為我們必須離開——朝遙遠彼方繼續前進之前的最後一大挑戰。我們的道德一直都具備為人際互動合作建立規則、以解決小群體彼此合作時的問題的功能。然而當今的地緣政治問題，實已超乎我們的能力之外。我們是否有能力發展出全球共通、能長期抗壓的價值觀和策略，仍有待觀察。如何才能實現甚至包含遙遠未來世代的全人類層級的社會合作？我們是首次面臨到這項任務：我們不知道自己是否有能耐完成這項任務，也不知道自己是否已經創造出一個再也無法安身立命的世界。

在解決問題的這條路上，還有政治分歧在阻礙擋道。然而我們的政治信念實比我們自以為的還更膚淺，而且浮動多變。那信念不僅會受像是鯊魚攻擊人這樣的巧合事件影響，也比我們想像的更不理性、更不穩定，而且更無知。我們抱持的政治觀更偏重於共有的群體身分認同，而不是側重事實，或是對具體問題深思熟慮過後的周密解決方案。這就意味著政治上的兩極分化狀況其實並不如我們想像地嚴重。我們根本不是意見分歧，我們只是互相憎惡。如果理解我們的政治忠誠度其實並不如自己相信的那般堅實，那麼，這些分歧是能夠化解的。

這些集體身分認同就該像是一件薄薄的罩衫，隨時都能脫下。只是命運將它化成了堅硬如鋼的外殼，讓我們難以擺脫。另一方面，我們的價值觀其實並沒有我們以為的那麼膚淺、那麼容易動搖：事實上，我們的價值觀非常穩定，而且具有普遍性。不同文化的價值觀在根本上截然不同，這個說法其實並不成立。在各種差異之間，存在著一股遠被低估的和解潛力，它雖然難以得見，卻值得我們去重新發掘：在「守時就是**白人優越主義**」[2]和「我們必須重振西方基督教文化霸權」這種極端想法當中，還有沉默但理智的多數。集體身分認同要人相信我們彼此為敵，然而你我本可以成為相互支持的朋友或鄰居（或至少互不干擾）。我們若是能喚醒彼此在道德上共通的價值觀和準則，共同面對未來的一切，那麼諸多政治分歧都是能克服的。

・脆弱的意識型態

人的政治信念並不穩固，它容易受到操弄：當實驗參與者被誤導，相信了自己的說法與自己實際所說的相反，受試者會毫不遲疑地為根本不是自己原本立場的政治觀點辯護。[3]

瑞典心理學家許坦伯格（Thomas Strandberg）和他在瑞典隆德大學（Universität Lund）的同事，要求研究受試者以一到九的分數表達他們對幾項帶有政治意涵的不同聲明的贊同程度。例如：「儘管在與哈瑪斯的衝突中造成巴勒斯坦平民傷亡，以色列的暴行在道德上仍屬正義」，或是「移入者若是被瑞典政府判定為非法移民，必須遣送回其母國，那麼庇護這些人在道德上應受譴責」。受試者為了看到第二組陳述，必須將夾板上的最上頁往後翻；這些實驗參與者沒注意到，當再翻回這一頁時，紙頁背面隱藏了一小段落，上面的聲明內容已反轉，他們原本對於瑞典移民政策的贊同因此變成了反對（反之亦然）。在被問及時，多數受試者都會毫不遲疑地為自己在第一輪中拒絕、但現在好像贊同的立場辯護。

許坦伯格團隊在二〇一六年美國總統大選期間進行的第二項實驗，更顯示出看似偏頗、極端的政治立場，有多容易就可被去極端化。[4]這項實驗的參與者絕大多數都是在曼哈頓各個不同的公園隨機攀談邀來的路人。受試者要依幾項人個特質，像是個人魅力、勇氣、熱情、經驗，或者可信度，在一個計分滑桿上為希拉蕊和川普兩位候選人評分。科學家暗中記下受試者對這兩人的評量結果，並在不久後將暗中修改過、變得溫和許多的評價結果交還給他們。這場實驗也一樣，只有極少數人發現自己的答案遭到操弄。絕大多數人都能輕而易舉地對自己不知道已遭扭曲過的答案給出聽來合理的理由。一名受測者在評估「經驗值」時，將希拉蕊這方拉滑至九四%，但對於收到的五九%這個扭曲過的回答，他的理由是：「我覺得這兩方在各自領域都很有經驗。川普是個成功的商人。當然啦，希拉蕊在政界也有多年經驗。所以噢……我認為這兩位都是經驗老道。」

我們的政治不理性沒有在任何問題面前止步。我們該如何因應氣候變遷？什麼才是面對幹細胞研究、同性婚姻、最低工資或移民政策的正確立場？是否應該重新恢復死刑？絕大多數涉及道德問題的政治議題，在內容上幾乎都彼此毫無關聯：它們是「有理正交」（rational orthogonal），也就是各自在邏輯上獨立，互不相依；當中任何問題的正確答案都不會影響到其他任何問題的正解。

然而在大多數情況中，我們能從一個人對於其他問題的意見，推斷出此人對某個問題的看法。相信全球氣候變遷是迫切問題、急需盡快解決的人，也可能會對同性婚姻抱持更為開放的態度。支持死刑的人可能也不會對外來移民多友善。但是，如果這些立場實際上可以自由組合，那又是為什麼？[5]

在一連串邏輯彼此獨立的議題上，政治光譜一端的人始終採取正確立場，另一端的人也始終採取錯誤立場，這種可能性有多高？是什麼讓你我確信自己站在「正確」的一方？如果你我的政治信念不過是建立在「我們的」群體所相信的看法上，那麼，我們形成觀點的方式就難以在理性上站得住腳。這不表示採納自己信賴對象的信念往往都不理性，因為，正如我們一再看到的，從他人那兒習得知識有其意義，而且別無選擇。這裡的問題反而是，一個已被意識型態預先篩選過的資訊環境，會破壞知識的理性傳播。

於是，美國經濟學者卡普蘭（Bryan Caplan）提出一項意識型態圖靈測試：[6]你是否能將對手的政治觀點和建議，闡述得讓對手能夠接受？如果做不到——各種跡象已顯示大多數人都難以通過這樣的測驗——那麼，你很可能已是自己意識型態偏見的受害者。你的政治信念已和你的身分認同及價值觀緊密地融合在一起，使得你只能將與自己有別的政治觀點視為愚蠢或卑劣的表徵。[7]

為何許多人會對更積極、略帶攻擊性的拯救氣候政策抱持懷疑？因為他們受到謊言、假資訊和資本主義成長意識型態的誤導，寧可看到自己的股票獲益增值，更甚過擔憂人類的未來。為何許多人認為應當更徹底地進行財富重新分配？因為他們不愛勞動、多有不滿、毫無財務概念、嫉妒他人成就。這些解釋偶爾甚至可說是對的。但懷疑氣候變遷者和主張財富再分配者，不可能這樣為自己的觀點辯護。這些政治對手的動機描述，並不適合當成有效的辯論出發點。你能通過這項測試嗎？

・串連起你我的謊言

一涉及政治問題，我們就成了意識型態的黨派追隨者，那行為更像是躁動的足球流氓在為自己的球隊吆喝加油，而不是自主的公民在運用理性尋思具體問題的合理解方。[8]

迦納裔英國哲學家阿皮亞就形容我們的社會身分認同是「串連起你我的謊言」。[9]我們認為自己是德國人或日本人，是天主教徒或印度教徒，是歐洲人或非洲人，是白人、黑人或棕色人種，是上流社會或勞動階級，是異性戀、蕾絲邊或酷兒——儘管這些身分如此真確，也都不過是社會的建構罷了；從外太空回望地球，我們不會看到任何國界，我們的DNA也不會管我們是**新富**還是**老錢**階級。

我們的政治立場似乎取決於自己接受的意識型態主張。但其實並非如此，實際上剛好相反：我們接納的主張，實則取決於我們認同哪種政治身分認同。是社會性的存在決定了意識型態的意識。

在美國，民主黨數十年來一直支持擴大社會安全網，並為各種追求實現社會正義和改善弱勢群體社會經濟平等的政治措施慷慨挹注資金。反之，共和黨往往對福利國家的出手干預抱持更為質疑的態度，主張減少政府赤字，強調個人自由及責任的重要性，並對立意良善卻不智的再分配措施可能會帶來的問題重重的激勵結構提出警告。但是，如果你向自稱民主黨支持者描述對手那套嚴格刪減的措施方案，聲稱這是自家黨派提出的政策建議，他們同樣會大表贊同；如果你對共和黨支持者提出一套異常慷慨的方案，稱說這屬於保守陣營，同樣也會大獲支持，儘管那內容其實和他們自家黨派的意識型態核心相矛盾。我們對於政治候選人道德品質的品評衡量，也強烈取決於身分認同上的因素：[10]同樣的行為若是自家政治陣營的成員所犯，常被歸為無傷大雅的小失誤；但若是敵對陣營所為，就會被歸為無可饒恕的道德過失。我們的政治信念往往都是**黨派高於政策**。[11]

正如同政治學術語所說，大多數人都是「**意識型態純真**」（ideological innocence）。[12]對這些人而言，要理解、甚至清楚表達政治立場，是一件難事。他們沒有能力參與關於政治原則的討論，對「自由主義」或「社會主義」這樣的抽象概念感到困惑不已或漠不關心，對政治上所有具體議題，從稅賦、教育政策到醫療保健體系，根本毫無自己的意見，儘管這些議題都會直接影響到自身。日常生活的大小事令他們分心，忙著採買家用、檢查孩子的作業，無暇再去認真、仔細地關注各個政黨綱領所代表的意識型態選擇。認為自己屬於哪一個黨派，這幾乎完全是社會身分認同的問題。

「**各盡所能，各取所需**。」[13]美國公民一旦被問到這句話出自何處，半數都會答說出自《美國憲法》，然而它實則出自馬克思的《哥達綱領批判》。[14]

政治問題極為複雜。即使要對一個較為簡單的議題建立起明智的立論，也需要豐沛的專業知識，這甚至會超過那些畢生致力於單一知識領域的專家所能及。誰能聲稱自己確實了解歐洲貨幣政策的宏觀經濟細節，**以及**農業的補貼要求，**以及**社會弱勢家庭的教育政策現況，**以及**相互競爭的醫療保險體系的優缺點，**以及**公平住屋政策的要求，**以及**德國和以色列、巴勒斯坦之間的外交關係，**還能**適切評估出德國聯邦軍隊的軍費合理預算，**以及**博物館、劇院、公園的預算需求？我們——**所有人**——在這些如此複雜的問題上形成個人政治觀點時的草率輕浮，以及在闡述這些問題並將持不同意見的他人貶斥為偏執的野蠻人時所展現的自信，無不令人「嘆為觀止」。

政治參與是典型的集體行為問題，是一個囚徒困境。在這當中，個人的理性選擇會為集體帶來毀滅性的災難。[15] 投票、示威、在推特發文，這些給了你我一種好似在政治上積極活躍的飄飄然感受，而且還能收割向同屬的政治群體展現忠誠信號所帶來的地位收益。但**我的**個人非理性和無知，代價幾乎為零，因為我自己的一票無論如何都不會造成什麼差別。由於這道理適用於**每個人**，我們**所有人**都在消耗更多的政治非理性，這對社會無益。早在八十年前，奧地利經濟學家熊彼得就總結了這些現象，說道：「典型的公民一進入政治領域，智力水準就會下降，會以他在自身關心的其他領域裡很容易就視為幼稚的手法和方式，去進行論證和分析。他成了一個原始人。」[16]

．兩極化的迷思

不過才不久前，西方民主世界的科學家及知識份子都還急切地認為我們的政治局面還不夠兩極化。戰後時期常可聽到這樣的抱怨，因為民主政體唯有為其公民提供真正的選擇，才有辦法存續。[17]不幸的是，政治現實似乎印證了所謂的中間選民定理，按此定理，政黨要贏得選舉，最終必然會導致意識型態同質化的均衡，因為各黨派都能透過不斷朝「中間」選民的偏好靠攏，以贏得選票。

如今，這種對於更加兩極化的渴望似乎觸動了我們：我們目前正生活其中的這個世界，如果自家子女要和來自「其他」政治陣營的伴侶成婚，有半數的父母都不會答應。然而在一九六〇年代，這樣的父母只是微乎其微的少數。[18]這種政治身分認同的隔離，也反映在了我們的生活方式、文化偏好，特別是居住地點上。[19]過去幾十年來，城市、社區和鄰里之間出現了日益成長的分離現象，導致文化環境和政治歸屬在日常生活中日益鮮明，直到柏林的普倫茨勞貝格區和慕尼黑的鐘溪區，只剩下彼此難以區別出差異的不遵循傳統常規者共同居住。[20]

不過，極大程度上，政治上的兩極化是特別明顯的少數群體的表面現象。[21]所謂上的「一%規則」指出，網站的使用者當中，僅有一%的人會積極參與、創造新內容；而其他九九%的使用者都只是**潛水者**（lurker），也就是（消極地）閒逛。這一%的組成在意識型態上並不中立，因為政治立場最極端的人也自然最有公然表達己見和建議的強烈動機。由於其餘九九%的人態度遠遠沒那麼極端，他們保持沉默，這就讓我們有了X或Reddit上全是意識型態狂熱者的印象，儘管大多數人的立場其實都更溫和，而且認為政治敵對陣營的人必須更願意相互妥協才是。[22]這使得我們愈來愈難通過意識型態圖靈測試，因為我們將更極端和更激進的立場冠到了我們的「政敵」頭上，遠遠超乎他們實際支持的立場。[23]

兩極化並不是政治團體執著於某些信念，並逐漸採納這些信念的極端版本，而是指對立政治派別的日益**分化**。[24]五十年前，個別黨派各自都還能見到自由派和保守派、左傾或右傾的不同立場，但近幾十年來，政治團體和意識型態立場的異動卻是不斷加速。這現象與其說這是激進化，不如說是分化（Entmischung）還更貼切。

從政黨政治的角度來看，這個問題在美國尤其明顯，因為美國政治體系的「贏家全拿」規則，必然會導致兩黨競爭（這個傾向稱為「杜瓦傑法則」）。[25]不過，德國及歐洲的政治運作近年來也出現極其類似的重新意識型態化的發展。

畢竟，政治上的兩極化在很大程度上根本與意識型態無關，而是純然的**情感**現象。我們根本不是意見分歧，我們只是互相憎惡對方。[26]從民調到隱性測量方法，再到經濟競爭中明顯的行為差異，各種可能的數據無不反映出政治陣營彼此間的敵意加劇。[27]我們對意識型態對立面群體的厭惡，更是明顯甚過對於種族歧視偏見的厭惡：研究參與者在被要求向申請者發放一筆（虛構的）獎學金時，獎學金候選者的膚色是黑或白，不太會影響受試者的青睞與否；然而在所有的民主黨人和共和黨人中，有八〇%的人都會對和自己同屬一政治陣營的候選者青睞有加，即使這個候選者的學術資格比較低。這種類政治兩極化和群體內的道德自我展示密切相關：激進化源自一種猶如競標般的競爭，而這場競爭正是以不斷朝更極端演變的政治立場，去換取更高的社會聲望。[28]

即使政治上的兩極化主要是在情感層面，而非意識型態的層面上，它依然會加劇意識型態迴聲室的破壞性影響。置身在認知泡泡中的人，根本不會接觸到其他人和其他看法：他會因為隔絕而接觸不到訊息。[29]但活在認知迴聲室裡的人情況更糟：他們已學會**主動不信任**所有偏離自己群體共識的觀點。這兩者的差別非常重要，因為所需的對治方法不同。透過讓一個人此前未知的新資訊滲透進去，為其啟蒙，就能夠戳破泡泡的隔膜；可是在迴聲室裡，對抗陌生的不同觀點不僅徒勞無功，還會加劇身處其中者的認知孤立性，因為從本來就不信任的人口中聽到不同的看法，反而會強化自己的觀點。

合作的邏輯促使我們想要證明自己是群體中值得信賴的成員。我們的思維是「部族式」的，也就是說，我們天生傾向部族思維。[30]我們在各自的群體當中發送出忠誠信號至關重要，其他部族成員能接收到這些信號，並將之理解為是可信賴的記號。這項功能尤其能透過具有身分建構效應的理念實現，因為這些理念反正不會為所有人接受，而是仍然只受特定群體所信。對注射疫苗的保護效果或人為氣候變遷真實性的質疑和否定，就注定扮演這種建構身分的角色。

如果這個狀況激起對立群體的反應，進而醞釀出極端主義急遽升溫的動力，那將會是致命的後果。許多社會上的病態現象不過是集體行為的問題，若要對治這些病態現象，就應當先有如此理解。氣候變遷就是個經典的例子：二氧化碳排放導致全球暖化，這是一個囚徒困境，因為每個人消耗能源都是理性的選擇，而這種消耗的傷害幾乎可以完全外部化，因為沒有人擁有這個環境，因此沒有人能要我為破壞環境付代價，好將我破壞環境的行為降低至社會和生態能夠接受的程度。

問題在於，用這種方式看待世界是極度反直覺的。這也必然就是這樣，因為集體行為的問題是自我隱蔽的：這五百萬年來的生物、文化及社會演化，已形塑出我們的思維，讓我們會自動將「合作」視為理所當然的選擇，而看不到對不合作有利的策略均衡選擇。數十年前，當專家首度發現地球氣候的波動變化模式時，他們開始警告人類正面臨到一個極其嚴重、可能會導致大災難的問題：就算是對最危言聳聽的預測抱持懷疑態度者，也無法否定全球暖化將會帶來一連串非常嚴重的後果，從全球範圍的經濟災損，到天災和極端氣候現象激增，再到饑荒及生態多樣性急劇喪失，以及沿海居民將流離失所。[31]

面對這樣的威脅，以及問題不可能只從國家層面解決之際，我們顯然希望人類能彼此團結，果決地應對這場首次真正全球性的人為危機。當這種回應未能成真時，環保人士開始介入：然而由於他們誤解了問題的本質，開始愈發激烈地警告全球暖化的危機。他們認為，不見大眾團結起來解決問題，顯然是因為大家還不夠害怕，所以要讓大眾更加恐懼，直到最後起身行動。一旦這個預期也沒發生，這些環保人士開始猜想，那必然是因為受到邪惡利益團體的影響。他們認為，不擇手段的無良資本家顯然認為從生意中獲取最終利益更重要，而不是為後世子孫留下一顆可供人居的星球。於是，這就導致了恐慌感劇增，現況遭到誇大，以及愈來愈極端的提議，這些無不令大眾更難以接受。例如：**我們必須在二十年內將地球人口減至十億，所有人從現在起都要以自家後院的收成維生，否則末日將至**——這可不是什麼眾人能達成共識的提議。持反對立場的政治陣營則是乾脆就無視氣候科學家憂心忡忡的嚴肅示警。結果就是，這社會有了一批具有政治影響力、敵視科學的氣候變遷懷疑論者，以及一批同樣具有政治影響力、敵視科學的末日預言者。而這兩方人馬要麼否定問題的存在，要麼提出適得其反的措施建議，因為他們雙方都在根本上誤解了這場危機的邏輯。

知道政治上的兩極化從何而生，那麼便能夠克服。我們的政治信仰既不穩定又膚淺，它既不理性且無知；兩極化在很大程度上是情緒層面的現象：我們若無法認同他人，就無法信任他們；要是他們和「我們」不屬同一族類，我們就會開始憎惡他們——儘管在這個「他我之間」的共同點，實則要比差異和隔閡還多。

‧辻斬試刀

對於何謂「長大」，艾托羅人和卡盧利人有不同的見解：[32]

新幾內亞的熱帶林裡，艾托羅人認為，男孩要成為男人，就必須攝食部落長老的精液。此舉是透過成年禮來達成，男孩在儀式上要以口滿足年長成員。另一方面，鄰近的卡盧利人則堅信，精液唯有從肛門進入受禮者體內，成年禮才算正式完成。艾托羅人十分厭惡這種行為，認為那相當噁心。[33]

長久以來，道德多樣性的現象在西方經典中流傳已久。古希臘史學家希羅多德早在兩千五百年前就在他的《歷史》一書當中寫道：[34]

大流士為王時，曾召來周遭所有希臘人，並問眾人，要多少報酬才能令他們願意吃下自己父親的遺體。眾人紛紛答說，無論多少報酬，都不會這麼做。接著，大流士又召來會吃食自己父母遺體的印度卡拉提耶人，當著希臘人的面問，要多少報酬才能令他們願意火化自己父親的遺體。卡拉提耶人從口譯轉述中聽懂了大流士所問，於是放聲大叫，請求他別再說出如此邪惡的話。各民族的習俗就是如此。品達曾說「習俗是眾生之王」，在我看來，他所言甚是。[35]

蒙田也在他著名的〈論食人者〉隨筆散文中利用類似的觀察，譴責十六世紀法國社會虛偽的自以為是。[36]只是，這個觀點如今還正確嗎？習俗當真是眾生之王？人類擁有共通的普世道德價值，這個事實不僅有精選過的祕聞軼事為佐證，還能以嚴謹的社會科學方法加以驗證。[37]數十年來，**施瓦茲價值觀調查**一再證實，[38]

所有文化當中都有一些大家一致認為具有約束力的根本價值觀。個人安全及自由、關愛與包容、幸福、自主與自我實現，這些都是世上所有文化一致認定最重要的價值。這些價值觀的重要性在各地排序有別，很大程度要歸因於各地的社會經濟差異，而不是道德觀念的根本分歧。[39]

人類關係區域檔案是一個蒐羅數千份來自世上所有文化區域檔案的民族誌資料庫。[40]克里（Oliver Scott Curry）和其同事以嚴格的標準，從六百零三個不同出處挑選出了三千四百六十個段落，就其道德內容進行研究。這些文獻來自六十個不同的社會，其規模有大有小、結構有簡單也有複雜，型態有傳統的，也有經濟發達的，而且來自各大洲和不同的年代世紀。他們導引完全不知道這個研究假設的工作人員進行獨立選擇，而後，再由另一人獨立對這些選出的行為模式進行是**好**或**壞**的判別編碼。樂於助人、合作、尊敬、公平、勇敢等價值觀，都得到九九·九%的跨文化一致性。[41]

可是，我們難道不曉得，這世上的道德有根本的分歧，而且不同地方、不同年代的人們，都和我們在道德觀上有根本的差異？當我們審視其他文化和時代，難道我們沒看到那些由食人、奴役、活人獻祭、角鬥士相殘、火焚女巫、纏足、女性割禮、種族滅絕和殺嬰所組成的詭異百態奇景？

人類社會彼此之間的道德差異，必須與跨文化之間的類似性互相平衡。這世上沒有多少文化與現代西方社會的差異之大，會大過古代的中國。然而，我們在這些時空相隔千年萬里的文化裡發現的道德差異，也是微乎其微的。儒家的《論語》提倡個人的自制、品格、敬重親友、同情弱者，以及重視承諾與正義。[42] 儘管這些詞彙觀念如今已略顯陳舊，而且在倫理上的優先順序也與現代的我們不盡相同，但若是認為這些與我們的道德文化相衝突，其價值觀也和我們的相矛盾，那可就是錯誤且有害的想法了，而且，這樣的想法往往也會被壓迫性政權濫用，藉此否定外界對其批評的合法性。

儘管過去的人接受了如今世人（合理地）認為可憎與背德的做法，我們也不該低估就算在當時也已經存在的文化內部分歧程度。數百年前的「大眾」咸信奴隸制度在道德上並無疑義，這種說法並不準確。葡萄牙王室史官德祖拉拉就描述了一艘準備運載奴隸的船抵達奈及利亞的拉各斯（Lagos）港的情景：[43]

只是，即便是鐵石心腸，眼見這群人，又有哪顆心不會被那些真摯的情感刺穿？他們有人低垂著頭，彼此相視時淚流滿面。有人苦苦哀嘆，目光朝天定望，彷彿在祈求自然之父相助。有些人雙手掩面、伏倒在地，有些人則藉歌聲抒發自己的哀戚……令他們倍加痛苦的是負責分配的人來到了現場，開始將人五個、五個地分開；於是孩童和父母被拆散，夫妻分離，兄弟再無相見。[44]

在這裡，我們原本預期會看到一個身在認為奴隸制是自然、良好且正確的文化中的人，對此情景會無動於衷地聳聳肩，不以為意，然而聞見的反而是人類良善的同情同理之心，和奴隸制的殘酷之處。每當**我們**拒斥一個陌生的歷史或社會文化情境中的行為、做法或舉止為背德之舉時，要知道，就在**彼時彼地**，往往也有人和我們的看法**相同**，也會認為那是應受批判的可恥行為。令人訝異的是，當我們聲稱當時的世人對奴役人類的行為並無疑義之際，卻對**被奴役者自己**會怎麼想幾乎絕口不提。然而將過往歷史異國情調化帶來的那股毛骨悚然感是那麼誘人，教人著迷，我們於是忽視了彼此的相似性，卻又誇大了相互的差異。

我們不該站在錯誤的一方。偶爾有人會說，日本在中世紀時，拿毫無戒備的旅人來測試新的刀劍，是道德上可接受的行為。[45]為了測試新到手的武士刀的鋒利程度，日本武士會在這種稱為「辻斬」的行為中，出其不意地將人從肩膀斜斬至腰部。可是，誰會認為這種草菅人命的不人道行為是在道德上可接受的？頂多也就只有武士會這麼認為，即便如此，那也不過是極其少數。但是，對那些毫無戒備、無端遭到殺害的旅人呢？他們的家人、朋友和同鄉怎麼辦？值得懷疑的是，除了做出「辻斬」的人，到底有誰會認為辻斬是在道德上無害的榮譽之舉。（事實上，辻斬這種行為是否確實存在，或有多普遍，至今仍有爭議。它可能是個別殺人者的過激行為，在當時也已被視為殘忍犯行，而且遭受了相應的懲罰。）[46]活人獻祭、閹割、奴隸制等異文化或過去社會的行為，被引用做為根本價值觀衝突的例證，這情況就與辻斬類似：大多數時候，我們放任了一小群社會菁英的越軌惡行左右了整個文化認定的良善與正確，還以為這些人既殘忍又自負的反常行為對整個文化具有決定性的作用。

社會上總有一些享盡特權的群體，會以複雜、狡詐的意識型態為自己肆無忌憚的行為辯護，稱說那是別無選擇、無可避免的，藉此淡化自己行為的後果，或是將受害者去人性化，剝除他們為人的本質。我們一旦接受了這些人的觀點，那絕對不是對文化多樣性的包容，而是我們又再次站到了強權的那一邊，讓強權得以再次決定其文化價值觀為何，再次壓迫弱者和弱勢群體，令其噤聲沉默。

・這場宏大的盛典

串連起世人的種種道德價值觀，遠比你我相信的還更深刻，而分裂了你我的政治裂痕，也不如你我以為的那麼深。隨著這個世界的繁榮程度提升，和平的時間增長，我們的道德關注優先順序也有了變化。物質上的安適和社會政治的穩定，推動了自由化發展朝向解放的價值觀前進的動力。[47]道德共同體的邊界持續延伸擴展，納入愈來愈多的成員，賦予了新的自由，武斷的規範也被提出來討論。有問題的傳統和歧視性的措施被以道德檢視，必要時建議廢除。現代社會終於愈來愈有能力，能夠認真看待被邊緣化的群體關切的事。

然而，世人原本期望的諸多改善卻猶未實現，仍然教人望眼欲穿。雖然我們理解種族歧視、性別歧視，以及其他形式的排斥和不利處境都是錯的，而且應當克服，卻也往往無法在一時半刻內就迅速地消除這些現象；因為現代社會是一頭執拗、難纏的怪物，無法僅僅為了符合道德先鋒的平等主義理想，就輕易地接受改造——無論這些理想何等崇高、何等合理，又多麼值得頌揚。

出於絕望的急迫感，世人愈來愈將關注焦點移轉到了符號及語言的領域，因為相較於傳統與制度那頑固又難以撼動的國度，文字和圖像的縹緲世界要改變比較快，也更容易。由於自由、自主和機會平等的舊有理想未能實現，這些理想也遭人懷疑。如果某些群體所受的壓迫，最終在一個自由、平等的社會裡仍然未能消散，或許那是因為這些理想本身就向我們指錯了路。自由與平等的**價值**並不確保自由與平等的**現實**，因此，必須以相反的價值觀取而代之，好讓現代性最終能在這場與其自身的鏖鬥中致勝：如果社會強勢的中心就是不願放棄它基於膚色、文化或性別的既有歧視，那麼，那些身分曾被壓迫的身分最終必須得到應有的尊重和權利，這也意味著，人們將以一種挑釁而大膽的姿態，重新擁抱過去強加給他們的身分。

受到社群媒體和黨派政治宣傳擾亂的資訊環境，讓人陷入知識上的孤立處境。在這當中，我們充滿情感的社會政治身分認同只聽得到證實自己觀點的內容。我們彼此在其實意見並無歧異的情況下，將自己分成了看似敵對的陣營，在當中再也看不見出口，儘管我們其實根本就找得到出路。

我還能多說什麼？我想，這已足夠了。我們以新的眼光看見本有的熟悉事物，也看見過去毫無所知的新事物。這片破碎的大地上有無數毛茸茸的生靈，無一不在狂歡般的踉蹌和狂喜中沉醉，在血和汗與欲望中合而為一；纖細的手指在塵土中覓尋原初的知識，師與徒，石灰中的簡筆畫人形；巴比倫市集裡的石製油燈和芝麻油；我們烹煮食物，或眾人一起，或個人單獨；我們看見救贖與犧牲，看見骨頭、樹根和陶罐構成的所有字母，看見船隻吞噬了被奪盜而來的人，看見嬉戲的孩子折磨一隻五彩斑斕的甲蟲；我們看見頂上群星滿布的天，還有自己內心的道德法則；我們攀越村落，下到河邊，跟隨最後的隊伍抵達海岸，那裡的石頭長滿苔藻，如此茂盛，如此清涼，如此翠綠；我們看到被綑綁的雙腳，木柱上已遭肢解的人體，團團石頭上刻著律法，或有或無；我們看到光裸的軀體與死屍，以及頭帶戴碩大冠帽的君王，強盜與憲警，簽訂的合約與承諾先是被打破，而後又給出；數百萬人的哭泣，未獲撫慰，未能報仇，未受銘記，永遠消失，一如雨中的淚。

這是一段漫長的故事。現在，在這故事將盡之際，我們是否還能相愛相親？也許這場不和與互憎的盛典有朝一日終將結束。也或許，誰知道呢，它將成為一場和諧共融的盛宴，既受理性引發，也被理性征服。

謝詞

在寫作本書的過程中，我獲得了許多支持，對此我深表感激。

我要特別感謝我的出版社 Piper 的整個團隊，尤其是洛芬貝格（Felicitas von Lovenberg）、施塔德勒（Anne Stadler）和梅爾齊格（Anja Melzig）；以及我的編輯比尼克（Charly Bieniek）、雅尼克（Martin Janik）與蓋爾（Steffen Geier），感謝他們給予我鼓舞人心、批判性且充滿啟發的回饋；也謝謝我在經紀公司裡的蓋布（Michael Gaeb）、佛格爾（Andrea Vogel）、瑟米齊杜（Eva Semitzidou）、波特羅斯（Elisabeth Botros）與維斯曼（Bettina Wissmann）；許伯爾（Philipp Hübl）提供了關鍵的啟發；我在烏特勒支大學的學生與同事；我研究計畫的成員：布倫登（Charlie Blunden）、雷倫（Paul Rehren）、艾瑞克森（Cecilie Eriksen）與庫德萊克（Karolina Kudlek）；還有從一開始便一路陪伴我的福爾克（Volker）與弗萊明（Kerstin Flemming）；以及我的家人。最後，感謝羅蜜娜（Romina）、克拉拉（Clara）與尤莉亞（Julia），謝謝你們的存在。

謹以此書獻給每一位讓我有所收穫的人。

注釋

序章　對你我重要的一切

1. 原注：Nietzsche, F. (1999 [1887]), 317.
2. 譯注：參見第五章注釋 53。
3. 譯注：參見第六章注釋 82。
4. 譯注：尼采《道德的譜系》(*Zur Genealogie der Moral*) 共由三篇專文構成，討論道德概念的發展和傳統。尼采試圖證明，人類當代道德觀的最初起源沒有絲毫道德根據，殘酷的權力鬥爭才是形塑出道德的關鍵。

   在第一篇專文中，尼采將基督教的道德觀回溯到他稱為「奴隸藉由道德造反」的時期，描述位居社會底層的成員對於那些強大、富有且高貴的上層成員的「怨恨」。貴族成員是以「好／壞」(gut / schlecht) 做為價值的區分標準，認為自己所占的社會優勢正證明了他們自身的優越，並且鄙視底層的成員。而奴隸們則發現他們無法面對自己被強者征服的事實，於是構思出一套「想像的復仇」，將那些強者形容為「惡」(böse)，並將自己形容為「善」(gut)，也因此建構出了基督教的道德觀，而透過這套道德觀，無能而軟弱的成員才有資格生活在這世上。

在第三篇中，尼采論及基督教道德觀裡呈現的「完美禁欲者」概念，他認為這個禁欲概念背後不過是一連串可笑而又毫無根據的迷信，而且這些迷信在現代社會仍然試圖以新的、祕密的形式腐敗人類。

5. 原注：Stark, R. (1996); s. a. Prinz, J. (2007), 217 ff.

6. 譯注：「Diesseits」和「Jenseits」這兩個對應的詞彙，意指「這邊」和「另一邊」，通常抽象地暗指有一條邊界線，將世界分成兩個境界，這條劃開兩邊的邊界線，概念上通常是指死亡，「Diesseits」是說話者所在的境界，而「Jenseits」則是另一個境界，因此可大約理解為「現世、此世」和「彼世、彼岸」。在形上學和許多宗教的世界觀中，現世的特徵是「自然的、有限的、感性的、暫時的」，而彼世則為「天堂的、永恆的、靈性的、最終的」。但許多無宗教信仰的人文主義者和自由思想家對此則有疑義，他們認為人類的生命只存在於這個世界，或只存在於單一的自然現實當中。

第一章　五百萬年——譜系 2.0

1. 原注：Wood, B. (2019), 65 ff.
2. 譯注：猩猩屬學名為 *Pongo*，書中所用的 Orang-Utans 一詞為馬來語或印尼語中的稱呼，意思是「森林中的人」。
3. 譯注：「族」拉丁文為 *Tribus*，是介於「亞科」和「屬」之間的等級。
4. 原注：Wood, B. (2019), 65 ff.; Dunbar, R. (2016), 8 ff.
5. 原注：Pattison, K. (2020); s. a. Leakey, M. & Leakey, S. (2020).
6. 原注：Wood, B. (2019), 71.
7. 原注：Pievani, T. & Zeitoun, V. (2020).
8. 譯注：來托利（Laetoli）是坦尚尼亞北部的一處考古遺址。1976 年，英國考古學家和人類學家瑪麗・李奇（Mary Leakey, 1913-1996）所組的團隊在當地薩迪曼（Sadiman）火山的火山灰中發現古人類腳印化石，並於 1978 年挖掘採集。這些腳印被稱作「來托利腳印」，為上新世古人類已能雙足行走提供了確切證據。
9. 譯注：時間預算（Zeitbudget）模型是指研究社會群體或個人在一定週期內，用於不同目的之各種活動時間分配的方法。時間預算和生活方式彼此互有緊密關聯，它反映且說明各個階級和社群活動的不同面向。就某種意義而言，它是一種存在的形式和一種生活方式的尺度。
10. 原注：Dunbar, R. (2016), 84.
11. 原注：Newsom, L. & Richerson, P. (2021).

12. 譯注：電磁波譜依頻率高低，分別為無線電波、微波、紅外線、可見光、紫外線、X 射線，以及伽瑪射線（或稱 γ 射線）。可見光僅是電磁波譜中極小的一部分。

13. 原注：Freud, S. (2006 [1930]).

14. 原注：Tomasello, M. (2016).

15. 譯注：獵鹿賽局（Hirschjagd）最早見於法國哲學家盧梭（Jean-Jacques Rousseau, 1712-1778）的《論人類不平等的起源及基礎》（*Discours sur l'origine et les Fondements de l'inégalité parmi les hommes*）著作當中。

16. 譯注：鄧巴數（Dunbar Zahl）是英國演化心理學家及靈長類動物專家羅賓・鄧巴（Robin Dunbar, 1947-）在 1990 年代率先提出的概念，指個體能與他人維持緊密人際關係的人數上限，而這個上限取決於大腦新皮質的大小。此處的人際關係，是指真正知道其他人是誰，並且了解這些人之間的關係。

17. 原注：Dunbar, R. (1992).

18. 原注：Dunbar, R. (1996), 77.

19. 譯注：英國哲學家湯瑪斯・霍布斯（Thomas Hobbes, 1588-1679）在其著作《論公民》（*De Cive*）當中，引用了拉丁諺語「*Homo homini lupus est*」，意為「凡人皆狼」，指稱人在自然狀態下具有和狼一樣的行為，像是掠奪成性、殘忍且不人道的特質。

20. 原注：Pinker, S. (2011), 31 ff.

21. 原注：Bowles, S. (2009).

22. 原注：Turchin, P. (2016).

23. 原注：Kant, I., KU, 400.

24. 譯注：丹尼爾・丹尼特（Daniel Dennett, 1942-），美國哲學家、作家、認知科學家，研究領域集中於科學哲學、生物學哲學、演化生物學及認知科學。

25. 原注：Dennett, D. (1996), 48 ff.

26. 譯注：拉馬克謬誤（Lamarckistischen Fehlschluss）是 1809 年法國生物學家拉馬克（Jean-Baptiste de Lamarck, 1744-1829）在其發表的《動物哲學》（*Philosophie zoologique*）當中所提出的「獲得性遺傳」和「用進廢退」理論。他認為，這既是生物產生變異的原因，又是適應環境的過程。若簡單對比拉馬克與達爾文的看法差異，在於拉馬克認為是「功能創造了器官」，但達爾文則認為是「器官創造了功能」。

27. 譯注：赫伯特・史賓賽（Hebert Spencer, 1820-1903），英國哲學家、社會達爾文主義之父。史賓賽提出將「適者生存」應用在社會學，尤其是教育及階級鬥爭。

28. 原注：Mukherjee, S. (2010).

29. 譯注：全景監獄（Panoptikum）也稱圓形監獄，是英國哲學家邊沁（Jeremy Betham, 1748-1832）在 1785 年提出的一種監獄形式，可用最少的人力及資源，監控最多的獄中囚犯人數。

30. 原注：Nietzsche, F. (1999 [1886]), 146.

31. 原注：Stanovich, K. (2004).

32. 原注：Dennett, D. (1995).

33. 譯注：約書亞・格林（Joshua Greene, 1974-），美國實驗心理學家、神經科學家和哲學家，哈佛大學心理學教授。其研究和寫作側重於道德判斷與決策領域，近期研究則集中於認知科學。

34. 原注：Greene, J. (2013), 12.

35. 譯注：莎拉・布萊弗・赫迪（Sarah Blaffer Hrdy, 1946-），美國人類學家和靈長類動物學家，對演化心理學和社會生物學的研究具有重大貢獻。

36. 原注：Hrdy, S. (2009), 1 ff.

37. 譯注：納許均衡（Nash-Equilibrium）是以數學家約翰・富比士・納許（John Forbes Nash Jr., 1928-2015）命名，是指在包含兩個或以上參與者的非合作賽局中，在假設每個參與者都知道其他參與者的均衡策略的情況下，沒有參與者能透過改變自身策略，以使自己受益的一個概念。

38. 譯注：大衛・休謨（David Hume, 1711-1776），蘇格蘭哲學家、經濟學家和歷史學家，他是蘇格蘭啟蒙運動及西方哲學歷史中的代表人物之一。

39. 譯注：加勒特・哈丁（Garrett Hardin, 1915-2003），美國生態學家，他在 1968 年於《科學》期刊上發表了一篇探討「公地悲劇」（Tragedy of the commons）的著名文章，他在文中表示，只有人和野獸的數量遠低於土地的承載能力，共同使用才能合理且令人滿意。因此，應該在資源的可用性和依賴資源的人數中找到平衡。

40. 原注：Hardin, G. (1968).

41. 譯注：托斯丹・范伯倫（Thorstein Veblen, 1857-1929），美國經濟學家，被推崇為制度經濟學的創始者。他在 1899 年出版的《有閒階級論》（*The Theory of the Leisure Class*）提出了「炫耀性消費」的概念，批判 19 世紀末美國上流階級中，那些與企業密切往來的暴發戶，稱其為「有閒階級」。范伯倫認為，這些有閒階級透過消費非維生所需的時間與昂貴物品，以保持或展現其身分地位，同時也脫離了勞動關係，輕視一般勞動者的生產貢獻。而且這個階級的消費習性，會影響其他階級，無形中形成了浪費時間和金錢的社會風氣。

42. 原注：Veblen, Th. (2007 [1899]).

43. 原注：Schelling, Th. (1980 [1960]).

44. 原注：Simler, K. & Hanson, R. (2018), 28.

45. 原注：Fehr, E. & Gächter, S. (2000).

46. 譯注：生態效度（ökologische Validität），是指實驗結果能推論到樣本總體和其他同類現象當中的程度，也就是實驗結果的普遍代表性和適用性。

47. 譯注：營地狂躁（Lagerkoller）是指個人或一群人長時間被困在一個孤立或密閉的地方，像是營地、避難所、小屋時所經歷的心理躁動狀態。這種感受可能會導致當事者做出不合理或偏執的決定，甚至危及自身或共處群體的生命安全。「cabin fever」是英文中描述這種心理狀態的近似詞彙。

48. 譯注：尼克拉斯·盧曼（Niklas Luhmann, 1927-1998），德國當代社會學家，社會系統理論創新者。

49. 原注：Luhmann, N. (1984).

50. 譯注：西塞羅（Cicero, 106-43 BC），羅馬共和國晚期哲學家、政治家、作家、雄辯家。被公認為古羅馬最偉大的演說家和最具影響力的散文作家之一。

51. 原注：Bowles, S. & Gintis, H. (2011).

52. 原注：Bloom, P. (2013), 26.

53. 譯注：法蘭斯·德瓦爾（Frans de Waal, 1948-2024），全球知名

的動物行為學家與靈長類動物學家，經常於《科學》（*Science*）、《自然》（*Nature*）與《科學人》（*Scientific American*）等重要期刊發表學術研究和寫給大眾閱讀的科普文章。

54. 譯注：飾面理論（veneer theory）認為，文明是人類的假面具，一旦面臨利益衝突或遭遇威脅，這個面具就會破裂，露出人類最醜陋的一面。

55. 原注：de Waal, F. (2006).

56. 譯注：波坦金村莊（Potemkinsche Dörfer）指涉專門用來營造虛假印象的建設和舉措。典故是 1787 年俄國女皇葉卡捷琳娜二世出巡因俄土戰爭獲勝而得到的克里米亞途中，時任地區總督的格里戈里·波坦金在第聶伯河兩岸布置了可移動的村莊，以欺騙女皇及隨行大使。

57. 原注：Brosnan, S. F. & de Waal, F. (2003).

58. 譯注：論戰（Polemik）也稱「反調」，是一個具爭議性的邏輯論證，目的是建立具體了解的真理，並指出相反立場的謬誤。

59. 原注：Wittgenstein, L., ÜG, § 141.

60. 譯注：理查·道金斯（Richard Dawkins, 1941-），英國演化生物學家、動物行為學家、作家，道金斯 1976 年出版名著《自私的基因》（*The Selfis Gene*，繁體中文版由天下文化出版），引起廣泛關注。書中闡述了以基因為核心的演化論思想，將所有生物類比為基因的生存機器，並引入了「迷因」（meme）概念。

61. 原注：Dawkins, R. (2016 [1976]).

62. 原注：Stanovich, K. (2004).

63. 譯注：威廉·唐納·漢彌爾頓（William Donald Hamilton, 1936-2000），英國皇家學會成員，被認為是 20 世紀最偉大的演化生物學理論家之一。他提出了親屬選擇（kin selection）理論，解釋蟻類中工蟻的行為。**整體適應度**（Inclusive fitness）是指某個體的直接與非直接適應度（fitness）的總合。直接，是指影響個體本身的適應度；非直接，則是指影響個體在群體（社會）中其他同伴的適應度，血緣關係愈密切，影響愈大。此概念與親屬選擇類似，但定義上比較寬鬆。

64. 原注：Hamilton, W. (1964).

65. 譯注：約翰·霍爾丹（John B. S. Haldane, 1892-1964），英國生物學家、演化生物學家。

66. 譯注：羅伯特·崔弗斯（Robert Trivers, 1943-），美國進化論學者和社會生物學家，提出了互惠利他主義、親代投資、兼性性別比確定和親子衝突等理論，還從適應性演化策略的角度解釋了自我欺騙現象，並論述了基因組內部衝突。

67. 原注：Trivers, R. L. (1971).

68. 譯注：羅伯特·艾瑟羅德（Robert Axelrod, 1943-），美國政治學家。自 1974 年開始任教於密西根大學，研究領域主要為公共政策。

69. 原注：Axelrod, R. (2006 [1984]).

70. 譯注：阿納托爾·拉波波特（Anatol Rapoport, 1911-2007），美國數學心理學家，對一般系統理論、數學生物學、社會互動的數學模型和傳染的隨機模型研究，貢獻甚深。

71. 原注：Sinnott-Armstrong, W. 2006, 40 ff.

72. 原注：Pagel, M. (2013).

73. 原注：Simler, K. & Hanson, R. (2018).

74. 譯注：阿莫茲．札哈維（Amotz Zahavi, 1928-2017），以色列的演化生物學家，主要研究涉及生物演化信號的演變。

75. 原注：Zahavi, A. (1975).

76. 譯注：這段前後分別是指：伊斯蘭聖戰領袖聲稱死後天堂會有 72 個處女與殉教者相伴，以激勵信者願意進行殉教攻擊。以及天主教信仰中認為，聖餐期間禱告的一刻，「言詞的力量、基督的行動和聖神的能力，會使耶穌的聖體聖血真實地臨在」，讓餅和酒神奇地轉變成為基督的身體和寶血實體。以及在摩門教信仰認知中，其《摩門經》的來源，是 1823 年 9 月 22 日約瑟．斯密（Joseph Smith, 1805-1844）被天使摩羅乃帶到金頁片的存放處，而其上的文字需要靠一塊先見石（seer stone）來解讀。

77. 原注：Wilson, D. S. (1975); Smith, J. (1964).

78. 原注：Darwin, C. (1972 [1874]), 115-116 (Übersetzung H. S.).

79. 原注：Sober, E. & Wilson, D. (1998).

80. 原注：S. a. Richerson, P. et al. (2016); Pinker, S. (2012).

81. 原注：Haidt, J. (2021).

82. 原注：Henrich, J. & Muthukrishna, M. (2021).

第二章　五十萬年——罪與罰

1. 原注：Lyons, L. (2003).

2. 譯注：這壁畫所在的阿達烏拉洞穴（Grotta dell'Addaura），是由三個天然石窟組成的複合體，位於義大利南部西西里島巴勒莫（Palermo）的佩雷格里諾山（Monte Pellegrino）東北側。對於壁畫中兩個躺倒在地的人是何身分，歷來有諸多假設和推測。有學者認為他們可能是被道具困住的雜耍者或運動員，也有人認為這是在描繪一場儀式，而兩人是將被犧牲的祭品。最初研究此壁畫並發表論文的考古學家馬可尼（Jole Bovio Marconi）則認為，這兩個男性人物是表達同性情欲的圖像。

3. 原注：Pinker, S. (2011), 149.

4. 原注：https://www.washingtonpost.com/opinions/the-death-penalty-is-in-the-death-throes/2021/02/05/e332c23e-67cb-11eb-8c64- 9595888caa15_story.html.

5. 譯注：三十僭主（dreißig Tyrannen），伯羅奔尼撒戰爭後，在斯巴達的支持下，以蘇格拉底的學生克里底亞（Critias）為首的 30 人奪取了雅典的政權，史稱「三十僭主」。這個集團在執政的八個月期間處死了 1,500 人，致使雅典人民大量流離逃亡。八個月後，三十僭主垮臺，民主制恢復，克里底亞被處死。蘇格拉底也因為受到牽連，被加上莫須有的罪名，被判死刑。

6. 原注：Wrangham, R. (2019), 163.

7. 原注：Dunbar, R. (2016), 11.

8. 譯注：伊莉莎白．戴尼斯（Élisabeth Daynès, 1960-），法國雕塑家，因其與早期人類相關的人類學作品而聞名。她在 2010 年獲頒 John J. Lanzendorf-National Geographic PaleoArt Prize，該獎項公認是授予與古生物學相關的科學藝術家最負盛名的獎項。她以雕塑手法重建的史前人類形貌，可參見其官網：https://www.elisabethdaynes.com/paleoart-reconstructions/。

9. 譯注：約翰．格奇（John Gurche）是專精古藝術（Paleoart）——也就是根據科學證據來描繪史前生活的原創藝術創作——的藝術家，以其對史前生活，尤其是恐龍和早期人類的繪畫、雕塑和素描而聞名。作品常見於國家地理雜誌封面。可參見其個人網站：http://gurche.com/。

10. 譯注：德馬尼西（Dmanissi）位在喬治亞共和國南部，距離首都提比里西 85 公里，海拔高度 1,171 公尺。該鎮附近的考古遺址在 1991 年和 2005 年期間，曾發現 180 萬年前的人屬化石。

11. 譯注：「魔鬼的腳印」（Ciampate del Diavolo）是義大利坎帕尼亞（Campania）北部羅卡蒙菲納火山（Roccamonfina）附近一處在火山碎屑流沉積物中保存下來的腳印化石，歷史可追溯到大約 35 萬年前。

12. 譯注：泰拉阿瑪塔（Terra-Amata，義大利文意思是「至愛之地」）是一處露天考古遺址，位於法國尼斯的博隆山（Boron）山坡上。是法國考古學者亨利．德．萊姆利（Henry de Lumley）在 1966 年發現，並進行挖掘。該遺址最初位於史前海灘上，包含可追溯到公元前約 40 萬年的舊石器時代早期工具，以及歐洲最早馴化火的痕跡。

13. 原注：Nietzsche, F. (1999 [1886]), 322.

14. 原注：Nietzsche, F. (1999 [1886]), 323.

15. 原注：Nietzsche, F. (1999 [1886]), 292.

16. 原注：Nietzsche, F. (1999 [1886]), 302.

17. 譯注：羅伯特．弗朗索瓦．達米安（Robert François Damiens, 1715-1757），1757 年試圖行刺法王路易十五，失敗後獲判弒君罪，在巴黎的格列夫廣場（現市政廳廣場）以車裂處死。法國哲學家傅柯（Michel Foucault）的《監視與懲罰》（*Surveiller et punir*）一書中，對達米安的受刑過程有詳細的記載及研究。

18. 原注：Foucault, M. (1977), 9.

19. 譯注：尼古拉－夏爾－加百列．桑松（Nicolas-Charles-Gabriel Sanson, 1721-1795）出身自桑松家族，該劊子手家族從 1688 年至 1847 年總共傳承了六代。而在這場車裂執法中協助執行的家族成員夏爾．亨利．桑松（Charles-Henri Sanson, 1739-1806），日後也執行了法王路易十六的斷頭臺處決。

20. 原注：Hare, B. & Woods, V. (2020); Hare, B. (2017).

21. 原注：Wrangham, R. (2019), 24 ff.

22. 譯注：約翰．腓德里希．布盧門巴赫（Johann Friedrich Blumenbach, 1752-1840），德國醫學家、生理學家、人類學家。他是率先將人類做為自然史研究對象的人之一。他以比較解剖學的方法，將人類種族分為蒙古人種、尼格羅人種、高加索人種、馬來人種、印第安人種這五類。

23. 原注：Hare, B. & Woods, V. (2020), 20 ff.

24. 原注：Dugatkin, L. A. & Trut, L. (2017).

25. 原注：Wilkins, A. S., Wrangham, R. W. & Fitch, W. T. (2014).

26. 原注：Damasio, A. (1994).

27. 譯注：理查德．博沙．李（Richard Borshay Lee, 1937-），加拿大人類學家，研究專長為波札那和納米比亞原住民的歷史及生態。

28. 原注：Lee, R. B. (2013), 129 (Übersetzung H. S.).

29. 原注：Dunbar, R. (2016), 156.

30. 原注：Cochrane, L. (2019).

31. 原注：Boyd, R. & Richerson, P. J. (1992).

32. 原注：Bowles, S. & Gintis, H. (2011), 24 ff.

33. 譯注：恩斯特·費爾（Ernst Fehr, 1956-）和西蒙·加赫特（Simon Gächter, 1965-）兩人皆為奧地利經濟學家。費爾的研究領域涉及人類的合作行為及社會性在公平和互惠層面的演化。加赫特是歐洲經濟學會成員。

34. 原注：Fehr, E. & Gächter, S. (2002).

35. 原注：Greene, J. D. (2008), 50 ff.

36. 原注：Aharoni, E. & Fridlund, A. J. (2012).

37. 原注：Baron, J. & Ritov, I. (1993).

38. 原注：Aharoni, E. & Fridlund, A. J. (2012).

39. 譯注：康拉德·勞倫茲（Konrad Lorenz, 1903-1989），奧地利動物學家，鳥類學家。勞倫茲研究以灰雁和穴鳥為主的動物本能行為，並且重新發現了離巢鳥類的銘印作用。

40. 原注：Fodor, J. (1983).

41. 譯注：作弊者偵測（cheater detection）：演化生物學家證明，社會交換無法在一個物種中演化，除非參與社會交換者能察覺、發現、揪出作弊者，也就是團體裡那些會從他人身上獲取利益、自己卻不提供回報的個人。受這項發現的啟發，心理學家在人腦中發現了一種「作弊者偵測機制」，也就是一種搜尋資訊的程序，該資訊能揭示出某個人是否在特定的社交交流中作弊。

42. 譯注：華生選擇任務（Wason Selection Task）是英國認知心理學家彼得·華生（Peter Cathcart Wason, 1924-2003）在 1966 年提出、證實確認偏誤（confirmation bias）的心理學實驗。

43. 譯注：確認偏誤（confirmation bias）是個人選擇性地回憶、蒐集有利細節，忽略不利或矛盾的資訊，以支持自己既有想法或假設的傾向，是在認知偏誤和歸納推理上的一個系統性錯誤。

44. 原注：Cosmides, L. & Tooby, J. (2013).

45. 原注：Dunbar, R. (1996).

46. 原注：Hume, D. (2007) [1739 – 1740], 375.

47. 原注：Kant, I., KpV, 153.

48. 原注：Kant, I., MdS, 466 ff.

49. 原注：Henrich, J. (2016), 188.

50. 原注：Roth, M. P. (2014), 19.

51. 原注：Kitcher, P. (2011), 140.

52. 原注：https://ourworldindata.org/homicides.

53. 譯注：《摩奴法典》（*Manusmriti*）是一部婆羅門教倫理規範的法論，成書推測約在公元前二世紀至公元二世紀。內容共分十二章，涉及禮儀、習俗、教育、道德、法律、宗教、哲學、政治、經濟、軍事、外交等等，構建出以四大種姓為基礎的社會模式。

54. 原注：Roth, M. P. (2014), 11; Lyons, L. (2003), 71 ff.

55. 原注：Henrich, J. (2020), 400.

56. 譯注：家族連帶責任懲罰（Sippenhaft），是指家庭或氏族對其成員所犯的罪行或行為負有責任，進而證明集體懲罰是正確的。這項法律原則源自中世紀的《日耳曼法》（Germanische

Stammesrechte），通常會以罰款或賠償形式進行。

57. 譯注：《馬德堡法》（Magdeburger Recht）也稱馬德堡權利，是由神聖羅馬帝國皇帝鄂圖一世（Otto I, 912-973）發展出來的一部城鎮特權法，得名於鄂圖一世曾居住的德國城市馬德堡。這些城鎮特許憲章可能是中世紀時期中歐最重要的法律，也為神聖羅馬帝國在隨後幾個世紀內發展出來的德國城鎮法奠定了基礎。

58. 原注：Henrich, J. (2020), 311.

59. 原注：Herrmann, B., Thöni, C. & Gächter, S. (2008); Henrich, J. (2020), 216 ff.

60. 譯注：在普通法刑法理論中，犯罪意圖是指一個行為人在實施犯罪行為時，所具有的主觀心理狀態，包含其對自身行為的違法性、結果的明知、故意或過失。犯罪意圖與犯罪行為是在主觀與客觀上共同構成犯罪的兩個基本要素。

61. 原注：Henrich, J. (2020), 401 ff.

62. 原注：Kant, I., MdS, 333.

63. 原注：Hegel, G. W. F. (1995 [1820]), § 100.

64. 譯注：切薩雷·貝卡利亞（Cesare Beccaria, 1738-1794），義大利法學家、哲學家、政治家。他在作品《論犯罪與懲罰》（*Dei delitti e delle pene*）中批評刑求、酷刑與死刑，成為現代刑法學的奠基之作。

65. 譯注：傑瑞米·邊沁（Jeremy Bentham, 1748-1832），英國哲學家、法學家和社會改革家。全景監獄（panopticon）這種建築模型和管控體系是他在 1785 年所提出。這個詞彙源於希臘語「panoptes」，意思是全知。

66. 原注：Leeson, P. (2017).

67. 譯注：《瓦拉德登記簿》（Regestrum Varadinense）是一份官方文件，記錄了 1208 年至 1235 年間在瓦拉德地區（現為羅馬尼亞的 Oradea）數百場嚴酷審判過程的文件，是中世紀外西凡尼亞地區最引人注目的社會歷史文獻。

68. 原注：Kadri, S. (2006).

69. 譯注：屍體審判（Synodus Horrenda）是一場對當時已故的教宗福慕（Formosus）遺體進行審判的宗教會議。審判是由福慕的繼任者斯德望六世（Stephanus PP. VI）主持。他指控福慕犯有偽證罪，因而挖出其遺體並穿上教宗法袍，加以審訊。斯德望宣告福慕的當選為非法，剝奪其教宗身分，並砍掉他曾用來主持聖禮的手指，將遺體丟入臺伯河中。

70. 原注：Wrangham, R. (2019), 143.

71. 原注：https://warorcar.blogspot.com/2008/09/panda-stealth-bomber.html.

72. 原注：Surprenant, C. & Brennan, J. (2020).

73. 原注：Roth, M. P. (2014), 11.

74. 原注：Levy, N. (2015).

75. 原注：Kleiman, M. (2009).

76. 原注：Ransmayr, Ch. (2018), 101 f.

77. 譯注：喬治・巴塔耶（Georges Bataille, 1897-1962），法國哲學家，有解構主義、後結構主義、後現代主義先驅之譽。巴塔耶對於凌遲的看法，可參見其著作《愛神之淚》（*Les larmes d'Eros*，繁體中文版由麥田出版）。

78. 原注：Petersen, M. B. et al. (2012).

第三章　五萬年——有缺陷的生物

1. 譯注：魯道夫．維爾修（Rudolf Virchow, 1821-1902），德國醫生，同時具有人類學家、病理學家、生物學家等多種身分。他是第一個發現白血病的人。

2. 譯注：約翰．卡爾．弗爾羅特（Johann Carl Fuhlrott, 1803-1877）是德國古人類學家，他因意識到尼安德塔人一號骨頭的重要性而聞名。赫爾曼．沙夫豪森（Hermann Schaaffhausen, 1816-1893）是德國解剖學家、人類學家和古人類學家。

3. 原注：Sykes, R. (2020).

4. 譯注：拉爾夫．索勒基（Ralph Solecki, 1917-2019）是美國考古學家，曾任教哥倫比亞大學。他最著名的發掘成就，是在伊拉克庫德斯坦地區札格羅斯山脈（Zagrosgebirge）的沙尼達爾洞穴（Shanidar-Höhle）內的尼安德塔人遺址。

5. 譯注：布魯尼克爾（Bruniquel）是位在法國西南部的內陸省份。

6. 原注：Suzman, J. (2021), 134 ff.

7. 譯注：戈勒姆岩洞（Gorham Höhle）是一個位在英國海外領土直布羅陀的海蝕洞，是歐洲最後一個已知尼安德塔人的居住區之一。聯合國教科文組織因此在 2016 年將之列為世界文化遺產。

8. 原注：Hare, B. & Woods, V. (2020), 33.

9. 原注：Dunbar, R. (2016), 15.

10. 原注：Marean, C. W. (2015).

11. 原注：Sterelny, K. (2010).

12. 原注：Wild, M. (2008).

13. 譯注：拉丁文「*Homo faber*」意思是「人，製造者」，概念意指人類能夠透過使用工具，控制自己的命運和環境。

14. 譯注：拉丁文「*Homo ludens*」意思是「人，遊戲者」。這個概念源自 1938 年荷蘭學者約翰・赫伊津哈（Johan Huizinga, 1872-1945）的同名著作，該書探討遊戲在文化和社會中的重要作用。

15. 原注：Harari, Y. N. (2015).

16. 譯注：哥特弗利德・威廉・萊布尼茲（Gottfried Wilhelm Leibniz, 1646-1716），德國律師，通才，素有「17 世紀的亞里斯多德」之美譽，同時在數學史和哲學史上都占有重要地位。

17. 原注：Kant, I., ApH, 321.

18. 譯注：格爾恩豪森（Gelnhausen）是德國黑森邦（Hessen）的一個市鎮。

19. 譯注：幸島是與日本宮崎縣串間市相距約 13 公里的一座小島，京都大學靈長類研究所在島上野生圈養了眾多獼猴，以供觀察研究。

20. 原注：Schofield, D. P. et al. (2018).

21. 原注：Aplin, L. M. (2019).

22. 譯注：約瑟夫・亨里奇（Joseph Henrich, 1968-），人類學家、哈佛大學人類演化生物學教授。他感興趣的問題是人類如何從數百萬年前相對不起眼的靈長類動物，進化為地球上最成功的物種，以及文化如何塑造了人類的遺傳進化。

23. 原注：Henrich, J. (2016).

24. 譯注：約翰・戈特弗里德・赫德（Johann Gottfried Herder, 1744-

1803），哲學家、路德派神學家、詩人。作品《論語言的起源》（*Abhandlung über den Ursprung der Sprache*）成為浪漫主義狂飆運動的基礎。

25. 原注：Herder (XXXX [1772]).

26. 原注：Nietzsche (1999 [1886]), § 62.

27. 譯注：哲學人類學（Philosophische Anthropologie）試圖整合有關人類本性的各種經驗研究和現象學探索，理解人類與環境之間的關係，以及人類與所創造的價值之間的關係。

28. 譯注：馬克斯・謝勒（M ax Scheler, 1874-1928）德國哲學家，也是哲學人類學的主要代表者。舍勒在現代西方哲學中占有特殊地位，因為他在 30 年的學術生涯中幾乎涉獵了現象學、倫理學、宗教哲學、知識社會學、哲學人類學、形上學、社會批判和政治思想等現代精神科學的各個領域。

29. 原注：Scheler, M. (2018 [1928]).

30. 譯注：赫爾穆特・普萊斯納（Helmuth Plessner, 1892-1985），德國哲學家和社會學家，也是哲學人類學的主要代表人之一。他提出「離心位置」（exzentrischen Positionalität）一詞，描述人在世界上的位置，以及人與有生命和無生命環境的相互關係。

31. 原注：Plessner, H. (1975 [1928]).

32. 譯注：阿爾諾德・蓋倫（Arnold Gehlen, 1904-1976），德國富爭議性的哲學家及社會學家，也是哲學人類學的代表學者，立場保守。

33. 原注：Gehlen, A. (2016 [1940]).

34. 譯注：阿道夫・波特曼（Adolf Portmann, 1897-1982），瑞士生物學家，跨學科研究領域主要包括海洋生物學和脊椎動物的比較形態，以及動物和人類生活的社會學和哲學。他創造的「生理性早產」(physiologischer Frühgeburt) 一詞，是指相較於動物，人類出生的時刻要早得多。儘管人的感覺器官和運動系統在子宮內已成熟，但在出生時仍然完全無助，仰賴他人的全面照顧。這與其他高等哺乳動物（例如大象或馬）出生時的成熟程度形成了鮮明對比。波特曼認為，人類早生的特徵成因並非孤立發生，而是嵌在社會文化環境當中。由於依賴性，人對社會互動和環境影響持開放態度。在他看來，這種開放性正是文化和智力學習的先決條件。

35. 原注：Henrich, J. (2016), 1.

36. 譯注：威廉國王島（King Williams Island）是北極圈內的一座島嶼，屬加拿大努納福特地區。該島面積有 13,111 平方公里。內特斯利克人（Netsilik）是居住該區域的一小群因紐特（Inuit）原住民群體的名稱，完整名稱是「Natsilingmiut」，意思是「海豹居住地的居民」。

37. 原注：https://www.youtube.com/watch?v=BWKfJQpZtaM.

38. 原注：Wrangham, R. (2009).

39. 原注：Wrangham, R. (2009), Kapitel 2.

40. 譯注：金・斯特雷尼（Kim Sterelny, 1950-），哲學家，澳洲國立大學和惠靈頓維多利亞大學社會科學研究學院的哲學教授。

41. 原注：Sterelny, K. (2012).

42. 原注：Dawkins, R. (1982)。譯者補充：「擴展表型」一詞來自道金斯 1982 年出版的《擴展表型》(*The Extended Phenotype*) 一書。他引入這個生物學概念，認為生物的表型不應僅限於蛋白質生物合成或組織生長等生物過程，而應擴展到包括基因對其環境

（個體有機體內部或外部）產生的所有影響。

43. 原注：Sterelny, K. (2007).

44. 原注：Henrich, J. (2016), 57.

45. 原注：Laland, K. (2017), 215 ff.

46. 原注：Heath, J. (2014), 84; s. a. https://www.scientificamerican.com/article/no-one-can-explain-why-planes-stay-in-the-air.

47. 原注：Elsen, J., Cizer, O. & Snellings, R. (2013).

48. 原注：https://www.motherjones.com/politics/2009/05/fogbank-america-forgot-how-make-nuclear-bombs.

49. 原注：Dawkins, R. (2016 [1976]).

50. 譯注：丹・斯珀伯（Dan Sperber, 1942-），法國社會學家、認知科學家、人類學家和哲學家。斯珀伯發展出一種表徵「流行病學」（epidemiology）或「文化流行病學」的理論，透過研究心理表徵如何在人群中分布，以解釋文化現象。這個理論之所以使用醫學上的流行病學做為類比，按他的看法，是因為「……諸如地方病和流行病之類的宏觀現象，是根據個體病理和個體間傳播的微觀現象模式來解釋」。

51. 原注：Sperber, D. (1996).

52. 譯注：彼得・里奇森（Peter Richerson, 1943-），美國生物學家，加州大學戴維斯分校環境科學與政策系名譽教授。羅伯・博伊德（Robert Boyd, 1948-），美國人類學家，亞利桑那州立大學人類演化與社會變遷學院教授。學術研究主題側重於演化心理學，尤其是文化的演化根源。

53. 原注：Boyd, R. & Richerson, P. J. (2006), 5.

54. 原注：Boyd, R. & Richerson, P. J. (2006), 237.

55. 原注：Sterelny, K. (2017).

56. 譯注：《費契爾的鳥》（*Fitchers Vogel*）在《格林童話全集》中的故事編號是 46，講述的是一個年輕女孩如何從一名會化身為乞丐、綁架女子為妻的巫師手中救回自己姊妹的故事。

57. 譯注：塞西莉亞・海耶斯（Cecilia Heyes, 1960-）現為牛津大學萬靈學院心理學教授和英國國家學術院院士，主要研究人類心靈的進化，著作有《認知工具：文化演化心理學》（*Cognitive Gadgets: The Cultural Evolution of Thinking*）等。

58. 原注：Heyes, C. (2018).

59. 原注：Fodor, J. (1983).

60. 原注：Nagell, K., Olguin, R. S. & Tomasello, M. (1993).

61. 原注：Henrich, J. (2016), 28.

62. 譯注：這支由維多利亞皇家學會所組織的探險隊，是由羅伯特・伯克（Robert Burke, 1821-1861）擔任隊長，威廉・威爾斯（William Wills, 1834-1861）為副隊長。探險隊從墨爾本出發時共有 19 人，穿越整個澳洲大陸，最終抵達卡奔塔利亞灣。之後，伯克和威爾斯在返程回墨爾本途中去世。

63. 原注：Henrich, J. (2016), 97 ff.

64. 譯注：箭毒（Kurare）是源自植物萃取物的各種生物鹼箭毒的通稱，是透過煮沸數十種植物和樹皮，熬成深色濃稠的糊狀物後，塗於箭頭或飛鏢頭上。箭毒只有在汙染傷口或直接進入血液時才會發揮作用，導致骨骼肌無力；口服時沒有活性。

65. 原注：Christakis, N. (2019), 372.

66. 原注：Wilson, R. A. & Keil, F. (1998).

67. 原注：Henrich, J. (2016), 104 ff.

68. 原注：Leeson, P. (2017), 101 ff.

69. 譯注：般格（Benge）這種「毒藥神諭」的判決，取決於雞是否能在中毒後倖存。當酋長在場時，神諭的結果在某些情況下可被視為法律。這種做法在殖民時代之後已愈來愈罕見。對阿贊德人而言，日常疾病或事件都可用巫術解釋。阿贊德人相信人可能在不知情的情況下成為對人施咒的巫者。

70. 原注：Freud, S. (1917).

71. 原注：Schopenhauer, A. (1988 [1859]), 11.

72. 原注：Nietzsche, F. (1999 [1873]), 875.

73. 原注：Kelly, D. & Hoburg, P. (2017).

74. 原注：Kant, I. (1999 [1784]).

75. 原注：Levy, N. & Alfano, M. (2020).

76. 譯注：埃德蒙．伯克（Edmund Burke, 1729-1797），愛爾蘭裔的英國政治家、演說家、政治理論家和哲學家。他在 1790 年發表的《反思法國大革命》（*Reflections on the Revolution in France*）中指出，法國大革命已演變為一場顛覆傳統和正當權威的暴力叛亂，而不是追求代議、憲法民主的改革運動。他批評大革命是企圖切斷複雜的人類社會關係的實驗行動，也因此淪為一場大災難。

77. 原注：Burke, E. (2014 [1790]), 173.

78. 原注：Christakis, N. (2019), 59 ff.

79. 原注：Richerson, P. (2013).

第四章　五千年——不平等的發明

1. 譯注：這座大塔廟是位在伊拉克的烏爾金字形神塔（Ziggurat at Ur）。神塔本身及其頂部的神廟是約在公元前 2100 年青銅時代早期的烏爾第三王朝的國王烏爾－納穆（Ur-Nammu，也譯吾珥南模）為城邦守護神月亮女神南娜（Nanna）而建造。

2. 譯注：拉爾薩（Larsa）、尼普爾（Nippur）、埃什努納（Eschnunna）皆為蘇美文明重要的城邦。

3. 譯注：蘇美語中，「埃胡爾薩格」（Echursanga）一詞，意思是「山上的房子」。

4. 譯注：蘇爾吉（Šulgi）是烏爾－納穆之子，之後繼位為王。

5. 譯注：在美索不達米亞古神話中，提雅瑪特（Tiamat）是原始女神、眾神之母。後來，當她的孫輩、戰神馬爾杜克（Marduk）以劍將她劈為兩半時，提雅瑪特的身體一半化為了天，另一半成為地，她的乳房成為山脈，雙眼則生出了幼發拉底河和底格里斯河。

6. 譯注：麥斯卡拉姆格杜格（Meskalamdug），名字意為「沃土的英雄」，大約公元前 26 世紀烏爾第一王朝的統治者。

7. 譯注：黃金時代（χρύσεον γένος）是源自希臘神話的詞彙，意指美好和繁榮的年代。古希臘詩人赫西俄德（Hesiod）在公元前 7 世紀所寫的《工作與時日》（*Erga kai Hēmerai*）當中，將人類世紀劃分為五個時代，第一個即為黃金時代，而後逐漸墮落，依次為白銀時代、青銅時代、英雄時代、黑鐵時代。黃金時代的人類生活在眾神之間，並和神祇任意來往。整個時代充滿了和平與和諧。人類並不需要為了養活自己而辛勤勞動，因為土地會自己長出食物。

8. 譯注：阿卡迪亞（arcadia）是指人和與自然和諧相處的理想願景，生活在當中的人親近大自然，道德高尚，不受文明腐蝕。「gullaldr」在古挪威語中的字面意義是「神的年代」。夢時代（dreamtime）是早期人類學家所創，指澳洲原住民信仰的宗教文化世界觀，代表原住民的「永恆時刻」(Everywhen) 概念。在夢時代裡的祖先具有英雄般的比例或超自然能力。真理時代（*satya yuga*）是印度教信仰中最純淨的時期，人類受神統治，所有表現或作為都接近最純粹的理想，讓內在的善良統治至高無上。

9. 譯注：湯瑪斯・摩爾（Thomas More, 1478-1535），英格蘭政治家、作家、哲學家與空想社會主義者，為北方文藝復興的代表人物之一。他在 1516 年以拉丁文所著的《烏托邦》(*Utopia*) 一書，對日後社會主義思想的發展影響甚巨。

10. 譯注：維爾・戈登・柴爾德（Vere Gordon Childe, 1892-1957），澳洲考古學家，主要研究歐洲史前史。柴爾德認為，城市文明要有十項正式的評判標準，分別是：居住區規模擴大、財富集中、大型公共工程、文字、表象藝術、科學及工程知識、對外貿易、從事非生存活動的專家、階級分化的社會，以及基於居住地、而非親族關係的政治組織。

11. 原注：Maisels, Ch. K. (1999), 25 f.

12. 原注：Wengrow, D. (2010).

13. 譯注：卡爾・雅斯培（Karl Jaspers, 1883-1969），德國哲學家和精神病學家，基督教存在主義的代表。他在自己的《歷史的起源與目標》(*Vom Ursprung und Ziel der Geschichte*) 一書中，提出了著名的「軸心時代」(Achsenzeit) 觀點，認為世上主要宗教背後的哲學都是在公元前 800 年至公元前 200 年之間同時發展起來的。

14. 原注：Jaspers, K. (2017 [1949]).

15. 譯注：主智論（Intellektualismus）將人類的精神三分為「理性」、「意志」和「欲望」，並重視當中的理性和智性能力。主智論概念上類似理性主義，但相較於理性本身，它更重視獲得知識和智性。

16. 原注：de Waal, F. (1998).

17. 原注：Renfrew, C. (2008).

18. 原注：Widerquist, K. & McCall, G. (2015).

19. 原注：https://aeon.co/essays/not-all-early-human-societies-were-small-scale-egalitarian-bands.

20. 原注：Diamond, J. (1998) und (2005)。譯者補充：賈德・戴蒙（Jared Diamond, 1937-）是美國演化生物學家、生理學家、生物地理學家及非小說類作家。最著名的作品是曾獲得普立茲獎的《槍炮、病菌與鋼鐵：人類社會的命運》（*Guns, Germs, and Steel: The Fates of Human Societies*，繁體中文版由時報文化出版）。

21. 原注：Diamond, J. (1987).

22. 原注：Hobbes, Th. (1966 [1651]), 96.

23. 譯注：《論人類不平等的起源與基礎》（*Discours sur l'origine et les fondements de l'inégalité parmi les hommes*）是啟蒙時代法國哲學家盧梭（Jean-Jacques Rousseau, 1712-1778）為回應法國第戎科學院徵文題目所寫的作品。盧梭在當中推測人類原初生存的自然狀態，並描述後來演變成進入社會狀態的過程。按照他的觀點，私有制是所有不平等的起源和基礎。

24. 原注：Rousseau, J.-J. (1998 [1755]).

25. 譯注：盧梭觀念中的「自愛」(amour de soi)，是一種人類與動物皆具有的自我之愛。出於這種「自愛」而做出的行為，往往是為追求個人福祉，但背後不是出於惡意，因為這種「自愛」不涉及犧牲他人的利益以追求自己的利益。如果一個人的福祉受到實質威脅，他就有理由忽略他人的福祉。這種情感並不將自己與他人相提並論，而只是將自己視為絕對且有價值的存在。它與一個人對未來的意識有關，可以抑制當前的衝動。盧梭將它與另一種「自愛」(amour-propre) 對比。這一種「自愛」是霍布斯哲學中的一種自愛，在這種自愛中，一個人對自己的看法是取決於其他人的看法，而這種自愛只會隨著社會的發展而產生。

26. 原注：Clark, G. (2007); Sahlins, M. (2017).

27. 原注：Boehm, Ch. (1999).

28. 原注：Lee, R. B. (1979), 244-246.

29. 原注：Marx, K. (1958 [1844]).

30. 原注：Scott, J. C. (2017).

31. 原注：Turchin, P. (2016).

32. 譯注：伊安・摩里士（Ian Morris, 1960-）是史丹佛大學人類與科學學院副院長、古典學院主席，以及社會科學歷史研究所所長。文中摩里士的這個觀點，可見於其著作《人類憑什麼：覓食者、農民與化石燃料》(*Foragers, Farmers, and Fossil Fuels: How Human Values Evolve*，繁體中文版由堡壘文化出版)。

33. 原注：Morris, I. (2015).

34. 原注：Diamond, J. (2005).

35. 原注：Diamond, J. (2005), 79 ff.; DiNapoli, R. J., Rieth, T. M., Lipo, C. P. & Hunt, T. L. (2020).

36. 原注：Tainter, J. A. (1998).

37. 譯注：1779 年，夏威夷的卡拉尼歐普烏王（Kalani'ōpu'u）為了釋出善意，將自己的羽毛頭盔（mahiole）和羽毛斗篷（'ahu 'ula）送給了庫克船長（James Cook），這兩件文物後來也隨庫克到了英國。不過，2016 年 3 月，在離開夏威夷 237 年後，羽毛頭盔和羽毛斗篷重回了夏威夷，現存於當地的畢夏博物館。

38. 原注：Turchin, P. (2016), 131 ff.

39. 原注：Flannery, K. & Marcus, J. (2012).

40. 譯注：更新世（Pleistozän）距今約 2,588,000 年前，至 11,700 年前。這時期的顯著特徵是氣候變冷，有冰期與間冰期的明顯交替。人類出現也是在這個時期。

41. 原注：Singh, M. & Glowacki, L. (2022).

42. 譯注：大衛・格雷伯（David Graeber, 1961-2020）美國人類學家，無政府主義活動家，以對官僚主義、政治和資本主義的尖銳描寫而聞名。大衛・溫格羅（David Wengrow, 1972-）英國考古學家，也是倫敦大學學院考古研究所的比較考古學教授。

43. 原注：Graeber, D. & Wengrow, D. (2021).

44. 原注：Graeber, D. & Wengrow, D. (2021), 96.

45. 原注：Fukuyama, F. (1992).

46. 譯注：《漢摩拉比法典》（*Codex Hammurapi*）是古巴比倫第六代國王漢摩拉比在大約公元前 1776 年頒布的一部法律，是世界上最早的一部比較具有系統的法典，刻在一根高 2.25 公尺的黑色玄武岩圓柱上，除了序言與結語，全文共收錄 282 條條文，範疇包括訴訟手續、損害賠償、租佃關係、債權債務、財產繼承、處罰奴隸等。《漢摩拉比法典》的基本原則就是「以眼還眼，以牙還牙」。

47. 譯注：《烏爾－納穆法典》（*Codex Ur-Nammu*）是已知現存最古舊的法典，於約公元前 2100 年至公元前 2050 年以蘇美爾文寫在泥板上。雖然前言部分將此法典歸功於烏爾王烏爾納穆，但也有歷史學家認為此法典其實是由其子蘇爾吉頒發。

48. 譯注：《里皮特・伊什塔法典》（*Codex Lipit-Ištar*）是美索不達米亞統治者里皮特－伊什塔頒布的法律合輯，以楔形文字寫成，是繼《烏爾－納穆法典》之後已知的第二古老的現存法典。由於它比早期的法典更為詳細，也等於是為後來的《漢摩拉比法典》預先鋪了路。

49. 原注：Kramer, S. N. (1963), 336 ff.

50. 原注：Norenzayan, A. (2013).

51. 譯注：約翰・洛克（John Locke, 1632-1704），英國哲學家，最具影響力的啟蒙哲學家之一，被譽為自由主義之父。

52. 原注：Whitehouse, H., Francois, P., Savage, P. E., Currie, T. E., Feeney, K. C., Cioni, E., ... & Turchin, P. (2019).

53. 原注：Henrich, J. (2020), 123 ff.

54. 原注：Shariff, A. F. & Norenzayan, A. (2007).

55. 原注：Cohen, G. A. (2009), Brennan, J. (2014).

56. 原注：Norton, M. I. & Ariely, D. (2011).

57. 原注：Boyer, P. & Petersen, M. B. (2018).

58. 原注：Starmans, C., Sheskin, M. & Bloom, P. (2017).

59. 原注：Parfit, D. (1997).

60. 原注：Frankfurt, H. (1987).

61. 譯注：在歐洲流傳廣泛的民間傳說中，煉金術士浮士德為滿足個人野心，追求永恆的知識，於是和魔鬼梅菲斯特簽下契約，出賣了自己的靈魂。

62. 譯注：羅伯特・諾齊克（Robert Nozick, 1938-2002），美國哲學家，哈佛大學教授。文中觀點可見於其 1974 年的政治哲學著作《無政府、國家與烏托邦》（*Anarchy, State, and Utopia*）。

63. 原注：Nozick, R. (1974).

64. 譯注：威爾頓・張伯倫（Wilton Chamberlain, 1936-1999），NBA 傳奇中鋒，世人稱「籃球皇帝」。

65. 原注：Leiter, B. (2019).

66. 原注：Husi, S. (2017).

67. 原注：Sterelny, K. (2021), Kapitel 4.

68. 原注：Scheidel, W. (2017).

69. 譯注：「輝煌三十年」（Trente Glorieuses）是指二戰結束後，法國在 1945 年至 1975 年間的歷史。其經濟在這三十年間快速成長，並且建立起高度發達的社會福利體系。法國人再度擁有世界最高的生活水準，工資大幅上升，同時，許多農村人口遷移至都市，法國進入城市化社會。但在 1973 年的石油危機爆發之後，經濟成長減緩，這「輝煌三十年」也隨之結束。

    德國的「經濟奇蹟」（Wirtschaftswunder）也是相同的概念，指西德在二戰之後的經濟快速成長，有時也包括奧地利。

70. 譯注：富農（kulaks）是俄羅斯帝國後期至蘇聯初期，對於相對富裕的農民階級的稱呼。他們在 1906 年至 1914 年的土地改革期間變得更為富有。雖然富農不是地主，但馬列主義理論仍視其為資產階級，是無產階級的敵人。

71. 譯注：舊制度（Ancien Régime）是指中世紀晚期到法國大革命之間，先後由瓦盧瓦王朝和波旁王朝統治下的政治和社會制度。貴族的封建制度和世襲君主制是這個系統的支柱。

72. 原注：Gottfried (1983), 45.

73. 譯注：吉尼係數（Gini-Koeffizient）是 20 世紀初義大利學者科拉多・吉尼（Corrado Gini, 1884-1965）提出判斷年所得分配公平程度的指標。

74. 譯注：社會經濟地位（socioeconomic status, SES）是經濟學和社會學綜合衡量一個人的工作經驗及個人或家庭對資源的經濟獲取和與他人相關的社會地位的綜合衡量指標。

75. 原注：Diemer, M. A., Mistry, R. S., Wadsworth, M. E., López, I. & Reimers, F. (2013).

76. 譯注：法國經濟學家湯瑪斯・皮凱提（Thomas Piketty, 1971-）所著的《二十一世紀資本論》（*Le Capital au XXIe siècle*，繁體中文版由衛城出版），探討自十八世紀以來歐美財富和收入不均的問題。

77. 原注：Piketty, Th. (2014).

78. 原注：Kuznets, S. (1955).

79. 譯注：馬太效應（Matthew effect）是由美國社會學家羅伯特・莫頓（Robert Merton, 1910-2003）在 1968 年提出的概念，名稱源於《新約聖經・馬太福音》第十三章。馬太效應是指，不同的人或群體若是已在名聲、財富或社會地位上有所成就，就會產生一種吸引更多機會的優勢，因而更容易獲得更多成功。

80. 譯注：樂施會（Oxfam）是1942年創建於英國牛津的國際發展及救援的非政府組織。

81. 原注：https://www.oxfam.org.uk/media/press-releases/worlds-22-richest-men-have-more-wealth-than-all-the-women-in-africa.

82. 譯注：葛瑞里．克拉克（Gregory Clark, 1957-），經濟歷史學家，以對工業革命和社會流動性的經濟研究而聞名。文中這段研究，可見於其著作《父酬者：姓氏、階級與社會不流動》（*The Son Also Rises. Surnames and the History of Social Mobility*，繁體中文版由時報文化出版）。

83. 原注：Clark, G. (2014).

84. 譯注：古斯塔夫．施特雷澤曼（Gustav Stresemann, 1878-1929）為威瑪共和國總理，是第一次世界大戰後讓德國恢復國際地位的主要人物。庫爾特．馮．克利菲爾德（Kurt von Kleefeld, 1881-1934）本身是律師、眾議院常務理事、議會議長，以及貴族霍亨洛赫家族的礦山和工業活動的常務理事。

85. 原注：Bourdieu, P. (1987 [1979])。譯者補充：布赫迪厄（Pierre Bourdieu, 1930-2002）是法國著名社會學大師、人類學家和哲學家。他開創了許多調查架構和術語，如文化資本（le capital culturel）、符號資本（le capital symbolique）、慣習（habitus）等概念，以揭示社會生活中的動態權力關係。這些概念敘述可詳見於其作《區判：品味判斷的社會批判》（*La Distinction : critique sociale du jugement*，繁體中文版由麥田出版）。

86. 譯注：家族辦公室（family office）是指專為超高淨值客戶的家庭提供投資和財富管理服務的私人財富管理顧問公司。

87. 譯注：德文形容詞「pekuniär」借用自法文「pécuniaire」，字源是拉丁文中指稱「錢」的「pecūnia」一詞。就像中文也會以「孔方」、「青蚨」、「泉布」等說法代稱錢。

88. 原注：O'Connor, C. (2019).

89. 原注：Wilkinson, R. & Pickett, K. (2010).

90. 原注：Case, A. & Deaton, A. (2020).

91. 譯注：F.P. Journe 為法國獨立製錶師法蘭索瓦－保羅·儒涅（François-Paul Journe, FP）在 1999 年所創的同名高級腕表品牌，工坊設於瑞士日內瓦，錶面會刻上「Invenit et Fecit」（拉丁文：發明並製作）字樣，年產量極為稀少。

92. 原注：Smith, A. (1976 [1776]), Buch 5, Kapitel II.

93. 原注：Freiman, Ch. (2017), Kapitel 6.

94. 譯注：《吉姆·克勞法》（Jim Crow Law）是 1876 年至 1965 年間，美國南部及邊境各州針對有色人種施行種族隔離制度的法律。名稱典故出處的吉姆·克勞，是「negro」的諧音蔑稱，原為一齣 1832 年的諷刺劇中由白人扮演的黑人角色之名，之後變成黑人的代稱。

95. 原注：McCullough, M. E. (2020), Kapitel 7.

96. 原注：Markovits, D. (2020); Sandel, M.J.(2020).

97. 譯注：麥可·桑德爾（Michael J. Sandel, 1953-），哈佛大學政治哲學教授，美國人文與科學院院士。暢銷書《正義：一場思辨之旅》作者。文中引述觀念出自其另一著作《成功的反思》（*The Tyranny of Merit: What's Become of the Common Good?*，繁體中文版由先覺出版）。

98. 原注：Sandel, M. J. (2020) 33.

99. 原注：Sandel, M. J. (2020) 90.

第五章　五百年——發現不尋常

1. 原注：Tönnies, F. (2010 [1887]).

2. 原注：Durkheim, E. (1992 [1893]).

3. 譯注：西方理性主義（Okzidentaler Rationalismus）是德國社會學家和經濟學家馬克斯・韋伯（Max Weber, 1864-1920）提出的概念，指自文藝復興以來，日益以理性主義和世俗主義為基礎的西方文化類型。根據韋伯的看法，西方理性主義是近代早期資本主義發展與擴散的核心先決條件，而西方理性主義的行程，就是「世界的除魅化」（Entzauberung der Welt）。

4. 原注：Weber, M. (1995 [1919]).

5. 原注：Henrich, J. (2020), 192.

6. 原注：Henrich, J., Heine, S. J. & Norenzayan, A. (2010).

7. 譯注：英文「weird」一字有「古怪、怪異、不尋常」之意。其組成字母恰好與 Western、Educated、Industrialized、Rich、Democratic 呼應。

8. 譯注：繆氏錯覺（Müller-Lyer illusion）是由德國社會學家佛朗茲・卡爾・穆勒－里爾（Franz Carl Müller-Lyer, 1857-1916）在 1889 年發現的視覺錯覺。

9. 原注：Henrich, J. (2020), 44.

10. 原注：Henrich, J. (2020), 44.

11. 原注：Asch, S. (1956).

12. 譯注：完形心理學又稱「格式塔學派」（Gestaltheorie），是心理學的一個重要流派，起源於 20 世紀初的德國。格式塔爲德文

Gestalt 的譯音，意即「模式、形狀、形式」等，意指「動態的整體」。

13. 原注：Henrich, J. (2020), 216 ff.

14. 原注：Henrich, J. (2020), 24.

15. 原注：Henrich, J. (2020), 33.

16. 原注：Barrett, H. C., Bolyanatz, A., Crittenden, A. N., Fessler, D. M., Fitzpatrick, S., Gurven, M., ... & Laurence, S. (2016).

17. 原注：Henrich, J. (2020), 410.

18. 譯注：本書有中譯本，臺灣書名為《西方文化的特立獨行如何形成繁榮世界》（天下文化出版）。

19. 原注：Henrich, J. (2020), 491 ff.

20. 原注：Henrich, J. (2020), 162 f.

21. 原注：Henrich, J. (2020) 197.

22. 譯注：韋斯特馬克效應（Westermarck-Effekt）是芬蘭人類學家愛德華・韋斯特馬克（Edvard Westermarck, 1862-1939）在其著作《人類婚姻史》（*The History of Human Marriage*）當中提出的現象，指出兩個早年共同長大的兒童在成年後不會對彼此產生性吸引力。

23. 原注：Henrich, J. (2020), 192.

24. 原注：Henrich, J. (2020), 236.

25. 譯注：馬丁・路德（Martin Luther, 1483-1546），德意志神學家、哲學家、神聖羅馬帝國教會司鐸、神學教授。他在 16 世紀初發起德意志宗教改革，後來擴展為影響全歐洲的宗教改革，促成基督新教的興起。

26. 原注：Henrich, J. (2020), 416.

27. 譯注：原始新教（Proto-Protestantism），也稱為前新教，是指1517年之前傳播後來與新教相關的各種思想的個人和運動，歷史學家通常認為1517年是宗教改革時代的起始年。

28. 譯注：熙篤會（Zisterzienser）為天主教修會，遵守聖本篤會規，但反對當時的本篤會，屬於修院改革勢力。

29. 譯注：約翰・威克里夫（John Wycliffe, 1330?-1384），英格蘭王國神父，英格蘭宗教改革的先驅，曾於公開場合批評羅馬教會所定的各項規條及不合基督教宗旨，也是首位將《聖經》翻譯成英文者。

30. 譯注：西方宗教改革曾提出「五個唯獨」，表明五個基本信仰原則。分別是：唯獨聖經（*Sola scriptura*）、唯獨信心（*Sola fide*）、唯獨恩典（*Sola gratia*）、唯獨基督（*Solus Christus*），以及唯獨上帝（*Soli Deo gloria*）的榮耀。「唯獨聖經」即是「唯獨以聖經為依歸」，認為聖經是上帝啟示的唯一來源、教會的最高權威，沒有任何人或傳統可替代。

31. 譯注：施瓦本（Schwaben）是德國西南部一個語言和文化概念上的區域，大致位於目前德國巴登－符騰堡州東南部，以及巴伐利亞州西南部。弗蘭肯（Franken）的大致範圍則是目前巴伐利亞邦北部、圖林根邦南部，以及巴登－符騰堡邦一小部分。農民戰爭是1524年在神聖羅馬帝國德意志地區爆發，而後向外擴展到奧地利和瑞士等地區的大規模農民起義。

32. 原注：Weber, M. (1995 [1919]).

33. 譯注：胡塞爾（Edmund Husserl, 1859-1938）德國哲學家，現象學創立者。文後胡塞爾的這個觀點，可詳見於其著作《歐洲科學的危機與超越論的現象學》（*Die Krisis der europäischen*

Wißenschaften und die transzendentale Phänomenologie，繁體中文版由五南出版）。

34. 原注：Husserl, E. (2012 [1936]).

35. 譯注：目的論（Teleologie）屬哲學範疇，致力探討事物產生的目的、本源和歸宿。

36. 原注：Aristoteles (1995) Buch II (B)。譯者補充：亞里斯多德認為，世上所有事物的變化及運動，背後原因可歸納為如下四類：質料因（*causa materialis*）、形式因（*causa formalis*）、動力因（*causa efficiens*）、目的因（*causa finalis*）。

37. 譯注：《博物學者》（*Physiologus*）成書於二世紀，作者不詳，約是在公元七百年左右由希臘原文轉譯為拉丁文。這本歐洲中世紀基督教博物誌，除了記述自然界的動植物及礦物，也有出自《舊約聖經》及《新約聖經》的關聯引用，以做為宗教和道德上的訓示。拉丁文版本在中世紀歐洲流傳甚廣，被視為動物寓言的原型。

38. 原注：Physiologus (2001).

39. 譯注：布拉厄（Tycho Brahe, 1546-1601），丹麥貴族，天文學家兼占星術士和煉金術士。他最著名的助手是克卜勒。

40. 譯注：生於古希臘薩摩斯島的阿里斯塔克斯（Aristarch von Samos），是史上有記載的首位提出日心說的天文學者，但這個觀點在當時並未獲得大眾理解，還被亞里斯多德和托勒密的光芒蓋過，直到大約 1,800 年後，哥白尼才將他的理論發揚光大。

41. 譯注：氣（πνεύμα /pneuma），這個古希臘詞語意指「氣息」，按古代醫學的說法，是生命系統機能不可或缺的循環氣體。在宗教文獻中則延伸為「精神」或「靈魂」。思維物（res cogitans）

的概念則來自笛卡爾的身心二元論。

42. 原注：McCullough, M. E. (2020), 193 ff.

43. 譯注：三十年戰爭（Dreißigjährige Krieg）始於 1618 年，在 1648 年結束，是由神聖羅馬帝國的內戰演變而成的一場大規模歐洲戰爭。戰爭以波希米亞人反抗哈布斯堡家族統治為始，最後在 1848 年以哈布斯堡家族戰敗，並簽訂《西發里亞和約》告終。簡言之，這是宗教改革時期牽引出來的一場以宗教為名、以政治利益為實的大型戰爭。

44. 原注：Kehlmann, D. (2017), 27 f.

45. 譯注：變質論（Transsubstantiation）有時也稱「聖餐變體論」，是天主教的一項核心教義，同時也是天主教與大部分新教的主要分歧。變質論認為，麵包和葡萄酒可透過聖餐禮轉化為基督的聖體和寶血。這個觀點在 1215 年舉行的第四次拉特朗公會議上獲得正式確認，但後世又遭到前述的約翰威克里夫等宗教改革者挑戰。

46. 譯注：阿尤巴・蘇萊曼・迪亞洛（Ayuba Suleiman Diallo, 1701-1773）在遭到販賣之後，先是被送到了美國，而後又被帶到英國，1734 年才得以返回故鄉。

47. 譯注：英國作家瑪麗・沃斯通克拉夫特（Mary Wollstonecraft, 1759-1797），在她最著名的《女權辯護》（*A Vindication of the Rights of Woman*）一書中提出：女性絕非天生就較男性低等，唯有在女性缺乏足夠的教育時才會如此。她認為，男女兩性都應被視為有理性的生命，繼而設想建立於理性之上的社會秩序。

48. 譯注：疾病細菌說（Keimtheorie）最早是由威尼斯人弗拉卡斯托羅（Girolamo Fracastoro, 1477-1553）於 1546 年提出，並由普倫西奇（Marcus Antonius Plencic, 1705-1786）於 1762 年完善。

只是這種理論在當時的歐洲並不受重視，大多數科學家和醫生仍相信古羅馬時期的瘴氣致病理論。直到 1890 年代之後，疾病細菌說才成為主流。

49. 譯注：自主（Selbstgesetzgebung）一字的字面意義是「自我立法」，表示個人做出自我決定，也就是自由且理性的行為決定。

50. 原注：Schneewind, J. B. (1998).

51. 原注：Hume, D. (2007 [1739-1740]), Buch III, Teil I, Abschnitt I.

52. 原注：Kant, I., GMS, 421.

53. 譯注：定言令式（Kategorischer Imperativ）是康德在其 1785 年的著作《道德形上學基礎》（*Grundlegung zur Metaphysik der Sitten*）當中提出的哲學概念。他認為，道德完全先天地存在於人的理性當中。只有因基於道德的義務感而做出的行為，方存在道德價值。因心地善良而做出的義舉，或是因義務而做出的德行（例如軍人因救災而犧牲），都不能算做真正有德的行為。道德應當、而且只應當從規律概念中引申演繹而來。儘管自然界中所有事物都遵循著某種規律，但唯有理性生物（人），才具有依規律的理念而行動的能力（自由意志）。就客觀原則對意志的約束規範而言，儘管其命令是強制的，卻也是理性的。這種理性命令的程式，就稱為「令式」（Imperativ）。而令式有兩種：如果某種行為無關任何目的，而出自純粹客觀的必然性，那麼這種令式才是「定言令式」。如果行為是實現目的之手段，則為「假言令式」（Hypothetischer Imperativ）。

54. 譯注：《埃雷克》（*Erec*）是由德國騎士詩人哈特曼・馮・歐（Hartmann von Aue, 1160-1210）約於 1185 年創作的中古高地德語詩，是德語文學中首部亞瑟王傳奇。而《伊凡》（*Iwein*）則繼之完成於 1200 年前後，講述亞瑟王的圓桌武士伊凡的故事。

55. 譯注：戴黛德瑞．麥克勞斯基（Deirdre McCloskey, 1942- ）美國經濟學家。文後觀點出自其 2006 年的著作《資產階級的美德：商業時代的倫理》（*The Bourgeois Virtues: Ethics for an Age of Commerce*），她在該書中認為資產階級體現了西方傳統的所有七大美德。這七大美德分別是謙卑、寬容、忍耐、勤勉、慷慨、節制和貞潔。

56. 原注：McCloskey, D. (2006).

57. 原注：Elias, N. (1997), 261 ff.

58. 譯注：時任威尼斯總督的彼德羅二世（Pietro Orseolo II, 961–1009），命令兒子喬凡尼迎娶一位拜占庭公主。這位公主將拜占庭的宮廷文化，例如以叉子進食、定期沐浴等習慣帶進威尼斯，引起宮中極大騷動。當時叉子在歐陸還未普及，貴族認為以叉進食是失禮的舉動，還弱化了他們文化中的陽剛特質。教會也認為上帝賜與的食物就應該用手直接取食（參見周惠民著，《不只是盛宴》，三民書局，2022）。

59. 譯注：諾伯特．愛里亞斯（Norbert Elias, 1897-1990），德國社會學家。「文明的進程」這個說法出自其著作：《文明的進程：文明的社會起源和心理起源的研究——第一卷．西方國家世俗上層行為的變化》（*Über den Prozeß der Zivilisation. Soziogenetische und psychogenetische Untersuchungen. Erster Band: Wandlungen des Verhaltens in den weltlichen Oberschichten des Abendlandes*，中文版由三聯書店出版）。

60. 原注：Malthus, Th. R. (1970 [1798]).

61. 原注：Pomeranz, K. (2001).

62. 原注：Deaton, A. (2013).

63 原注：https://ourworldindata.org/economic-growth.

64. 原注：Diamond, J. (1998).

65. 譯注：貝托爾特・布萊希特（Bertolt Brecht, 1898-1956），德國著名劇作家、詩人。

66. 原注：Brennan, J. (2021).

67. 原注：Baptist, E. E. (2014); Levy, J. (2012); Beckert, S. (2014); Hannah-Jones, N., Roper, C., Silverman, I. & Silverstein, J. (2021).

68. 譯注：巴托洛梅・德拉斯卡薩斯（Bartolomé de Las Casas, 1474-1566）在目睹印地安人遭受的苦難之後，餘生都在對抗暴力殖民。其著作《西印度毀滅述略》（*Brevísima relación de la destrucción de las Indias*）是揭示西班牙殖民者種種暴行的重要文獻。

69. 原注：Livingstone Smith, D. (2011) 76.

70. 譯注：英國傳教士愛麗絲・西利・哈里斯（Alice Seeley Harris, 1870-1970）同時也是一位早期紀實攝影者。她在非洲剛果的攝影紀錄，揭露了比利時殖民政權在剛果自由邦的侵犯人權行為。

71. 原注：Hochschild, A. (1998)。譯者補充：本書中譯本為《利奧波德國王的鬼魂：比利時恐怖殖民與剛果血色地獄》（春山出版）。

72. 原注：Brennan, J. (2021), 122 ff.

73. 原注：Acemoglu, D. & Robinson, J. A. (2012).

74. 原注：Henrich, J. (2016), 220 f.

75. 譯注：巴斯海峽（Bass-Straße）是分隔塔斯馬尼亞島和澳洲東南部的海峽，長約 500 公里，最寬處約 350 公里，最窄處約 240 公里，水深平均約 60 公尺。這裡原本是一處稱為巴斯平原的陸橋，隨著末次冰河期結束，而被上深的海平面完全淹沒。

76. 譯注：DAX 為「Deutscher Aktienindex」的縮寫，中文又稱「法蘭克福指數」。這個德國重要的股票指數，是由德意志交易所集團（Deutsche Börse Group）推出的一個藍籌股指數，當中包含 30 家像是愛迪達、拜耳、西門子、德意志銀行、福斯汽車等德國主要公司。

77. 原注：Heath, J. (2004).

78. 原注：Henrich, J. (2020), 477.

第六章　五十年——歷史的道德

1. 原注：Glover, J. (2012), 58.

2. 原注：Schmitt, C. (1976 [1932]), Abschnitt 6.

3. 譯注：卡爾・施密特（Carl Schmitt, 1888-1985），德國著名法學家及政治思想家，對當代法律及政治學影響重大。

4. 譯注：喬納森・格洛弗（Jonathan Glover, 1941-）英國哲學家，以其關於倫理的書籍和研究而聞名，現於倫敦國王學院教授道德，也是牛津大學上廣實踐倫理中心研究員。

5. 原注：Glover, J. (2012).

6. 譯注：目的王國（Reich der Zwecke）是康德「定言令式」理論的一部分，這個理論常與他的道德哲學、義務倫理學相提並論。為了論證定言令式的普遍化，康德在其著作《道德形上學基礎》（*Grundlegung zur Metaphysik der Sitten*）中提出一個烏托邦「王國」。這個目的王國是由「理性存在者」組成，也就是康德定義為能進行道德判斷的人，他們必須按照普遍法則行事，並據此判斷自己的行為。康德以目的王國這個概念來表示「理性存在者在普遍法則下的系統」。只要人人服從普遍法則，他就屬於這個目的王國。理性存在者在制定法則時會自視為立法者，服從法則時則自視為普通市民。因此，道德行為是出於對目的王國所有普遍法則的尊重。如此一來，每個人都擁有尊嚴。

7. 原注：McCullough, M. E. (2020).

8. 譯注：卡爾・葛奧格・畢希納（Karl Georg Büchner, 1813-1837），德國作家及革命者。他在 1835 年以法國大革命真實政治人物喬治・賈克・丹東（Georges Jacques Danton, 1759-179）為主角所創作的悲劇《丹東之死》（*Dantons Tod*）是現代思想史上的重要作品。

9. 譯注：民族共同體（Volksgemeischaft）：納粹德國的民族主義意識型態概念，內容為建立德國的民族認同感，並促進社會各階層平等，消滅菁英主義和階層分化。根據國家社會主義的定義，民族共同體為「其基礎為血緣相同，且有相同命運和政治信仰的民族所構成的共同體，其敵人為外族人」。

10. 原注：Schopenhauer, A. (1988 [1851]), § 149 \.

11. 譯注：隱藏宗教（Kryptoreligion），意指私底下祕密堅信某種宗教，卻公開宣稱自己深信另一種宗教。

12. 原注：Camus, A. (1951 [2001]), 10。譯者補充：本書有中譯本《反抗者》（*L'Homme révolté*，大塊文化出版）。

13. 譯注：河盲症（Flussblindheit），又稱蟠尾絲蟲症（Onchocerciasis），是因感染蟠尾絲蟲所引起的疾病，也是全球僅次於砂眼、會導致失明的之第二大感染眼疾。

14. 原注：Edgerton, R. B. (1992).

15. 原注：Sterelny, K. (2007b).

16. 譯注：克里斯多福・布朗寧（Christopher Browning, 1944-），美國歷史學家，專門研究大屠殺，以記錄納粹「最終解決方案」和政策執行人員的行為，以及大屠殺倖存者證詞而聞名。

17. 原注：Browning, Ch. R. (2001 [1992]).

18. 譯注：「米爾格倫實驗」是美國社會心理學家史丹利・米爾格倫（Stanley Milgram, 1933-1984）於 1961 年在耶魯大學工作時進行的著名實驗，測試常人對於權威的服從性。著名的「六度分隔理論」也是米爾格倫所提出。

19. 原注：Milgram, S. (1963).

20. 譯注：大衛・羅森漢（David Rosenhan, 1929-2012），美國心理學家，他最著名的「羅森漢實驗」挑戰了精神病診斷的可行性，被認為是對精神病患鑑定標準的重要批判。

21. 原注：S. Malle, B. F. (2006).

22. 譯注：阿道夫・艾希曼（Adolf Eichmann, 1906-1962），納粹黨衛軍中校，二戰時針對猶太人大屠殺的主要責任人和組織者之一，組織和執行了猶太人問題「最終解決方案」。二戰後逃往阿根廷定居，後來在 1960 年遭以色列情報特務局逮捕，受審後被處以絞刑。

23. 譯注：漢娜・鄂蘭（Hannah Arendt, 1906-1975）政治哲學家、作家和納粹大屠殺倖存者。鄂蘭的貢獻影響了 20、21 世紀的政治理論研究者。鄂蘭對於艾希曼受審的觀察紀錄，及「邪惡的平庸」概念，可見其中譯著作《平凡的邪惡：艾希曼耶路撒冷大審紀實》（*Eichmann in Jerusalem. Ein Bericht von der Banalität des Bösen*，玉山社出版）。

24. 原注：Arendt, H. (2021 [1964]).

25. 原注：Kant, I. (1999 [1784b]), 23.

26. 原注：Kant, I. (2001 [1793/94]).

27. 原注：Doris, J. M. 2002; Doris, J. M. & Murphy, D. (2007).

28. 原注：Isen, A. M. & Levin, P. F. (1972).

29. 原注：Habermas, J. (2022), 174.

30. 譯注：盧安達種族滅絕發生在 1994 年 4 月 7 日至 7 月 15 日的盧

安達內戰期間。主戰的武裝胡圖族軍人大肆屠殺部分溫和派的同族人、特瓦人及少數族裔圖西人（Tutsi），據估計總共造成逾 50 萬人死亡。

31. 譯注：雪布尼查大屠殺（Genocid u Srebrenici）是 1995 年 7 月發生在波士尼亞和塞爾維亞的雪布尼查的一場屠殺事件，塞族共和國軍隊殺害了當地約 8,000 名平民。這是歐洲境內在二戰後最嚴重的屠殺行為，國際法庭之後認定這是種族滅絕行為。

32. 原注：Adorno, Th. W. & Horkheimer, M. (2020 [1947]), 9。譯者補充：麥克斯・霍克海默（Max Horkheimer, 1895-1973）是德國哲學家，法蘭克福學派創始者之一。

33. 原注：Pauer-Studer, H. & Velleman, D. (2015).

34. 原注：Nussbaum, M. (2007), 939。譯者補充：瑪莎・納思邦（Martha Nussbaum, 1947-），美國哲學家，專攻政治與道德哲學、古希臘羅馬哲學、女性主義哲學。著有《從噁心到同理：拒斥人性，還是站穩理性？法哲學泰斗以憲法觀點重探性傾向與同性婚姻》（麥田出版）及《憤怒與寬恕：重思正義與法律背後的情感價值》（商周出版）等多本著作。

35. 原注：Pleasants, N. (2016).

36. 譯注：南特溺水處決（Noyades de Nantes）是指在 1793 年 11 月至 1794 年 2 月這個恐怖時期（Terreur）之間，發生在法國南特的一連串處決事件。不支持革命而被捕和入獄的人，或被懷疑是保皇派同情者的人，尤其是天主教神父和修女，被扔進了譏稱為「國家浴缸」的羅亞爾河內淹死。

37. 譯注：海因里希・希姆萊（Heinrich Himmler, 1900-1945）是二戰期間納粹德國的重要政治人物，曾擔任納粹德國內政部長、親衛隊全國領袖，也是納粹大屠殺的主要策畫者。波森演講（Posener Reden）是希姆萊於 1943 年 10 月 4 日至 6 日在德國占領的波蘭波森市政廳發表的兩場演講，內容談及滅絕營中正在進行的滅絕猶太人行動，顯示德國政府有意規畫且進行了大屠殺。

38. 譯注：弗里茨・希普勒（Fritz Hippler, 1909-2002）為德國電影製片人，在時任納粹宣傳部長約瑟夫・戈培爾（Joseph Goebbels, 1897-1945）領導下，負責管理納粹德國宣傳部的電影部門。他以身為納粹宣傳紀錄片《永遠的猶太人》（*Der Ewige Jude*）導演而聞名。「永遠的猶太人」是德語中對中世紀歐洲民間傳說裡「流浪的猶太人」這個人物的稱呼法。相傳此人本是一個對正被羅馬軍隊押往骷髏地刑場的耶穌出口嘲弄的猶太人，而後因此被詛咒要永遠在塵世行走，直至耶穌再臨。

39. 原注：Mercier, H. (2020), 129 ff.

40. 原注：Kershaw, I. (1983), 199.

41. 譯注：最終勝利（Endsieg）是希特勒創造的術語，是二戰期間納粹意識型態的核心概念，用以表達納粹政權決定性的最終勝利。納粹在戰爭後期損失不斷增加，但仍藉宣傳廣泛使用這個詞，激勵追隨者維持士氣。

42. 譯注：傑森・史丹利（Jason Stanley, 1969-），猶太裔美國哲學家，以對語言哲學和知識論的貢獻而聞名。講述政治宣傳作用的《How Propaganda Works》一書，中譯本為《修辭的陷阱》（八旗文化出版）。

43. 原注：Stanley, J. (2020).

44. 原注：Chapoutot, J. (2020).

45. 原注：Marquard, O. (2015).

46. 譯注：代稱為「RAF」的赤軍旅（Rote Armee Fraktion），亦稱紅軍派，是德國左翼組織，主要活動時期在 1970 年至 1998 年間。自認為共產主義者的赤軍旅成員共犯下 34 起謀殺案，以及大量銀行搶案和爆炸襲擊。

47. 譯注：齊滕（Hans Joachim von Zieten, 1699-1786）是普魯士騎兵隊將軍；約克（Johann David Ludwig Graf Yorck von Yorck, 1759-1830）是普魯士將軍；格奈森瑙（August Neidhardt von Gneisenau, 1760-1831）是普魯士陸軍元帥。

48. 譯注：歐娜・海瑟薇（Oona Hathaway, 1972-）是美國教授和律師。她是耶魯法學院全球法律挑戰中心的創始人兼主任。史考特・夏皮洛（Scott Shapiro）是耶魯大學法學院法律與哲學教授。

49. 譯注：《非戰公約》第一條內容為：「各締約國以各自人民的名義莊嚴宣告，各國譴責為解決國際爭端而訴諸戰爭，並廢棄以戰爭做為各國彼此關係中的國家政策工具。」第二條為：「各締約國同意，各國之間若發生任何性質或起因的爭端或衝突，只能以和平方式處理或解決。」

50. 原注：Hathaway, O. & Shapiro, S. J. (2017).

51. 原注：Pinker, S. (2011), 189 ff.

52. 譯注：《論永久和平》（*Zum ewigen Frieden*）是康德在 1795 年所發表的著名論文，分為兩部分，闡述他關於國際社會如何保持和平的法哲學理論。

53. 原注：Kant, I. (1992 [1795/1796]).

54. 原注：Pinker, S. (2011).

55. 原注：Nisbett, R. E. & Cohen, D. (1996).

56. 原注：Welzel, Ch. (2013), 71.

57. 原注：Welzel, Ch. (2013), 107 und 143.

58. 原注：Inglehart, R. (1977); Inglehart, R. (2018)。譯者補充：羅納德·英格爾哈特（Ronald Inglehart, 1934-2021），美國著名政治學家，主要研究領域有比較政治、政治發展、政治哲學等。「寂靜的革命」（The Silent Revolution）這個概念源自他 1977 年的同名著作。

59. 原注：Pinker, S. (2018), 226 ff.

60. 譯注：理察·伊斯特林（Richard Easterlin, 1926-2024），美國南加州大學經濟學教授。「伊斯特林悖論」（Easterlin Paradox）是他在 1974 年的著作中提出的論點。

61. 原注：Easterlin, R. A. (1974).

62. 原注：Stevenson, B. & Wolfers, J. (2008).

63. 譯注：安格斯·迪頓（Angus Deaton, 1945-），出身蘇格蘭，美國普林斯頓大學經濟系經濟學和國際事務教授，2015 年曾因「對消費、貧困和福利的分析」獲得諾貝爾經濟學獎。

64. 原注：Deaton, A. (2013).

65. 譯注：史古基（Ebenezer Scrooge）與小提姆（Tiny Tim）是英國作家狄更斯（Charles Dickens）1843 年的名作《小氣財神》（*A Christmas Carol*）當中的兩個人物。

66. 原注：https://cepr.org/voxeu/columns/ awareness-poverty-over-three-centuries?fbclid=IwAR0d8_eC586C1GZ5dhUhPHbdqXNYFgMbRpD5FqkyoOl3Hmonvsn_4wQReaA.

67. 原注：https://ourworldindata.org/extreme-poverty-in-brief.

68. 原注：Hickel, J. (2016).

69. 原注：Dornes, M. (2016); Schröder, M. (2018), 100 ff.

70. 譯注：即金恩博士（Dr. Martin Luther King）於林肯紀念堂前發表的著名演說《我有一個夢想》（I Have a Dream）。這場演說也促使美國國會在隔年通過《1964 年民權法案》，宣布所有種族隔離和歧視政策為非法。

71. 譯注：約阿希姆・普林茲（Joachim Prinz, 1902-1988）是一名德裔美國拉比，1930 年代在德國反對納粹主義的活動者。在納粹初崛起時，本為柏林人的普林茲曾敦促猶太人盡快離開德國。1937 年，納粹政府將他驅逐出境，他因此移居美國，後來在 1960 年代成為美國民權運動的領導者。

72. 原注：Prinz, J. (2011).

73. 原注：Singer, P. (2011).

74. 原注：Buchanan, A. & Powell, R. (2018).

75. 譯注：物種歧視（Speziezismus）一般是指「人類物種歧視主義」（人類中心主義），也就是將非人類的動物排除於人類的道德範圍之外，視為可以隨意處置的對象。這是人類對非人類生物的一種偏見，主張人類的利益凌駕於所有同樣生活在地球上的其他物種的利益之上。這是一種從倫理、道德層面到具體行為方式上對其他物種的深度侵害。

76. 譯注：彼得・辛格（Peter Singer, 1946-）是澳洲哲學家、動物解放運動活動家，以《動物解放》（*Animal Liberation*）一書聞名。該書開創了以哲學陳述動物解放運動思想之路。在涉及人類和非人類動物時，辛格拒絕使用動物權利的理論框架，而是認為人應當考慮動物的利益，因為動物有感知和經歷痛苦的能力。

77. 譯注：威廉・勒基（William Lecky, 1838-1903）是愛爾蘭歷史學家、散文家，以及政治理論家。《歐洲道德史》全書名為《歐洲道德史：從奧古斯都到查理曼大帝》（*History of European Morals：From Augustus to Charlemagne*），共有兩卷，主旨在說明某些神學及道德信仰盛行的「自然原因」。

78. 譯注：漢彌爾頓規則：參見第一章注釋 63。

79. 原注：Crimston, D., Hornsey, M. J., Bain, P. G. & Bastian, B. (2018).

80. 原注：Waytz, A., Iyer, R., Young, L., Haidt, J. & Graham, J. (2019).

81. 原注：Graham et al. (2017).

82. 譯注：約翰・羅爾斯（John Rawls, 1921-2002）是美國政治哲學家、倫理學家，曾任哈佛大學哲學教授。《正義論》（*A Theory of Justice*）是一本具有里程碑意義的政治哲學與倫理著作，他在書中導出他的兩個正義原則：自由原則、平等原則。「無知之幕」（veil of ignorance）是一種思想實驗，用以探討共生社會下的道德問題。這個概念原由美籍經濟學者約翰・夏仙義（John Charles Harsanyi, 1920-2000）在 1955 年提出，羅爾斯則在《正義論》中，正式以「無知之幕」稱呼該情境。羅爾斯設想，公民如果處在「無知之幕」下，會對自身擁有的技能、品味和地位於社會中的情況一無所知，那麼，這情境會促使公民基於一定原則，將權力、地位和社會資源分配給他人。

83. 原注：Rawls, J. (1971).

84. 譯注：平權行動（Affirmative action），也可稱為肯定性行動，是指採取積極舉措，以增加目前少數族裔或婦女在就業、就學、商業、文化領域中不足的代表性；其他因素也包括膚色、宗教、國族出身。做法像是入學的種族配額，以及選舉的性別配額等，藉此避免少數族群在就業和教育上受到不公平對待，進而使各族群享有平等權利。只是這種措施也時常引起逆向歧視等爭議。

85. 譯注：盲目招聘（blinde Besetzungsverfahren）是指將求職者的照片、性別、種族、姓名、年齡、居住區域、畢業學校等資訊刪去或隱藏，以期消除招聘單位無意識的偏見。

86. 譯注：伊麗莎白・安德森（Elizabeth Anderson, 1959-）是美國哲學家，擅長政治哲學、倫理學和女性主義哲學。

87. 原注：Anderson, E. (2010).

88. 譯注：旺阿努伊河（Whanganui River）全長 290 公里，是紐西蘭北島第二長的河流，也是全紐西蘭的第三長河。2017 年 3 月，在毛利人部落積極爭取下，紐西蘭議會認可這條河流擁有法定人權。

89. 譯注：萬物有靈論（Animismus）也稱「泛靈論」，這種信仰認為所有物體、地點和生物都有獨特的精神本質，世間所有事物如動物、植物、岩石、河流、天氣系統、人類創作，甚至是文字，都可能具有生命，是活的。而「泛心論」（Panpsychismus）也稱「萬物精神論」，是心靈哲學的一個概念，指包括無生命物質在內的世間萬物，都具有意識，以及像是記憶、感知、欲望等心靈屬性。只是高等動物的意識和心靈比植物更明顯，而植物又較無機物更清楚。這個概念可視為泛靈論在哲學領域的翻版。

90. 原注：Diamond, J. (2005).

91. 譯注：史丹佛大學教授保羅・埃利希（Paul Ralph Ehrlich, 1932-）所著的《人口炸彈》（*The Population Bomb*）一書，自 1968 出版後，就因觀點危言聳聽而飽受批評。該書預測世界會因人口過剩而導致全球饑荒及其他社會動亂，並主張立刻採取行動限制人口成長。

92. 原注：Ehrlich (1968).

93. 譯注：羅馬俱樂部（The Club of Rome）是一個研討國際政治問題的全球智囊組織，1968 年由義大利學者及工業家奧雷利奧・佩切伊（Aurelio Peccei），和蘇格蘭科學家亞歷山大・金（Alexander King）發起成立。該組織在 1972 年發表的報告名為《增長的極限》（*Limits to Growth*），當中預言，由於像是石油等自然資源的供給有限，人類經濟不可能無限持續成長。外界對於羅馬俱樂部多所批評，認為它帶有極端馬爾薩斯主義和強烈的菁英主義色彩，是歐洲權力菁英和美洲盎格魯菁英的聯盟。

94. 譯注：大衛・賽茲尼克（David O. Selznick, 1902-1965）是猶太裔美國電影業巨擘，也是《亂世佳人》（Gone with the Wind）的編劇。賽茲尼克是好萊塢黃金時代的傳奇製片人，最成功的作品莫過於 1939 年的《亂世佳人》，他並以此片首奪奧斯卡最佳影片獎。隔年又以希區考克的《蝴蝶夢》（*Rebecca*）衛冕同一獎項，創下奧斯卡獎奇蹟。原籍英國的希區考克，也是因為賽茲尼克的引介而進入美國好萊塢。

95. 原注：Spoto, D. (1999), 214.

96. 譯注：達芙妮・杜穆里埃（Daphne du Maurier, 1907-1989）是英國小說家、劇作家。她在 1938 年以小說《蝴蝶夢》贏得美國國家圖書獎。在希區考克改編的同名黑白電影中，嫁入豪門的女孩發現，莊園豪宅裡似乎隱藏著自己丈夫、由英國名演員勞倫斯・奧立佛（Lawrence Oliver）所飾演的馬辛姆・德文特（Maxim de Winter）前妻蕾貝卡死因的祕密。電影裡，蕾貝卡完全沒有出現，卻又無處不在。

97. 譯注：威廉・哈里森・海斯（William Harrison Hays, 1879-1954）其實是美國共和黨政治人物，因為在 1920 年的美國總統大選中對哈定（Warren Gamaliel Harding）助選有功，而獲得郵政總局長職務。兩年後，他辭去這個職務，轉任為美國電影製片商協會（現在美國電影協會 MPA 的前身）首任主席，同時頒布了《電影製片法規》（Motion Picture Production Code）。此舉等於是訂立出了要求電影工作者對內容自我審查的檢核標準。

98. 譯注：《驚魂記》（*Psycho*）中的這段情節，是珍妮・李（Janet Leigh）所飾演的女主角盜走自家公司的巨款，逃亡躲進一家汽車旅館，撕碎紙張滅證後丟進馬桶沖掉。但她不久後就在洗澡時被殺。

99. 譯注：庫柏力克（Stanley Kubrick, 1928-1999）執導、以古羅馬時代為背景的《萬夫莫敵》（*Spartacus*），是以角鬥士斯巴達克斯的遭遇為藍本，描述他率領奴隸起義對抗羅馬人的故事。勞倫斯・奧立佛飾演的克拉蘇（Crassus）是一名貴族，對羅馬和其制度極為忠誠。

100. 譯注：電影《靈慾春宵》（*Who's Afraid of Virginia Woolf?*）改編自愛德華・阿爾比（Edward Albee）的同名舞臺劇《誰怕吳爾芙》，由伊麗莎白・泰勒及李察・波頓主演。

101. 原注：https://www.latimes.com/entertainment-arts/movies/story/2020-09-08/academy-oscars-inclusion-standards-best-picture.

102. 原注：Buchanan, A. & Powell, R. (2018), 239-273.

103. 譯注：王爾德（Oscar Wilde, 1854-1900）在 1895 年被控「與其他男性發生有傷風化的行為」，違法「性悖軌法」而遭逮捕。他在自我辯護時曾說：「……這愛在本世紀遭人誤解，以致於被描述成『不敢說出名字的愛』，而且因為這個誤解，我此刻站在這裡。」

104. 譯注：石牆暴動（Stonewall riots），是 1969 年 6 月 28 日凌晨始於紐約格林威治區石牆酒吧的一連串自發性暴力示威衝突。石牆暴動常被認是美國史上同性戀者首次反抗政府主導的迫害性別弱勢群體的實例，也被認為是全球同性戀權益運動發跡的關鍵事件。

105. 原注：Kumar, V., Kodipady, A. & Young, L. (2020).

106. 原注：Zweig, S. (2017 [1942]), 104.

107. 原注：Zweig, S. (2017 [1942]), 105.

108. 譯注：《昨日世界》全名為《昨日世界：一個歐洲人的回憶》（*Die Welt von Gestern: Erinnerungen eines Europäer*）是奧地利作家褚威格（Stefan Zweig, 1881-1942）的回憶錄，寫於 1939 年至 1941 年間，以敘述 19 世紀末生生於維也納的年輕猶太學生開始，跨越世紀之交，直至第二次世界大戰，具體刻畫出當時的時代氛圍和大眾心態。

109. 原注：Nussbaum, M. C. (1998).

110. 譯注：多瑪斯・阿奎那（Thomas von Aquin, 1225-1274），歐洲中世紀經院派哲學家和神學家，其思想是天主教長期以來哲學研究的重要根據。

111. 譯注：艾麗斯・施瓦澤（Alice Schwarzer, 1942-）是一位德國記者與女性主義者，也是德國女性主義雜誌《EMMA》的創辦人，並且是提出「反對反墮胎法，支持女性經濟自給自足，反對色情、賣淫、女性生殖器殘割，以及伊斯蘭教的女性應享有平等對待」等主張的女性主義先驅。1971 年 6 月，施瓦澤和 374 位德國婦女共同發起「我們墮過胎！」運動，承認她們非法墮胎，進而推動了德國的墮胎合法化。

112. 原注：Appiah, K. A. (2011).

113. 譯注：亞歷山大・漢密爾頓（Alexander Hamilton, 1755-1804）是美國開國元勛、美國憲法起草人之一、第一任美國財政部長，也是美國憲法重要的解釋者和推動者。1804 年，由於先前與亞倫・伯爾（Aaron Burr, 1756-1836）的政治衝突，加上他嚴厲反對時任副總統的伯爾出來競選紐約州州長，伯爾於是向他發出決鬥戰帖。漢密爾頓的去世也結束了伯爾的政治生涯。

114. 譯注：金・斯特雷尼（Kim Sterelny, 1950-）是澳洲國立大學和威靈頓維多利亞大學社會科學研究學院哲學教授，曾多次獲得科學哲學國際獎項。

115. 原注：Sterelny, K. (2007b).

116. 原注：Bicchieri, C. (2005) und (2016).

117. 原注：Buchanan, A. & Powell, R. (2018).

118. 原注：Rhee, J. J., Schein, C. & Bastian, B. (2019).

119. 譯注：飛行恥辱（flygskam）是一項在 2018 年始於瑞典的反搭機飛行的社會運動，旨在減少航空機具對自然環境的負面影響。飛行恥辱也是指個人對從事極度消耗能源且破壞自然氣候的消費感到不安的心態。

第七章　五年——非政治思考

1. 原注：Baldwin, J. (1963), 21。譯者補充：詹姆斯・鮑德溫（James Baldwin, 1924-1987）身為黑人及同性戀者，其創作對 20 世紀中期美國的種族問題和性解放運動關注甚深。代表作有半自傳體小說《山巔宏音》（*Go Tell It on the Mountain*）及《喬瓦尼的房間》（*Giovanni's Room*）、散文集《下一次將是烈火》（*The Fire Next Time*）等。

2. 譯注：愛默特・提爾（Emmett Till, 1941-1955）是芝加哥非裔美國人，由於前往密西西比州探訪親人時，在當地被白人女子卡羅琳・布萊恩特（Carolyn Bryant）誣指調戲，而遭其丈夫綁架，並遭私刑殺害後棄屍河中。此案引起媒體廣泛關注，但審判法庭中全是白人，凶手被無罪釋放。當時，提爾的母親瑪咪・提爾（M amieTill）堅持遺體要送回芝加哥，並在葬禮上打開十四歲兒子的棺蓋。記者在現場拍下的照片日後被《時代雜誌》選為影響世界最甚的百張照片之一，並說：「將近一個世紀，非裔美國人常遭受私刑，犯嫌卻能不受懲處。此刻，一位母親決心揭露如此的野蠻罪行，世人再也無法裝作視而不見。」

3. 譯注：斯托梅・德拉維利（Stormé DeLarverie, 1920-2014）是一位生於紐奧良、黑白混血、女扮男的「扮裝國王」。根據德拉維利和許多目擊者的說法，點燃石牆起義之火的，正是她與警察的扭打。

4. 譯注：美國現行的《忠誠宣誓》（*Pledge of Allegiance*）版本，全文為：「我宣誓效忠美利堅合眾國國旗及其代表的共和國，一個在上帝庇佑下的國家，團結不可分裂，全民皆享有自由與正義。」（I pledge allegiance to the Flag of the United States of America, and to the republic for which it stands, one Nation under God, indivisible, with liberty and justice for all.）

5. 原注：King, M. L. (1986), 217-221.

6. 譯注：《第二次來臨》（*The Second Coming*）是愛爾蘭詩人葉慈（William Butler Yeats, 1865-1939）1919 年的詩作，詩中使用了有關啟示錄和基督再臨的基督教意象，如寓言般描述戰後歐洲的氛圍。

7. 譯注：覺醒文化（Wokeness）是美國自 2010 年代以來，對有色人種、同志社群及女性身分政治的左翼政治運動的稱呼。這個名稱源於非裔美國人英語中的表達「stay woke」（保持警覺），該詞最早出現於 1970 年代，用以表達非裔人士對各類社會問題萌發的政治意識。覺醒文化最初針對的是種族歧和偏見現象，而後開始拓展至社會不平等、性別和性取向等方面。

8. 原注：https://www.theatlantic.com/magazine/archive/2014/06/the-case-for-reparations/361631.

9. 原注：https://www.armuts-und-reichtumsbericht.de/SharedDocs/Downloads/Service/Studien/analyse-verteilung-einkommen-vermoegen.pdf?__blob= publicationFile&v=3.

10. 原注：https://www.destatis.de/EN/Themes/Labour/Labour-Market/Quality-Employment/Dimension1/1_5_GenderPayGap.html.

11. 原注：Pinker, S. (2018), 216.

12. 原注：https://www.vox.com/culture/21437879/stay-woke-wokeness-history-origin-evolution-controversy?fbclid=IwAR20NnYa8U6NRyLQpixl_hKGC1e_147-evliL-ighF1J9YvbASrgJD6qHiY。譯者補充：布朗命

案發生在 2014 年 8 月 9 日，事發當時，18 歲的非裔美國青年麥可・布朗（Michael Brown）在並未攜帶任何武器的情況下，遭到 28 歲的白人警員達倫・威爾遜（Darren Wilson）射殺。布朗身上並無武器，而且沒有任何犯罪紀錄，在被射殺前，他與警員接觸不到三分鐘。這起事件後續引發了連續多日的抗議行動，甚至出現暴動。

13. 原注：https://astralcodexten.substack. com/p/the-rise-and-fall-of-online-culture

14. 譯注：飛天義大利麵神教（Flying Spaghetti Monster）是一場始於 2005 年，以諷刺方式反對某些宗教教派將其認為生物並非出於演化、而是源自某種超自然智慧型設計的「智慧設計論」加入美國公立學校自然科學課的社會運動。該教聲稱，真正創造出世間萬物的是「麵神」，因而尊奉「祂」為上帝。

15. 譯注：始孕無玷（*immaculata conceptio*），也稱聖母無原罪始胎、聖母始胎無染原罪、聖母無染原罪，是天主教關於聖母瑪利亞的教義之一，相信耶穌的母親瑪利亞，在靈魂注入肉身的時候，即蒙受天主特恩，免於原罪的玷染。

16. 原注：Crenshaw, K. (1989).

17. 譯注：「黑人的命也是命」（Black Lives Matter）是 2013 年源於非裔美國人社群、抗議針對黑人的暴力和系統性歧視的去中心化國際維權運動。這個運動也反對像是種族歸納、暴力執法和美國刑事司法系統中的種族不平等範圍更加廣泛的問題。

18. 原注：Adorno, Th. W. & Horkheimer, M. (2020 [1947]), 128 ff.

19. 原注：Frank, Th. (2004).

20. 原注：https://www.washingtonpost.com/climate-environment/

interactive/2021/bird-names-racism-audubon/.

21. 原注：Al-Gharbi, M. (im Erscheinen).

22. 原注：Turchin, P. (2013).

23. 原注：Bright, L. K. (im Erscheinen).

24. 譯注：國殤罌粟花（Remembrance poppy），每年 11 月 11 日的國殤紀念日（Remembrance Day）活動中，與會者會配戴紅色的虞美人花（和罌粟花同屬，但不同種），以紀念在兩次世界大戰和其他戰爭中死去的逝者。選擇這個花朵是因為一戰最慘烈的法蘭德斯戰場盛開著虞美人花，而且紅色也代表壕溝中的鮮血。

25. 譯注：「Unrechtsstaat」是貶義詞，意指一個「違憲、不公正、不民主或非法的國家」，指一國政府權力的主要行使不受法律约束，與「Rechtsstaat」（憲政國家）相對。這個詞彙不僅是法學術語，也是政治術語，最早起源於普魯士的天主教政治家彼得．萊興施佩格（Peter Reichensperger, 1810-1892），他在 1853 年使用該詞，暗指如果普魯士限制其天主教臣民的權力，就會變得「不公正」。

26. 譯注：康比河聯盟（Combahee River Collective）是 1974 年至 1980 年間，活躍於美國麻州波士頓市的黑人女性主義女同性戀社會主義組織。該組織認為，白人女性主義運動和民權運動沒能滿足她們做為黑人婦女、甚至做為黑人女同性戀者的特殊需求，因而創立。組織名稱的由來，是為紀念一場 1863 年發生在南卡羅萊納州康比河上，由哈莉特．塔布曼（Harriet Tubman, 1822-1913）策畫、領導的軍事行動。這是美國歷史上唯一由女性策畫和領導的軍事行動，解放了超過 750 名黑奴。

27. 原注：Táíwò, O. O. (2022), 6 ff.

28. 原注：Tucholsky, K. (1928 [1975]).

29. 譯注：庫爾特・圖霍爾斯基（Kurt Tucholsky, 1890-1935）是德國威瑪共和國時期最重要的評論家，自認是左派民主人士、反戰與和平主義者，對當時氾濫於政界、軍界和法律界的反民主潮流甚為不滿，一再呼籲警惕國家社會主義（即納粹主義）的危害。「共產主義就是要把一切都砸個稀巴爛」，這句話出自他文集中一篇標題為〈資產階級的信念〉的文章裡，一個名為佩格爾太太的資產階級女人的十大信念之一。

30. 原注：Táíwò, O. O. (2022).

31. 原注：https://www.nytimes.com/2021/05/13/opinion/this-is-how-wokeness-ends.html?searchResultPosition=3.

32. 原注：https://www.bloomberg.com/opinion/articles/2021-09-19/woke-movement-is-global-and-america-should-be-mostly-proud.

33. 譯注：柏林洪堡大學（Humboldt Universität zu Berlin）創立於1809年，是世界頂尖大學之一。校名是紀念創始人亞歷山大・馮・洪堡（Alexander von Humboldt, 1769-1859）及威廉・馮・洪堡（Wilhelm von Humboldt,1767-1835）兄弟。這對兄弟是德國文化史上影響最深刻和最偉大的人物，對當時的時代有歷史上罕見的巨大影響。弟弟亞歷山大主要研究自然科學，哥哥威廉則是研究文化史。

34. 原注：Ramaswamy, V. (2021); https://spectrejournal.com/whats-new-about-woke-racial-capitalism-and-what-isnt.

35. 譯注：激進時尚（radical chic），是指上流社會人士刻意與政治激進人士往來的一種「時髦」做法。這個詞彙最早是美國記者湯姆·沃爾夫（Tom Wolfe, 1930-2018）1970 年 6 月在他的文章〈激進時尚：萊尼的派對〉（Radical Chic: That Party at Lenny's）中首創。該文諷刺指揮家及作曲家伯恩斯坦（Leonard Bernstein）該年 1 月在自宅內為黑豹黨（Black Panthers）募款的荒謬行為——因為伯恩斯坦及其現場 90 名友人所屬的上流菁英圈子，完全和黑豹黨這個組織的黑人成員及其追求的黑人民族主義目標不一致。沃爾夫藉「激進時尚」一詞，諷刺伯恩斯坦這群人支持激進主義，不過是為了對內自我感覺良好、對外增添個人聲望。

36. 原注：https://nymag.com/news/features/46170.

37. 譯注：非自願單身者（involuntary celibate），也可理解為非自願禁欲者，是指現今社會中因經濟條件或其他非自願因素，因而無法找到伴侶的人。這些人一般都是男性、異性戀者，在西方世界多為白人，而且可能從未有過任何性經驗。單身、但追求異性的欲望強烈的這一群人，成為歐美社會中的一個次文化團體，也衍生不少負面、凶殘的社會事件。

38. 譯注：在非自願單身男性的認知裡，男女可區分為四種類型：

在男性方面，一種是「**查德**」（Chad），風趣又迷人，陽剛性感又多金，深受女人喜愛，女人也樂於與其上床，堪稱人生勝利組。而他們自己則是「**處男**」（Virgin），形象和特質完全是查德的反面，不受女性青睞，在性事上受挫，甚至從未有過性經驗。相較於查德陽剛、自信、無往不利的**阿法男**（Alpha male）形象，非自願單身男性算是在性競爭上低了一等的**貝塔男**（Beta male）。

在女性方面，非自願單身男性認為女性有和男性發生性行為的責任與義務。而女性也分為兩類，一種是「**史黛西**」（Stacy），性感冶豔，具備所有明顯的女性特徵，只跟查德上床，而且鄙視非自願單身男性。另一種女性則是「**貝琪**」(Becky)，女性特質較不強烈，更為知性，通常會關注女性主義議題。非自願單身男性認為，相較於史黛西的鄙視態度，貝琪比較願意正眼看待他們。

39. 譯注：理查．史賓塞(Richard Spencer, 1978-)是美國新納粹份子、反猶太主義陰謀論者和白人至上主義者。他聲稱創造出「另類右派」一詞，是另類右翼運動最初的倡導者，主張以白人種族帝國重建歐盟，認為此舉能以同質的「白人身分」取代多樣化的歐洲種族認同。

40. 譯注：另類右派(alternative right)是美國右派政治思想中反對主流保守主義的一個派別。這派人士自認為他們反建制的理念是敢於突破禁忌。他們也認為平權運動、民權運動和女權運動已經發展得太過度。另類右派當中的具體理念也有歧異，部分支持者有支持種族主義、白人優越，以及反猶太的元素，但反對左派是所有另類右派的共同點。

41. 原注：https://www.youtube.com/ watch?v=aFh08JEKDYk.

42. 原注：Nagle, A. (2017).

43. 原注：https://www.theatlantic.com/ international/archive/2021/03/krug-carrillo-dolezal-social-munchausen-syndrome/618289。譯者補充：孟喬森症候群(Münchhausen Syndrom)是一種藉由描述或表現出幻想的疾病症狀，假裝自己有病，以博取他人同情的心理疾病。這個名稱來自一名德國男爵——孟喬森男爵(Freiherr von Münchhausen)，此人虛構了許多自己的冒險故事，如在月球上漫步、騎乘砲彈、和四十隻腳的鱷魚大戰等。1951年，一篇發表在英國醫學雜誌《刺胳針》(*The Lancet*)的文章，首次以「孟喬森症候群」命名這種症狀。

44. 譯注：瑞秋・多勒扎爾（Rachel Dolezal, 1977-），化名「Nkechi Amare Diallo」，在假冒身分被揭穿之前，曾擔任全美有色人種協進會（NAACP）分會主席。她承認自己是白人父母所生，但堅持自己是黑人。潔西卡・克拉格（Jessica Krug, 1982-）化名「Jess La Bombalera」，曾在喬治華盛頓大學任教，2020 年自承造假身分：「我假冒了多種黑人身分，那些我根本沒有資格冒領的身分：先是北非黑人，其後是生活在美國的黑人，接著是根源在加勒比海的紐約布朗克斯黑人。」引發大眾譁然和抨擊。

45. 原注：Haslam, N. (2016)。譯者補充：概念蠕變（concept creep）是指與傷害有關的詞彙，在經歷了語義擴展的過程之後，進而含括了原本並未包含在該標籤底下的概念。這個現象最初是在 2016 年由尼克・哈斯蘭（Nick Haslam）提出。哈斯蘭指出了概念蠕變現象對於虐待、霸凌、創傷、精神障礙、欺凌、成癮等概念的影響。有人批評，這個現象造成人對「傷害」更為敏感，模糊了人的思維和對這些詞彙的認知及理解，將太多不該歸為一類的東西混為一談，因而失去了術語詞彙本有的清晰性和具體性。

46. 譯注：《變形記》（*Metamorphoseon libri*）是古羅馬詩人奧維德（Ovid）使用六步格詩體所作、關於「變形」的神話作品。《變形記》共 15 卷，每卷約 700 行至 900 行，描述羅馬和希臘神話中的世界歷史，其中包括大量虛構或真實的人物，當中有不少強暴的場景描述。

47. 原注：Haidt, J. & Lukianoff, G. (2018).

48. 原注：https://theline.substack.com/p/joseph-heath-woke-tactics-are-as.

49. 原注：Mill, J. S. (2009 [1859]).

50. 原注：Levari, D. E., Gilbert, D. T., Wilson, T. D., Sievers, B., Amodio, D. M. & Wheatley, T. (2018)。譯者補充：「盛行率引發的概念變化」(Prevalence-Induced Concept Change) 是形容一種認知機制，因為這個機制，人對於某個概念的定義，會隨該概念的盛行機率變化而有所改變。

51. 原注：https://stevenpinker.com/files/ pinker/files/1994_04_03_new yorktimes.pdf

52. 譯注：烏爾麗克・邁因霍夫 (Ulrike Meinhof, 1934-1976) 是德國左翼恐怖份子、記者。她在 1970 年建立了左翼組織赤軍旅，犯下多起恐怖行動。1972 年，邁因霍夫被捕，被以謀殺罪和與犯罪組織有關起訴。她在被定罪前於獄中上吊自盡。

53. 譯注：《決殺令》(*Django Unchained*) 是導演昆汀・塔倫提諾在 2012 年的作品，故事設定在美國舊西部與內戰前的美國深南部時代，發生地點為德州。敘述一名非洲裔奴隸決哥與冒充牙醫名號的賞金獵人舒華茲醫生的旅程。

54. 原注：https://www.nytimes.com/2021/04/30/opinion/john-mcwhorter-n-word-unsayable.html; https://www.nytimes.com/2021/04/30/opinion/times-opinion-mcwhorter-essay.html; https://www.theatlantic.com/ideas/archive/2022/02/logical-end-language-policing/621500.

55. 原注：https://3quarksdaily.com/3quarksdaily/2021/05/do-mention-it.html.

56. 原注：https://www.playboy.com/read/playboy-interview-john-mayer.

57. 譯注：《精神疾病診斷與統計手冊》(Diagnostic and Statistical

Manual of Mental Disorders），是一本由美國精神醫學學會（American Psychiatric Association）出版、最常使用於診斷精神疾病的指導手冊。現行為 2013 年更新的第五版（DSM-V）。2022 年則有修訂版（DSM-V-TR）發布。

58. 原注：Chappell, S. G. (2021).

59. 原注：https://fakenous.net/?p=225.

60. 原注：Heath, J. (2021).

61. 譯注：道爾頓學校（Dalton School）創立於 1919 年，是紐約曼哈頓一所男女同校、十三年制的非營利私立學校。既是全美目前最負盛名的學校，也是一所頗具國際影響力的學校。

62. 譯注：批判性種族理論（critical race theory）認為，現有的社會秩序及忽略族裔因素的法律是奠基在種族主義之上，而且為白人優越主義服務，所有白人皆在這個體系當中透過壓迫有色人種而得利。價值中立的法律及自由主義觀念對既有的「種族不公正的社會秩序」有強大的支撐作用，進而使得社會不斷產生系統性的種族歧視，而有系統的種族歧視已滲透到社會生活的各方面；對所有族裔一視同仁的法律並不能消除種族歧視，反而會持續造成種族不平等的結果。「交叉性」是批判性種族理論的一個關鍵概念，也就是基於各種身分的不平等，諸如種族、階級、性別、國籍、性取向、身心障礙等相互之間的關聯及組合所產生的影響。

63. 原注：https://www.vanityfair.com/news/2021/04/inside-the-antiracism-tug-of-war-at-an-elite-nyc- private-school.

64. 原注：https://www.theatlantic.com/ national/archive/2011/05/gathering-the-tribe/239060.

65. 原注：McWhorter, J. (2021).

66. 原注：Reich, D. (2018).

67. 原注：DiAngelo, R. (2018).

68. 譯注：喬治・卡林（George Carlin, 1937-2008）美國單人喜劇演員、作家、社會批評家，以個人獨特的黑色幽默，與對政治，語言、心理學、宗教及諸多禁忌主題的觀點而聞名。

69. 原注：https://whatever.scalzi.com/2012/05/15/straight-white-male-the-lowest-difficulty-setting-there-is.

70. 原注：DiAngelo, R. (2018); Okun, T. (2010).

71. 譯注：羅蘋・迪安傑洛（Robin DiAngelo, 1956-）美國作家暨華盛頓大學副教授，2018 年出版《白人脆弱性：為何白人談論種族主義如此困難》（*White Fragility: Why It's So Hard for White People to Talk About Racism*）一書。對於「白人脆弱性」的概念，她下的定義是：「美國和其他白人定居者殖民主義社會的白人，生活在種族孤立的社會環境中。這種隔離增強了我們對種族舒適度的期望，同時也降低了我們承受種族壓力的耐力。我將這種缺乏種族壓力承受度稱為**白人脆弱性**。這是一種狀態，在這種狀態下，即使是對白人立場最微小的挑戰，也變得無法容忍，進而引發一連串的防禦之舉，包括：爭論、無效、沉默、退守，以及聲稱遭受攻擊和誤解。」

72. 原注：Mills, C. W. (1997).

73. 原注：Delgado, R. (1995).

74. 譯注：紅線制度（Redlining）是美國境內的一種歧視現象，美國有些金融機構會拒絕為非白人聚居區的居民提供金融服務。在 1960 年代，芝加哥的銀行會根據種族成分對各社區進行排名，

1980 年代也還有銀行會向低收入的白人提供貸款，但拒絕放貸給中等收入、甚至高收入的黑人社區居民。

75. 原注：Alexander, M. (2012); s. a. Pfaff,J.F.(2017)。譯者補充：美國的禁毒戰爭（War on Drugs）始於 1970 年代，包括一套旨在阻止違法生產、分配和消費的藥物政策。但據人權觀察組織稱，禁毒戰爭導致逮捕率飆升，由於各種因素，針對非裔美國人的逮捕率高得不成比例。

76. 原注：https://www.theatlantic.com/magazine/archive/2014/06/the-case-for-reparations/361631.

77. 原注：Kendi, I. X. (2019).

78. 原注：Singal, J. (2021), Kapitel 6。譯者補充：內隱聯結測驗（Implicit Association Test），是由社會心理學家暨哈佛大學教授安東尼．格林華德（Anthony Greenwald）在 1998 年首先提出。內隱聯結測驗是以反應時為指標，透過一種計算機化的分類任務來測量兩類詞（概念詞與屬性詞）之間的自動化聯繫的緊密程度，繼而對個體的內隱態度等內隱社會認知進行測量。馬赫扎琳．巴納吉（Mahzarin Banaji, 1956-）是哈佛大學心理學家，因推廣了解關於種族、性別、性取向和其他因素的內隱偏見概念而聞名。

79. 原注：https://implicit.harvard.edu/implicit/germany/takeatest.html.

80. 原注：Machery, E. (2022).

81. 譯注：客籍工人（Gastarbeiter），德國在二戰之後曾正式引入大量外籍移工，以利戰後重建，當中又以土耳其人為多。客籍工人最初被視為臨時移民，因為其居留權尚未確定為永久居留權。

82. 原注：Maitra, I. (2018).

83. 譯注：德文名詞不論人或非人事物，皆有性別之分，其中一種性別區分稱法及寫法，是在陽性名詞字尾加上「in」，即成為陰性名詞。例如這裡以複數形呈現的女性稅務顧問「Steuerberaterinnen」，其單數形為「Steuerberaterin」，而男性稅務顧問則為「Steuerberater」。

84. 譯注：這裡意指俄國作家納博可夫（Vladimir Nabokov, 1899-1977）小說《蘿莉塔》（*Lolita*）著名的開場白，出自主人翁亨伯特·亨伯特（Humbert Humbert）之口：「羅麗塔，我生命之光，我腰胯之火，我的罪孽、我的靈魂。羅——麗——塔：舌尖順著上顎下滑，在齒間輕彈三下，羅·麗·塔。」（Lolita, light of my life, fire of my loins. My sin, my soul. Lo-lee-ta: the tip of the tongue taking a trip of three steps down the palate to tap, at three, on the teeth. Lo. Lee. Ta.）

85. 譯注：《O 侯爵夫人》（*Die Marquise de O...*）是德國詩人暨劇作家海因里希·馮·克萊斯特（Heinrich von Kleist, 1777-1811）的著名小說。小說裡在一句「Hier-traf er, da bald darauf ihre erschrockenen Frauen erschienen, Anstalten, einen Arzt zu rufen.」當中的破折號是爭論焦點，因為它對關於書中角色罪責的論述有決定性的影響。

86. 譯注：棉花天花板（cotton ceiling）一詞，最初是在 2015 年由跨性別情色表演者德魯德沃（Drew DeVeaux）創造，形容性取向為女同志的男跨女跨性別女性的困境。80% 的男跨女跨性別女性都未動手術，仍保有男性生殖器官，她們發現，順性別女同性戀者可接受生理為男性、但性認同為女同志的她們加入社群，卻不願意選擇她們做為性伴侶。

87. 譯注：杜波依斯（W.E.B. Du Bois, 1868-1963），美國社會學家、

歷史學家。1909 年美國全國有色人種協進會（NAACP）的最初創建者之一。

88. 原注：Du Bois, W. E. B. (1998 [1935]).

89. 原注：https://fs.blog/david-foster-wallace-this-is-water.

90. 原注：Bostrom, N. & Ord, T. (2006).

91. 譯注：尼克・博斯托姆（Nick Bostrom, 1973-）是瑞典籍的牛津大學哲學家；托比・奧德（Toby Ord, 1979-）為澳洲籍哲學家。他們是在人類增強（human enhancement）的生命倫理學背景下提出反向測試（Reversal test）的概念。反向測試旨在回答這個提問：有鑑於人類可能存在非理性的維持現狀偏見，那麼，要如何才能分辨對增強人類某些特質的有效批評，和單單出於抵制變革動機的批評？他們 2006 年在一篇論文中寫道：「反向測試：當改變某一參數的提議被認為會產生不良的整體後果時，那麼就考慮從反方向改變同一參數。如果後者的改變也被認為會產生不良的整體後果，那麼得出如此結論者，就有責任解釋為何我們的現況不能透過改變這個參數而有所改善。如果他們無法解釋，那麼我們就可以合理懷疑他們有維持現狀的偏見。」

92. 原注：Solnit, R. (2014)。譯者補充：蕾貝嘉・索尼特（Rebecca Solnit, 1961-）美國當代著名的社會運動者、文化批評者，同時也是作家、歷史學家。著作主題涵蓋女性主義、環境、社群、藝術、政治等。〈男言之癮〉（Men Explain Things to Me）一文，可見於中文譯本《男言之癮：那些對女人說教的男人》一書當中（經濟新潮社出版）。

93. 原注：Fricker, M. (2007)。譯者補充：米蘭達・弗里克（Miranda Fricker, 1966-），英國哲學家，現任紐約大學哲學教授。她創造出「epistemic injustice」（認識上的不公正）一詞，並在 2007 年出版的同名著作中探討這個概念。「認識上的不公正」是指涉及知識的不公正行為，包括排斥與沉默；對個人意義或貢獻有系統的扭曲或曲解；在交流行為中對個人地位或身分的低估，以及無端的不信任。根據弗里克的看法，認識上的不公正有兩種，其一為證詞上的不公正（testimonial injustice），另一則是詮釋上的不公正（hermeneutical injustice）。

94. 譯注：雅努斯（Janus）是羅馬神話中掌管開端與結尾、大門、選擇、過渡、時間、道路的神。祂的一顆頭有前與後兩張臉孔，展望著前與後、過去和未來。這種承先、啓後的意味，也使得公曆的一月以祂命名。

95. 原注：Manne, K. (2016)。譯者補充：凱特・曼恩（Kate Manne, 1983-）為康乃爾大學哲學系副教授，研究集中於道德哲學、社會哲學與女性主義哲學。《不只是厭女》（*Down Girl*，繁體中文版由麥田出版）一書探索了現今公共場域和政治場域中的厭女邏輯。

96. 譯注：根據德國城市協會在 1979 年的定義，**社會焦點**（Sozialer Brennpunkt）一詞的同義詞是**問題區域**（Problemviertel），是指「對其居民生活條件、尤其是對兒童與青少年的發展機會和社交條件會產生負面影響因素集中的居住區」。這個詞彙如今常在社科文獻中用來描述局部區域的排斥現象。這些排斥現象出現的城市住居區域，其中居民面臨著高於平均水準的缺陷狀態，如貧困、失業、人際網絡缺乏、環境不佳等問題。「社會焦點」一詞在大眾認知中也常與高犯罪率聯想在一起，因而導致處境更不利。

97. 譯注：路德維希（Ludwig）和夏洛特（Charlotte）是相當典型

的日耳曼名字，暗指這些區域多為非日耳曼民族的外來移民者。

98. 原注：Rini, R. (2021).

99. 譯注：巴伐利亞裙（Dirndl）是源自 19 世紀巴伐利亞及奧地利的女性傳統服裝，由低領口緊身胸衣、穿在緊身胸衣下的襯衫、寬高腰裙和圍裙組成，而圍裙打結的位置具有象徵穿著者婚姻身分的不同意義。

100. 原注：https://mattbruenig.com/2013/02/26/what-does-identitarian-deference-require.

101. 原注：Toole,B.(2021)。譯者補充：立場論（Standpunkt-Theorie）也稱為立場認識論，其核心概念是認為個人觀點是受其社會和政治經驗塑造而成。一個人的經驗形成了一個立場，也就是此人看待、理解世界的角度。當今的社會理論家認為，這個立場會具有多面向，而不是不絕對的。例如：西班牙裔的女性雖然可能普遍有一些共同的觀點，尤其是在種族和性別上，但她們不會只由這些觀點來定義。

102. 原注：https://inthesetimes.com/article/nyu-grad-students-win-contract.

103. 譯注：*Modus vivendi*（權宜的妥協）這個拉丁語詞彙，在政治事務中常用於表示一種允許衝突中的各方非正式、暫時得以和平共處的協議或安排。

104. 原注：McGillen, P. (2023)。譯者補充：譯注：特奧多爾・馮塔內（Theodor Fontane, 1819-1898）是德國批判現實主義小說家、詩人。

105. 譯注：這整起事件又稱**披薩門陰謀論**（Pizzagate conspiracy theory），2016 年 3 月，當時正競選總統的希拉蕊，其幕僚長的私人電郵遭到駭客入侵。披薩門陰謀論支持者聲稱電郵中的密碼訊息與多名民主黨高層官員及美國餐廳涉嫌人口販賣和兒童色情團體有關。彗星乒乓（Comet Ping Pong）披薩店即是其中一家遭指控涉及的餐廳。12 月 4 日，埃德加．麥迪森．韋爾奇（Edgar Maddison Welch）朝餐廳射出三槍，自認可以救出受害的孩童。他在警察包圍餐廳後投降，事後表示，他是在網路上讀到彗星餐乒乓廳藏有兒童性奴，因此想親自看看是否真是如此。

106. Mercier, H. (2020), 202 ff.

107. Levy, N. (2017).

108. 譯注：在小說《一九八四》中，真理部（Ministry of Truth）是大洋國的四大政府機構之一，這個部門處理的事務與它的名稱截然相反，是負責依現實和宣傳的需要，改寫歷史文獻、報紙和文學著作。這個部門名為「真理」也有深層含義，那就是藉著強權，人為地強行偽造出「真理」。

109. 原注：Pennycook, G., Cheyne, J. A., Barr,N., Koehler, D. J. & Fugelsang, J. A. (2015)。譯者補充：戈登．彭尼庫克（Gordon Pennycook）加拿大心理學家，現任康乃爾大學副教授。著有《論偽深度廢話的接受與辨識》（*On the Reception and Detection of Pseudo-Profound Bullshit*）一書。

110. 原注：Hübl, P. (2018) und (2019).

111. 譯注：迴聲室效應（Echokammer / Echo chamber），也就是同溫層效應。在社群媒體或新聞媒體上，想法相近的群體透過不斷溝通與認同彼此想法，使得那些相似的想法不斷被放大或強化，抱持這種意見者也因而強化了他們對於既有觀念的信仰程度，進而創造出一個相對封閉的環境，或是生態系統。

112. 原注：Oreskes, N. & Conway, E. M.(2010).

113. 譯注：弗雷德里克・塞茨（Frederick Seitz,1911-2008），美國物理學家、菸草業遊說者和氣候變遷否認者。弗雷德・辛格（Fred Singer,1924-2020)，奧裔美籍物理學家，他堅持否認二手菸會危害人體健康。

114. 譯注：威廉・尼倫貝格（William Nierenberg,1919-2000），美國物理學家，曾參與曼哈頓計劃。羅伯特・賈斯特羅（Robert Jastrow, 1925-2008）是美國天文學家及行星物理學家，民粹主義作家和未來學家。

115. 原注：Boyd, R. & Richerson, P. J.(2006).

116. 原注：Levy, N. (2022).

117. 原注：O'Connor, C. & Weatherall, J. O.(2019).

118. 原注：https://www.theatlantic.com/magazine/archive/2021/10/new-puritans-mob-justice-canceled/619818.

119. 原注：Ronson, J. (2015).

120. 譯注：水晶之夜（Reichspogromnacht / Kristallnacht）是 1938 年 11 月 9 日深夜至 10 日凌晨，德國納粹黨員和反猶民眾與衝鋒隊襲擊境內猶太人的事件，是後續有系統地屠殺猶太人的開端。該事件發生 50 年後，時任聯邦議會議長的葉寧格（Philipp Jenninger, 1932-2018）在一場特別會議上，試圖解釋 1930 年代的德國人對國家社會主義熱情的背後原因。由於表達方式失當，並在多處直接使用了納粹的措辭語彙，因而導致議場上的他黨議員離場抗議。葉寧格在次日辭去議長職位。

121. 譯注：彼得・辛格（參見第六章注釋 76）的言論常引發爭議和後續延燒，例如：2015 年的德國科隆國際哲學節原本邀請辛格演講，後來被迫取消，因為他在活動之前接受了《新蘇黎世報》訪問時，部分發言引起身心障礙組織和宗教團體注意，並向主辦單位抗議。辛格的言論包括「殺死帶有嚴重基因缺陷的胚胎，並非錯誤之舉」。這種看法主張應該篩選或改造基因，以促進人類進化。這樣的想法在納粹進行種族清洗之前，曾一度廣受西方社會歡迎。納粹認為殺害猶太人可避免雅利安人的血統遭到「汙染」。

122. 譯注：曾演出《天才老爹》（*The Cosby Show*）的黑人演員比爾．寇斯比（Bill Cosby）在 2018 年因三項加重性侵指控成立，被判入獄 3 至 10 年，當庭羈押。但 2021 年基於不公平審訊，裁決被賓州最高法院推翻，寇斯比即時獲釋。好萊塢著名製片人哈維．溫斯坦（Harvey Weinstein）遭指控涉嫌多起性騷擾和性侵犯，他在 2020 年因兩起掠奪性侵罪獲判監禁 23 年。

123. 原注：https://www.newyorker.com/news/news-desk/from-aggressive-overtures-to-sexual-assault-harvey-weinsteins-accusers-tell-their-stories.

124. 原注：https://babe.net/2018/01/13/aziz-ansari-28355。譯者補充：演員阿茲．安薩里（Aziz Ansari）在 2018 年遭到一篇網路匿名文章指控性騷擾。事後他發表聲明承認自己確實和對方有過性行為，但，「種種跡象表明，對方是完全自願的。」對於該篇性騷擾指控文，社會評論家凱特琳．弗拉納根（Caitlin Flanagan）批評道：「文中陳述的細節並非為了證實女方的控訴，而是為了傷害和羞辱安薩里。這兩名女性有可能毀了安薩里的職業生涯。」

125. 原注：https://donaldgmcneiljr1954.medium.com/nytimes-peru-n-word-part-one-introduction-57eb6a3e0d95.

126. 原注：https://s3.documentcloud.org/documents/3914586/Googles-Ideological-Echo-Chamber.pdf。譯者補充：Google 意識型態迴聲室（Google's Ideological Echo Chamber），也稱 Google memo，最初是 Google 的一份內部文件，由時任 Google 工程師的詹姆斯．達莫爾（James Damore）所撰寫。達莫爾指出，Google 阻止員工談論有關多樣性的話題，並使用了在法律上有疑慮的政策以提高多樣性。他還提出，「男女興趣偏好和能力的分布差異在一定程度上是因為生物學原因所導致，而這些差異或許解釋了為何我們沒有看到女性在技術和領導職位上與男性相等的代表性」，並建議以替代方法增加多樣性。Google 時任執行長回應說，這份備忘錄「加劇了有害的性別刻板印象」，並以違反員工守則為由，解雇了達莫爾。

127. 原注：https://www.canceledpeople.com/cancelations.

128. 譯注：家長主義（Paternalismus）是一種行為，個人、組織或國家，認為是在為一些人或群體的好處設想，因而限制他們的自由或自主權。這也是對抗或忽視一個人的意志，或是表現優越感的態度。

129. 原注：Levy, N. (2019).

130. 原注：Simpson, R. M. & Srinivasan, A.(2018).

131. 譯注：啟發法（Heuristik），亦稱策略法、助發現法、捷思法，是任何解決問題或自我探索的方法。它所採行的方法未必是最佳、最完美或最理性的，但在無法尋得最佳解決方案的情況下，仍能藉此得到堪用的解決方案，加速達成立即、短期或近似的目標。啟發法解釋了在知識不足、資訊不完整、時間有限的情況下，得出可行解決方案的方式。

132. 原注：Tosi, J. & Warmke, B. (2016).

133. 原注：Levy, N. (2021).

134. 原注：Bicchieri, C. (2016).

135. 譯注：有效利他主義（Effective Altruism）是一種哲學與社群，以理性思維推導有效改善世界的方式，力行實踐。這個理想原本是歸在其他的道德哲學底下，2000 年起，在彼得・辛格和蘇格蘭哲學家威廉・麥卡斯基（William MacAskill, 1987-）等人的推廣下，才確立了「有效利他」這個詞彙。不同於一般利他主義的是，有效利他主義探討各種改善社會的方式，不僅是一般設想的像是投身公益活動，或捐錢給慈善團體，它更會從各種生活層面和各種職業角度，去思考如何將每個人能為社會帶來的正向改變最大化。

136. 原注：MacAskill, W. (2015).

137. 原注：https://80000hours.org。譯者補充：八萬小時（80,000 Hours）是總部位於倫敦的非營利組織，2011 年由威廉・麥克阿斯克爾（William Macaskill）創立，致力於研究哪些職業具有最大的正面社會影響，並根據該研究提供諮詢者職業選擇建議。

138. 原注：https://www.givewell.org.

139. 原注：https://www.thelifeyoucansave.org/.

140. 原注：Prinz, J. (2011).

141. 原注：Singer, P. (1972).

142. 原注：MacFarquhar, L. (2015), 71 ff.

143. 譯注：奧頓・納許（Ogden Nash, 1902-1971），美國詩人，以輕詩而聞名，《紐約時報》曾評其為美國最著名的幽默詩人。

144. 譯注：席勒（Friedrich Schiller, 1759-1805），德國文學史上著名的「狂飆運動」代表人物，公認是德意志文學史上地位僅次於歌德的偉大作家。貝多芬第九號交響曲終樂章的《歡樂頌》（*An die Freude*）歌詞即改編自席勒的同名詩作。

145. 原注：https://www.givingwhatwecan.org/。譯者補充：托比．奧德（Toby Ord, 1979-），澳洲哲學家，有效利他主義運動的關鍵人物。他在 2009 年創立了 Giving What We Can 協會，協會成員承諾將至少 10% 的收入捐贈給有效的慈善機構。（另參見本章注釋 91。）

146. 原注：https://howrichami.givingwhatwecan.org/how-rich-am-i.

147. 原注：https://www.givedirectly.org.

148. 原注：Ord, T. (2020).

149. 譯注：長期主義（longtermism）是威廉．麥克斯基及托比．奧德在 2017 年提出的觀點，是指世人在處理事務時應優先考慮長遠及未來的目標。有人認為，以長遠眼光看待問題，甚至能避免或有效應對全球災難危機。

150. 原注：MacAskill, W. (2022).

終章　萬物的未來

1. 原注：Achen, Ch. H. & Bartels, L. M.(2016), Kapitel 5.
2. 譯注：白人優越主義（white supremacy）主張白種人優越於其他族裔，白人優越主義者也不認為所有白人都是優秀的，常主張某類歐洲人才是優等人種，而膚色與優等程度直接關聯。就像其他的優越主義，白人優越主義大多源自民族優越感。帶有不同程度的種族主義和仇外傾向。
3. 原注：Hall, L., Johansson, P. & Strandberg, T. (2012).
4. 原注：Strandberg, T., Olson, J. A., Hall,L., Woods, A. & Johansson, P.(2020).
5. 原注：Joshi, H. (2020).
6. 原注：https://www.econlib.org/archives/2011/06/the_ideological.html.
7. 原注：Parker, V. A., Feinberg, M., Tullett,A. & Wilson, A. E. (2021).
8. 原注：Brennan, J. (2016), Kapitel 1.
9. 原注：Appiah, K. A. (2019)。譯者補充：克瓦米・安東尼・阿皮亞（Kwame Anthony Appiah, 1954-）是哲學家和作家，撰寫過關於政治哲學、倫理學、語言和心靈哲學，以及非洲思想史的著作。
10. 原注：Walter, A. S. & Redlawsk, D. P.(2019).
11. 原注：Cohen, G. L. (2003).
12. 原注：Kinder, D. R. & Kalmoe, N. P. (2017).

13. 譯注：原文為「Jeder nach seinen Fähigkeiten, jedem nach seinen Bedürfnissen.」，是馬克思在其1875年的《哥達綱領批判》(*Kritik des Gothaer Programms*) 當中提出的口號。

14. 原注：Brennan, J. (2016), 29; Freiman,Ch. (2021), 12.

15. 原注：Caplan, B. (2007).

16. 原注：Schumpeter, J. (2008 [1942]), 262。譯者補充：熊彼得（Joseph Schumpeter, 1883-1950），奧地利經濟學家，主張自由主義資本經濟制度。他讓「創造性破壞」一詞在經濟學領域中人人皆知。

17. 原注：Klein, E. (2020), Kapitel 1.

18. 原注：Bail, Ch. (2021).

19. 原注：Bishop, B. (2009); Murray, C.(2019).

20. 譯注：普倫茨勞貝格（Prenzlauer Berg）是柏林人口最多的區域，藝術氣息濃厚，餐廳和獨立精品點多，吸引不少年輕專業人士和富裕家庭在此定居。鐘溪區（Glockenbachviertel）是慕尼黑一處熱鬧的同志區域及人口密集的高價住宅區，藝廊和手工藝品店，時尚酒吧和夜生活場所林立。

21. 原注：Fiorina, M. P., Abrams, S. J. &Pope, J. C. (2005).

22. 原注：Mercier, H. (2020), 211.

23. 原注：Bail, Ch. (2021), 75; DellaPosta,D. (2020); s. a. Sauer, H. (2015).

24. 原注：Levendusky, M. (2009).

25. 譯注：杜瓦傑法則（Duverger's Gesetz）是由法國政治學家莫里斯・杜瓦傑（Maurice Duverger, 1917-2014）提出。簡而言之，是指簡單相對多數決選制會產生兩黨制；而贊同投票制有利產生第三大黨，比例代表制有利於產生小黨（這兩者皆為多黨制）。

26. 原注：Mason, L. (2018) sowie Mason, L.(2018b); Iyengar, S. & Westwood, S. J. (2015).

27. 原注：Iyengar, S., Lelkes, Y., Levendusky,M., Malhotra, N. & Westwood, S. J. (2019).

28. 原注：Grubbs, J. B., Warmke, B., Tosi, J.& James, A. S. (2020).

29. 原注：Nguyen, C. T. (2020).

30. 原注：Funkhouser, E. (2022).

31. 原注：Heath, J. (2021b); Nordhaus, W. 2013; Brennan, J. & van der Vossen, B. (2018), Kapitel 11; Pinker, S. (2018, Kapitel 10); s. a. Wallace-Wells, D. (2019) und, als Kontrast, Lomborg, B. (2021) und Shellenberger, M. (2020).

32. 譯注：艾托羅（Etoro）和卡盧利（Kaluli）同為巴布亞新幾內亞的部落民族。

33. 原注：Henrich, J., Heine, S. J. & Norenzayan, A. (2010), 1.

34. 譯注：希羅多德（Herodot）是公元前 5 世紀的古希臘作家，他記下旅行中的所聞所見，以及波斯帝國的歷史，寫成《歷史》（*Historien*）一書，內容包括古希臘城邦、波斯第一帝國、近東及中東等地的歷史文化與風土人情，並敘述著名的波希戰爭，成為西方文學史上首部完整流傳下來的散文歷史之作。

35. 原注：Herodot (2019), Drittes Buch, §38。譯者補充：品達（Pindar, 518-438 BC），古希臘抒情詩人，後世學者認為是古希臘九大抒情詩人之首。

36. 原注：de Montaigne, M. (2011), 314-334。譯者補充：〈論食人者〉（Des Cannibales）一文，收錄在蒙田（Michel de Montaigne, 1533-1592）著名的《隨筆集》（*Essais*）中，約寫於 1580 年，描

述巴西的圖皮南巴族（Tupinambá）如何以吃掉死去敵人的屍體，做為一種榮譽的表徵。蒙田在文中使用文化相對主義，將食人族與 16 世紀歐洲的「野蠻主義」相提並論。

37. 原注：Schwartz, S. H., Cieciuch, J., Vecchione, M., Davidov, E., Fischer, R., Beierlein, C., ... & Konty, M. (2012).

38. 譯注：施瓦茲價值觀調查（Schwartz Value Survey）是人類基本價值觀理論（Theory of basic human values）的衡量方式之一。這個理論是以色列裔的社會心理學者沙洛姆・施瓦茲（Shalom H. Schwartz）提出的跨文化心理學和普世價值理論。調查方式是要求參與者就 57 個問題進行自我評估，以釐清參與者的價值觀。

39. 原注：https://www.worldvaluessurvey. org/wvs.jsp.

40. 譯注：人類關係區域檔案（Human Relations Area Files）是位於美國康乃狄克州紐哈芬市的非營利國際研究組織。其目的是在調查、蒐集全球人類歷來至今的各種文化、社會及行為的民族誌資料，並彙整經過編碼後的描述性資料，建立起可供人類學家運用的資料庫。

41. 原注：Curry, O. S., Mullins, D. A. & Whitehouse, H. (2019); s. a. Sauer, H. (2019).

42. 原注：https://www.newappsblog.com/2015/02/why-i-deny-strong-versions-of-descriptive-cultural-moral-relativism.html.

43. 譯注：戈梅斯・埃亞內斯・德祖拉拉（Gomes Eannes de Azurara, 1410-1474），在 1454 年至 1474 年間為葡萄牙王國首席編年史家。

44. 原注：Drescher, S. (2009), 60; s. a. https://necpluribusimpar.net/

portuguese-chronicler-may-teach-us-moral-relativism.

45. 原注：Midgley, M. (2005).

46. 原注：https://www.academia.edu/40029018/Tsujigiri_Mary_Midgley_s_Misleading_Essay_Trying_Out_One_s_New_Sword_.

47. 原注：Welzel, Ch. (2013).

參考書目

Achen, Ch. H. & Bartels, L. M. (2016). *Democracy for Realists. Why Elections Do Not Produce Responsive Government.* Princeton & Oxford: Princeton University Press

Acemoglu, D. & Robinson, J. A. (2012). *Why Nations Fail. The Origins of Power, Prosperity, and Poverty.* London: Profile Books (deutsche Ausgabe: *Warum Nationen scheitern. Die Ursprünge von Macht, Wohlstand und Armut.* S. Fischer 2013)

Adorno, Th. W. & Horkheimer, M. (2020 [1947]). *Dialektik der Aufklärung. Philosophische Fragmente.* Frankfurt am Main: Fischer

Aharoni, E. & Fridlund, A. J. (2012). Punishment without Reason: Isolating Retribution in Lay Punishment of Criminal Offenders. *Psychology, Public Policy, and Law*, 18(4), 599-625

Alexander, M. (2012). *The New Jim Crow. Mass Incarceration in the Age of Colorblindness*. New York: The New Press (deutsche Ausgabe: *The new Jim Crow: Masseninhaftierung und Rassismus in den USA*. München: Kunstmann 2016)

Al-Gharbi, M. (im Erscheinen). *We Have Never Been Woke. Social Justice Discourse, Inequality and the Rise of a New Elite*. Princeton, NJ: Princeton Uni- versity Press

Anderson, E. (2010). *The Imperative of Integration*. Princeton & Oxford: Prince- ton University Press

Appiah, K. A. (2011). *The Honor Code. How Moral Revolutions Happen*. New York/London: WW Norton & Company (deutsche *Ausgabe: Eine Frage der Ehre oder wie es zu moralischen Revolutionen kommt*. München: C. H. Beck 2011)

Appiah, K. A. (2019). *The Lies That Bind. Rethinking Identity*. London: Profile Books (deutsche Ausgabe: *Identitäten. Die Fiktionen der Zugehörigkeit*. München: Hanser Berlin 2019)

Aplin, L. M. (2019). Culture and cultural evolution in birds: a review of the evidence. *Animal Behaviour*, 147, 179-187

Arendt, H. (2021 [1964]). *Eichmann in Jerusalem. Ein Bericht von der Banalität des Bösen*. München: Piper

Aristoteles (1995). Physik. Vorlesung über die Natur. In: Aristoteles. *Philosophische Schriften*, Band 6. Hamburg, Meiner, 1-258

Asch, S. (1956). Studies of independence and conformity: A minority of one against a unanimous majority. *Psychological Monographs*, 70(9), 1-70

Axelrod, R. (2006 [1984]). *The Evolution of Cooperation*. Cambridge, MA: Basic Books (deutsche Ausgabe: *Die Evolution der Kooperation*. München: Oldenbourg 1987)

Bail, Ch. (2021). *Breaking the Social Media Prism. How to Make Our Platforms Less Polarizing*. Princeton & Oxford: Princeton University

Press

Baptist, E. E. (2014). *The Half Has Never Been Told. Slavery and the Making of American Capitalism*. New York: Basic Books

Baldwin, J. (1963). *The Fire Next Time*. London: Michael Joseph (deutsche Ausgabe: *Nach der Flut das Feuer*. München: dtv 2019)

Baron, J. & Ritov, I. (1993). Intuitions about penalties and compensation in the context of tort law. *Journal of Risk and Uncertainty*, 7(1), 17-33

Barrett, H. C., Bolyanatz, A., Crittenden, A. N., Fessler, D. M., Fitzpatrick, S., Gurven, M., … & Laurence, S. (2016). Small-scale societies exhibit fundamental variation in the role of intentions in moral judgment. *Proceedings of the National Academy of Sciences*, 113(17), 4688-4693

Beckert, S. (2014). *Empire of Cotton. A Global History*. New York: Knopf (deutsche Ausgabe: *King Cotton. Eine Globalgeschichte des Kapitalismus*. München: C. H. Beck 2014)

Bicchieri, C. (2005). *The Grammar of Society. The Nature and Dynamics of Social Norms*. Cambridge University Press

Bicchieri, C. (2016). *Norms in the Wild. How to Diagnose, Measure, and Change Social Norms*. Oxford University Press

Bishop, B. (2009). *The Big Sort. Why the Clustering of LikeMinded America is Tearing Us Apart*. Boston/New York: Mariner

Bloom, P. (2013). *Just Babies. The Origins of Good and Evil*. New York: Broadway Books (deutsche Ausgabe: *Jedes Kind kennt Gut und Böse. Wie das Gewissen entsteht*. München: Pattloch 2014)

Boehm, Ch. (1999). *Hierarchy in the Forest. The Evolution of Egalitarian*

Behavior. Cambridge, MA: Harvard University Press

Bostrom, N. & Ord, T. (2006). The reversal test: eliminating status quo bias in applied ethics. *Ethics*, 116(4), 656-679

Bourdieu, P. (1987 [1979]. *Die feinen Unterschiede. Kritik der gesellschaftlichen Urteilskraft*. Frankfurt am Main: Suhrkamp 1982)

Bowles, S. (2009). Did warfare among ancestral hunter-gatherers affect the evolution of human social behaviors? *Science*, 324(5932), 1293-1298

Bowles, S. & Gintis, H. (2011). *A Cooperative Species. Human Reciprocity and its Evolution*. Princeton, NJ: Princeton University Press

Boyd, R. & Richerson, P. J. (1992). Punishment allows the evolution of cooperation (or anything else) in sizable groups. *Ethology and Sociobiology*, 13(3), 171-195

Boyd, R. & Richerson, P. J. (2006). *Not by Genes Alone. How Culture Transformed Human Evolution*. Chicago/London: The University of Chicago Press

Boyer, P. & Petersen, M. B. (2018). Folk-economic beliefs: An evolutionary cognitive model. *Behavioral and Brain Sciences*, 41

Brennan, J. (2014). *Why Not Capitalism?* London/New York: Routledge

Brennan, J. (2016). *Against Democracy*. Princeton & Oxford: Princeton University Press (deutsche Ausgabe: *Gegen Demokratie. Warum wir die Politik nicht den Unvernünftigen überlassen dürfen*. Berlin: Ullstein 2017)

Brennan, J. (2020). *Why It's Ok to Want to Be Rich*. New York: Routledge

Brennan, J. & van der Vossen, B. (2018). *In Defense of Openness. Why*

Global Freedom is the Humane Solution to Global Poverty. New York: Oxford University Press

Bright, L. K. (im Erscheinen). White Psychodrama. *Journal of Political Philosophy*

Brosnan, S. F. & de Waal, F. (2003). Monkeys reject unequal pay. *Nature*, 425(6955), 297-299

Browning, Ch. R. (2001 [1992]). *Ordinary Men. Police Battalion 101 and the Final Solution in Poland*. London: Penguin (deutsche Ausgabe: *Ganz normale Männer. Das ReservePolizeibataillon 101 und die »Endlösung« in Polen*. Reinbek: Rowohlt 1993)

Buchanan, A. & Powell, R. (2018). *The Evolution of Moral Progress: A Biocultural Theory*. New York: Oxford University Press

Burke, E. (2014 [1790]). Reflections on the Revolution in France. In: Burke, E. (2014). *Revolutionary Writings*. Cambridge: Cambridge University Press, 1-251

Camus, A. (2001 [1951]). *Der Mensch in der Revolte*. Hamburg: Rowohlt

Caplan, B. (2007). *The Myth of the Rational Voter. Why Democracies Choose Bad Policies*. Princeton & Oxford: Princeton University Press

Case, A. & Deaton, A. (2020). *Deaths of Despair and the Future of Capitalism*. Princeton & Oxford: Princeton University Press (deutsche Ausgabe: *Tod aus Verzweiflung. Der Untergang der amerikanischen Arbeiterklasse und das Ende des amerikanischen Traums*. Kulmbach: Plassen 2022)

Chapoutot, J. (2018). *The Law of Blood. Thinking and Acting Like a Nazi*. Cambridge, MA: The Belknap Press (deutsche Ausgabe: *Das Gesetz des Blutes. Von der NSWeltanschauung zum Vernichtungskrieg*.

Darmstadt: Philipp von Zabern 2016)

Clark, G. (2007). *A Farewell to Alms. A Brief Economic History of the World.* Princeton & Oxford: Princeton University Press

Clark, G. (2014). *The Son Also Rises. Surnames and the History of Social Mobility.* Princeton & Oxford: Princeton University Press

Cochrane, L. (2019). *Miracle in the Cave. The 12 Lost Boys, Their Coach, and the Heroes Who Rescued Them.* New York: HarperCollins

Cohen, G. L. (2003). Party Over Policy: The Dominating Impact of Group Influence on Political Beliefs. *Journal of Personality and Social Psychology*, 85(5), 808-822

Cohen, G. A. (2009). *Why Not Socialism?* Princeton: Princeton University Press (deutsche Ausgabe: *Sozialismus – warum nicht?* München: Knaus 2010)

Cosmides, L. & Tooby, J. (2013). Evolutionary psychology: New perspectives on cognition and motivation. *Annual review of psychology*, 64, 201-229

Christakis, N. (2019). *Blueprint. The Evolutionary Origins of a Good Society.* New York/Boston/London: Little, Brown Spark (deutsche Ausgabe: *Blueprint. Wie unsere Gene das gesellschaftliche Zusammenleben prägen.* Frankfurt am Main: S. Fischer 2019)

Crenshaw, K. (1989). Demarginalizing the intersection of race and sex: A Black feminist critique of antidiscrimination doctrine, feminist theory, and anti- racist politics. *The University of Chicago Legal Forum*, 1989 (1), 139-167

Crimston, D., Hornsey, M. J., Bain, P. G. & Bastian, B. (2018). Toward a psycho- logy of moral expansiveness. *Current Directions in*

Psychological Science, 27(1), 14-19

Curry, O. S., Mullins, D. A. & Whitehouse, H. (2019). Is it good to cooperate? Testing the theory of morality-as-cooperation in 60 societies. *Current Anthropology*, 60(1), 47-69

Cushman, F. (2015). Punishment in humans: From intuitions to institutions. *Philosophy Compass*, 10(2), 117-133

Damasio, A. (1994). *Descartes' Error. Emotion, Reason, and the Human Brain*. London: Penguin Books (deutsche Ausgabe: *Descartes' Irrtum. Fühlen, Denken und das menschliche Gehirn*. München/Leipzig: List 1995)

Darwin, C. 1972 [1871]. *The Descent of Man*. New York: The Heritage Press (deutsche Ausgabe: *Die Abstammung des Menschen*. Stuttgart: Kröner 2002)

Dawkins, R. (1982). *The Extended Phenotype. The Long Reach of the Gene*. Oxford: Oxford University Press (deutsche Ausgabe: *Der erweiterte Phänotyp. Der lange Arm der Gene*. Heidelberg: Spektrum 2010)

Dawkins, R. (2016 [1976]). *The Selfish Gene*. Oxford: Oxford University Press (deutsche Ausgabe: *Das egoistische Gen*. Berlin/Heidelberg/New York: Springer 1978)

Deaton, A. (2013). *The Great Escape. Health, Wealth, and the Origins of Inequality*. Princeton & Oxford: Princeton University Press (deutsche Ausgabe: *Der große Ausbruch. Von Armut und Wohlstand der Nationen*. Stuttgart: Klett-Cotta 2017)

DellaPosta, D. (2020). Pluralistic collapse: The »oil spill« model of mass opinion polarization. *American Sociological Review*, 85(3), 507-536

Delgado, R. (ed.) (1995). *Critical Race Theory. The Cutting Edge*.

Philadelphia: Temple University Press

Dennett, D. (1995). *Darwin's Dangerous Idea. Evolution and the Meanings of Life*. London: Penguin (deutsche Ausgabe: *Darwins gefährliches Erbe. Die Evolution und der Sinn des Lebens*. Hamburg: Hoffmann und Campe 1997)

de Waal, F. (1998). *Chimpanzee Politics. Power and Sex Among Apes*. Baltimore: The Johns Hopkins University Press (deutsche Ausgabe: *Unsere haarigen Vettern. Neueste Erfahrungen mit Schimpansen*. München: Harnack 1983)

de Waal, F. (2006). *Primates and Philosophers. How Morality Evolved*. Princeton, NJ: Princetojn University Press (deutsche *Ausgabe: Primaten und Philosophen. Wie die Evolution die Moral hervorbrachte*. München: Hanser 2008)

Diamond, J. (1987). The worst mistake in human history. *Discover*, 8(5), 64-66 Diamond, J. (1998). *Guns, Germs, and Steel: A short history of everybody for the last 13,000 years*. Random House (deutsche Ausgabe: *Arm und Reich. Die Schicksale menschlicher Gesellschaften*. Frankfurt am Main: S. Fischer 1999)

Diamond, J. (2005). *Collapse: How Societies Choose to Fail or Succeed*. Penguin (deutsche Ausgabe: *Kollaps. Warum Gesellschaften überleben oder untergehen*. Frankfurt am Main: S. Fischer 2005)

DiAngelo, R. (2018). *White Fragility. Why It's So Hard for White People to Talk About Racism*. Boston: Beacon Press (deutsche Ausgabe: *Wir müssen über Rassismus sprechen. Was es bedeutet, in unserer Gesellschaft weiß zu sein*. Hamburg: Hoffmann und Campe 2020)

Diemer, M. A., Mistry, R. S., Wadsworth, M. E., López, I. & Reimers, F. (2013).

Best practices in conceptualizing and measuring social class in psychological research. *Analyses of Social Issues and Public Policy*, 13(1), 77-113

DiNapoli, R. J., Rieth, T. M., Lipo, C. P. & Hunt, T. L. (2020). A model-based approach to the tempo of »collapse«: The case of Rapa Nui (Easter Island). *Journal of Archaeological Science*, 116

Doris, J. M. & Murphy, D. (2007). From My Lai to Abu Ghraib: The moral psychology of atrocity. *Midwest Studies in Philosophy* 31 (1): 25-55

Doris, J. M. (2002). *Lack of Character: Personality and Moral Behavior*. Cambridge University Press

Dornes, M. (2016). *Macht der Kapitalismus depressiv? Über seelische Gesundheit und Krankheit in modernen Gesellschaften*. Frankfurt am Main: Fischer

Drescher, S. (2009). *Abolition. A History of Slavery and Antislavery*. Cambridge: Cambridge University Press

Du Bois, W. E. B. (1998 [1935]). *Black Reconstruction in America*. New York: The Free Press

Dugatkin, L. A. & Trut, L. (2017). *How to Tame a Fox (and Build a Dog). Visionary Scientists and a Siberian Tale of JumpStarted Evolution*. Chicago: The University of Chicago Press (deutsche Ausgabe: *Füchse zähmen. Domestikation im Zeitraffer*. Berlin: Springer 2017)

Dunbar, R. (1992). Neocortex size as a constraint on group size in primates. *Journal of Human Evolution*, 22(6), 469-493

Dunbar, R. (1996). *Grooming, Gossip, and the Evolution of Language*. London: Faber & Faber (deutsche Ausgabe: *Klatsch und Tratsch. Wie der Mensch zur Sprache fand*. München: Bertelsmann 1998)

Dunbar, R. (2016). *Human Evolution*. New York: Oxford University Press

Durkheim, E. (1992 [1893]). *Über soziale Arbeitsteilung. Studie über die Organisation höherer Gesellschaften*. Frankfurt am Main: Suhrkamp

Easterlin, R. A. (1974). Does economic growth improve the human lot? Some empirical evidence. In: *Nations and Households in Economic Growth. Essays in Honor of Moses Abramowitz*. New York: Academic Press

Edgerton, R. B. (1992). *Sick Societies. Challenging the Myth of Primitive Harmony*. New York: The Free Press (deutsche Ausgabe: *Trügerische Paradiese. Der Mythos von den glücklichen Naturvölkern*. Hamburg: Kabel 1994)

Ehrlich, P. (1968). *The Population Bomb*. New York: Ballantine (deutsche Ausgabe: *Die Bevölkerungsbombe*. München: Hanser 1971)

Elias, N. (1997). *Über den Prozeß der Zivilisation. Soziogenetische und psychogenetische Untersuchungen. Erster Band: Wandlungen des Verhaltens in den weltlichen Oberschichten des Abendlandes*. Frankfurt am Main: Suhrkamp

Elsen, J., Cizer, O. & Snellings, R. (2013). Lessons from a lost technology: The secrets of Roman concrete. *American Mineralogist*, 98(11-12), 1917-1918

Fehr, E. & Gächter, S. (2000). Cooperation and punishment in public goods experiments. *American Economic Review*, 90(4), 980-994

Fehr, E. & Gächter, S. (2002). Altruistic punishment in humans. *Nature*, 415(6868), 137-140

Fiorina, M. P., Abrams, S. J. & Pope, J. C. (2005). *Culture War? The Myth of a Polarized America*. New York: Pearson Longman

Flannery, K. & Marcus, J. (2012). *The Creation of Inequality. How Our Prehistoric Ancestors Set the Stage for Monarchy, Slavery, and Empire*. Cambridge, MA: Harvard University Press

Fodor, J. (1983). *The Modularity of Mind*. Cambridge, MA: The MIT Press

Foucault, M. (1977). *Überwachen und Strafen. Die Geburt des Gefängnisses*. Frankfurt am Main: Suhrkamp

Frank, Th. (2004). *What's the Matter with Kansas? How Conservatives Won the Heart of America*. New York: Owl Books (deutsche Ausgabe: *Was ist mit Kansas los? Wie die Konservativen das Herz von Amerika eroberten*. Berlin: Berlin 2005)

Frankfurt, H. (1987). Equality as a moral ideal. *Ethics*, 98(1), 21- 43

Freiman, Ch. (2017). *Unequivocal Justice*. London/New York: Routledge

Freiman, Ch. (2021). *Why It's Ok to Ignore Politics*. New York: Routledge

Freud, S. (1917). Eine Schwierigkeit der Psychoanalyse. In: *Imago. Zeitschrift für Anwendung der Psychoanalyse auf die Geisteswissenschaften*, 5, 1-7

Freud, S. (2006 [1930]). Das Unbehagen in der Kultur. In: Freud, S. (2006). *Werkausgabe in zwei Bänden*. Band 2, 367-427

Fricker, M. (2007). *Epistemic injustice. Power and the ethics of knowing*. Oxford: Oxford University Press

Fukuyama, F. (1992). *The End of History and the Last Man*. New York: The Free Press (deutsche Ausgabe: *Das Ende der Geschichte. Wo stehen wir?* München: Kindler 1992)

Funkhouser, E. (2022). A tribal mind: Beliefs that signal group identity or commitment. *Mind & Language*, 37(3), 444-464

Gehlen, A. (2016 [1940]). *Der Mensch. Seine Natur und seine Stellung in der Welt*. Frankfurt am Main: Klostermann

Glover, J. (2012). *Humanity. A Moral History of the 20th Century*. New Haven & London: Yale University Press

Gottfried, R. S. (1983). *The Black Death. Natural and Human Disaster in Medieval Europe*. New York: The Free Press

Chappell, S. G. (2021). Transgender and adoption: An analogy. *Think*, 20 (59): 25-30

Graeber, D. & Wengrow, D. (2021). *The Dawn of Everything. A New History of Humanity*. New York: Farrar, Strauss & Giroux (deutsche Ausgabe: *Anfänge. Eine neue Geschichte der Menschheit*. Stuttgart: Klett-Cotta 2022)

Graham, J., Waytz, A., Meindl, P., Iyer, R. & Young, L. (2017). Centripetal and centrifugal forces in the moral circle: Competing constraints on moral learning. *Cognition*, 167, 58-65

Greene, J. D. (2008). The Secret Joke of Kant's Soul. In: *Moral Psychology*. Vol. 3. *The Neuroscience of Morality: Emotion, Brain Disorders, and Development*. W. Sinnott-Armstrong (Hg.). Cambridge, MA: MIT Press

Greene, J. (2013). *Moral Tribes. Emotion, Reason, and the Gap Between Us and Them*. New York: The Penguin Press

Grubbs, J. B., Warmke, B., Tosi, J. & James, A. S. (2020). Moral grandstanding and political polarization: A multi-study consideration. *Journal of Research in Personality*, 88, 104009

Habermas, J. (2022). *Auch eine Geschichte der Philosophie. Band 1: Die okzidentale Konstellation von Glauben und Wissen*. Frankfurt am

Main: Suhrkamp Hamilton, W. (1964). The genetical evolution of social behaviour I. *Journal of Theoretical Biology*. 7(1): 1-16

Haidt, J. (2012). *The Righteous Mind. Why Good People Are Divided by Religion and Politics*. London: Allen Lane

Haidt. J. & Lukianoff, G. (2018). *The Coddling of the American Mind. How Good Intentions and Bad Ideas Are Setting Up a Generation for Failure*. New York: Penguin Press

Hall, L., Johansson, P. & Strandberg, T. (2012). Lifting the veil of morality: Choice blindness and attitude reversals on a self-transforming survey. *PloS one*, 7(9), e45457

Hannah-Jones, N., Roper, C., Silverman, I. & Silverstein, J. (2021). *The 1619 Project. A New Origin Story*. New York: OneWorld (deutsche Ausgabe: *1619. Eine neue Geschichte der USA*. München: Blessing 2022)

Harari, Y. N. (2013). *Eine kurze Geschichte der Menschheit*. München: DVA

Hardin, G. (1968). The Tragedy of the Commons. *Science*, 162(3859), 1243-1248

Hare, B. (2017). Survival of the friendliest: Homo sapiens evolved via selection for prosociality. *Annual review of psychology*, 68(1), 155-186

Hare, B. & Woods, V. (2020). *Survival of the Friendliest. Understanding our Origins and Rediscovering our Common Humanity*. New York: Random House

Haslam, N. (2016). Concept creep: Psychology's expanding concepts of harm and pathology. *Psychological Inquiry*, 27(1), 1-17

Hathaway, O. & Shapiro, S. J. (2017). *The Internationalists, And Their Plan to Outlaw War*. London: Penguin

Heath, J. (2004). Liberalization, modernization, westernization. *Philosophy & Social Criticism*, 30(5-6), 665-690

Heath, J. (2014). *Enlightenment 2.0. Restoring Sanity to Our Politics, Our Economy, and Our Lives*. Toronto: HarperCollins

Heath, J. (2021). Post-deliberative Democracy. *Analyse & Kritik*, 43(2), 285-308

Heath, J. (2021b). *Philosophical Foundations of Climate Change Policy*. New York: Oxford University Press

Hegel, G. W. F. (1995 [1820]). *Grundlinien der Philosophie des Rechts oder Naturrecht und Staatswissenschaft im Grundrisse*. Hamburg: Meiner

Henrich, J., Heine, S. J. & Norenzayan, A. (2010). The weirdest people in the world? *Behavioral and brain sciences*, 33(2-3), 61-83

Henrich, J. (2016). *The Secret of Our Success. How Culture is Driving Human Evolution, Domesticating Our Species, and Making Us Smarter*. Princeton & Oxford: Princeton University Press

Henrich, J. (2020). *The Weirdest People in the World. How the West Became Psychologically Peculiar and Particularly Prosperous*. London: Allen Lane (deutsche Ausgabe: *Die seltsamsten Menschen der Welt. Wie der Westen reichlich sonderbar und besonders reich wurde*. Berlin: Suhrkamp 2022)

Henrich, J. & Muthukrishna, M. (2021). The origins and psychology of human cooperation. *Annual Review of Psychology*, 72, 207-240

Herodot (2019). *Historien*. Stuttgart: Reclam

Herrmann, B., Thöni, C. & Gächter, S. (2008). Antisocial punishment across societies. *Science*, 319(5868), 1362-1367

Heyes, C. (2018). *Cognitive Gadgets. The Cultural Evolution of Thinking.* Cam- bridge, MA/London: The Belknap Press

Hickel, J. (2016). The true extent of global poverty and hunger: questioning the good news narrative of the Millennium Development Goals. *Third World Quarterly*, 37(5), 749-767

Hobbes, Th. (1966 [1651]). *Leviathan, oder Stoff, Form und Gewalt eines kirchlichen und bürgerlichen Staates*. Frankfurt am Main: Suhrkamp

Hochschild, A. (1998). *King Leopold's Ghost. A Story of Greed, Terror, and Heroism in Colonial Africa*. New York: Mariner Books (deutsche Ausgabe: *Schatten über dem Kongo. Die Geschichte eines der großen, fast vergessenen Menschheitsverbrechen*. Stuttgart: Klett-Cotta 2000)

Hrdy, S. (2009). *Mothers and Others. The Evolutionary Origins of Mutual Under standing*. Cambridge, MA: Harvard University Press (deutsche *Ausgabe Mütter und andere. Wie die Evolution uns zu sozialen Wesen gemacht hat*. Ber- lin: Berlin 2010)

Hübl, P. (2018). *BullshitResistenz*. Berlin: Nicolai

Hübl, P. (2019). *Die aufgeregte Gesellschaft. Wie Emotionen unsere Moral prägen und die Polarisierung verstärken*. München: Bertelsmann

Hume, D. (2007 [1739-1740]). *A Treatise of Human Nature*. Hrsg. v. Norton, D. F. und Norton, M. J. Oxford: Clarendon Press (deutsche Ausgabe: *Ein Traktat über die menschliche Natur*. Hamburg: Meiner 2013)

Husi, S. (2017). Why we (almost certainly) are not moral equals. *The Journal of Ethics*, 21(4), 375-401

Husserl, E. (2012 [1936]). *Die Krisis der europäischen Wissenschaften und die transzendentale Phänomenologie*. Hamburg: Meiner

Inglehart, R. (1977). *The Silent Revolution. Changing Values and Political Styles Among Western Publics*. Princeton, NJ: Princeton University Press

Inglehart, R. (2018). *Cultural Evolution. People's Motivations are Changing, and Reshaping the World*. Cambridge: Cambridge University Press (deutsche Ausgabe: *Kultureller Umbruch. Wertwandel in der westlichen Welt*. Frankfurt am Main/New York: Campus 1995)

Iyengar, S. & Westwood, S. J. (2015). Fear and loathing across party lines: New evidence on group polarization. *American journal of political science*, 59(3), 690-707

Iyengar, S., Lelkes, Y., Levendusky, M., Malhotra, N. & Westwood, S. J. (2019). The origins and consequences of affective polarization in the United States. *Annual Review of Political Science*, 22(1), 129-146

Isen, A. M. & Levin, P. F. (1972). Effect of feeling good on helping: Cookies and kindness. *Journal of Personality and Social Psychology*, 21(3), 384-388

Jaspers, K. (2017 [1949]). *Vom Ursprung und Ziel der Geschichte*. Basel: Schwabe

Joshi, H. (2020). What are the chances you're right about everything? An epistemic challenge for modern partisanship. *Politics, Philosophy & Economics*, 19(1), 36-61

Kadri, S. (2006). *The Trial. A History from Socrates to O. J. Simpson*. London:

Harper Perennial

Kant, I. (1999 [1784]). Beantwortung der Frage: Was ist Aufklärung? In: *Was ist Aufklärung? Ausgewählte kleine Schriften*. Hamburg: Meiner, 20-28 (zitiert nach den Seitenzahlen der Akademie-Ausgabe)

Kant, I. (1999 [1784b]). Idee zu einer allgemeinen Geschichte in weltbürgerlicher Absicht. In: *Was ist Aufklärung? Ausgewählte kleine Schriften*. Hamburg: Meiner, 3-20 (zitiert nach den Seitenzahlen der Akademie-Ausgabe)

Kant, I. (1999 [1785]). *Grundlegung zur Metaphysik der Sitten*. Hamburg: Meiner (zitiert als GMS nach den Seitenzahlen der Akademie-Ausgabe)

Kant, I. (1990 [1788]). *Kritik der praktischen Vernunft*. Hamburg: Meiner (zitiert als KpV nach den Seitenzahlen der Akademieausgabe)

Kant, I. (1992 [1795/1796]). Zum Ewigen Frieden. Ein Philosophischer Entwurf. In: (ders.) *Über den Gemeinspruch: Das mag in der Theorie richtig sein, taugt aber nicht für die Praxis/Zum Ewigen Frieden*. Hamburg: Meiner (zitiert nach den Seitenzahlen der Akademie-Ausgabe)

Kant, I. (2001 [1790]). *Kritik der Urteilskraft*. Hamburg: Meiner (zitiert als KU nach den Seitenzahlen der Akademie-Ausgabe)

Kant, I. (1990 [1797]). *Die Metaphysik der Sitten*. Stuttgart: Reclam (zitiert als MdS nach den Seitenzahlen der Akademie-Ausgabe)

Kant, I. (1986 [1798]). *Anthropologie in pragmatischer Hinsicht*. Stuttgart: Reclam (zitiert als ApH nach den Seitenzahlen der Akademie-Ausgabe)

Kant, I. (2001 [1793/94]). *Die Religion innerhalb der Grenzen bloßer Vernunft*.

Stuttgart: Reclam (zitiert nach den Seitenzahlen der Akademie-Ausgabe)

Kehlmann, D. (2017). *Tyll*. Hamburg: Rowohlt

Kelly, D. & Hoburg, P. (2017). A tale of two processes: On Joseph Henrich's the secret of our success: How culture is driving human evolution, domesticating our species, and making us smarter. *Philosophical Psychology*, 30(6), 832-848

Kendi, I. X. (2019). *How to Be an Antiracist*. New York: One World (deutsche Ausgabe: *How to Be an Antiracist*. München: btb 2020)

Kershaw, I. (1983). How effective was Nazi Propaganda? In. Welch, D. (ed.) (1983). *Nazi Propaganda. The Power and the Limitations*. London: Routledge

Kinder, D. R. & Kalmoe, N. P. (2017). *Neither Liberal Nor Conservative. Ideological Innocence in the American Public*. Chicago & London: The University of Chicago Press

King, M. L. (1986). *A Testament of Hope. The Essential Writings and Speeches of Martin Luther King, Jr.* Ed. by J. L. Washington. New York: HarperCollins (deutsche Ausgabe: *Testament der Hoffnung. Letzte Reden, Aufsätze und Predigten*. Gütersloh: Gütersloher Verlagshaus Mohn 1974)

Kitcher, P. (2011). *The Ethical Project*. Cambridge, MA: Harvard University Press

Kleiman, M. (2009). *When Brute Force Fails. How to Have Less Crime and Less Punishment*. Princeton, NJ: Princeton University Press

Klein, E. (2020). Why We're Polarized. London: Profile (deutsche Ausgabe: *Der tiefe Graben. Die Geschichte der gespaltenen Staaten von*

Amerika. Hamburg: Hoffmann und Campe 2020)

Kleingeld, P. (2007). Kant's second thoughts on race. *The Philosophical Quarterly*, 57(229), 573-592

Kramer, S. N. (1963). *The Sumerians. Their History, Culture, and Character*. Chicago & London: The University of Chicago Press

Kumar, V. (2019). Empirical vindication of moral luck. Nous, 53(4), 987-1007

Kumar, V., Kodipady, A. & Young, L. (2020). *A Psychological Account of the Unique Decline in AntiGay Attitudes* (preprint)

Kuznets, S. (1955). Economic Growth and Income Inequality. *American Economic Review*, 45: 1-28

Laland, K. (2017). *Darwin's Unfinished Symphony. How Culture Made the Human Mind*. Princeton & Oxford: Princeton University Press

Leakey, M. & Leakey, S. (2020). *The Sediments of Time. My Lifelong Search for the Past*. Boston: Houghton Mifflin Harcourt

Lee, R. B. (1979). *The !Kung San. Men, Women, and Work in a Foraging Society*. Cambridge: Cambridge University Press

Lee, R. B. (2013). *The Dobe Ju/'hoansi*. Belmont: Wadsworth

Leeson, P. (2017). *WTF?! An Economic Tour of the Weird*. Stanford, CA: Stanford University Press

Leiter, B. (2019). The death of god and the death of morality. *The Monist*, 102(3), 386-402

Levari, D. E., Gilbert, D. T., Wilson, T. D., Sievers, B., Amodio, D. M. & Wheatley, T. (2018). Prevalence-induced concept change in human judgment. *Science*, 360(6396), 1465-1467

Levendusky, M. (2009). *The Partisan Sort. How Liberals became Democrats and Conservatives became Republicans*. Chicago & London: The University of Chicago Press

Levy, J. (2012). *Freaks of Fortune. The Emerging World of Capitalism and Risk in America*, Cambridge, MA: Harvard University Press

Levy, N. (2015). Less blame, less crime? The practical implications of moral responsibility skepticism. *Journal of Practical Ethics*, 3(2)

Levy, N. (2017). The Bad News About Fake News. *Social Epistemology Review and Reply Collective*, 6(8), 20-36

Levy, N. (2019). No-platforming and higher-order evidence, or anti-anti-no-platforming. *Journal of the American Philosophical Association*, 5(4), 487-502

Levy, N. & Alfano, M. (2020). Knowledge from vice: Deeply social epistemology. *Mind*, 129(515), 887-915

Levy, N. (2021). Virtue signalling is virtuous. *Synthese*, 198(10), 9545-9562

Levy, N. (2022). *Bad Beliefs. Why They Happen to Good People*. Oxford: Oxford University Press

Livingstone Smith, D. (2011). *Less Than Human. Why We Demean, Enslave, and Exterminate Others*. New York: St. Martin's Press

Lomborg, B. (2021). *False Alarm. How Climate Change Panic Costs Us Trillions, Hurts the Poor, And Fails to Fix the Planet*. New York: Basic Books (deutsche Ausgabe: *Klimapanik. Warum uns eine falsche Klimapolitik Billionen kostet und den Planeten nicht retten wird*. München: FBV 2022)

Luhmann, N. (1984). *Soziale Systeme. Grundriß einer allgemeinen Theorie*. Frankfurt am Main: Suhrkamp

Lyons, L. (2003). *The History of Punishment.* London: Amber Books

MacFarquhar, L. (2015). *Strangers Drowning. Voyages to the Brink of Moral Extremity.* London: Penguin

Machery, E. (2022). Anomalies in implicit attitudes research. *Wiley Interdisciplinary Reviews: Cognitive Science*, 13(1), e1569

Maisels, Ch. K. (1999). *Early Civilizations of the Old World. The Formative His tories of Egypt, The Levant, Mesopotamia, India and China.* London/New York: Routledge

Maitra, I. (2018). New words for old wrongs. *Episteme*, 15(3), 345-362

Malle, B. F. (2006). The actor-observer asymmetry in attribution: a (surprising) meta-analysis. *Psychological Bulletin*, 132(6), 895

Malthus, Th. R. (1970 [1798]). *An Essay on the Principle of Population.* Bucking- hamshire: Penguin Books (deutsche Ausgabe: *Das Bevölkerungsgesetz*. München: dtv 1977)

Manne, K. (2018). *Down Girl. The Logic of Misogyny*. Oxford: Oxford University Press (deutsche Ausgabe: *Down girl. Die Logik der Misogynie*. Berlin: Suhrkamp 2019)

Marean, C. W. (2015). An evolutionary anthropological perspective on modern human origins. *Annual Review of Anthropology*, 44, 533-556

Markovits, D. (2020). *The Meritocracy Trap*. London: Penguin

Marquard, O. (2015). Abschied vom Prinzipiellen. Auch eine autobiografische Einleitung. In: (ders.) *Zukunft braucht Herkunft. Philosophische Essays*. Stuttgart: Reclam, 11-30

MacAskill, W. (2015). *Doing Good Better. How Effective Altruism Can Help You Help Others, Do Work That Matters, and Make Smarter Choices about Giving Back*. New York: Avery (deutsche Ausgabe: *Gutes besser tun. Wie wir mit effektivem Altruismus die Welt verändern können*. Berlin: Ullstein 2016)

MacAskill, W. (2022). *What We Owe The Future. A MillionYear View*. London: One World

Marx, K. (1958 [1844]). Zur Kritik der Hegelschen Rechtsphilosophie. Einleitung. In: *Marx Engels Werke*. Berlin: Dietz Verlag. 378-391

Mason, L. (2018). Ideologues without issues: The polarizing consequences of ideological identities. *Public Opinion Quarterly*, 82(S1), 866-887

Mason, L. (2018b). *Uncivil Agreement. How Politics Became Our Identity*. Chicago & London: The University of Chicago Press

McCloskey, D. N. (2006). *The Bourgeois Virtues. Ethics for an Age of Commerce*. Chicago & London: The University of Chicago Press

McCullough, M. E. (2020). *The Kindness of Strangers. How a Selfish Ape Invented a New Moral Code*. London: OneWorld

McGillen, P. (2023) »I Was There Today«: Fake Eyewitnessing and Journalistic Authority from Fontane to Relotius. In: *Journalists and Knowledge Practices: Histories of Observing the Everyday in the Newspaper Age*. Ed. By Hansjakob Ziemer. London/New York: Routledge

McWhorter, J. (2021). *Woke Racism. How a New Religion Has Betrayed Black America*. New York: Portfolio/Penguin (deutsche Ausgabe: *Die Erwählten. Wie der neue Antirassismus die Gesellschaft spaltet*. Hamburg: Hoffmann und Campe 2022)

Mercier, H. (2020). *Not Born Yesterday. The Science of Who We Trust and What We Believe*. Princeton & Oxford: Princeton University Press

Midgley, M. (2005). Trying out one's New Sword. *Ethics in the Workplace: Selected Readings in Business Ethics*, 159-165

Milgram, S. (1963). Behavioral study of obedience. *The Journal of Abnormal and Social Psychology*, 67(4), 371

Mill, J. S. (2009 [1859]). *On Liberty/Über die Freiheit*. Stuttgart/Reclam

Mills, C. W. (1997). *The Racial Contract*. Ithaca/London: Cornell University Press (deutsche Ausgabe: *Der Racial Contract*. Frankfurt am Main: Campus 2023)

Montaigne, M. de (2011 [1580]). *Essais*. Erstes Buch. München: dtv

Morris, I. (2015). *Foragers, Farmers, and Fossil Fuels. How Human Values Evolve*. Princeton & Oxford: Princeton University Press (deutsche Ausgabe: *Beute, Ernte, Öl. Wie Energiequellen Gesellschaften formen*. München: DVA 2020)

Mukherjee, S. (2010). *The Emperor of all Maladies. A Biography of Cancer*. New York: Simon and Schuster (deutsche Ausgabe: *Der König aller Krankheiten. Krebs-eine Biografie*. Köln: DuMont 2012)

Murray, C. (2012). *Coming Apart. The State of White America, 1960-2010*. Crown Forum

Nagel, Th. (1979). Moral Luck. In: Nagel, Th. (1979) *Mortal Questions*. Cambridge: Cambridge University Press, 24-39

Nagell, K., Olguin, R. S. & Tomasello, M. (1993). Processes of social learning in the tool use of chimpanzees (Pan troglodytes) and human children (Homo sapiens). *Journal of Comparative Psychology*, 107(2), 174

Nagle, A. (2017). *Kill All Normies. Online Culture Wars from 4Chan and*

Tumblr to Trump and the AltRight. Winchester/Washington: Zero Books (deutsche Ausgabe: *Die digitale Gegenrevolution. Online-Kulturkämpfe der Neuen Rechten von 4chan und Tumblr bis zur AltRight und Trump*. Bielefeld: transcript 2018)

Newsom, L. & Richerson, P. (2021). *A Story of Us. A New Look at Human Evolution*. New York: Oxford University Press

Nguyen, C. T. (2020). Echo chambers and epistemic bubbles. *Episteme*, 17(2), 141-161

Nietzsche, F. (1999 [1873]). Ueber Wahrheit und Lüge im aussermoralischen Sinne. In: *Sämtliche Werke. Kritische Studienausgabe*, Band I, München: dtv, 875-890

Nietzsche, F. (1999 [1887]). Zur Genealogie der Moral. Eine Streitschrift. In: Nietzsche, F. (1999). *Sämtliche Werke. Kritische Studienausgabe*, Band V, München: dtv, 245-413

Nietzsche, F. (1999 [1886]). Jenseits von Gut und Böse. Vorspiel einer Philoso- phie der Zukunft. In: Nietzsche, F. (1999). Sämtliche Werke. Kritische Studienausgabe, Band V, München: dtv, 9-245

Nisbett, R. E. & Cohen, D. (1996). *Culture of Honor. The Psychology of Violence in the South*. Boulder, Colorado: Westview Press

Nordhaus, W. D. (1996). Do real-output and real-wage measures capture reality? The history of lighting suggests not. In: *The Economics of New Goods*. Chicago & London: The University of Chicago Press, 22-70

Nordhaus, W. (2013). *The Climate Casino. Risk, Uncertainty, and Economics for a Warming World*. Cambridge: Cambridge University Press

Norenzayan, A. (2013). Big Gods. *How Religion Transformed Cooperation and Conflict*. Princeton/Oxford: Princeton University Press

Norton, M. I. & Ariely, D. (2011). Building a better America-One wealth quin- tile at a time. *Perspectives on Psychological Science*, 6(1), 9-12

Nozick, R. (1974). *Anarchy, State, and Utopia. New York: Basic Books (deutsche Ausgabe: Anarchie, Staat, Utopia*. München: Olzog 2006)

Nussbaum, M. C. (1998). »Whether from reason or prejudice«: taking money for bodily services. *The Journal of Legal Studies*, 27(S2), 693-723

Nussbaum, M. (2007). On moral progress: A response to Richard Rorty. *U. Chi. L. Rev.*, 74 (3), 939-960

O'Connor, C. (2019). *The Origins of Unfairness. Social Categories and Cultural Evolution*. Oxford: Oxford University Press

O'Connor, C. & Weatherall, J. O. (2019). *The Misinformation Age. How False Beliefs Spread*. New Haven & London: Yale University Press

Okun, T. (2010). *The Emperor Has No Clothes. Teaching About Race and Racism to People Who Don't Want to Know*. Charlotte: Information Age Publishing

Ord, T. (2020). *The Precipice. Existential Risk and the Future of Humanity*. London: Bloomsbury

Oreskes, N. & Conway E. M. (2010). *Merchants of Doubt. How a Handful of Scientists Obscured the Truth on Issues from Tobacco Smoke to Global Warming*. New York: Bloomsbury (deutsche Ausgabe: *Die Machiavellis der Wissenschaft. Das Netzwerk des Leugnens*. Weinheim: Wiley-VCH 2014)

Pagel, M. (2013). *Wired for Culture. Origins of the Human Social Mind*. New

York/London: Norton & Company

Parfit, D. (1997). Equality and priority. *Ratio*, 10 (3), 202-221

Parker, V. A., Feinberg, M., Tullett, A. & Wilson, A. E. (2021). *The Ties that Blind: Misperceptions of the Opponent Fringe and the Miscalibration of Political Contempt* (preprint)

Pattison, K. (2020). *Fossil Men. The Quest for the Oldest Skeleton and the Origins of Humankind*. New York: William Morrow

Pauer-Studer, H. & Velleman, D. (2015). *Konrad Morgen. The Conscience of a Nazi Judge*. London: Palgrave Macmillan (deutsche Ausgabe: *»Weil ich nun mal ein Gerechtigkeitsfanatiker bin«. Der Fall des SSRichters Konrad Morgen*. Berlin: Suhrkamp 2017)

Pennycook, G., Cheyne, J. A., Barr, N., Koehler, D. J. & Fugelsang, J. A. (2015). On the reception and detection of pseudo-profound bullshit. *Judgment and Decision Making*, 10(6), 549-563

Petersen, M. B., Sell, A., Tooby, J. & Cosmides, L. (2012). To punish or repair? Evolutionary psychology and lay intuitions about modern criminal justice. *Evolution and Human Behavior*, 33(6), 682-695

Pfaff, J. F. (2017). *Locked In. The True Causes of Mass Incarceration – And How to Achieve Real Reform*. New York: Basic Books

Physiologus (2001). Stuttgart: Reclam

Pievani, T. & Zeitoun, V. (2020). *Homo Sapiens. Der große Atlas der Menschheit*. Darmstadt: WBG

Piketty, Th. (2014). *Capital in the TwentyFirst Century*. Cambridge, MA: The Belknap Press (deutsche Ausgabe: *Das Kapital im 21. Jahrhundert*. München: C. H. Beck 2014)

Pinker, S. (2011). *The Better Angels of Our Nature. The Decline of Violence and Its Causes*. London: Allen Lane (deutsche Ausgabe: *Gewalt. Eine neue Geschichte der Menschheit*. Frankfurt am Main: S. Fischer 2011)

Pinker, S. (2012). The False Allure of Group Selection. https://www.edge.org/conversation/steven_pinker-the-false-allure-of-group-selection

Pinker, S. (2018). *Enlightenment Now. The Case for Reason, Science, Humanism, and Progress*. New York: Viking (deutsche Ausgabe: *Aufklärung jetzt. Für Vernunft, Wissenschaft, Humanismus und Fortschritt-eine Verteidigung*. Frankfurt am Main: S. Fischer 2018)

Pleasants, N. (2016). The Question of the Holocaust's Uniqueness: Was it Something More Than or Different From Genocide? *Journal of Applied Philosophy*, 33(3), 297-310

Plessner, H. (1975 [1928]). *Die Stufen des Organischen und der Mensch. Einleitung in die philosophische Anthropologie*. Berlin/New York: de Gruyter Pomeranz, K. (2001). *The Great Divergence. China, Europe, and the Making of the Modern World Economy*. Princeton & Oxford: Princeton University Press

Prinz, J. (2007). *The Emotional Construction of Morals*. New York: Oxford University Press

Prinz, J. (2011). Against empathy. *The Southern Journal of Philosophy*, 49, 214-233

Ramaswamy, V. (2021). *Woke, Inc. Inside Corporate America's Social Justice Scam*. New York/Nashville: Center Street

Ransmayr, Ch. (2018). *Cox oder Der Lauf der Zeit*. Frankfurt am Main:

Fischer

Rawls, J. (1971). *A Theory of Justice*. Cambridge, MA: The Belknap Press (deutsche Ausgabe: *Eine Theorie der Gerechtigkeit*. Frankfurt am Main: Suhrkamp 1975)

Reich, D. (2018). *Who We Are and How We Got Here. Ancient DNA and the New Science of the Human Past*. Oxford: Oxford University Press

Renfrew, C. (2008). *Prehistory. The Making of the Human Mind*. London: Phoenix

Rhee, J. J., Schein, C. & Bastian, B. (2019). The what, how, and why of moralization: A review of current definitions, methods, and evidence in moralization research. *Social and Personality Psychology Compass*, 13(12)

Richerson, P. (2013). Group size determines cultural complexity. *Nature*, 503(7476), 351-352

Richerson, P., Baldini, R., Bell, A. V., Demps, K., Frost, K., Hillis, V., … & Ross, C. (2016). Cultural group selection plays an essential role in explaining human cooperation: A sketch of the evidence. *Behavioral and Brain Sciences*, 39, 1-68

Rini, R. (2021). *The Ethics of Microaggression*. London/New York: Routledge

Ronson, J. (2015). *So You've Been Publicly Shamed*. London: Picador (deutsche Ausgabe: *In Shitgewittern. Wie wir uns das Leben zur Hölle machen*. Stuttgart: Tropen 2016)

Roth, M. P. (2014). *An Eye for an Eye. A Global History of Crime and Punishment*. London: Reaktion Books

Rousseau, J.-J. (1998 [1755]). *Abhandlung über den Ursprung und die Grundlagen der Ungleichheit unter den Menschen*. Stuttgart: Reclam

Sandel, M. J. (2020). The *Tyranny of Merit. What's Become of the Common Good?* London: Allen Lane (deutsche Ausgabe: *Vom Ende des Gemeinwohls. Wie die Leistungsgesellschaft unsere Demokratien zerreißt*. Frankfurt am Main: S. Fischer 2020)

Sahlins, M. (2017). *Stone Age Economics*. London/New York: Routledge

Sauer, H. (2015). Can't we all disagree more constructively? Moral foundations, moral reasoning, and political disagreement. *Neuroethics*, 8(2), 153-169

Sauer, H. (2019). The argument from agreement: How universal values undermine moral realism. *Ratio*, 32(4), 339-352

Scheidel, W. (2017). *The Great Leveler. Violence and the History of Inequality from the Stone Age to the TwentyFirst Century*. Princeton & Oxford: Princeton University Press (deutsche Ausgabe: *Nach dem Krieg sind alle gleich. Eine Geschichte der Ungleichheit*. Darmstadt: wbg Theiss 2018)

Scheler, M. (2018 [1928]). *Die Stellung des Menschen im Kosmos*. Hamburg: Meiner

Schelling, Th. (1980 [1960]). *The Strategy of Conflict*. Cambridge, MA: Harvard University Press

Schmitt, C. (1976 [1932]). *Der Begriff des Politischen*. Berlin: Duncker & Humblot

Schneewind, J. B. (1998). *The Invention of Autonomy. A History of Modern Moral Philosophy*. Cambridge: Cambridge University Press

Schofield, D. P., McGrew, W. C., Takahashi, A. et al. (2018) Cumulative culture in nonhumans: overlooked findings from Japanese monkeys? *Primates*, 59, 113-122

Schopenhauer, A. (1988 [1859]). *Die Welt als Wille und Vorstellung*. Band II. Zürich: Haffmans

Schopenhauer A. (1988 [1851]). *Parerga und Paralipomena*. Band II. Zürich: Haffmans

Schröder, M. (2018). *Warum es uns noch nie so gut ging und wir trotzdem ständig von Krisen reden*. Salzburg/München: Benevento

Schumpeter, J. (2008 [1942]). *Capitalism, Social and Democracy*. New York: Harper Perennial (deutsche Ausgabe: *Kapitalismus, Sozialismus und Demokratie*. Tübingen: Narr Francke Attempto 2020)

Schwartz, S. H., Cieciuch, J., Vecchione, M., Davidov, E., Fischer, R., Beierlein, C., … & Konty, M. (2012). Refining the theory of basic individual values. *Journal of Personality and Social Psychology*, 103(4), 663

Scott, J. C. (2017). *Against the Grain. A Deep History of the Earliest States*. New Haven & London: Yale University Press (deutsche Ausgabe: *Die Mühlen der Zivilisation. Eine Tiefengeschichte der frühesten Staaten*. Berlin: Suhrkamp 2020)

Shariff, A. F. & Norenzayan, A. (2007). God is watching you: Priming God concepts increases prosocial behavior in an anonymous economic game. *Psychological Science*, 18(9), 803-809

Shellenberger, M. (2020). *Apocalypse Never. Why Environmental Alarmism Hurts Us All*. New York: HarperCollins (deutsche Ausgabe: *Apokalypse, nie mals! Warum uns der KlimaAlarmismus krank macht*. München: LMV 2022)

Simler, K. & Hanson, R. (2018). *The Elephant in the Brain. Hidden Motives in Everyday Life*. New York: Oxford University Press

Simpson, R. M. & Srinivasan, A. (2018). No Platforming. In: Lackey, J. (ed.), *Academic Freedom*. Oxford: Oxford University Press, 186-209

Singal, J. (2021). *The Quick Fix. Why Fad Psychology Can't Cure Our Social Ills*. New York: Farrar, Strauss & Giroux

Singer, P. (1972). Famine, affluence, and morality. *Philosophy and Public Affairs*, 1(3): 229-243

Singer, P. (1995). *Animal Liberation*. London: Pimlico (deutsche Ausgabe: *Befreiung der Tiere. Eine neue Ethik zur Behandlung der Tiere*. München: Hirthammer 1982)

Singer, P. (2011). *The Expanding Circle. Ethics, Evolution, and Moral Progress*. Princeton & Oxford: Princeton University Press

Singh, M. & Glowacki, L. (2022). Human social organization during the Late Pleistocene: Beyond the nomadic-egalitarian model. *Evolution and Human Behavior*, 7/22

Sinnott-Armstrong, W. (2006). *Moral Skepticisms*. Oxford: Oxford University Press

Smith, A. (1976 [1776]). *An Inquiry into the Nature and Causes of the Wealth of Nations*. Oxford: Oxford University Press (deutsche Ausgabe: *Wohlstand der Nationen*. Köln: Anaconda 2013)

Smith, J. (1964). Group selection and kin selection. *Nature*, 201(4924), 1145-1147

Sober, E. & Wilson, D. (1998). *Unto Others. The Evolution and Psychology of*

Unselfish Behavior. Cambridge, MA: Harvard University Press

Solnit, R. (2014). *Men Explain Things to Me*. Chicago: Haymarket Books (deutsche Ausgabe: *Wenn Männer mir die Welt erklären*. Hamburg: Hoffmann und Campe 2015)

Sperber, D. (1996). *Explaining Culture. A Naturalistic Approach*. Oxford: Blackwell Spoto, D. (1999). *The Dark Side of Genius. The Life of Alfred Hitchcock*. New York: da Capo Press (deutsche Ausgabe: *Alfred Hitchcock. Die dunkle Seite des Genies*. München/Zürich: Piper 1999)

Stanley, J. (2020). *How Fascism Works. The Politics of Us and Them*. New York: Random House

Stanovich, K. (2004). *The Robot's Rebellion. Finding Meaning in the Age of Darwin*. Chicago: Chicago University Press

Stark, R. (1996). *The Rise of Christianity. A Sociologist Reconsiders History*. Princeton, NJ: Princeton University Press (deutsche Ausgabe: *Der Aufstieg des Christentums. Neue Erkenntnisse aus soziologischer Sicht*. Weinheim: Beltz 1997)

Starmans, C., Sheskin, M. & Bloom, P. (2017). Why people prefer unequal societies. *Nature Human Behaviour*, 1(4), 1-7

Sterelny, K. (2007). Social intelligence, human intelligence and niche construction. *Philosophical Transactions of the Royal Society B: Biological Sciences*, 362(1480), 719-730

Sterelny, K. (2007b). Snafus: an evolutionary perspective. *Biological Theory*, 2(3), 317-328

Sterelny, K. (2010). Minds: extended or scaffolded? *Phenomenology and the Cognitive Sciences*, 9(4), 465-481

Sterelny, K. (2012). *The Evolved Apprentice*. Cambridge, MA: MIT Press

Sterelny, K. (2017). Cultural Evolution in California and Paris. *Studies in History and Philosophy of Science Part C: Studies in History and Philosophy of Biological and Biomedical Sciences*, 62, 42-50

Sterelny, K. (2021). *The Pleistocene Social Contract. Culture and Cooperation in Human Evolution*. Oxford: Oxford University Press

Stevenson, B. & Wolfers, J. (2008). *Economic growth and subjective wellbeing: Reassessing the Easterlin paradox* (No. w14282). National Bureau of Economic Research

Strandberg, T., Olson, J. A., Hall, L., Woods, A. & Johansson, P. (2020). Depolarizing American voters: Democrats and Republicans are equally susceptible to false attitude feedback. *Plos one*, 15(2), e0226799

Surprenant, C. & Brennan, J. (2020). *Injustice for All. How Financial Incentives Corrupted and Can Fix the US Criminal Justice System*. New York: Routledge

Suzman, J. (2021). *Work. A Deep History, From the Stone Age to the Age of Robots*. New York: Penguin Press (deutsche Ausgabe: *Sie nannten es Arbeit. Eine andere Geschichte der Menschheit*. München: C. H. Beck 2021)

Sykes, R. (2020). *Kindred. Neanderthal Life, Love, Death, and Art*. London: Bloomsbury Sigma (deutsche Ausgabe: *Der verkannte Mensch. Ein neuer Blick auf Leben, Liebe und Kunst der Neandertaler*. München: Goldmann 2022)

Tainter, J. A. (1988). *The Collapse of Complex Societies*. Cambridge: Cambridge University Press

Táíwò, O. O. (2022). **Elite Capture. How the Powerful Took Over Identity Politics (And Everything Else)**. Chicago: Haymarket Books

Tomasello, M. (2016). *A Natural History of Human Morality*. Cambridge, MA: Harvard University Press (deutsche Ausgabe: *Eine Naturgeschichte der menschlichen Moral*. Berlin: Suhrkamp 2020)

Tönnies, F. (2010 [1887]). *Gemeinschaft und Gesellschaft. Grundbegriffe der reinen Soziologie*. Darmstadt: WBG

Toole, B. (2021). Recent Work in Standpoint Epistemology. *Analysis*, 81 (2): 338-350

Tosi, J. & Warmke, B. (2016). Moral grandstanding. *Philosophy & Public Affairs*, 44(3), 197-217

Trivers, R. L. (1971). The evolution of reciprocal altruism. *The Quarterly Review of Biology*, 46(1), 35-57

Tucholsky, K. (1928 [1975]). Die Glaubenssätze der Bourgeoisie. In: (ders.) *Gesammelte Werke in zehn Bänden*. Band 6, Hamburg: Rowohlt, 251-255

Turchin, P. (2013). Modeling social pressures toward political instability. *Cliodynamics*, 4(2)

Turchin, P. (2016). *Ultrasociety. How 10,000 Years of War Made Humans the Greatest Cooperators on Earth*. Chaplin: Beresta Books

Veblen, Th. (2007 [1899]). *The Theory of the Leisure Class*. New York: Oxford University Press (deutsche Ausgabe: *Theorie der feinen Leute. Eine ökonomische Untersuchung der Institutionen*. Frankfurt am Main: Fischer 2007)

Wallace-Wells, D. (2019). *The Uninhabitable World. Life After Warming*.

New York: Tim Duggan Books (deutsche Ausgabe: *Die unbewohnbare Erde. Leben nach der Erderwärmung*. München: Ludwig 2019)

Walter, A. S. & Redlawsk, D. P. (2019). Voters' partisan responses to politicians' immoral behavior. *Political Psychology*, 40(5), 1075-1097

Waytz, A., Iyer, R., Young, L., Haidt, J. & Graham, J. (2019). Ideological differences in the expanse of the moral circle. *Nature Communications*, 10(1), 1-12

Weber, M. (1995 [1919]). *Wissenschaft als Beruf*. Stuttgart: Reclam

Welzel, Ch. (2013). *Freedom Rising. Human Empowerment and the Quest for Emancipation*. Cambridge: Cambridge University Press

Wengrow, D. (2010). *What Makes Civilization?* Oxford: Oxford University Press

Whitehouse, H., Francois, P., Savage, P. E., Currie, T. E., Feeney, K. C., Cioni, E., ··· & Turchin, P. (2019). Complex societies precede moralizing gods throughout world history. *Nature*, 568(7751), 226-229

Widerquist, K. & McCall, G. (2015). Myths about the State of Nature and the Reality of Stateless Societies. *Analyse & Kritik*, 37(1-2), 233-258

Wild, M. (2008). *Die anthropologische Differenz. Der Geist der Tiere in der frühen Neuzeit bei Montaigne, Descartes und Hume*. Berlin/New York: de Gruyter

Wilkins, A. S., Wrangham, R. W. & Fitch, W. T. (2014). The »domestication syndrome« in mammals: a unified explanation based on neural crest cell behavior and genetics. *Genetics*, 197(3), 795-808

Wilkinson, R. & Pickett, K. (2010). *The Spirit Level. Why Equality is Better for Everyone*. London: Penguin (deutsche Ausgabe: *Gleichheit ist Glück. Warum gerechte Gesellschaften für alle besser sind*. Hamburg: Tolkemitt bei Zweitausendeins 2009)

Wilson, D. S. (1975). A theory of group selection. *Proceedings of the National Academy of Sciences*, 72(1), 143-146

Wilson, R. A. & Keil, F. (1998). The shadows and shallows of explanation. *Minds and Machines*, 8(1), 137-159

Wittgenstein, L. (1984). *Über Gewißheit*. In: Wittgenstein, L. (1984). *Werkausgabe Band 8*. Frankfurt am Main: Suhrkamp, 113-259 (zitiert als ÜG)

Wood, B. (2019). *Human Evolution. A Very Short Introduction*. Oxford: Oxford University Press

Wrangham, R. (2009). *Catching Fire. How Cooking Made Us Human*. New York: Basic Books (deutsche Ausgabe: *Feuer fangen. Wie uns das Kochen zum Menschen machte-eine neue Theorie der menschlichen Evolution*. München: DVA 2009)

Wrangham, R. (2019). *The Goodness Paradox. How Evolution Made Us Both More and Less Violent*. London: Profile Books (deutsche Ausgabe: *Die Zähmung des Menschen. Warum Gewalt uns friedlicher gemacht hat-eine neue Geschichte der Menschwerdung*. München: DVA 2019)

Zahavi, A. (1975). Mate selection-a selection for a handicap. *Journal of Theoretical Biology*, 53(1), 205-214

Zweig, S. (2017 [1942]). *Die Welt von Gestern. Erinnerungen eines Europäers*. Frankfurt am Main: Fischer

社會人文 BGB591
善惡
一場價值觀創造的文化思辨
Moral: Die Erfindung von Gut und Böse

作者 — 漢諾・紹爾（Hanno Sauer）
譯者 — 林家任

副社長兼總編輯 — 吳佩穎
社文館副總編輯 — 郭昕詠
責任編輯 — 張彤華
校對 — 凌午（特約）
封面設計 — 張議文
內頁排版 — 蔡美芳（特約）

出版者 — 遠見天下文化出版股份有限公司
創辦人 — 高希均、王力行
遠見・天下文化 事業群榮譽董事長 — 高希均
遠見・天下文化 事業群董事長 — 王力行
天下文化社長 — 王力行
天下文化總經理— 鄧瑋羚
國際事務開發部兼版權中心總監 — 潘欣
法律顧問 — 理律法律事務所陳長文律師
著作權顧問 — 魏啟翔律師
社址 — 臺北市 104 松江路 93 巷 1 號
讀者服務專線 — 02-2662-0012 ｜傳真— 02-2662-0007；02-2662-0009
電子郵件信箱 — cwpc@cwgv.com.tw
直接郵撥帳號 — 1326703-6 號　遠見天下文化出版股份有限公司

製版廠 — 東豪印刷事業有限公司
印刷廠 — 家佑實業股份有限公司
裝訂廠 — 台興印刷裝訂股份有限公司
登記證 — 局版台業字第 2517 號
總經銷 — 大和書報圖書股份有限公司｜電話 — 02-8990-2588
出版日期 — 2025 年 7 月 31 日第一版第 1 次印行

定 價 — 750 元
ISBN — 978-626-417-486-2
EISBN — 978-626-417-487-9（EPUB）；978-626-417-488-6（PDF）
書 號 — BGB591
天下文化官網 — bookzone.cwgv.com.tw

善惡：一場價值觀創造的文化思辨 / 漢諾・紹爾（Hanno Sauer）著；林家任譯. -- 第一版. -- 臺北市：遠見天下文化，2025.7
600 面；21×14.8 公分. --（社會人文；BGB591）

譯自：Moral: Die Erfindung von Gut und Böse

ISBN 978-626-417-486-2（平裝）

1.CST: 善惡 2.CST: 道德 3.CST: 價值觀

199.1　　114009597